中华的智慧

张岱年 主编 方立天 副主编

程宜山 刘笑敢 陈来 撰写

中华书局

图书在版编目（CIP）数据

中华的智慧/张岱年主编,方立天副主编;程宜山,刘笑敢,陈来撰写. —北京:中华书局,2017.11（2025.7重印）
ISBN 978-7-101-12702-7

Ⅰ.中⋯　Ⅱ.①张⋯②方⋯③程⋯④刘⋯⑤陈⋯　Ⅲ.中华文化-通俗读物　Ⅳ.K203-49

中国版本图书馆 CIP 数据核字（2017）第 175281 号

书　　　名	中华的智慧
主　　　编	张岱年
副 主 编	方立天
撰 写 者	程宜山　刘笑敢　陈　来
责任编辑	赵晨昕
装帧设计	刘　丽
责任印制	韩馨雨
出版发行	中华书局
	（北京市丰台区太平桥西里 38 号　100073）
	http://www.zhbc.com.cn
	E-mail:zhbc@zhbc.com.cn
印　　　刷	河北品睿印刷有限公司
版　　　次	2017 年 11 月第 1 版
	2025 年 7 月第 5 次印刷
规　　　格	开本/880×1230 毫米　1/32
	印张 18¼　插页 2　字数 320 千字
印　　　数	29001−31000 册
国际书号	ISBN 978-7-101-12702-7
定　　　价	62.00 元

目 录

序　言

西方所谓哲学的原义是"爱智","爱智"即追求智慧。何谓智慧？智慧即对于真理的认识。西方哲学追求智慧，所以西方哲学所取得的成果可谓之"西方的智慧"。中国古代哲人志在"闻道"，"道"即真理，亦即最高的智慧。在这个意义上，中国历代哲学家所提出的创造性见解，亦可谓之"中华的智慧"。

"智慧"有不同的层次。普通的"智慧"可谓实用的智慧，即处理一般疑难问题的智慧。《战国策》记载春秋之末晋国贵族知伯与赵襄子的斗争。赵襄子抗拒知伯的要求，知伯决水灌晋阳，围晋阳三年。城中粮食将尽，赵襄子对张孟谈说："粮食匮，城力尽，士大夫病，吾不能守矣，欲以城下，何如？"张孟谈说："臣闻之，亡不能存，危不能安，则无为贵智士也！"（《战国策·赵策一·知伯帅赵韩魏而伐范中行氏》）于是设法出见韩、魏之君，共攻知氏，取得了消灭知伯的胜利。这个故事说明，在危急存亡的关头，救亡图存、转危为安要依靠智士的智慧。"智慧"之所以可贵，在于有转危为安、转败为胜的妙用。这类解决危难问题的智慧，虽然和哲学有关，但还不是哲学所追求的最高智慧。我们这本书所讲的"智慧"，基本限于哲学智慧。

哲学所追求的最高智慧是关于宇宙人生的根本问题的解答，这就是中国古代哲人所讲的"道"。中国古代哲学中关于道的学说包含哪些智慧呢？

孔子自述学术宗旨说："志于道，据于德，依于仁，游于艺。"（《论语·述而》）孔子是以"好学"自许的，学的目的在于"闻道"。他说："朝闻道，夕死可矣。"（《论语·里仁》）可见他对于道的重视。孔子在当时以"博学"著称，直到战国时期，孔子仍被认为是知识最多的人。《庄子·秋水》河伯与北海若问答的寓言中，河伯说："我尝闻少仲尼之闻而轻伯夷之义者，始吾弗信。"可见一般人以孔子为多闻的典型。但是在孔子，博学多闻只是求道的途径。《论语·卫灵公》记载："子曰：'赐也，汝以予为多学而识之者与？'对曰：'然，非与？'曰：'非也，予一以贯之。'"又载："子曰：'参乎！吾道一以贯之。'"（《论语·里仁》）。孔子的"一以贯之"即其道之所在。孔子又自称"下学而上达"（《论语·宪问》），下学即致力于"多学而识之"，上达即达于一贯之道。

老子也宣扬"闻道"，他说："上士闻道，勤而行之；中士闻道，若存若亡；下士闻道，大笑之。不笑不足以为道。"（《老子》第四十一章）庄子亦讲"闻道"，《庄子·大宗师》设为寓言说："南伯子葵问乎女偊曰：'子之年长矣，而色若孺子，何也？'曰：'吾闻道矣。'"儒家、道家都以"闻道"为目的，但他们求道的方法有所不同。儒家以为"道"与"学"是统一的，要通过博学来求道。道家则把"道"与"学"对立起来。老子云："为学日益，为道日损，损之又损，以至于无为。"（《老子》第四十八章）《庄子·外篇》更宣称"无思无虑始知道"（《庄子·知北游》）。道家认为这"无思无虑"的"知"才是最高的智慧。

中国哲学所谓的道，具有不同层次的含义，道指真理，亦指真理的客观内容，即最高的原理、原则。这最高的原理、原则又可分为若干层次：人生之道，自然之道，致知之道。

人生之道是中国古代哲学的中心议题。孔子说："谁能出不由户，何莫由斯道也？"（《论语·雍也》）这"道"指人生的最高原则。人生之"道"亦即人生的智慧。孔子论"知"云："务民之义，敬鬼神而远之，可谓知矣。"(《论语·雍也》)这就是说，人生的智慧在于提高道德觉悟，而不必注意鬼神问题。孔子这句话表现了一种重要倾向，即不从宗教信仰来引出道德，而认为道德与鬼神无关。这是中国古代哲学的基本倾向之一。这确实表现出很高的智慧。

孔子所提出的最高原则是"仁"，"仁"的主要含义是"爱人"，亦即"己欲立而立人，己欲达而达人"。这一原则含蕴一个基本前提，即承认别人和自己都是人，这可以谓之同类意识。"己欲立而立人，己欲达而达人"，不但肯定别人也是人，还要求协助别人共同提高生活。应该承认，这是一项深湛的思想。孔子曾说："鸟兽不可与同群，吾非斯人之徒与而谁与？"(《论语·微子》)孔子肯定了人与人的同群关系。但是孔子在肯定人与人的同群关系的同时，又承认人与人之间的贵贱等级差别。这表现了仁的阶级性。孟子也宣扬"仁"，肯定人与人是同类，但又断言："或劳心，或劳力；劳心者治人，劳力者治于人；治于人者食人，治人者食于人：天下之通义也。"(《孟子·滕文公上》)这是儒家学说不可克服的矛盾。所以儒家所讲的"爱人"是不彻底的。虽然如此，"仁"作为一个道德原则，在历史上还是具有重要的积极意义的。

阐发人生之道，必然要涉及人生价值问题。社会上的贵贱等级是世俗的价值差别。儒家虽然承认人与人之间的等级区分，但又认为，一个人的价值与一个人在社会上的贵贱地位并非一事，处于高位的贵族未必具有真正的人格价值，处于下位的平民可能具备较高的人格价值。孟子提出"天爵""良贵"之说，他说："有天爵者，有人爵者。仁义忠信，乐善不倦，此天爵也；公卿大夫，此人爵也。"(《孟子·告子上》)又说："欲贵者，人之同心也。人人有贵于己者，弗思耳。人之所贵者，非良贵也。赵孟之所贵，赵孟能贱之。"（《孟子·告子上》）"天爵"对"人爵"而言，"良贵"对"人之所贵"而言。"人爵"即人之所贵，这种"贵"是可以剥夺的。天爵即"贵于己者"，这是不可能剥夺的。"良贵"就在于道德觉悟，这是不以官爵高下为转移的。孟子更提出大丈夫的标准："富贵不能淫，贫贱不能移，威武不能屈，此之谓大丈夫。"（《孟子·滕文公下》）这树立了崇高的人格典范，在历史上起了激励人心的巨大作用。

儒家虽然承认天命，但不废人事。孔子自述生活态度是"发愤忘食，乐以忘忧"（《论语·述而》），表现了积极有为的精神。传说孔子晚年著《易传》（即《周易大传》）。据近代学者考证，《周易大传》当是战国时期的著作，是孔子学说的进一步发展。《周易大传》提出两条非常重要的人生原则，一是"天行健，君子以自强不息"（《乾卦》）；一是"地势坤，君子以厚德载物"（《坤卦》）。"自强不息"揭示了人类生活的内在本质，人必须积极努力、奋发向上，充分实现固有的潜在能力。"厚德载物"表达了人际关系的基本准则，人与人之间应相互关怀，敦厚宽容。《易传》的这两句名言，对于中华民族的精神发展起了非常重要的推动作用，凝结了儒家学者的深湛智慧。

先秦哲学中曾讨论精神生活与物质生活之间的关系的问题。《管子·牧民》中提出了"仓廪实则知礼节，衣食足则知荣辱"的名言。《论语·子路》记载孔子的一个故事："子适卫，冉有仆。子曰：'庶矣哉！'冉有曰：'既庶矣，又何加焉？'曰：'富之。'曰：'既富矣，又何加焉？'曰：'教之。'"从这个故事来看，孔子是认为治理国家应先"富之"然后"教之"，即先解决物质生活的问题，然后再提高人们的精神生活。从社会生活来讲，应该如此。孔子又认为，从个人修养来讲，应努力提高自己的精神境界，而不应先追求物质需要的满足。他说："士志于道，而耻恶衣恶食者，未足与议也。"（《论语·里仁》）又说："饭疏食，饮水，曲肱而枕之，乐亦在其中矣。不义而富且贵，于我如浮云。"（《论语·述而》）孔子的弟子颜回遵守孔子的这些教导努力实行，孔子赞美颜回说："贤哉回也！一箪食，一瓢饮，在陋巷，人不堪其忧，回也不改其乐。贤哉回也！"（《论语·雍也》）孔子、颜回的这种生活态度，宋代哲学家周敦颐称之为"孔颜乐处"。周敦颐加以解释说："夫富贵，人所爱也。颜子不爱不求，而乐乎贫者，独何心哉？……天地间有至贵可爱可求，而异乎彼者，见其大、而忘其小焉尔。"（《通书·颜子第二十三》）又说："发圣人之蕴，教万世无穷者，颜子也。"（《通书·圣蕴第二十九》）周氏弟子程颢说："昔受学于周茂叔，每令寻颜子、仲尼乐处，所乐何事。"（《二程集·遗书》卷二上）"孔颜乐处"是宋明理学经常谈论的重要题目。理学家把"孔颜乐处"看作精神修养的最高境界。这里要区别两个问题，一是社会生活的问题，一是个人修养的问题。关于社会生活，应肯定物质生活是精神生活的基础；关于个人修养，应强调道德的自觉。孔子论治理国家，主张先"富之"而后"教之"；论道德修养，赞扬虽贫而乐。这两个方面是相互补充的。

墨家论人生之道，与儒家不同。儒家所谓仁是由己推人，由近及远；墨家则主张"爱无差等"的兼爱。兼爱的原则是："视人之国若视其国，视人之家若视其家，视人之身若视其身。"（《墨子·兼爱中》）墨子虽然反对差等，但是还没有提出废除等级差别的要求，兼爱的理想境界是"天下之人皆相爱，强不执弱，众不劫寡，富不侮贫，贵不傲贱，诈不欺愚"（《墨子·兼爱中》）。贫富贵贱的区别还是存在的，只是不相欺凌、和睦相处而已。墨家关于人生的独特见解是肯定人类生活的特点在于"赖其力者生，不赖其力者不生"（《墨子·非乐上》），禽兽麋鹿等"因其羽毛以为衣裘"，"因其水草以为饮食"，人与此不同，农夫必须"耕稼树艺"，妇人必须"纺绩织纴"，才能获得"衣食之财"，"士君子"亦必须"竭股肱之力，亶其思虑之智"，以"听狱治政"，才能保持国家的安宁，否则"国家乱而社稷危矣"（《墨子·非乐上》）。墨家可以说初步认识了劳动对于人类生活的重要意义，这也表现了高度的智慧。

道家论人生之道，又大异于儒、墨两家。道家指出，所谓是非善恶都是相对的。《庄子·齐物论》云："仁义之端，是非之途，樊然淆乱，吾恶能知其辩？"仁义是非的标准是难以确定的。《庄子·胠箧》篇云："彼窃钩者诛，窃国者为诸侯，诸侯之门而仁义存焉，则是非窃仁义圣知邪？"仁义是可以盗窃的，仁义可能成为权势者利用的工具，那还有什么真正价值可言呢？庄子以为人生应超脱一切得失的考虑，从而达到无忧无虑的精神自由，这种境界，庄子谓之"悬解"。庄子说："且夫得者时也，失者顺也。安时而处顺，哀乐不能入也，此古之所谓县解也。"（《庄子·大宗师》）"县"通"悬"，人生受到种种束缚，譬如倒悬。摆脱了各种束缚，就如倒悬之解，就得到最大的自由了。道家指出了道德的相对性，这具有深刻的意义，表现了高度的智慧，但是道家提不出足以代替儒、墨学说的具体方案。虽然如此，道家的"悬解"之说表达了人民要求自由的深切愿望。

关于自然之道,中国古代哲人提出了哪些深湛观点呢?

春秋时期,人们已经区别了"天道"与"人道"。所谓天道,指日、月、星辰运行的规律。当时天文学是和占星术相互结合的,所以"天道"也含有天象变化与人事祸福的联系之义。春秋末期郑国进步政治家子产说:"天道远,人道迩。"意谓天象变化与人事祸福的联系是难以推测的,应该重视人道。孔子很少谈论天道,子贡说:"夫子之言性与天道,不可得而闻也。"(《论语·公冶长》)老子对于天道观念进行了根本性的改造。在当时,一般人都承认人类生存于天地之间,"天"是最高最大的存在。老子提出了天、地起源的问题,认为天、地也有一个开始,还有比天地更根本的,老子名之曰"道"。老子承认"天"有"天之道","人"有"人之道",而在"天道"之上还有"先天地生"的永恒的"道"。天地万物都是相对的,在一切相对的事物之上,还有一个绝对,就是"道"。老子提出超越一切相对的绝对,把理论思维提到一个崭新的高度。老子认为"道"是最高的实体,他说:"人法地,地法天,天法道,道法自然。"(《老子》第二十五章)所谓"道法自然",即谓道以自己为法,道是自己如此的。

老子更提出"反者道之动"的命题,意谓"反"是"道"所含蕴的运动方式。这里"反"有二义:一是向相反的方向转变,二是回到原来的始点。老子阐发了事物相反相成的关系,如说:"有无相生,难易相成,长短相形[①],高下相倾。"(《老子》第二章)"故物或损之而益,或益之而损。"(《老子》第四十二章)"祸兮福之所倚,福

<hr>

① 形,王弼注本作"较",其他本作"形"。

兮祸之所伏。"(《老子》第五十八章)老子阐发了许多对立转化的事例，表达了深湛的智慧。

老子强调"柔弱胜刚强"(《老子》第三十六章)，他举水为例，"天下莫柔弱于水，而攻坚强者莫之能胜，以其无以易之。弱之胜强，柔之胜刚，天下莫不知，莫能行"(《老子》第七十八章)。在一定条件下，柔弱可以胜刚强；但是在不同的条件下，刚强也能胜柔弱。老子提出以"柔"克"刚"的策略思想，虽然闪耀着智慧，却是不够全面的。

《周易大传》提出了关于刚、柔的全面观点。《周易大传·系辞上》认为刚、柔犹如昼夜，是相互转化的。"刚柔者，昼夜之象也。"因而既应了解柔可胜刚，又应了解刚可胜柔。"君子知微知彰，知柔知刚，万夫之望。"(《周易大传·系辞下》)《周易》更以刚、柔作为事物对立两方面的统称，"动静有常，刚柔断矣"(《周易大传·系辞上》)。于是提出了对立两方面的相互推动是变化的根源的深湛观点，"刚柔相推而生变化"(《周易大传·系辞上》)，"刚柔相推，变在其中矣"(《周易大传·系辞下》)。《周易》所谓的刚柔，既指《易经》中对立的卦象，亦指事物中的对立面，因为卦象本是事物的象征。

《周易大传·系辞上》提出的"一阴一阳之谓道"的重要命题，阴阳指对立的两个方面，"一""一"指对立两个方面相互推移、相互转化的关系。这所谓的道指天地万物的普遍规律，与老子所谓的道意义不同。"一阴一阳之谓道"即谓对立面相互转化是世界的普遍规律。这是一项非常深湛的思想，是智慧的结晶。《周易大传》又云："生生之谓易。"(《周易大传·系辞上》)"易"即变化，变化即生而又生。张载云："生生，犹言进进也。"（《横渠易说·系辞上》）《周易》的哲学可谓变易哲学。

《周易大传》中"刚柔相推而生变化""一阴一阳之谓道"的命题，确实凝结着深邃的睿智。

张载进一步发展了《周易大传》的阴阳学说，提出了关于对立统一的深湛观点。张载说："两不立则一不可见，一不可见则两之用息。两体者，虚实也，动静也，聚散也，清浊也，其究一而已。"（《张载集·正蒙·太和》）又说："感而后有通，不有两则无一。故圣人以刚柔立本，乾坤毁则无以见易。"（《张载集·正蒙·太和》）两即对立，一即统一。无对立即无统一，无统一亦无对立。对立与统一亦是相互对立而统一的。张载还提出"两故化"的命题，肯定对立是变化的源泉。这是"刚柔相推而生变化"的简明概括。

中国古代哲人还讨论了"道"与"器"的关系、"体"与"用"的关系等问题。

"道器"范畴是《周易》提出的，《周易大传·系辞上》云："形而上者谓之道，形而下者谓之器。""道"是抽象的规律，"器"是有形的实物。到宋明时代，"道""器"关系成为一个重要的哲学问题。程颐说："离了阴阳更无道，所以阴阳者是道也。阴阳，气也。气是形而下者，道是形而上者。"（《二程集·遗书》卷十五）认为形而上之"道"是形而下之"气"的所以然，即肯定"道"是"气"的根据。后来朱熹发挥此说。明清之际的王夫之反对程、朱此说，提出"天下惟器"的命题，他说："天下惟器而已矣，道者器之道，器者不可谓之道之器也。"他更举出例证说："未有弓矢而无射道，未有车马而无御道，未有牢醴璧币、钟磬管弦而无礼乐之道。则未有子而无父道，未有弟而无兄道，道之可有而且无者多矣。"（《周易外传》卷五《系辞上传》第12章）"器"是具体的实物，"道"是抽象的规律，规律是事物所具有的，依附于事物，而不能说事物依附于规律。"道""器"关系即是一般与特殊的关系，一般寓于特殊之中，不能脱离特殊而单独存在。一般与特殊是一个深刻的哲学问题。应该承认，王夫之"道者器之道"的论断是精湛的。

中国哲学中所谓的"体用"，在不同的思想家那里，具有不同的含义，主要有两种意义：一指实体与作用，二指原理与事物。关于"体用"的第一层含义，唐代经学家崔憬《周易探玄》云："凡天地万物，皆有形质。就形质之中，有体有用。体者，即形质也。用者，即形质上之妙用也。……假令天地圆盖方轸，为体为器，以万物资始资生，为用为道。动物以形躯为体为器，以灵识为用为道。植物以枝干为器体，以生性为道为用。"（李鼎祚《周易集解》卷十四引）崔憬分释所谓"体用"，非常明晰。关于"体用"的第二层含义，程颐云："至微者理也，至著者象也。体用一源，显微无间。"（《周易程氏传·易传序》）程颐还有与此有关的一段话："至显者莫如事，至微者莫如理，而事理一致，微显一源。古之君子所谓善学者，以其能通于此而已。"（《二程集·遗书》卷二十五）程颐所谓的"体"指"理"而言，所谓的"用"指"象"或"事"而言。这一含义的"体用"，用现在常用的名词来说，即是本质与现象的关系。程颐肯定"体用一源"，即谓"体用"只是一个源泉，即统一而不相离的。程颐"体用一源"的命题对于后儒的影响很大，朱熹、王守仁、王夫之的哲学观点各不相同，但都肯定"体用一源"的观点，强调"体用"不可离析为二，肯定本质与现象的统一关系。这也是值得注意的深湛智慧。

论人生之道，必须"知人"；论自然之道，必须"知天"。如何才能做到"知人""知天"呢？于是引起了"致知之道"的问题。庄子说："知天之所为，知人之所为者，至矣。知天之所为者，天而生也。知人之所为者，以其知之所知，以养其知之所不知，终其天年而不中道夭者，是知之盛也。虽然，有患。夫知有所待而后当，其所待者特未定也。庸讵知吾所谓天之非人乎？所谓人之非天乎？"（《庄子·大宗师》）如何才能获得真知，便成为哲学家所要研讨的重要问题。

庄子怀疑普通知识，《管子·心术上》篇的作者则肯定正确的认识是可能的。《心术上》区别了"所知"与"所以知"，"人皆欲知，而莫索其所以知。其所知，彼也；其所以知，此也"（引文据戴望《校正》王念孙说）。"所知"是认识的对象，"所以知"是主体的认识器官。主体的认识器官有心与感官。"心之在体，君之位也；九窍之有职，官之分也"。如果"心处其道，九窍循理"，就可以得到正确认识了。《心术上》提出"静因之道"，所谓"因"就是力求客观："因也者，无益无损也"，"因也者，舍己而以物为法者也"。《心术上》所讲虽然简单，但对于人的认识确实作了一定的分析。荀子提出"解蔽"之说，认为"凡人之患，蔽于一曲而暗于大理"（《荀子·解蔽》），有所偏蔽，就不能认识真理了。必须解除偏蔽，才能达到正确的认识。如何解偏蔽呢？则须做到"虚壹而静"。"虚"即虚心，不以所已知者妨害所将接受的；"壹"即专心，集中注意力；"静"即静心，不让梦幻想象扰乱认识。荀子还论述了"心"与感官的关系，可以说比较详细地研讨了认识论问题。

战国末年儒者所著的《大学》中讲到"致知在格物",《大学》云:"物有本末,事有终始,知所先后,则近道矣。古之欲明明德于天下者,先治其国;欲治其国者,先齐其家;欲齐其家者,先修其身;欲修其身者,先正其心;欲正其心者,先诚其意;欲诚其意者,先致其知;致知在格物。"下文对于所谓格物没有解释。后儒对于所谓格物的解释甚为纷繁,迄无确解。按《文选》李萧远《运命论》李善注引古代字书《仓颉篇》云:"格,量度之也。"《大学》"格物"之"格"应作"量度"解,"格物"即量度物的本末先后。《大学》下文云"此谓知本,此谓知之至也",正是与上文相互应合的。

在宋明理学中,"格物致知"成为一个重要议题。程颐、朱熹提出"即物穷理"之说,朱熹说:"所谓致知在格物者,言欲致吾之知,在即物而穷其理也。盖人心之灵,莫不有知,而天下之物莫不有理,惟于理有未穷,故其知有不尽也。是以大学始教,必使学者即凡天下之物,莫不因其已知之理而益穷之,以求至乎其极。至于用力之久,而一旦豁然贯通焉,则众物之表里精粗无不到,而吾心之全体大用无不明矣。此谓物格,此谓知之至也。"(《四书章句集注·大学章句》)程、朱"即物穷理"之说认为,必须先就天下之物穷研物所有之理,然后才能达到心的自我认识。此说遭到陆九渊的反对,陆九渊强调"理即在心中","人皆有是心,心皆具是理,心即理也。……所贵乎学者,为其欲穷此理,尽此心也"(《陆九渊集·与李宰书》)。陆氏坚决反对向外求理。后来明代王守仁更坚决反对朱熹"析心与理为二",强调"心外无理"。这里,程、朱与陆、王的意见分歧主要是关于"为学之方"的分歧,亦即关于认识论问题的分歧。明、清之际王夫之提出"即事以穷理",认为"有即事以穷理,无立理以限事"（《续春秋左氏传博议》卷下），这较程、朱之说又前进一步。戴震更强调理在事物之中，"非事物之外别有理义也"（《孟子字义疏证》卷上《理》），而"事物之理必就事物剖析至微而后理得"（《孟子字义疏证》卷下《权》）。既有别于程、朱，更与陆、王完全相反。这些辩论都是关于认识论的辩论。陆、王学派反对"即物穷理"，表现了反科学的倾向；但是他们充分肯定了个人的独立思考能力，强调人的主观能动性，在这一方面也还有一定的贡献。哲学发展过程这种相反相成的现象是值得注意的。

应该承认，宋、元、明、清时代哲学中关于认识论的争论具有重要意义。

以上简略陈述了中国哲学中关于人生之道、自然之道、致知之道的具有典型意义的重要思想，藉以表明中国哲人的深湛智慧的若干内容，不过举例而已。

中国古代哲人重视事物之间的联系，把天地万物看作相互联系的整体，肯定对立的统一，以致"相反相成""物极必反"成为中国人的常识，这些观点可以称为辩证思维。辩证法是一个翻译名词，出自希腊哲学，如用中国固有的名词来讲，可以称为"通变法"或"反衍法"。《周易大传·系辞下》云："通其变，使民不倦。"《庄子·秋水》篇云："以道观之，何贵何贱，是谓反衍。"反衍即向反面转化。中国古代哲学富于辩证思维，这是一个显著的优点。但是，优点是与缺点密切联系的。中国古代哲学忽视细密的分析，缺乏严谨的论证，表现了重大的不足。

中国哲人，在一定意义上，富于探索精神。《周易大传·说卦》云："穷理尽性，以至于命。"这句话在宋、明时代成为多数思想家的指导思想。周敦颐、张载、程颢、程颐、朱熹、陆九渊，彼此立说不同，但都肯定"穷理"的必要，都肯定世界是有理的，学问在于认识此理，生活在于体现此理。从这个意义上讲，中国哲学可以说富于理性精神。但是，这种"穷理"的传统却没有和重视实证的态度结合起来，以致没有孕育出近代实证科学。这是莫大的遗憾！

古往今来，哲学家都在追求真理。哲学是时代精神的精华。每一时代的哲学都有其时代的局限。然而前人所发现的真理，乃是后人继续前进的基础。中国古代哲学所提供的智慧，都已是过去时代的，但是直到现在仍可以对今人有所启迪。

中国古代哲人所讲的"人生之道"是关于如何做人的智慧；其所讲的"自然之道"是关于客观世界的智慧；其所讲的"致知之道"是关于认识方法的智慧。深入了解这些智慧，对于如何做人，如何认识世界还是有益的。现代人应有现代的智慧，与古代有所不同；但是，应该肯定，现代的智慧还是在前人智慧的基础上逐步发展起来的。

英国著名哲学家罗素在发表了《西方哲学史》之后，晚年又写了一本《西方的智慧》。罗素此书，深深引起了我的兴趣。我想，我们研究中国哲学史的人是不是也应写一本《中华的智慧》呢？于是和几位同志商量，开始撰写此书。由方立天、程宜山、刘笑敢、陈来诸同志分担写作任务，以人物为纲，阐述自孔子、老子至颜元、戴震等著名思想家的哲学理论中的睿智。由我担任主编，方立天同志任副主编。由于这几位同志都比较尊重我的意见，写作过程中有许多问题都尽量采取了我的观点，最后由我写出这篇"序言"，对中华的智慧做一概括的说明。

1840年以后，中西文化一面相互冲突，一面又逐渐融合。因此，在此以后的哲学智慧，也与以前基本上是自成一系的中华智慧有了区别，带上了中西交融的特点。考虑到这一特点和我们的写作意图，我们对1840年以后的哲学家、思想家的智慧未加论列。

罗素的《西方的智慧》是个人专著，我们这本书却是几个人合写的。罗素的《西方的智慧》插图丰富，图文并茂。我们这本书仅有少量的画像，这都是不能和罗素书相比的。但此书的写作缘起是由罗素书引发的，所以在此不能不提到罗素的那本名著。此书虽系集体撰写的，仍难免错误，希望读者同志们予以指正。

张岱年

孔　子

先師孔子行教像

孔子，名丘，字仲尼，生于周灵王二十一年（前551），卒于周敬王四十一年（前479），春秋末年鲁国陬邑昌平乡阙里（今山东曲阜县东南）人，是中国古代最重要的大思想家、大教育家和大政治家，儒家学派的创始人。

孔子的远祖是商代贵族的后裔，但孔子出世时，他的家族已经破落贫贱了。传说他容貌奇特，头顶中间低四周高，身长9.6尺（合今2.2米），当时的人们都叫他"长人"。据说他自幼喜欢传统的仪礼制度，和小朋友玩耍时经常摆上几案和食器，演习典礼仪式。他十五岁时就立下了学习的志向，决心学习关于社会人生的根本道理，但他并不轻视实际工作。他当会计（委吏）时管理账目很认真；他当管理牛羊的小官（乘田）时工作也很负责。

大约三十几岁时，孔子就开始以讲学为业，他不一定是当时唯一的创办私学的人，但他是第一个大规模地招收弟子的教育家。他主张"有教无类"，即招收学生不考虑社会地位，所以他的学生中既有贵族子弟，也有许多贫贱之士。他的学生很多，传说他一共收过三千弟子，其中成就突出的就有七十二人，如子路（仲由）、子贡（端木赐）、子渊（颜回）、子游（言偃）、子夏（卜商）等人成就都比较显著。孔子曾整理了许多上古时代的文化典籍，并以《诗》《书》《礼》《乐》《易》《春秋》等书教授弟子，这就把以前贵族所专有的文化学术传授给了一般平民，打破了贵族对学术文化的垄断。孔子的教育重点是培养德行，陶冶性情，鼓励学生闻道济世。他与学生的许多问答都是关于社会政治问题的，这就推动了庶人参政，打破了贵族对政治的垄断。在几十年的政治生涯和教学生涯中，孔子及其弟子逐渐形成了一个社会影响很大的儒家学派，揭开了战国时期百家争鸣的序幕。

孔子有很大的政治抱负，他一直想寻找机会直接参与政治活动以贯彻他的政治思想，但他直到五十岁才有机会担任鲁国的中都宰，是国都境内的公邑长官。他干得比较出色，很快就被提升为司空（掌管工程），不久又被提升为司寇（掌管司法狱讼）。但是贵族集团的内部矛盾和他们的私利是不允许孔子彻底实施他的政见的。孔子认清这一点以后，就带着弟子离开鲁国，开始周游列国。在十四年的游历中，他发表了不少政见，但没有受到统治集团的重用，晚年回到鲁国后便把精力完全投入到文化教育事业，直至病终。

有关孔子的思想资料主要保存在《论语》中。《春秋左传》中也记载了孔子的一些言论和事迹。在孔子哲学中，最高范畴是天，天是人事的最高决定者。孔子说过："天之将丧斯文也，后死者不得与于斯文也。天之未丧斯文也，匡人其如予何！"（《论语·子罕》）他这里所说的天似乎是有意志、有智慧的。据此，曾经有人将孔子的哲学定义为唯心主义的。唯心主义是idealism一语的中译，这一翻译并不准确。事实上，孔子所说的天有时又接近于自然之天，他说："天何言哉？四时行焉，百物生焉，天何言哉！"（《论语·阳货》）这里所说的天已不同于商、周时期传统观念中发号施令的天。孔子所谓的天可以说是由主宰之天到自然之天的过渡形态。孔子哲学在许多方面都呈现了这种由旧到新或由消极到积极的过渡形态。比如他信天却怀疑鬼神；重视天命却强调人为；他承认生而知之为上却强调多闻多见；主张尊君却反对独裁。

由于孔子思想并不单纯，后人对孔子思想又有许多不同的解释，今人的思想观念和价值标准与两千年前也大有不同，这都使得评价孔子思想的问题变得相当复杂。我们认为孔子学说确有似乎消极保守的方面，如不鼓励改革创新，不重视生产劳动等等，但孔子学说在历史上能产生深远影响不是偶然的，特别是在先秦，在统治者还没有有意利用孔学的情况下，孔子学说能广泛流传是有着深刻原因的。和诸家学说相比，孔子重视文化教育，没有墨家"蔽于用而不知文"的偏向；孔子主张积极有为，没有道家的似乎比较消极的情绪；孔子比较重视民众的愿望，没有法家无情奴役百姓的专制主义。经过各家学说的长期竞争，孔学终于获得最广泛最久远的流传，在一定程度上成为华夏民族共同心理的铸造者，这绝不是个别统治者所能主宰的，而是因为孔子学说最有利于华夏文化的发展。当然，对于历代统治者所提倡和歪曲的孔学，还需要另作分析。

一　己欲立而立人

在中国历史上第一个提出崇高的人生理想的是孔子,孔子的人生理想就是"仁"。"仁"的观念包含内容很广,但基本宗旨却很简明;"仁"的思想境界很高,但又是简易切近的。孔子平时不经常讲"仁",但由于孔子关于仁的论述很重要,所以大部分被收集到《论语》之中。《论语》全书不过一万字,而"仁"字就出现百次以上,可见孔门弟子对孔子的仁学是相当重视的。

孔子的学生经常向孔子请教有关"仁"的问题。有一次,孔子的一个学生子贡问孔子说,如果有人能够对人民普施恩惠,救济万方,那怎么样,够得上"仁"了吧? 孔子说,如果那样就不只是"仁"了,简直达到了"圣"的境界,恐怕尧舜都难以做到。究竟什么是"仁"呢? 孔子接着说:"夫仁者,己欲立而立人,己欲达而达人。"(《论语·雍也》)这里所谓的"立",即三十而立之立,意思是有所成就而足以自立;这里所谓的"达",即通达之达,意思是处事接物顺通无阻。所谓仁,就是自己希望自立于社会也让别人立于社会,自己希望事事成功也让别人事事成功,这也就是将心比心、推己及人的原则。"己欲立而立人、己欲达而达人"是孔子关于"仁"的最为完备的解说,这一解说不仅说明了"仁"的基本内容和基本要求,而且说明了"仁"与"圣"的区别。孔子认为施恩惠于天下是"圣人"的行为,需要特殊的条件和地位,不是一般人能做到的,而"仁"的原则则是每一个人都可以实行的,因而可以作为对一般人的普遍要求,可以成为调节人际关系的道德准则。总之,"圣"是完美之人格,"仁"才是最高之道德。

"己欲立而立人、己欲达而达人"是从积极方面来讲的,若从消极方面来说，从自己所不愿意的方面来说，那就是"己所不欲，勿施于人"。子贡问孔子，有没有一句话可以作为终身的行动准则呢？孔子就告诉他："其恕乎! 己所不欲，勿施于人。"（《论语·卫灵公》）另一个学生问孔子怎样做才符合仁，孔子也提到"己所不欲，勿施于人"（《论语·颜渊》），可见"己所不欲，勿施于人"也是"仁"的基本原则，是"己欲立而立人，己欲达而达人"的另一个方面或另一种表述。

孔子曾对他的一个学生曾参说："参乎，吾道一以贯之。"别的学生不明白这是什么意思，曾参就对他们解释说："夫子之道，忠恕而已矣。"（《论语·里仁》）孔子认为自己的学说有一个贯彻始终的基本观念，据曾参的解释，这个基本观念就是"忠"和"恕"。"忠"就是对待人、帮助人真心诚意；"恕"就是对人宽容谅解。具体说来，孔子所说的"忠"就是"己欲立而立人，己欲达而达人"。孔子所说的"恕"就是"己所不欲，勿施于人"。忠恕之道概括了"仁"的两个方面，是孔子哲学中贯穿始终的道德规范。

"仁"的基本宗旨是"己欲立而立人，己欲达而达人"，从根本上讲，这就体现了"爱人"的原则。当孔子的学生樊迟问到仁的内容时，孔子就只告诉他"爱人"二字，即要求对人有同情心，有关心别人的真情实感。然而"仁"又不是无是非、无原则的爱，不是姑息之爱，而是"爱人以德"，所以仁者有时也会恶人，这就是孔子所说的"惟仁者能好人，能恶人"（《论语·里仁》）。对于别人的喜爱、厌恶，都要有一定的准则，这一定的准则就是"礼"。"礼"是关于社会生活的具体规范、准则和仪式。孔子讲过"克己复礼为仁"，强调必须以社会生活的公共准则约束自己才能实现"仁",也就是要"非礼勿视、非礼勿听、非礼勿言、非礼勿动"(《论语·颜渊》),让自己的一切言行都纳入社会生活的基本准则。

"仁"是孔子的最高道德规范,"仁德"统帅着其他诸德,如"智、勇、恭、宽、信、敏、惠"等,但"仁德"又不同于其他诸德。孔子一再以"仁、智、勇"三者并举,认为"仁者不忧,知者不惑,勇者不惧"(《论语·宪问》)。孔子还常以"仁"与"知"对称:"知者乐水,仁者乐山。知者动,仁者静。知者乐,仁者寿。"(《论语·雍也》)显然,孔子认为"仁"高于"智",但不包含"智"。值得注意的是,孔子虽崇尚仁德,却不轻视知识与学习,他说"好仁不好学,其蔽也愚"(《论语·阳货》),指出仅有仁德而不注重学习,就会流于愚钝,道德修养不能代替其他方面的学习与锻炼。孔子既重视道德教育,又强调学习知识;既强调以德育统帅智育,又反对以德育代替智育,这都是很有见地的。

把"仁"作为最高的道德规范,阐明"仁"的基本内容,强调"仁"在道德行为中的重要意义,这是孔子的突出贡献。虽然"仁"不是孔子自己创造的道德观念,但孔子赋予"仁"以新的明确的道德内涵,使"仁"成为中华民族传统的伦理学体系的奠基石。孔子创立的以"仁"为核心的伦理观念为什么在当时能吸引那么多人、在后来能产生那么深远的影响呢?

首先,这是因为"仁"的观念境界崇高,而又很容易实行。"仁"是最高的道德规范,"仁人"是最有道德的人,实现"仁"便达到了道德修养的最高境界,然而"仁"又没有丝毫的神秘性,实践"仁"不需要任何特殊的条件。比如达到"智"需要一定的天资和学习条件，达到"圣"更需要特殊的机遇和特殊的才干，而达到"仁"却只要"能近取譬"就可以了，也就是"将心比心""推己及人"，这是一般人都不难做到的。所以"仁"的观念既能倍受推崇，又能为人普遍接受。

其次，"仁"的观念兼顾人我两个方面，最有利于调节人与人之间的关系。"仁"既不是单方面对自己的要求，也不是单方面对他人的要求。"仁"一方面要求自立、自达，即自强不息，有所建树；另一方面又要求"立人""达人"，即"助人为乐，成人之美"；既有对自己的勉励和约束，也有对他人的关心和帮助。这样"仁"的观念既克制了利己主义，又不同于苦行僧式的利他主义。实行"仁"不会妨碍每个人的正常发展，不排除从别人那里得到支持和帮助，所以一般人都乐于接受"仁"的观念。

最后，仁的观念包含了"爱人"的原则，虽然这种爱不可能是无差别的，而是以血缘关系为基点的有远近亲疏层次的，但也包含了对一般人民的重视。孔子说过"三军可夺帅也，匹夫不可夺志也"（《论语·子罕》），匹夫即是庶民。一般人各有自己的意志，这种意志是不可侵犯的，这种对于一般人的独立意志的肯定和重视是有重要意义的。在宗法社会里，所谓爱人必然是有等级性的，对不同阶层的人来说，爱有不同的方式和内容，对统治阶级中的人要恭敬、诚实、勤敏，对劳动人民则要宽容和慈惠，宽容则可以得到老百姓的拥护，慈惠则容易统治和役使民众，所以"仁"虽不可能要求消灭剥削和压迫，却要求减轻剥削和压迫，这也是"仁"的观念得以广泛流传的重要原因。

基督教中也有道德金律的表述，《圣经》中说，你希望别人怎样对待你，你就应该怎样对待别人（Do as you would be done by），这与"己所不欲，勿施于人"是相通的，这说明孔子所提出的"仁"的道德观念是有相当普遍的意义的，与西方国家的道德观念是有一致之处的，但孔子所概括的"己欲立而立人，己欲达而达人"的态度却更为积极，内容更为丰富，远非《圣经》中的格言所能相比，而且孔子的"仁"的道德体系不借助于宗教的力量却能如此广泛地产生影响，这也是值得重视的。

二 为仁由己

道德和法律都是维系社会秩序、调节人与人关系的工具和手段，而道德和法律的作用方式又是截然不同的。道德维护人际关系的作用是靠人的自觉意识，而法律维系社会秩序却是靠外在的强制手段。孔子不仅创立了中国历史上的第一个伦理学体系，而且揭示了道德观念作用于社会的方式，这在两千多年前是难能可贵的。

孔子以"仁"为最高道德规范，那么怎样实现"仁"呢？实现"仁"主要是靠外部条件或强制力量还是靠自身的动力？能不能实践"仁德"决定于自己的能力还是决定于自己的态度？对这些问题，孔子都有明确的论述。孔子说："为仁由己，而由人乎哉？"（《论语·颜渊》）说明是否履行"仁德"完全取决于自己，而不取决于他人。孔子还说过，有谁一旦决心用自己的力量去实践"仁德"而感到力量不够吗？我从来没有见过，或许有人愿意行"仁"而力不够，但我没有见过。显然孔子认为实行"仁德"与否不是能不能的问题，而是愿意不愿意的问题。孔子又说："仁远乎哉？我欲仁，斯仁至矣。"（《论语·述而》）认为"仁德"并不是遥远的难以追求的东西，只要一个人真心希望实践"仁","仁德"就会在他身上体现出来。这里孔子并不是在提倡简单的动机论，并不是认为只要有为"仁"的欲望就是"仁"，孔子主张立己亦立人，达己亦达人，这都是强调动机要见之于效果的。孔子之所以说"我欲仁，斯仁至矣"，主要是为了指出人人有选择道德行为的自由，一些人不行"仁德"并不是因为他们没有条件或没有力量，只是因为他们并不是真的要实行"仁德"。"仁德"所要求的不过是因己之所欲，推人之所欲，实行不实行"仁德"不存在能力够不够的问题。这就剥夺了任何不实行"仁德"的借口，强调了人人不可推诿的道德责任。孔子没有一般地讲意志自由，但他充分肯定了人有道德选择的自由，这是正确的。

孔子强调"为仁由己"，又提出"仁者安仁"。他宣称："仁者安仁，知者利仁。"（《论语·里仁》）有"仁德"的人不论在什么情况下都安心于"仁"，不会做任何不道德的事，即"安仁"；聪明人则能认识到"仁德"有利而行"仁"，即"利仁"。智者以"仁"为有"利"，行仁而得利，所以"仁"对人实际是大有益处的。但真正行仁德的人应该超出"利仁"的心理，达到"安仁"的境界，即不计较利害得失而行仁。

"仁者安仁"的说法表明道德行为不应有或不必有外在的目的，当物质利益与道德发生矛盾时应该无条件地放弃物质利益的追求而恪守"仁德"。人人都希望获得富贵，但如果不能以合乎道德的方法得到，则不应接受；人人都厌恶贫贱，但如果不能以合乎道德的方法摆脱，则不应要求摆脱。所以君子即使在一顿饭的时间也从不离开仁德，在仓促匆忙之中也一定要实行仁德，在颠沛流离之时也一定要遵守仁德（参《论语·里仁》）。道德行为与贫富贵贱没有必然的联系，行仁德不必考虑贫富贵贱的得失，而追求富贵、摆脱贫贱的方法却必须合乎道德，道德原则比名利地位更为重要，承认不承认这一点便是君子与小人的区别。孔子并不是一概地反对欲望，更不是提倡禁欲主义，而是强调欲望的实现要自觉地以"仁"为指导原则和行为规范。

孔子说："知之者不如好之者，好之者不如乐之者。"（《论语·雍也》）照此说来，懂得仁德不如爱好仁德，爱好仁德不如以仁德为快乐。孔子认为人不仅应该有关于"仁"的道德意识，而且应该有关于"仁"的道德情感，应该在修养仁德、践履仁德的过程中得到感情的慰藉和快乐，这是"仁者安仁"的最可靠的心理基础。孔子认为，真能行仁，达到"仁"的境界就可以得到至高无上的快乐，没有恐惧，没有烦闷，这就是"仁者不忧"（《论语·子罕》）、"苟志于仁矣，无恶也"（《论语·里仁》）。"仁"人以实践"仁德"为精神归宿，所以能超出眼前的贫富贵贱和利害得失，也就能摆脱一般人的忧虑和烦恼，达到心灵的宁静和恬愉。孔子把为人由己的基础落实到"安仁""乐仁"的心理状态上，这就从道德意志与道德情感合而为一的基点上强化了道德行为的自觉性。

孔子关于"安仁""乐仁"的学说含有关于道德价值的一种重要观点，即认为道德价值是一种内在价值，道德不是追求其他价值的手段。孔子说："好仁者无以尚之。"（《论语·里仁》）肯定"仁"是最高的价值。仁者以实行仁德为乐，所以在必要时可以为了"仁"而牺牲个人的生命，这就是"志士仁人，无求生以害仁，有杀身以成仁"（《论语·卫灵公》）。孔子认为保持生命的意义、提高生命的价值远比生命时间的延长更为重要，主张为了崇高的道德理想不惜牺牲个人的生命。孔子所倡导的这种自我牺牲精神虽曾被统治阶级、反动势力歪曲利用过，但这种精神本身对于劳动人民、革命力量也是十分必要的。在中华民族悠久的历史上，许多英雄正是在这种精神的鼓舞下进行艰苦卓绝的斗争以至献出生命的。孔子认为道德理想比个人生命更为宝贵、精神生活比物质生活更为重要的观点在今天也是有一定积极意义的。

孔子提出了一个前所未有的伦理学体系，揭示了道德选择中个人意志的决定作用，强调了道德行为的心理基础，这确实反映了孔子的深思睿智。

三 过犹不及

任何事情都有一定的标准，做事达不到这个标准或超过这个标准都得不到预期的结果，孔子在两千多年前就已经揭示了这一道理。有一次，子贡问孔子，子张（颛孙师）与子夏（卜商）两个人谁更好，孔子回答说，子张做事常有些过火，子夏做事常有些不够火候。子贡就又问，那么像子张那样是不是更好一点儿呢？孔子回答说："过犹不及。"（《论语·先进》）"过"即过分，"不及"即不够，事情做过了头和做不够的效果常常是一样的。比如，不锻炼身体，身体可能虚弱多病，但运动过量，超过身体的负荷能力，又会带来新的疾病，其结果是一样的。又比如发射卫星，火箭速度不够，不能把卫星送至轨道，火箭速度过高，就会超出预定的轨道，两者都不能成功。

既然过分和不足都是不好的，那么怎样才既不过多又不致不足呢？孔子提出"中庸"，他说："中庸之为德也，其至矣乎！"（《论语·雍也》）认为"中庸"是最高的品德。"中"即适中，既不会不够，也不过分；"庸"是运用之意，"中庸"即用"中"，即善于运用"中"的标准，随时做到适中。孔子认为，任何事情都有一个适当的标准，这就是"中"，超过这个标准就是"过"，没有达到这个标准，就是不及。在大多数情况下，处理事情都要合乎标准，这就是"允执其中"（《论语·尧曰》）。和"中庸"意思相近的还有"中行"。孔子说："不得中行而与之，必也狂狷乎！狂者进取，狷者有所不为也。"（《论语·子路》）"中行"即适中之道，"狂"即急躁冒进，"狷"即拘谨畏缩，贸然而进或畏缩不进都是不好的，最好的还是"中庸"。

中庸有两层意思：第一，肯定事物的变化超过一定的限度就要转向反面；第二，要求恪守这个限度，以免转向反面。这第一层意思显然是合理的、正确的。第二层意思在许多情况下也是合理的，因为无论在自然界或人类社会历史中，在事物的发展过程中，在一定条件下，必须保持平衡，才能避免走向反面，才能维持事物的存在和发展；而在另外的条件下则必须打破平衡才能发展，在这种情况下，坚持中庸就难以进步了。这就是说，在一般情况下，在事物相对稳定发展的情况下，"中庸"的原则有利于事物的平衡发展，而在事物发展的剧烈变革时期，"中庸"的原则就会阻碍事物的发展。"中庸"的方法意味着在事物或情况的复杂序列中，在两极之间的过渡带中寻找一个适当的标准，这是合理。这里有一个掌握适当的分寸或程度的问题，因而有相当的普遍意义。

孔子既讲"中庸"，又讲"毋固"。《论语·子罕》篇中说孔子主张"毋意，毋必，毋固，毋我"，即反对主观妄测，反对绝对肯定，反对固执不化，反对自以为是。"中庸"要求遵守一定的标准，"毋必，毋固"则反对不顾一切地拘守某一固定标准。这一方面肯定了适度的原则，另一方面也肯定了一定的灵活性，因而也反映了一定的辩证观念。

四 "多学而识"与"一以贯之"

在中国哲学史上，孔子提出了第一个简单的认识论学说，不过，中国古代谈的知或认识问题主要是以道德知识为主，与西方认识论主要讲对外在世界的认识有所不同。孔子区别了"生而知之"与"学而知之"，认为"生而知之"的人高于"学而知之"的人。他说："生而知之者上也，学而知之者次也，困而学之，又其次也。"（《论语·季氏》）孔子似乎承认了有的人可以不学而知，但他从来没有讲过谁是"生而知之者"，他断言自己不是生而知之者，只是学而知之者。他说："我非生而知之者，好古，敏以求之者也。"（《论语·述而》）认为他自己的知识都是由于爱好古代文化、勤敏学习而获得的，这不是一般的谦词，而说的是真实感受。看来，他所谓的"生而知之者上也"不过是一种假设之词，他并不认为会有什么人真能生而知之。

孔子非常重视学习，他反对"不知而作"，说他自己没有那种不懂却凭空妄作的毛病。他的学习包括"多闻"与"多见"两个方面："多闻，择其善者而从之；多见而识之，知之次也。"（《论语·述而》）"多闻"即选择接受前人已有的知识，属于间接认识；"多见"是积累经验，属于直接的感性认识。孔子肯定了耳目感官之知在认识活动中的作用，这是正确合理的。孔子肯定了感性认识，但不以感性认识为最高认识，比感性认识更为重要的就是"一以贯之"。孔子有一次问子贡说：你们认为我是"多学而识"（博闻强记）的人吧？子贡回答：是这样，难道不对吗？孔子说：不对，我是"一以贯之"的。"一以贯之"即有一个统一的原则把所有的知识贯穿起来。"一以贯之"是理论思维的结果。孔子认为仅仅多闻多见并且记住所闻所见是很不够的，必须经过理性思考，从中提炼出概括性的理论，把所学的知识贯穿、统帅起来，这是很有见地的。

"一以贯之"高于"多学而识"，但"多学而识"还是基础。孔子自己说过"下学而上达"（《论语·宪问》），多学而识就是"下学"，一以贯之就是"上达"。"下学而上达"也就相当于由经验上升到理论。"一以贯之"有赖于"多学而识"，"多学而识"有待于"一以贯之"，这也就相当于说，理论认识有赖于感性经验的基础，而感性经验必须上升为理论知识才能获得新的意义。孔子关于"多学而识"与"一以贯之"的学说，包含了关于经验与理论的关系的见解。

"多学而识"是学，"一以贯之"属于思，孔子兼重学与思两个方面，他关于学与思的关系有两句名言："学而不思则罔，思而不学则殆。"（《论语·为政》）就是说，只知多闻多见的学习，不重视认真思考就会茫然无所获；相反，只知凭空思考而不重视学习也会陷入迷妄。"学"与"思"两个方面都很重要，但"学"是基础。孔子说："吾尝终日不食，终夜不寝，以思，无益，不如学也。"（《论语·卫灵公》）说明没有见闻之知做基础，凭空冥想是没有用的。孔子所说的"学"相当于感性认识的过程，他所说的"思"大致相当于理性认识的过程，感性认识应该上升到理性认识，而理性认识决不能脱离感性认识的基础。孔子在两千四百年前所讲的"学"与"思"的关系，虽然比较简单，但基本上是正确的。

孔子是两千年前的历史人物，他说自己"述而不作"并非没有自己的创造性，而是总结了西周以来的道德与历史文化传统，从中提炼出以仁为核心的思想体系，虽然看似简单，却包含了丰富的内涵，是中华文明进入世界轴心时代的标志，也是中华文化和智慧的重要源头。

老　子

老子大约生活于春秋末年，是道家思想的创始人，是中国古代最有影响的思想家、哲学家之一。

关于老子的生平，历史文献记载比较简单，而且有一些分歧，但从先秦文献来看，老子即老聃本来是没有疑问的，《韩非子》《吕氏春秋》等书都把老聃当作《老子》一书的作者，不少古籍记载了孔子向老子问礼的事，司马迁写《史记》时记载了一些不同说法，但他还是认为老子与孔子同时且年长于孔子，孔子确曾向老子请教过。据此我们大体可以知道，老子即老聃，是春秋末年周朝掌管文献典籍的一个史官，著书上下两篇，共五千多字，这就是今天仍在流传的《老子》，也叫《道德经》。有人认为老子可能确有其人，但《老子》书可能是后人伪托，或众人凑合而成。这种可能性极小。《老子》中将道作为天地万物的总根源和总根据，是很独特的用法，老子中的五次自然是原创的概念，多次"无为"之用法以及无为而无不为的思想也是匠心独运的，反复阐明运用的正反相生的理论也有相当的一致性。诸多独特思想创造，诸多不同侧面，又能大体融贯为一体，这不是一般人可以随意伪托，或众人杂凑的结果。从《老子》中的韵文部分看，其句式、韵式、修辞、合韵等特点都与《诗经》相当一致，与《楚辞》明显不同。因此，推断《老子》可能早出之根据比其他猜测有更多、更强的根据[①]。

近半个世纪以来出土了郭店三组竹简本、马王堆两种帛书本以及北大藏前汉竹简本，辅以传世古本，我们可以看到《老子》一书在流传中演变的常见律则，说明各种《老子》文本在流传中的加工主要不是个别编者的任性而为，而是循原书内容和形式特点加工、强化的结果，尽

---

① 刘笑敢《老子：年代新考与思想新诠》第一、二章，台北东大图书，2005年。

管这种加工不都是合理的。这种加工大多出于依据文本原有特点进一步改善文本的愿望，大体可分为语言趋同和思想聚焦两种情况①。总的说来，各版本基本上保存了老聃本人的学说。虽然老子年长于孔子，但他的思想著作产生的影响却晚于孔子。

《老子》一书虽然只有五千多字，却包含了一个较为完整的哲学体系。老子第一个以"道"为世界的本原，认为无意识无意志的道是天地万物的根源，并决定着万物的存在和发展，这是与商周上帝或上天传统完全不同的宇宙本根论。中国的本根论和西方的形而上学都是讨论宇宙万物的起源和根据问题，但西方的传统的形而上学往往强调形而上概念与现实世界是隔绝的，而中国的本根论没有这种区隔，道是贯通于形而上与形而下世界的。在认知方面，老子首倡直觉主义的认识方法，反对一般的感官活动或思维作用，认为"其出弥远，其知弥少"，主张"不出户，知天下，不窥牖，见天道"（《老子》第四十七章），认为关门闭户、静观体验就可以直接认识世界的根本原理。这种认知论在某些感官无法直接观察的领域是有合理性的，但并非适用于一切认知活动。老子似乎夸大了直觉认识的作用，有神秘主义色彩。老子在中国哲学史上的另一个突出贡献是充分肯定了对立面的相互依存和转化，提出了如何利用矛盾转化的理论达到无为而无不为的效果。他的理论学说成为中国古代正反相生论的重要思想来源。这种理论与道的特性，与自然、无为的主张互为表里，是老子思想体系的有机成分。正反相生与通常所说的西方式的辩证法有相通之处，但形式和内容也有重要不同。

在社会政治方面，老子反对阶级压迫和剥削，提出"民不畏死，奈

---

① 刘笑敢《老子古今》导论一，中国社会科学出版社，2009年。

何以死惧之"(《老子》第七十四章），反对"损不足以奉有余"(《老子》第七十七章），并指出"民之饥，以其上食税之多"(《老子》第七十五章）。老子还揭露了统治阶级推行仁义道德的虚伪性和欺骗性，指出"夫礼者，忠信之薄，而乱之首"(《老子》第三十八章）。老子关心的是天下的秩序，万物的状态和百姓的生活。五千言的《老子》中59次讲到"天下"，即当时的全世界，而不是任何诸侯国；60次讲"万物"、"百姓"和"民"，讲到侯王或王侯仅5次。这说明老子思想的重心在于天下、万物、百姓的生存状态，不是为侯王之类的统治者出谋划策。汉代说道家是"君人南面之术"指的是黄老之术，并不适用于老子。老子不是在世君王的谋臣，而是以圣人作为道之"玄德"的体现者，追求的是"道法自然"，即以自然而然的秩序为社会理想，以此来修正传统的统治术。那时所谓的"国"是封邦建国的诸侯封地，并非现代的主权国家或民族国家。所谓"小国寡民"的社会理想，所谓"邻国相望，鸡犬之声相闻，民至老死不相往来"(《老子》第八十章）的状态，只是天下之自然而然的秩序中的一种情况，类似于君主安于小邦寡民、清淡寡欲的境界，并不是老子社会政治理想的主体或核心部分。

一　道为万物之宗

道是中国古代哲学中特有的概念。道的含义丰富而复杂，不同思想家在不同情况下所说的道含义往往不同。道字的最初意义是道路，后来引申为做事的途径、方法和原则。《论语·述而》篇中说"志于道，据于德"，这个道是指道德原则；《管子·任法》篇中说"故法者，天下之至道也"，这个"道"是政治原则；《周易·系辞上》说"一阴一阳之谓道"，这个道又是指基本规律。此外，春秋时期也还有"天道"的说法。《春秋左传》即记载子产说过"天道远，人道迩（近），非所及也"，"天道"即天之道，特指与天象有关的自然规律。

道这一概念的多种意义老子也都使用了，但与此同时，老子赋予了道一个全新的意义，这就是把道当作产生并决定世界万物的最高实在。老子说："道生一，一生二，二生三，三生万物，万物负阴而抱阳，冲气以为和。"（《老子》第四十二章）这是老子对于宇宙生成过程的一种推测。老子认为有了道就有了世界的原始的统一体，由这原始的统一体中分化出"阴阳二气"，阴阳二气相互冲涌激荡又产生"和气"，于是万物渐次产生。《老子》第二十五章也说："有物混成，先天地生，寂兮寥兮，独立而不改，周行而不殆，可以为天地母[①]，吾不知其名，字之曰道。"老子认为在天地产生之前，有一种混沌未分的东西，它静寂无声，虚渺无体，独立自存，不消不亡，循环运行，永不歇息，它可以成为天地的产生者，不知道它的名字，把它叫作"道"。

---

① "地"字通行本作"下"，据帛书甲、乙本改。

老子认为道是天地万物的总根源，所以他又说："道冲，而用之或不盈，渊兮似万物之宗。……吾不知谁之子，象帝之先。"（《老子》第四章）"道冲"是说道体虚寂。道虽然是虚寂的，其作用却不会穷尽，深邃的样子好像是万物的始祖，我不知它是谁的儿子，好像它是上帝的祖先。老子用道的概念否定了上帝的至高无上的地位和权威，这在当时人的思想观念中是一个重大的变革。

老子认为道不仅产生天地万物，而且决定着天地万物的生存和发展。《老子》第三十四章说："大道泛兮其可左右。万物恃之而生而不辞，功成不名有。"道是广泛的，无所不在，万物依恃道而生存，道成就万事而不自以为有功。万物恃道而生，说明道是万物存在发展变化的根据；功成而不有，说明道并不占有或主宰万物。

关于道的作用，《老子》第五十一章有这样的概括："道生之，德畜之，物形之，器成之①，是以万物莫不尊道而贵德。"道生出万物，德养育万物，于是物成其物，器成其器，所以万物都尊道而贵德。德是道家的又一重要概念，道和德的关系非常密切，所以汉代也把道家称为道德家。一般说来，道与德的关系是总与分的关系，道是总，德是分，道是万物得以生成的根本原因，德是一物得以生成的具体根据。一物之所得于"道"以成其体者就是"德"。

综上所述，"道"的作用有两个方面：一方面"道"作为世界的总根源演化出天地万物，一方面"道"作为世界的总根据决定着天地万物，"道"和万物的关系是生成与被生成、决定与被决定的关系。

---

① "器"通行本作"势"，据帛书乙本改。

在近代西方，有人把关于宇宙生成演化的学说称为"宇宙论"，把关于存在的根据的学说称为"本体论"。这两个概念虽然是后有的，但这两种学说却是古已有之，不仅西方有，中国也有。老子关于"道"的学说就包含了"宇宙论"问题和"本体论"问题："道"生成演化万物就属于"宇宙论"问题，道决定万物的存在就是"本体论"问题。老子的论述虽然相当简洁，却已把这两方面的问题都提出来了，这是老子在中国哲学史上的突出贡献。老子是中国历史上第一个摆脱了宗教或神话的束缚，从哲学的角度思考世界起源问题和存在根据问题的大思想家。虽然他思考的结论并不完全正确，但他迈开了走出宗教或神话之网的第一步，闯入了理论思维的新天地，这标志着中华民族认识能力和认识水平的一个飞跃，在中国哲学史上有着重要意义。

二 道法自然

老子关于道有许多描述，透过这些描述，我们可以看到道的含义是比较复杂的。老子一方面讲道是真实存在的，一方面又讲道是恍惚无形无象，他说："道之为物，惟恍惟惚。惚兮恍兮，其中有象；恍兮惚兮，其中有物。窈兮冥兮，其中有精；其精甚真，其中有信。自古及今，其名不去，以阅众甫。"（《老子》第二十一章）这一段话大体可分为两个部分，"惟恍惟惚""惚兮恍兮""恍兮惚兮""窈兮冥兮"，这都是在形容道恍恍惚惚、飘飘渺渺、难以测知的特点，"其中有象""其中有物""其中有精""其精甚真，其中有信"，这又是在强调道的实在性，说明道实有其物，而不是虚幻之事。老子强调道无形无象、飘渺不定是为了说明道不是一般的存在物，不具有一般事物可感知的任何特点，不同于现实世界中的万事万物，然而道作为世界的总根据又是最真实、最根本的存在，所以老子又要强调道"其精甚真，其中有信"。

道飘渺无形的特点表现为"无"，道真实存在的一面又表现为"有"，所以道既是有，又是无，道是兼赅有无两个方面的。所以《老子》第一章说："道可道，非常道。名可名，非常名。无，名天地之始；有，名万物之母。故常无，欲以观其妙；常有，欲以观其徼。此两者同出而异名，同谓之玄，玄之又玄，众妙之门。"这是强调道是难以用语言描述或命名的。凡是可以用语言来描述的（"可道"），就不是永恒的道，凡是可以用一般概念来命名的（"可名"），就不是永恒的名。"无"是用来称呼"天地之始"的，"有"是用来称呼"万物之母"的。从"常无"的角度，我们可以看到万物变化之微妙；从"常有"的角度，我们可以看到万物相别之分界。常有常无这两者同出于道而名称不同，却又都可称之为"玄"，玄而又玄，即是一切玄妙之变化的根源。总之，"道"作为世界之本原不同于一般的"有"，也不同于一般的"无"，它既有"有"的一面，又有"无"的一面，道是"有"与"无"的统一。

老子强调道"玄之又玄"，一方面是因为"道"产生和决定世界万物的作用之宏伟神妙，一方面也因为道是感官所无法把握、语言所无法描述的，"道可道，非常道"就反映了"道"的这一特点。《老子》第十四章说："视之不见名曰夷，听之不闻名曰希，搏之不得名曰微，此三者不可致诘，故混而为一。一者，其上不曒①，其下不昧，

---

① "一者"二字据帛书甲、乙本补，王弼本无"一者"。

绳绳不可名，复归于无物。是谓无状之状，无象之象，是谓惚恍。迎之不见其首，随之不见其后。""道"视而不可见，听而不可闻，触而不可得，说明"道"是超感官的，是人的普通的认识方法所无法把握的。"道"混然一体，广袤无边，没有上下之别，没有前后之分，也没有明暗（"皦""昧"）的不同。这样的"道"无可名状，好像空无一物，这就是"无状之状，无象之象"。这样的道确实是比较神秘的。

老子的"道"虽然很神秘，却完全不同于宗教的神。前面已经提到，老子认为道"象帝之先"，比上帝更根本，同时道本身也没有意志，并不是最高的神。老子说："道之尊，德之贵，夫莫之爵而常自然①。故道生之，德畜之……生而不有，为而不恃，长而不宰，是谓玄德。"（《老子》第五十一章）"道"的至高无上的地位是自然而然的，并非有什么爵位，"道"生养万物却不占有万物，"道"有所成就却不自恃有功，"道"使万物成长却不主宰它们，显然，这样的道不是有意志、有目的的神。

老子有一句非常有名的话叫作"道常无为而无不为"（《老子》第三十七章）。道"无不为"即是说道产生天地万物，一切事物的产生发展都离不开道的作用。"道常无为"则说明道的一切作用都是无目的的，是自然而然的。《老子》第三十五章又说："人法地，地法天，天法道，道法自然。"人效法地，地效法天，天效法道，道是最根本的存在，是最后的根据，道可以为天所效法，自己却无所效法，道是自然而然的。"道法自然"一句中的自然不是今天所谓的自然界，而是自然如此的意思。"道法自然"的说法明确表明道不是神，不具

①　"爵"字通行本作"命"，道藏本亦作"命"，此从帛书本。

有神的意志和主宰作用。

道的概念的出现标志着中华民族理论思维水平的深化与提高，尽管老子关于道的许多描述在今天看起来是神秘性的，但从人类认识史发展史的角度来看，道的概念则包含着深邃的思想内容。老子强调道是"无状之状，无象之象"，即认为道不同于任何有形有象的事物，却又像有形有象的万物一样是真实存在的，而且是万象万状的总根源和总根据。老子的逻辑是：万物的本原必然不同于万物中的一物，产生万物的世界本原不可能是有某种具体形态的事物，这正如桌子不可能产生椅子，棉花不可能产生小麦，任何具体存在都不可能产生一切存在，任何具体事物都不可能产生丰富多姿、形形色色、无穷无尽的万物，用庄子学派的话来说，这就叫作"物物者非物"。

老子的思考方式显然不同于古希腊人以水为万物的始基，也不同于古代印度人把地、水、火、风作为万物的材料。老子不在具体事物中寻找万物的本原，而相信万物的根源和共同本质不同于任何一种具体存在物，这一思想是合理的，反映了更高的理论水平。

老子强调道是神秘的、超感官的，这也不完全是荒谬的。因为道在老子那里意味着世界之根本和事物之规律，而世界之根本和事物之规律都确定不是感官所能直接把握的，但老子完全否定正常的认识能力则是错误的。

综上所述，道是一个十分独特的概念，它不同于上帝，不是神，也不同于西方哲学中的绝对观念或理念世界，道是老子提出的关于世界之本原的概念，是观念性的实体。如果说孔子仅对鬼神、上帝有所怀疑的话，那么老子的道则彻底推倒了上帝的宝座，开创了中国传统文化中的无神论传统。

三 祸兮福所倚，福兮祸所伏

老子对于中国哲学史的又一重大贡献是他提出了丰富的辩证法思想。

中国古代的辩证法传统萌芽很早。据记载，西周末年就有人在讨论"和"与"同"的辩证关系，提出了"和实生物，同则不继"的命题，"和"即不同事物的相互配合，"同"即相同事物的简单重叠。不同事物的相互配合可以创造出新的事物，相同的东西不断重复则不可能发展。孔子也说过"君子和而不同，小人同而不和"（《论语·子路》），意思是君子应该用不同意见来补充别人的意见，小人则是有意附和别人，不肯表示不同意见；君子可以帮助别人纠正错误，小人只能助长别人的错误。古代的和同之辩中包含了深刻的哲理。此外，在卜筮用的《易经》中，阴爻（－－）与阳爻（－）的对立与配合也透露了世界上普遍存在的阴阳两个方面相互对立又相互结合的情况。《孙子兵法·势篇》中也提出了许多富于辩证观念的命题，如"乱生于治，怯生于勇，弱生于强"等等。这些情况说明老子的辩证法体系的形成与出现不是偶然的、个别的现象，而是中华民族的古代辩证智慧的结晶。

老子反复说到对立面相互依存的情况。他说："天下皆知美之为美，斯恶已；皆知善之为善，斯不善已。故有无相生，难易相成，长短相形①，高下相倾，音声相和，前后相随，恒也②。"（《老子》第二章）天下人都只知道美就是美，这本身就不美了，天下人都只知道

---

① "形"，王弼本作"较"，河上公本作"形"，帛书甲、乙本作"刑"。"形"与"刑"古通用。

② "恒也"二字据帛书甲、乙本补。

善就是善，这本身就是不善，美与丑相对而生，善与恶相较而彰，这是审美判断与道德判断中对立概念相依而存的实例。此外，已有的事物可以逐渐消失，即"有"可转化为"无"；还没有的事物可以演化诞生，即"无"可转化为"有"。从概念来讲，有与无也是相对而言的，有了"有"才有所谓"无"，有了"无"才有所谓"有"，没有"有"也无所谓"无"，没有"无"也无所谓"有"，"有""无"二者是相依不离的，这就是所谓"有无相生"。

同样，"难"与"易"的关系也是这样。如果方法得当又积极努力，那么本来很困难的事就可以变得很容易；反之，如果态度消极，方法不当，那么本来不难的事就可能变得很复杂。从概念来讲，"难"与"易"也是相比较而存在的，"难"相对于"易"而言，"易"相对于"难"而言，"难""易"相比较而存在，相交替而出现，不可能只有"难"而没有"易"，也不可能只有"易"而没有"难"，这就是所谓的"难易相成"。在时空关系方面，长与短、高与低、前与后也都是相对而言的，有"长"才有"短"，有"高"才有"低"，有"前"才有"后"。长短、高低、前后都是既相反又相即不离的。

老子还专门举了许多"有"与"无"相互配合发挥作用的实例，他说："三十辐共一毂，当其无，有车之用。埏埴以为器，当其无，有器之用。凿户牖以为室，当其无，有室之用。故有之以为利，无之以为用。"(《老子》第十一章) 三十根辐条凑集于一个轴圈(毂)上，因为轴圈(中间)是空的才能穿过车轴，造成车子。揉粘土(埏埴)烧成陶器，陶器中空才有它的功用。建造房屋开门窗(凿户牖)，房子和门窗中空才有房屋门窗的作用。所以"有"能给人们提供便利，而"无"才显示出实际的功用。老子关于有无关系的论证是相当深刻的,因为一般人都只注意到"有"的作用,如有车、有器皿、有房屋等,却很少注意到"无"的作用,老子却指出,一物只有其"有"的方面并不能发挥其作用,只有有了"无"的方面,"有"的作用才能发挥出来。实有之物的作用有赖于"空无"之处,"空无"之处的功能依赖于"实有"部分,"有"与"无"二者相依不离,这是对立双方相互依存的一个生动实例。老子能在普通的日常生活现象中发现别人所没有看到的哲理,揭示了不为人所注意的"无"的功用和价值,表现了他非凡的观察力和思考力。

把对立面相互依存的道理用于观察社会生活,老子得出了"贵以贱为本,高以下为基"(《老子》第三十九章)的结论,揭示了"贵"与"贱"、"高"与"下"的辩证关系。一般人尊崇"贵"贬低"贱",追求"高"鄙视"低",老子则特别指出有"贱"才有"贵",有"低"才有"高",这里包含了高高在上的统治者必定以广大民众为自己的生存基础的道理,这也是高于一般人认识的杰出见解。

老子不仅看到了对立面相互依存的关系,而且看到了对立面相互转化的可能性与必然性。《老子》第五十八章说:"祸兮福之所倚,福兮祸之所伏,孰知其极?其无正也①?正复为奇,善复为妖。人之迷,其日固久。是以圣人方而不割,廉而不刿,直而不肆,光而不耀。"灾祸中隐藏着幸福的萌芽,幸福中埋藏着灾祸的种子,"祸"可以转化为"福","福"也可转化为"祸","正常"可以变化为"奇异","善端"也可引出"妖孽",这都是事物在发展中走向对立面的情况。谁知道这种变化的究竟呢(孰知其极)?这种变化中难道没

---

① "也"字据帛书乙本补。

有一定之规律吗（其无正也）？回答是肯定的。老子认为他掌握了事物向反面转化的一定规则，所以老子主张理想的人格应做到"刚正"而不显"锋芒"，有棱角而无伤于人，直率而不放肆，光明而不炫耀。老子看到了物极必反的规律，所以他主张在坚持正确原则时要避免极端化，从而防止适得其反，走向反面。

关于对立面的转化，老子还有许多解说，比如"物或损之而益，或益之而损"（《老子》第四十二章），说明事物在发展过程中不会直线前进，到了一定界限就会转到反面，本来要损害某物，但结果却可能帮助了某物的发展；本来要扶持某物，结果却损害了它，这种事与愿违的情况在各个方面都是常见的，这就是损与益相互转化的实例。此外，老子还说过"曲则全，枉则直，洼则盈，敝则新，少则得，多则惑"（《老子》第二十二章），委曲反而能够保全，弯屈到一定限度就会伸直，低洼之处反而能够充盈，凋敝到一定限度就会出现新面貌，少取则有所获，贪多则可能迷惑而无所得。老子从多方面论证了对立面的相互转化。

列宁曾经说过："可以把辩证法简要地规定为关于对立面的统一的学说，这样就会抓住辩证法的核心。"①所谓对立面的统一主要包括两个方面：第一，对立的双方相互依存，互为对方存在的条件；第二，对立双方在一定条件下可以相互转化，各自走向自己的反面。老子的思想学说虽然对辩证法没有做如此清晰完整的论述，但在《老子》五千言中，对立面相互依存和相互转化的观点已经表达得相当充分了，应当说老子思想已经抓住了辩证法的核心。老子是

① 列宁《哲学笔记》，《列宁全集》第55卷，人民出版社，1990年，第192页。

在中国哲学史上第一个系统地提出辩证法理论的哲学家。

四　柔弱胜刚强

老子认为事物是以成对的矛盾的形式出现的，矛盾的双方相反而相即不离，在一定条件下，正可变为反，反也可变为正。从这一辩证观念出发，老子研究了两方面的情况：第一，如何在不利的情况下争取有利的结果，如何以柔弱胜刚强；第二，如何避免在有利的情况下向不利方面转化，即如何知雄守雌。

关于柔弱胜刚强，老子曾经说过："天下莫柔弱于水，而攻坚强者莫之能胜，以其无以易之。弱之胜强，柔之胜刚，天下莫不知，莫能行。"（《老子》第七十八章）柔弱之水能克服刚强之物，如滴水穿石，这是人人都知道的事实，却很少有人能实行这一原则。如何以柔弱胜刚强呢？老子说："将欲歙之，必固张之；将欲弱之，必固强之；将欲废之，必固兴之；将欲夺之，必固与之，是谓微明，柔弱胜刚强。"（《老子》第三十六章）将收敛（歙）必先扩张，将衰弱必先强盛，将废毁必先兴旺，欲夺取必先给与，以此促进强大的事物尽快走向反面，从而可达到以弱胜强的目的。老子还说过："天长地久，天地所以能长且久者，以其不自生，故能长生。是以圣人后其身而身先，外其身而身存。非以其无私邪，故能成其私。"（《老子》第七章）为长生而不自生，为先身而后身，为存身而忘身，以无私而成私，这也都是对立转化的实例。

以上欲取先与的方法是为了促进对方的转化，那么如何防止自己这一方面向不利方向转化呢？或者说如何达到完满的状态呢？老子提出了预先容纳反面状态的方法。《老子》第四十五章说："大成若缺，其用不弊。大盈若冲，其用不穷。大直若屈，大巧若拙，大辩若讷，大赢若绌。"①最完满的状态好像是有缺陷的，其作用却不会衰敝，最充实的状态反而好像是空虚的，其作用却不会穷尽。最正直的好像有些弯曲，最灵巧的好像笨拙，最雄辩的好像有些口讷，最赢足的好像有所亏损。不论什么事物，只有容纳了它的反面才是最完备、最理想的状态，也才能"其用不敝"，"其用不穷"，即避免走向反面。

对于正面状态容纳反面的成分，老子还有更多的说明，如《老子》第四十一章说："明道若昧，进道若退，夷道若纇，上德若谷，大白若辱，广德若不足，建德若偷，质真若渝，大方无隅，大器晚成，大音希声，大象无形。""明道若昧"才是真正的光明，"进道若退"才能真正前进，同样，"平坦"中包含着某种不平，"崇高"中包含着某种"不足"，才是完满的状态。老子认为"正面"中包含着"反面"才是圆满的正面，只有正反结合才能达到高一级的"正"，才能使"正"不至于很快变为反。由此出发，老子主张"知其雄，守其雌"，"知其白，守其黑"，"知其荣，守其辱"（《老子》第二十八章），即主张虽有雄健之势，却甘居于雌弱之地；虽自身洁白，却甘处于黑暗之处；虽自知其光荣，却甘心承受卑辱。这也是要在正面的状况中包容反面的因素，达到正反的结合，从而避免走向反面。正面包容其反面才能保持其正，只有正面而没有反面，则"正"难以为正。这中间也包含着深邃的辩证法观念。

无论是争取由弱变强还是避免由强变弱，老子的基本方法都

---

① "大赢若绌"一句据帛书甲本补。

是由反入手，以反求正。这种方法在今天也仍有其现实意义。为了加速现代化建设，必须先压缩一下基本建设的规模；为了加强国防力量，必须先搞好经济建设；为了加速内地的发展，必须充分利用沿海的经济基础。这些都是以反求正的辩证法在今天的发展和运用。

老子提出的以反求正的方法是老子的辩证法达到纯熟的一个标志。这说明他对矛盾的普遍存在及对立面的相互转化有了深入的理解，对于矛盾的转化条件和规律有了一定的把握，因而他或主张推动这种转化以达到自己的目的，或主张避免这种转化以保持有利的地位。他掌握了矛盾运动的复杂性和事物发展趋势的多样性，并能运用自如。此外，老子强调的"无为而无不为"也表明他对事物自身发展的进程有充分的信心，并能遵从事物发展的自身规律。

老子和孔子是中华之智慧的两座山峰，远观双峰并峙，近看山脉相连。民间流传的儒道斗争并没有可靠的历史文献记载。道家思想是在儒家道德伦理体系之上增加一个自然而然的价值取向，并非简单否定儒家伦理。儒家希望通过每个人，特别是君主的个人道德修养达到天下太平，万民幸福；老子希望社会的治理者约束强制的手段，追求实现自然而然的理想秩序。二者都不会一蹴而就，但都有重要的长远的启示意义。

墨子和墨家

墨子，名翟，约生于周定王元年（前468），卒于周安王二十六年（前376），春秋末战国初的著名思想家。墨子创立了一个与当时儒家声望势力相近的墨家学派，这个学派在整个战国时代都十分活跃。墨子所创始和宣传的思想，有十大项目：兼爱、非攻、尚贤、尚同、节用、节葬、非乐、非命、天志、明鬼。墨子在宇宙观方面是一个唯心主义者，他想恢复对上帝和鬼神的信仰。但墨子有许多关于手工技术的知识，具有科学的精神和认识论上的唯物主义倾向。到了战国中期，墨家的学者们发展了墨子的科学知识，放弃了墨子的唯心主义思想，因而形成唯物主义流派。

　　墨家提出了系统的唯物主义认识论，提出了非常宝贵的价值观，在逻辑学、数学和自然科学方面有许多重大的发现和建树，是中国哲学史和科学史上的一个硕果累累的学派。可惜的是，这个学派随着秦王朝统一中国和封建专制制度的确立而中绝了，它所倡导的价值观、逻辑学、数学和其他自然科学也随之夭折，这是中国学术史上一个巨大的损失。墨家和墨学中绝的根本原因，在于它是代表处于平民阶级（当时称为"国人"）地位的手工业者的利益。在春秋战国时代的社会阶级结构中，平民阶级是一个介于贵族阶级与被奴役的"野人"之间（其性质介于奴隶和农奴之间）的阶级，这个阶级享有参加朝会决定国家大事的权力，有运用舆论褒贬国君、执政和贵族的权力。在一些特殊情况下，可以作为一个独立的政治集团与贵族或国君订立"盟誓"，在遇到经济困难时有获得国家和贵族救济的权利。总之，这是一个享有一定民主权利的阶级。随着封建专制制度的确立，封建统治者实行"强本（农业）抑末（工商业）""重困商贾"的政策，手工业者的地位下降到农民之下，丧失了一切民主权利。这就使墨家不可能再存在下去了。

　　在墨子和墨家一系列重大的学术建树中，我们拟介绍以下两项。

一　"义利"统一与"德力"并重

在秦汉以后中绝的墨子思想中，最重要的要数义利统一和德力并重的价值观。价值观属于文化结构的深层，与世界观一起构成一个民族的共同心理的基本内容。一个在一定民族中占统治地位的价值观，对该民族的发展具有十分巨大的反作用。

中国传统哲学在价值观方面的争论，集中在"义利"关系与"德力"关系问题上。义利问题包含个人利益与社会利益、物质需要与精神需要的关系问题。德力问题则是一个物质力量和精神境界的关系问题。在先秦，儒家重义轻利，认为道德才是最高价值，儒家还把"德"与"力"对立起来，忽视力的价值。例如，孔子认为千里马的价值在于性情善良，而不在于日行千里；射箭所贵的是"中的"，而不在于穿透皮革，因为"中的"是心正的表现，穿透皮革则只是力的作用。与儒家对立的道家则"义利""德力"都不要，只重一个"生"，认为只有生存才是最高价值，其中最极端的杨朱甚至拔一毛而利天下不为。墨子和墨家则主张"义利"统一、"德力"并重，特别推重"利"和"力"的价值。

墨子和墨家肯定公利就是最高价值，强调"国家百姓人民之利"（《墨子·非命上》）。墨子说："仁人之所以为事者，必兴天下之利，除去天下之害，以此为事者也。"（《墨子·兼爱中》）仁人的任务就是兴天下之利，天下之利就是最高价值。墨子还说："必立仪。言而毋仪，譬犹运钧之上而立朝夕者也，是非利害之辨不可得而明知也。故言必有三表。何谓三表？子墨子言曰：有本之者，有原之者，有用之者。于何本之？上本之于古者圣王之事。于何原之？下原察百姓耳目之实。于何用之？发以为刑政，观其中国家百姓人民之利。

此所谓言有三表也。"(《墨子·非命上》)这是说,立论必须有标准。如果没有标准,就像在旋转的陶器模型轮子上测量早晚的日影一样,那是搞不清是非利害的区别的。立论必须有三个标准。哪三个标准呢?第一要推究来历,第二要详察实情,第三要考验实用。从哪里推究来历呢?上要追究古代圣王的往事。从哪里详察实情呢?下要详察百姓耳闻目见的实情。从哪里考验实用呢?在刑法政事中实施起来,看一看是否合乎国家人民的利益。这就是立论的三个标准。这三个标准,其一是传统的标准,其二是经验的标准,其三是功利的标准。墨子认为,凡正确的言论,必然是合乎传统,根于百姓闻见,合乎国家人民利益的。他在论证自己的十项主张、批判他认为是错误的观点时,总是以此三表为标准,而且往往最后归结到"利"。这就表明,墨子认为是与利、非与害是不可分的,追求真理也就是追求国家人民的利益,公共利益就是最高的价值。

墨子和墨家重利,同时也"贵义",即重视道德的价值,主张"万事莫贵于义"(《墨子·贵义》)。墨子认为,"义"是衡量一切是非的标准。把握了义,就像造轮子的人有了圆规,木匠有了曲尺一样。何以要贵义呢?就因为"义"是最有利于人民的。墨子说:"所以贵良宝者,可以利民也。而义可以利人,故曰:义,天下之良宝也。"(《墨子·耕柱》)人们之所以看重良宝,是因为它可以利民。而义可以利民,所以说,义是天下的良宝。墨子肯定"义"的价值,完全在于它可以利人,"义"和"利"有着不可分割的联系,"不义"和"害"也是如此。要而言之,"义,利也"(《墨子·经上》),"义"即是"利","义"即是国家百姓人民的利益。这就表明,墨子与墨家认为义、利是统一的,国家百姓人民之利不仅是最高价值,而且是道德的最高准则。

墨子和墨家不仅主张义、利统一，而且主张志、功统一，"志"即动机，"功"即效果。《墨子》中有这样一段故事。鲁国国君问墨子说：我有两个儿子，一个喜欢读书，一个喜欢把自己的财物分给别人，你看哪一个可为太子？墨子说：这很难确定，他们也许是为了赏赐和名誉而这样做的。钓鱼的人，恭敬地站着，并不是为鱼的利益。用虫作饵引诱老鼠，并不是爱它。君主应该"合其志功而观焉"（《墨子·鲁问》），即把动机与效果结合起来看。这里"志""功"两个伦理学范畴，是墨子第一次明确提出来的。既然评价一个人的行为应合"志""功"而观之，那么，看一个人是否有道德，就不能仅仅看他怎么想，怎么说，还要看他是否付诸实施。墨子及其后学都极富力行精神，他们以粗布为衣，以草鞋为履，量腹而食，工作"日夜不休，以自苦为极"（《庄子·天下》），只要利于天下，虽摩顶放踵在所不惜。

根据义利、志功统一的思想，墨家提出："义，志以天下为芬，而能能利之，不必用。"（《墨子·经说上》）这就是说，有以天下为分内事的动机，还要能善利天下人，但善利天下人不必在上位。

墨家给"力"下的定义是"刑（形）之所以奋也"（《墨子·经上》），力就是人体生理的效能。力亦称"劳""从事"。农夫妇人的生产劳动是"力"，统治者"听狱治事""治官府"也是"力"，士人著书立说也是"力"。总之，"力"与我们今天所说的生产、劳动、工作是一致的。

墨子尚"力"，认为它是人与动物相互区别的特点。他认为，动物用它身上的羽毛为衣服，用它脚上的蹄爪为鞋靴，以自然水草为饮食,而人是不同的,"赖其力者生,不赖其力者不生"(《墨子·非乐上》),出力劳动生产才能生存,不出力劳动生产就不能生存。这种以生产劳动作为人与动物相区别的标志的观点,比儒家以道德作为人与动物相区别的标志的观点要深刻得多。马克思主义认为,劳动是使人与动物区别开来的根本原因,墨子在一定程度上窥测到真理的一些因素,这在当时是一个伟大的发现。

墨子还认为,"力"和"命"是对立的。个人的富贵,国家的治乱安危,都取决于"力"即劳动和工作,而不是由于什么预先决定的命运。他还把"执有命"的人称为不仁不义的人,因为这种"命论"学说将导致国家危乱、财用匮乏。他把驳斥"有命论"、提倡"尚力"论看作是行义者的责任。墨子还提出,偷人桃李、抢人牛马、侵略别人,都是不仁不义的行为,因为这是"亏人自利"(《墨子·非攻上》),是"不与其劳,获其实"(《墨子·天志下》),即不劳而获。这就表明,墨子和墨家是"德""力"并重的,把劳动看成评价人的道德行为的一个尺度,认为努力劳动、努力工作是义、是利,反之则是不义、是害。

由于墨子和墨家主张"义利"统一、"德力"并重,所以他们十分重视发展物质生产。墨子所说的"天下之利"的具体内容是"富"与"庶",即物质财富的生产和劳动力的生产。他主张"节用""节葬""非乐""非攻",一个重要的理由是这样可以节约一切不必要的费用,避免劳动力的牺牲,不耽误生产,因而可以达到使财富和人力成倍增加的目的。墨子和墨家还十分重视包括科学技术在内的各种关系国计民生的知识技能的研究。墨家对逻辑学、数学、物理学(力学、光学等)乃至经济学都很注意研究,对各种手工技艺(包括民用手工业和军械业）也很注意研究，这显然与他们的"义利"统一、"德力"并重的价值观是有密切联系的。

墨家学说在一定程度上可以看作是一个相对独立的文化价值体系。唯物主义的认识论和"德力"并重、"义利"统一的观点是这个相对独立的文化价值体系的核心，并有一系列的政治、经济、自然科学、逻辑知识作为外围。它的重要特征是重视知识、重视人才（尚贤），重视发展生产。虽然这个体系有轻视乃至否定文学艺术的缺点，但从结构上来看却有胜过当时的儒家体系和道家体系之处。可惜的是，这个学派后来中绝了，中华民族在漫长的历史中一直受儒家重义轻利，"德力"分离的价值观的统治，虽然后来也有少数思想家提倡过"德力"并重（王充）和"义公天下之利"（张载）的思想，但没有发生多大影响。这种重"义"轻"利"、"德力"分离的不良倾向及伴随着它的对逻辑学、科学技术的轻视，是16世纪以来中国科学技术乃至整个文化逐渐落后的思想根源之一。我们应当认真总结历史的经验教训，变革我们民族根深蒂固的价值观念体系，肯定"力"和"利"的价值，同时也不忽视道德的价值，坚持两个文明一起抓的正确方针，以推动我们社会主义建设的发展。

二　好学而博

《庄子·天下》篇称墨子"好学而博"，墨家确实是一些博学之士。《墨子》中，有非常丰富的逻辑学、数学、自然科学和技术知识，这些学问不像在其他哲学家或哲学流派的著作中那样，混杂散见于哲学或政治、伦理的论述之中，而是独立自成篇章。墨家的逻辑学、数学、自然科学和认识论，集中于《经上》《经下》《经说上》

《经说下》《大取》《小取》六篇，通称《墨辩》。墨家的具体科学技术知识在当时是非常了不起的成就，但到了今天，多数已成为中小学生必备的常识了。对这些知识的发掘研究是历史学家们的工作，对于以阐发中华智慧为任务的本书来说，重要的不是介绍这些知识，而是要从这些知识的形成探讨墨家的科学学风，从中汲取教益。

墨家科学上的建树，除了与其唯物主义的认识论和"义利"统一、"德力"并重的价值观有密切关系之外，还与其将逻辑学、数学、自然科学、工艺技术紧密结合的科学的学风有密切的关系。

战国中后期，"名辩"之风盛行一时，风靡了整个学术界。在这种"名辩"之风中，逻辑学获得了长足的进步。后期墨家积极参加了逻辑学的研讨并取得了重大的成就。墨家学者研究逻辑学有明确的目的。《小取》论"辩"即逻辑学的功用与目的说："夫辩者，将以明是非之分，审治乱之纪，明同异之处，察名实之理，处利害，决嫌疑。""明是非之分"即分别是非，"审治乱之纪"即弄清楚治乱的规律，"明同异之处"即明白同异的所在，"察名实之理"即考察名实关系的原理，"处利害"即判别利害，"决嫌疑"即解疑难。这六项即"辩"的功用与目的。由于墨家辩者明确地将逻辑学当作明是非、处利害的工具，所以他们不论研究什么学问都十分讲究逻辑。这是他们能在数学和其他自然科学方面取得重大成就的原因之一。例如，在几何学方面，墨家给点（端）、直线（直）、直线的中点（中）、平面（平）、圜（圆）、矩形（方）、体（厚）等几何概念下了十分严密的定义，如说"圜（圆）^①，一中同长也"，"方，矩兒交^②也"。这些定

———————————

① 圜，即"圆"。
② "兒交"原文为"见支"，据谭戒甫《墨辩发微》改。

义，直到今天看来也是正确的。

墨家几何学与欧几里得几何学有一个重要的区别，它不讲没有大小的点、没有宽窄的线、没有厚薄的面和没有质料的体。他们把点叫做"端"，说："端，体之无厚①而最前者也。"（《墨子·经上》）点是部分中极微小的极限，它是"无间"即充满而不可分的，是对物体的分割的极限。他们所说的"厚"即体同时兼有物体的含义，如说："厚，有所大也。"（《墨子·经上》）又如说："无盈无厚。"（《墨子·经说上》）孙诒让认为，"无盈无厚"是说"物必有盈其中者，乃成厚之体；无所盈则不成厚也"（《墨子间诂·经说上》）。体是有质料充盈于其间的。这说明，墨家几何学的基本概念不像欧氏几何那样具有纯粹抽象的性质，而是相对具体的，它有与物理学结合在一起的特点，是名副其实的"形学"。这一特点，不仅表现了后期墨家的唯物主义精神，而且表现了他们将数学与其他自然科学相结合的学风。在科学上，他们的几何概念的相对具体性也是无可厚非的。现代数学发现，按照欧几里得关于点、线、面、体的定义，会在点何以能积成面、面何以能积成体的问题上遇到不可克服的困难，现代物理学也发现，无保留地将这些定义运用于自然科学，常常陷入坂田昌一所谓的"平面的逻辑"，造成理论计算的困难和思维的失误。为了解决这些困难，出现了一种叫做"非标准分析"的数学，它的出发点就是把点看成由一个标准部分（对应于传统数学的点）和若干非标准部分结合而成的，可以通过积分的方法由点推算出线。这种数学，在一定意义上，也可以看作是在高阶段上向墨家几何学的

---

① 原文为"序"，据王引之说改。

复归。

　　由于与逻辑学、数学相结合，墨家的自然科学具有精密、定量的特点。墨家对物理学、光学、力学所使用的概念都有明确的定义。如他们把久（时间）定义为"弥异时也"（《墨子·经上》）、"久，古今旦暮"（《墨子·经说上》），时间即遍于一切特定时间的总时间。把宇（空间）定义为"弥异所"（《墨子·经上》）、"东西家南北"（《墨子·经说上》），空间即遍于一切特定空间的总空间。把运动（动）定义为"域徙也"①（《墨子·经上》），运动是物体在空间中的移动，并指出运动必须有一定的时间，如说"行脩以久"（《墨子·经下》），"脩"指远近，"久"指时间。以上所述表明，墨家已形成了一个完备、严密、清晰的描述物体位置移动的运动学概念体系。在此基础上，墨家对物体运动进行了初步定量的研究。墨经说："宇或徙，说在长宇久"（《墨子·经下》），"长，宇徙而有处，宇南宇北②，在旦有在莫（暮），宇徙久"（《墨子·经说下》）。这里的"徙"指运动，"长宇久"指运动必须有一定长的时间和一定长的空间。"宇徙而有处，宇南宇北"指运动的空间按运动的起始点和终止点之间的距离计算，如日之运行由东而西，时间按运动的开始时和终止时之间的长度计算，如日之运行由旦而暮，所以，运动的量（长）是用运动的时间和距离来描述的（宇徙久）。为了计量运动，墨家还引入了两个计量单位："敷"（步伐）和"久"。我们不要小看这些成就，有了这一套严格定义的概念体系和定量研究的意识和方

---

①　"域徙"原文为"或从"，据孙诒让说改。
②　原文为"宇宇南北"，据高亨说改。

法，就有可能产生精密的力学。墨家注重定量研究的又一个例子是他们对光通过小孔成像的研究。他们指出，根据光源本身的长短及光源、隔屏、照壁三者的距离，可以计算出像的长短。这里对光学的研究显然是运用了几何学的工具。

今天的读者可能会认为，墨家这种将逻辑学、数学和其他自然科学、工艺技术结合在一起的做法没有什么稀奇，人们每天都是这样做的。但这正是近代和现代自然科学得以产生和健康发展起来的必要条件。没有这种结合，就没有近现代自然科学。西方科学和西方文化之所以从16世纪以后越来越快地超过了中国科学和文化，一个重要的原因是西方自毕达哥拉斯学派开创了数学与自然科学结合的传统。这种传统一旦获得近代工商业大发展的良田沃壤，就生根开花，结出了累累果实。如果说古希腊的哲人大多是奴隶主思想家，他们虽注重逻辑学、数学和其他自然科学结合，却把科学当成一种纯智慧追求的话，那么，墨家还多了一个与工艺技术相结合、以科学为天下人谋利的优点。可惜的是，随着墨学的中绝，墨家开创的学术传统也失传了。秦统一以后，逻辑学、力学、几何学、光学的研究一蹶不振，墨家著作，尤其是《墨经》无人问津，简策淆乱，文字衍讹丛生，成了一本几乎无法读懂的天书。虽然直到16世纪以前，中国的科学技术仍处于世界领先地位，但是，数学（主要是代数学）与其他自然科学和技术是在不与逻辑学结合并且互相分离（除天文算学这一例外）的情况下发展的，这样，自然科学既无严密的概念体系，也没有定量研究，并不是真正严格意义上的实证科学。这应该是中国未能发展出近代自然科学的重要原因之一。不仅如此，由于逻辑学的衰微，中国哲学和社会科学形成了重了悟而不重论证的弊病，中国哲人的文章往往是片断的随笔随感式的，没有形式上的条理系统，有些哲人甚至不立文字，人们只能通过其学生的记录（语录）去研究他们的思想。弟子很多，水平不一，语录就难免失真和矛盾抵牾。这对中国哲学和社会科学的发展显然也是不利的。由此看来，墨家科学传统的中绝，实在是中国学术史上一个巨大的损失。我们应当学习墨家和西方的科学传统，反省中国传统文化的是非得失，以崭新的姿态迎接新的挑战。

墨家有系统的唯物主义认识论，在中国哲学史上产生了积极的作用。墨家在考虑诸如生命、运动、虚盈、动静等问题时，总是以形为基础。如说："生，刑（形）与知处也。"（《墨子·经上》）生命即有知觉之形。又如说："力，刑（形）之所以奋也。"（《墨子·经上》）力是形运动的原因，运动就是形的位置移动。又说："纑（栌），间虚也。""盈，莫不有也。"（《墨子·经上》）"虚"即形与形之间中空无物之处，而"盈"乃处处充满之意。战国中后期是"元气"说的萌芽酝酿时期，各派哲学家都讲"气"，"气"是形质之所以成者，墨家对此则只字不提。因此，墨家的宇宙观大体上是以形为本的。在无限的时空中，有无数的有形质的物体，它们彼此不能相入，但可以分割而至其极限——端，有形质的物体在力的作用下做位置的移动，一种形体可以向另一种形体转化，形体也可以失去一些部分，或增加一些部分。

墨家这种宇宙观，与其自然科学基础（主要是几何学、力学、光学）显然有密切的联系，与其十分注重形式逻辑而很少辩证法、与其经验论的唯物主义反映论显然也有密切的联系。在这个意义上，墨家的宇宙观与中国唯物主义的主流"元气"说差别很大，是另一个不同的传统。可以设想，如果中国的工商业者不被中央专制集权的帝国抑制到没有丝毫政治权力的地步，如果中国的工商业像古希腊那样发展起来，那么，墨学是很有可能继续发展，中国传统文化的面貌也许会大大改观。

孟 子

孟子，名轲，约生于周安王十七年（前385）前后，约卒于周赧王十一年（前304）前后，战国中期邹国（今山东邹县）人，中国古代大思想家、大哲学家、大政治家，是孔子创立的儒家学派的主要继承人。

孟子本是鲁国贵族孟孙氏的后代，当孟子出生时，他的祖先早已经家道衰微，从鲁国迁到了邹国。传说"孟母择邻教子"的故事，虽然不见得十分可靠，但足以说明孟子幼年受到了母亲比较严格的家庭教育。

孟子一直崇拜孔子，他曾受业于孔子的孙子（子思）的门人。他心中十分景仰孔子的学问，很为自己不能直接受教于孔子而感到遗憾。《孟子·离娄下》说："予未得为孔子徒也，予私淑诸人也。"孟子对孔子尊崇备至，他说："自生民以来，未有盛于孔子也。""乃所愿，则学孔子也。"（《孟子·公孙丑上》）孟子景仰孔子、学习孔子，终于成为儒家的第二个最重要的理论家，而他在宋明理学中的实际影响已超过孔子本人。

由于孟子有坚定的信仰和广博的学问，所以在当时已有很大的影响。据说他游说魏王、齐王之时"后车数十乘，从者数百人"，声势十分浩大。他有很高的政治抱负，希望用自己的仁政学说辅佐当时的大国之君治理国家，进而以"仁政"统一天下。但是当时几个大诸侯国都忙于攻伐，一些小国也为如何在大国的缝隙中谋求生存而忧虑，所以尽管这些国君很尊敬孟子，给他以优厚的礼遇，但最终都不能采纳他的学说。孟子的学说反映了统治阶级的长远利益，却不适应当时各诸侯国眼前的急需，使他的学说被视为迂阔而无用。然而，孟子思想的理想主义光芒在历史上是普照的。

孟子先后游历过魏、齐、宋、滕等国，历时约二十年，但政治抱负始终得不到施展，所以晚年又回到故乡专门从事教育事业，他从教学活动中得到了很大的慰藉。他说君子有三乐:"父母俱存,兄弟无故,一乐也;仰不愧于天,俯不怍于人,二乐也;得天下英才而教育之,三乐也。"(《孟子·尽心上》)他把得到好学生、教育好学生当作莫大的乐趣,事实上这种乐趣是一般人所得不到的。

孟子在政治上有道德主义、改良主义倾向。他主张统一天下,但关于统一天下的方法却与法家人物的主张不同。孟子主张首先通过仁政争取民心,然后兴"仁义之师"以征服天下;各国诸侯则多取法家的理论富国强兵,以武力征服天下。孟子不是激进的革命派,却也不是反对变革的守旧派。

孟子在哲学上继承了孔子的天命思想,他所说的天也有客观意志的含义,他说:"君子创业垂统,为可继也。若夫成功,则天也。"(《孟子·梁惠王下》)孟子认为君子开创事业,为的是让后代继承,至于事业能否成功,则取决于天意。他还认为尧把天下让给舜、禹把天下传给儿子启都是天所决定的。由此说来,孟子的思想似乎有命定论倾向。但孟子比孔子更重视人的主观能动性,他强调"思"的作用,"思则得之,不思则不得也"(《孟子·告子上》),也就是肯定了理性认识的重要地位。他认为人的理性可以认识事物的规律。他说:"天之高也,星辰之远也,苟求其故,千岁之日至,可坐而致也。"(《孟子·离娄下》)。这里所说的"故"即事物之所以然,也就是规律。天虽然极高,星辰虽然极远,但只要找到其规律,那么即使一千年以后的冬至,也可以坐而求得。孟子既承认客观规律,又强调主观能动性,这在哲学史上也是有重要意义的,不能因孟子强调主观能动性就说他是主观唯心主义者。

一 民为贵，君为轻

孟子认为在社会政治生活中，最重要的是民众，民众是邦国、诸侯、天子存亡或变更的最根本的因素，这就是孟子所说的"民为贵，社稷次之，君为轻"（《孟子·尽心下》）。这里所谓的"民贵君轻"就是说人民的地位与作用比君主更为重要。这里所说的"社"是土神，"稷"是谷神，代表土地和粮食。土地和粮食是古代农业社会中最为重要的东西，因此被作为国家政权的象征。孟子认为，在一个邦国中，看起来至高无上的君主其实并不那么重要，土谷之神比君主个人更为重要，而百姓则是邦国之根本，是最重要的基础。为什么这样呢？孟子解释说："是故得乎丘民而为天子，得乎天子为诸侯，得乎诸侯为大夫。"（《孟子·尽心下》）只有得到民众的拥护才可以成为天子，只有得到天子的欢心才可以成为诸侯，只有得到诸侯的欢心才可以成为大夫。所谓"得乎丘民而为天子"，说明天子的统治基础在于民众（"丘"即众，丘民即民众），得不到民众拥护的天子迟早要被赶下台，所以民众最根本、最重要。孟子进一步解释说，如果诸侯危害了国家，那就应该改立诸侯；如果虔诚地祭祀土谷之神而仍然旱涝不止，那就应该改立土谷之神。在孟子看来，天子、诸侯、大夫、土神和谷神都是可以改立变置的，只有民众是无可改换的，因而民众是最根本的。也就是说，百姓、人民才是一国之本。

在君与民的关系上，孟子强调民贵君轻，强调君主决定问题要从民众的意愿出发。比如要选拔有贤德的人，如果左右亲信都说某人好，不可轻信，如果各位大夫也都说某人好，也不可轻信；只有全体国人都说他好，才可以去考察他和任用他。又如左右亲信都说某人不好或当杀，不可轻信；诸位大夫也都说某人不好或当杀，也不可轻信；只有全体国人都说某人不好或当杀时才应该去了解情况，然后罢免他或杀掉他。孟子认为最高统治者没有随心所欲的权利，只能以人民的意志为自己的意志。公元前315年，齐国攻打燕国，五十天而大获全胜。于是齐宣王问孟子说：有人劝我吞并燕国，有人劝我不要吞并燕国，我想，像我们这样一个拥有万辆兵车的大国去攻打同一个有万辆兵车的大国，仅五十天就打下来了，这光凭人力是难以做到的，一定是天意如此。所以，如果我们不吞并燕国，那就违反了天意，上天一定会降下灾祸来。如果我们吞并了燕国那又怎么样呢？孟子回答说："取之而燕民悦，则取之"，"取之而燕民不悦，则勿取。"（《孟子·梁惠王下》）是否吞并燕国应取决于燕国人民的态度，即以燕国人民的意愿和利益为出发点。孟子认为一国之君不仅应当考虑本国人民的利益，而且应该考虑到战争中敌国人民的利益，这是相当彻底的民本理论，是很有见地的。可惜齐宣王并不重视孟子的劝告，齐军大肆蹂躏燕国人民，所以很快就被燕国人民赶走了。

在孟子生活的时代，人们普遍信仰"天"，认为"天"是有意志的，天意决定着人间的兴亡盛衰。孟子也相信"天意"的决定作用，但他又相信"天"是按照人民的意向来决定人事的。他的学生曾问他："尧以天下与舜，有诸？"他回答："否，天子不能以天下与人。"学生又问："然则舜有天下也，孰与之？"孟子答曰："天与之。"（《孟子·万章上》）孟子认为尧把天下让给舜并不是尧个人的意志所能决定的。天子能够向"天"推荐人，却不能强迫"天"把天下交给这个人，这正如诸侯可以向天子推荐一个人，却不能强迫天子一定把诸侯的职位给与这个人。尧让天下与舜实际上是"天与之，人与之"（《孟子·万章上》），而不是天子个人可以任意决定的。孟子还引用《尚书》的话做总结说："天视自我民视，天听自我民听。"（《孟子·万章上》）这样就把"尊天"与"重民"两个方面调合起来了，在"尊天"的同时充分肯定了"民意"的重要性。

　　既然人民是最根本的，所以对于统治者来说，最重要的就是要"得民"，即得到人民的拥护。孟子对于如何得民有明确的论述。他说："桀纣之失天下也，失其民也；失其民者，失其心也。得天下有道：得其民，斯得天下矣；得其民有道：得其心，斯得民矣；得其心有道：所欲与之聚之，所恶勿施尔也。"（《孟子·离娄上》）孟子指出，统治者是否得民心是能不能得天下的关键，而得民心的关键则在于帮助人民实现自己的欲望要求，而不要做违背人民意愿的事。孟子的"民贵君轻"理论是充分照顾人民利益的，并不是虚伪的说教。孟子还说："诸侯之宝三：土地，人民，政事。宝珠玉者，殃必及身。"（《孟子·尽心下》）以人民为宝而不以珠玉为宝，这是历来的封建统治者都难以做到的。唯其如此，孟子的理论才备受有识之士的重视而愈增其可贵的光彩。

　　孟子从"民贵君轻"的理论中还引申出了君臣关系相对性的理论。孟子说："君之视臣如手足，则臣视君如腹心；君之视臣如犬马，则臣视君如国人；君之视臣如土芥，则臣视君如寇仇。"（《孟子·离娄下》）孟子认为君臣关系并不是绝对服从的关系，只有君主敬重爱护臣下，臣下才能忠于君主，君主若不把臣下当人看，臣下就可以敌视君主。这种理论对专制主义者来说是有力的针砭，曾引起不少暴君的不安。朱元璋就因此下令把孟子的牌位从孔庙中搬走。

孟子还充分肯定了臣下和人民反抗暴君的权利。齐宣王曾问孟子：难道周武王作为臣子可以杀了他的君主商纣王吗？孟子回答说："贼仁者谓之'贼'，贼义者谓之'残'，残贼之人谓之'一夫'。闻诛一夫纣矣，未闻弑君也。"（《孟子·梁惠王下》）在古代，臣下杀君主、子女杀父母叫作"弑"，讨杀罪犯叫作"诛"。孟子认为商纣王践踏仁爱和道义，已成为孤家寡人，武王讨伐纣王只能叫作"诛"，不能叫作"弑"。根据新近出土文献《鲁穆公问子思》，子思说过"恒称其君之恶者，可谓忠臣矣"①。因为这种人只求公义，不求"禄爵"。看来孟子思想其来有自。先秦儒家的民本思想是非常鲜明的，与汉代以后纳入"君为臣纲"的儒学是有根本不同的。

孟子的"民贵君轻"理论没有达到西方资产阶级反封建领主或国王的认识高度，因为这种理论并不要求限制或废除君权，只是要求君主以人民为立国之本，我们可称之为民本主义。民本主义理论揭示了人民在社会政治生活中的重要作用，肯定了民心向背的不可抗拒的力量，这是符合历史事实的，也是有利于社会进步的。孟子说的"天时不如地利，地利不如人和""得道者多助，失道者寡助"（《孟子·公孙丑下》）等思想也都是强调顺应民心的千古名言。两千年来，这些名言成了历代进步人士反对暴政和强权的理论根据。

二 "恒产"与"恒心"

孟子在政治上提出了"民贵君轻"的理论，在经济上则提出了"制民之产"的主张，这是他的民本思想的具体体现，是他为小农

---

① 李零《郭店楚简校读记》，北京大学出版社，2002年，第85页。

经济设计的理想化的生活蓝图。

孟子是在回答齐宣王的咨询时提出制民之产的主张的。战国中期，齐国是一个国力比较雄厚的大国，齐宣王执政后，更希望自己能统一天下，于是孟子劝齐宣王以"仁"政统一天下。当齐宣王问怎样实行仁政时，孟子便解释说："无恒产而有恒心者，惟士为能。若民则无恒产，因无恒心。苟无恒心，放辟邪侈，无不为已。及陷于罪，然后从而刑之，是罔民也。"（《孟子·梁惠王上》）这里的"恒产"即稳定的生产资料，"恒心"即正常的道德行为，这里所说的"士"不是特指做官的人，而是指有学识有修养的人。孟子指出，一般人如果没有一定的生产资料作为稳定的经济来源，就不会有正常的道德意识，就会违法乱纪，无所不为。如果统治者不保障人民一定的生活来源，等百姓犯了罪再去惩罚他们，那就简直是在陷害人民了。孟子在这里说"士"可以无恒产而有恒心，"民"则无恒产而无恒心，是把"士"作为特殊情况来说的，而"民"则作为一般情况来说的。孟子是强调在一般情况下物质生活与精神生活的密切联系，这一点是正确的。

在论证了民无恒产则无恒心之后，孟子就提出了他的"制民之产"的主张："是故明君制民之产，必使仰足以事父母，俯足以畜妻子；乐岁终身饱，凶年免于死亡，然后驱而之善，故民之从之也轻。"（《孟子·梁惠王上》）所谓制民之产就是要规定百姓的一定的财产，实质上即当时的主要生产资料——土地。这些财产要足以供百姓赡养父母，抚养妻儿，要能保证百姓在丰收年衣足食饱，在灾荒年也不致饿死。这样再诱导人民讲道德，人民就很容易接受了，否则人们连救命求生都唯恐不及，哪里还谈得上礼义道德呢？接着孟子描绘了一幅小农生活的美景：给每家五亩宅院，周围种桑养蚕，让五十岁以上的人都穿上丝绵衣，让每家都能适时养鸡喂猪，使七十岁以上的人都可以吃上肉；给每家一百亩农田，不要妨碍农时，让八口之家也可以吃饱饭，然后办学校、讲礼义，父慈子孝，兄友弟悌，扶老携幼，蔚为风气。孟子认为，能做到这一步就不可能不得天下。孟子的思想逻辑是欲得天下必须得民心，欲得民心必须制民之产。孟子要求统治者保障人民的基本生活条件，使人民能够安居乐业，这反映了广大农民的利益和要求，因而有一定的进步性。同时，"无恒产者无恒心"的思想肯定了物质生产活动对于思想意识和道德行为的决定作用，这也具有较为深刻的意义。

马克思主义认为，人们的社会意识、道德观念来源于一定的社会存在并受一定的经济地位制约，马克思主义反对脱离社会物质生活而侈谈道德原则，正是在这一点上，孟子的"无恒产者无恒心"的命题揭示了真理，肯定了社会物质生活与精神生活的密切联系。大约在战国中期编辑完成的《管子》一书的第一篇也说过"仓廪实则知礼节，衣食足则知荣辱"，意思是国家富足了才能有礼仪文化，人民衣丰食足了才能有道德意识。《管子》从正面肯定了基本的物质生活条件对文化道德的决定作用和制约作用；孟子则从反面说明了没有一定的物质生活基础就不可能有稳定的道德意识，二者异曲同工。

无论《管子》的"仓廪实则知礼节"，还是孟子的"无恒产者无恒心"，都是就一般情况来说的，因为这些命题是就一般情况而不是就个别现象来说的，所以它们具有哲学命题的普遍意义，然而也因为这些命题是就一般情况来说的，所以它们不能适应所有的个别现象。有的邦国富强了却不讲信义，专恃强权；有的人腰缠万贯却鄙吝贪婪；有的人一贫如洗却能高风亮节。孟子正是看到了这种财富与道德不一致的情况才提出了"无恒产而有恒心者，惟士为能"的命题，认为少数道德高尚的人不会因为贫穷而丧失道德原则，这也是正确的，它揭示了物质生活与道德行为的关系的另一个方面，说明物质生活与精神生活既有密切的不可分割的联系，又不是简单的同一关系或同步关系。

从总体上来看，从人类社会历史发展的角度来看，社会物质生活在一定范围内制约并决定着人们的道德意识和道德行为，就此来说，"无恒产者无恒心"的命题揭示了一般规律。就某一时期、某一地区、某些人群来说，物质生活水平与精神生活水平常出现不协调、不适应的情况，就此来说，"无恒产而有恒心"的情况是值得赞扬的。只是孟子把这两方面分别归之于"民"与"士"两种人，则有些简单化了。

三 "生"与"义"

孟子反复教育统治者要注意人民的基本的物质生活条件，强调经济基础对道德意识的决定作用，但孟子并不认为人应以物质利益为追求目标，相反，他认为在物质利益与道德原则之间，道德原则是更值得追求的，或者说，精神生活比物质生活有更高的意义和价值。道德原则与物质利益的关系问题在古代称为"义利"问题。义与利的关系问题是中国古代哲学中的一个重要问题，在这一问题上，儒家的基本倾向是尚义轻利，这一倾向发端于孔子，奠基于孟子。

孔子是第一个把义与利相对照的，他说"君子喻于义，小人喻于利"(《论语·里仁》)。"义"是行为的道德规范或准则;"利"即利益,是能够满足人的物质需求的东西。孔子认为有修养的人理解道德原则,而没有文化教养的人则只懂得追逐私利。孔子已有重义轻利的倾向,而孟子则对此做了深入的阐发。

《孟子》第一篇第一段就是孟子见梁惠王的故事。梁惠王见到孟子的第一句话就是:"您不远千里而来,一定会有利于我的国家吧?"孟子听了很不以为然,他说:"王何必曰利?亦有仁义而已矣。"孟子对于张口就说"利"十分反感,强调应该把"仁义"放在第一位。为什么不应把"利"放在第一位呢?孟子解释说,如果君王说的是"何以利吾国",大夫说的是"何以利吾家",老百姓说的是"何以利吾身",这样上上下下相互追逐私利,那么国家就很危险了。孟子进一步解释说,在拥有一万辆兵车的国家,犯上弑君的一定是拥有一千辆兵车的大夫;在拥有一千辆兵车的国家,犯上弑君的一定是拥有一百辆兵车的大夫。在一万辆兵车中拥有一千辆,在一千辆兵车中拥有一百辆,这个数目不算不多,但是如果大家都"后义而先利",那么必定是不掠夺就不会满足的。所以孟子说:"亦曰仁义而已矣,何必曰利。"孟子反对先"利"后"义",主张多讲"仁义"以维系人心,少讲"利益"以免人人争利。

在《孟子·告子下》中还有这样一个故事。当秦国和楚国将要发生战争时,当时一个著名学者宋轻(宋钘)准备去说服双方罢兵。孟子问,你大概想怎样说服他们呢?宋轻说他准备告诉秦王和楚王交兵是不利的。孟子便说,你的志向很好,可是你的理论却不对。你以"利"劝说秦、楚之王,秦、楚之王如果因为有利而高兴罢兵,那么三军将士因为乐于罢兵而更喜欢利。如果臣下都怀着求利的观念来侍奉君主,儿子都怀着求利的观念来照顾父亲,弟弟都怀着求利的观念来敬顺兄长,那么君臣、父子、兄弟之间背弃了仁义,都以求利之心相待,这样的社会没有不灭亡的。相反,如果你以"仁义"劝说秦、楚之王,让他们因喜欢仁义而罢兵,让三军之士因罢兵而喜欢仁义,让君臣、父子、兄弟都以仁义之心相待,那么天下将是仁义的天下。

孟子重义轻利的主张主要是针对"上下交征利"的社会现实而发的,他认为"后义而先利"是战祸不断、生民涂炭的原因,只有把"仁义"放在第一位,才能消除掠夺与压榨,达到社会的稳定安康。同时,重义轻利的原则对于个人修养也是有重要意义的。孟子认为人生的最高价值在于实行道德,即实现道德理想。孟子肯定生命是可贵的,道德也是可贵的,但是在生命与道德发生矛盾时,应该"舍生取义"。孟子说:"鱼,我所欲也,熊掌,亦我所欲也;二者不可得兼,舍鱼而取熊掌者也。生,亦我所欲也,义,亦我所欲也;二者不可得兼,舍生而取义者也。"(《孟子·告子上》)生命诚然重要,但人所追求的有比生命更为重要的;死亡是人所厌恶的,但人所厌恶的有超过死亡。比生命更为重要的就是"义",比死亡更为可恶的便是不义,道德比生命更为崇高、更为珍贵。人不应苟且求生,而应追求道德理想的实现。

孟子强调道德原则或精神理想是人自身所具有的而不是依赖他人赐予的最为宝贵的东西,这就是孟子所说的"良贵"。孟子说,人人都希望自己"贵",但人们却常常看不到自身最"宝贵"的东西,别人能给你以贵位,但也同样可以剥夺你的贵位,所以这不是"良贵"。"良贵"应是自身所具有的,是不必仰仗他人恩赐的,也是他人所无法剥夺的。所谓"良贵"，也就是道德意识，是个人的精神觉悟。

在中国封建社会后期，所谓"义利之辩"演化出一种空谈性理、不务实际甚至"以理杀人"的流弊，这种流弊似乎与孟子的"何必曰利"有关。但必须看到，孟子在事实上并不是完全忽视"利"的，他的"制民之产"的主张恰恰是要保障人民的物质利益的；同时还应该看到，孟子所轻的"利"主要是个人私利，尤其是统治阶级的掠夺之利，对于百姓之利，他是相当重视的。

总之，孟子"舍生取义"的理论，在中华民族的历史上显现出耀眼的光辉，无数志士仁人、忠臣英烈为真理和正义而献身的壮举都回响着"舍生取义"的主旋律，汇成了中华民族的英雄交响曲。

四　人性之善

人性问题是中外哲学史都广泛讨论过的问题，而人性善恶问题则是中国哲学史上特别重视的问题。第一个系统地提出并讨论这一问题的思想家就是孟子。

在孟子之前，孔子偶尔讲到"性"，孔子说"性相近也，习相远也"（《论语·阳货》），认为人的天性都是相近的，后来养成的习惯就不同了。孔子没有讲到人性善恶的问题。孟子首先提出了人性善的理论，这一理论引起了热烈的反响，引出了长达两千年的争论，而当时在争论中与孟子直接对阵、辩论最激烈的是告子。告子认为人性有如湍急的流水，从东方决口则可引之向东，从西方决口则可引之向西。人性本来无所谓善恶，正像水本来无所谓东西。孟子则回答说："水信无分于东西，无分于上下乎？人性之善也，犹水之就下也。

人无有不善，水无有不下。"（《孟子·告子上》）水虽然无择于东西，却必定由上流于下，人性之向善，正如水之就下，是自然之势。人可以搏击或阻遏水流，使之跃起甚至倒流上山，但水的本性决不是上流；人也可以做坏事，但人的本性并不是行恶。孟子的性善观点肯定了人的道德意识的普遍性。

孟子与告子观点分歧的根本原因在于他们所说的"性"的实质不同。告子所说的"性"是指人生而具有的本能，即"生之谓性"，"食色性也"。饮食男女之事，人人皆然，本无所谓善恶，这是对的，但告子所说的"性"实与动物的本能相同，因而不是真正的人性。孟子强调人性必须是有别于动物之性的，即"人之所以异于禽兽者"。孟子认为"人之所以异于禽兽者"在于具有道德意识，也就是仁义之心，也就是"不忍人之心"。

孟子说："所以谓人皆有不忍人之心者，今人乍见孺子将入于井，皆有怵惕恻隐之心，非所以内交于孺子之父母也，非所以要誉于乡党朋友也，非恶其声而然也。由是观之：无恻隐之心，非人也；无羞恶之心，非人也；无辞让之心，非人也；无是非之心，非人也。恻隐之心，仁之端也；羞恶之心，义之端也；辞让之心，礼之端也；是非之心，智之端也。人之有是四端也，犹其有四体也。"（《孟子·公孙丑上》）孟子强调人与非人的根本区别即在于有没有"仁、义、礼、智"四端，仁、义、礼、智等道德观念是人之所以为人的标志，亦即孟子所说的"性"的基本内容。

孟子认为人有仁、义、礼、智四端犹如人有四肢一样是与生俱来的，孟子明确说过："仁、义、礼、智，非由外铄我也，我固有之也。"（《孟子·告子上》）似乎认为道德观念是人心所固有的，有人将此说看作是一种道德先验论，这是需要辨析的。但孟子关于"四端"的说法又表示与生俱来的仅是道德观念的端倪、萌芽，是一种潜在的道德意识，这种道德意识还必须经过后天的培养和发展，即"扩而充之"，这一认识又是合理的，它肯定了人有接受道德观念的潜在的可能性，也肯定了后天学习修养的必要性。从这一方面说来，孟子的人性论有相当合理的依据。

孟子的性善论不仅奠基于人生来就有的恻隐之心，而且也强调性善是君子或有道德的人的自主的选择，即有意识地将道德之心当作自己的本性，而不是将饮食男女之生理需求当作自己的本性。此即孟子所说"君子所性，仁义理智根于心"（《孟子·尽心上》）。显然，孟子主张自觉地将道德原则作为自己的性。他明确地区别了两种不同的性的选择："口之于味也，目之于色也，耳之于声也，鼻之于臭也，四肢之于安佚也，性也，有命焉，君子不谓性也。仁之于父子也，义之于君臣也，礼之于宾主也，智之于贤者也，圣人之于天道也，命也，有性焉，君子不谓命也。"（《孟子·尽心下》）人与生俱来即有性有命，这不是人自己可以决定的，但以何为性、以何为命，却是可以自己选择的。性和命分别涉及道德行为与生理行为，所以孟子将性和命对照起来讲。有人将耳目口鼻的需要当作性，孟子不赞成。孟子认为君子应该将仁义理智当作自己的性。因为性是内在的，可以自己存养；命是外在的，是个人无能为力的。耳目口鼻的欲望是否能够满足，这是外在条件决定的，不是君子应该追求的；而仁义理智是内在的道德属性，是人可以追求和实现的。君子或一切追求道德生活的人理所当然地应该以仁义理智作为自己的性。

总起来看，孟子关于"人性之善"的命题肯定了人类道德生活的可能性与重要性，揭示了人类与动物的根本区别，在历史上引起了广泛的讨论和论辩，推动了中国古代伦理学的发展。

相对于孔子来说，孟子的思想内容更丰富，更周到。他以人性善为道德原则和道德实践的基础，认为义高于利，而义包括君主为百姓提供恒产，与民同享物质之利。孟子还提出民贵君轻的理论，认为百姓有理由不喜欢君主，甚至推翻君主。孟子的仁政主张也是后来儒家匡正君王的一个理由和百姓对抗暴政的理论武器。从很多方面来看，孟子的主张在中国思想史上都具有重要的理论意义。

周易大传

先秦时代有一部饱含中华智慧的哲学著作——《周易大传》，也称《易大传》。《周易大传》是十篇解释《易经》的著作——《彖》上下、《象》上下、《系辞》上下、《文言》、《说卦》、《序卦》、《杂卦》——的总称。这十篇历来称为十翼，相传出于孔子之手。据近人考证，它们不是一时之作，也不是出于一人之手，其基本部分是战国中期至战国晚期的作品。《周易大传》对于后来中国哲学思想发展的影响是非常巨大的。《周易大传》发展了孔子积极有为的生活态度，奠定了中国思想文化的主旋律——"刚健自强"的基本精神；总结了先秦的辩证思想，提出了"一阴一阳之谓道"的精湛命题，确立了中国古代辩证法的大部分范畴；《周易大传》还提出了朴素唯物主义的"太极阴阳"说，为后世儒家学者的本体学说规划了一套基本模式。西方学者往往把《易经》和《周易大传》视为中华智慧之源，这在一定意义上是有道理的。《周易大传》的思想丰富精湛，下面介绍最主要的几点[①]。

---

① 　本文引语均出于高亨《周易大传今注》，齐鲁书社，1979年。

一 天行健,君子以自强不息

中华民族屹立于世界东方5000年,中华民族的文化虽然经历了盛衰变迁,但始终延续不绝。这是什么力量促成的呢? 我们认为,从文化自身来看,由孔子确立而为《周易大传》所发展的"刚健自强"精神,对促进中国文化的兴旺发达、绵延不绝起了很大的作用。

孔子主张"刚毅"(《论语·子路》),主张"为之不厌"(《论语·述而》),主张对生活采取一种积极而乐观的态度,如"发愤忘食、乐以忘忧"(《论语·述而》)、"仁者不忧"(《论语·子罕》)。《周易大传》对这种积极、乐观、向上的人生态度做了发挥。

《象传》提出:"天行健,君子以自强不息。"(《乾卦》)"地势坤,君子以厚德载物。"(《坤卦》)"健"是刚强不屈的意思。天体运转不息,故称为健。"坤"是柔顺宽厚的意思。这两句话是说,"天"的本性是运转不息、刚强不屈的,人应效法天,自强不息,永远努力前进;地的本性是顺天而动的,人应效法地,宽以待人,以厚德育人。《象传》提出:"刚健笃实,辉光日新,其德刚上而尚贤,能止健,大正也。"(《大畜卦》)。这是说,人应像天那样刚健,像大山一样厚实,刚健笃实,充足而有辉光,德行不断增长,崇尚贤能,强健而不妄行,这样才大吉大利。可见,《周易大传》所主张的生活态度是刚健自强自律,而以厚德宽容待人。

天体不仅是运行不息的,而且是有规律的。据此,《周易大传》提出,人在效法"天"自强不息时要"中正""动静不失其时""顺乎天而应乎人"。《文言》说:"大哉乾乎! 刚健中正,纯粹精也。"刚强而又不过于刚,是理想的品德。《象传》说:"损益盈虚，与时偕行。"（《损卦》）"时止则止，时行则行。动静不失其时，其道光明。"（《艮卦》）人的行为应当适应自然运行的节律，要服从客观规律。《彖传》还说："天地革而四时成。汤武革命，顺乎天而应乎人。革之时，大矣哉。"（《革卦》）自然必有变革，人事亦必有变革，商汤王和周武王推翻夏桀和商纣的革命，是顺乎天时应乎人心的事业。

"刚健"与"中正"的统一，称为"刚中"；与"时"偕行与"中正"的统一，称为"时中"。"刚中"和"时中"均为《周易大传》的重要观念，是后世儒家十分重视的生活准则。

《周易大传》还提出"乐天知命，故不忧"（《系辞上》）的原则。先秦儒家的所谓命，指环境对于人为的裁断。人尽了一切努力而仍无效果时，在人事之外而非人力能达到的，如此所谓之命。先秦儒家认为，生死寿夭、贫富贵贱乃人力所无可奈何的，是命，而道德的提高、智慧的发展，完全在于人自身的努力。儒家主张，生死有命，富贵在天，应当处之泰然，而去追求人力之所可达到的东西。这就是"乐天知命"。

总之，《周易大传》所主张的生活态度是积极、乐观、向上的。这种刚健自强、乐观向上的人生观在中国历史上产生了深远的影响，激励着古往今来进步的政治家、思想家、科学家排除一切艰难险阻，奋勇前进，并铸造了中华文化注重现实人生而不追求彼岸世界的性格基调。应当承认，中华文化在主张刚健自强、乐观向上的人生观方面是有巨大优越性的，我们应当将中华文化的这一基本精神发扬光大，为振兴中华奋勇前进。

二 财成天地之道，辅相天地之宜

"天人"关系问题是中国哲学的极其重要的问题。在这个问题上，《周易大传》既不像老子、庄子那样否定人为，一切"因任自然"，也不像荀子那样主张"宰制自然"，而主张天人协调，即一方面要适应自然，一方面又要加以引导开发，使人类与自然界相互协调起来。这种学说在先秦哲学中有重要地位，对于后来思想也有深刻影响，奠定了中国古代多数哲学家关于"天人"关系学说的基调。

《周易大传》提出"财成天地之道，辅相天地之宜"的命题。《象传》说："天地交，泰。后以财成天地之道，辅相天地之宜，以左右民。"（《泰卦》）"财"通"裁"，"裁成"是节制完成，"辅相"是帮助，后指君主，"左右"指支配指挥，天地之道指天地的四时变化及万物生长之规律，"天地之宜"指雨、露、霜、雪各有宜至之时，山川、丘陵、平原各有宜产之物等。这段话的意思是说，天气下降，地气上升，天地相交，万物尽情地生长，君主据此发布政令，调节天地的变化，辅助天地的所宜，指挥万民从事生产。

《周易大传》提出"范围天地之化而不过，曲成万物而不遗"的命题。《系辞上》说："《易》与天地准，故能弥纶天地之道。……与天地相似，故不违；知周乎万物而道济天下，故不过；旁行而不流，乐天知命，故不忧；安土敦乎仁，故能爱。范围天地之化而不过，曲成万物而不遗。"这是说，《易经》所讲的"道"与"天地"齐等，所以能够会综条析天地之道。……圣人之德与天地相似，故不违背天地之道；能周知万物，以其道德救济天下，故没有过失；行为正直而不放纵，乐天知命，故没有忧愁；安于所居之地，道德敦厚，故能仁爱；能裁制天地的变化而不超过，委曲地成就万物而没有遗漏。

《周易大传》还提出"先天而天弗违，后天而奉天时"的命题。《文言》说："夫大人者，与天地合其德，与日月合其明，与四时合其序，与鬼神合其吉凶，先天而天弗违，后天而奉天时。"这是说，大人使其品德与天地相合，使人皆安其生，皆得其养，使其聪明与日月相合，明察普照一切事物，使其政令循四时顺序，使其赏罚与鬼神的福善祸恶一致。他走在自然的前头引导自然，自然不违反其预见，他走在自然后头而按天时行事。

　　以上所说的裁成辅相、范围曲成、先天后天，基本意思是一个，即在适应自然并掌握自然规律的前提下发挥人的能动性去节制、辅助、引导、开发自然，调整自然以符合人类的要求，从而达到人类与自然界的相互协调。《周易大传》说："一阴一阳之谓道，继之者善也，成之者性也。"（《系辞上》）十分强调自然与人类的统一性，认为人的"善"是对自然规律的继承，人的"性"是自然规律的具体化。认为人所作的《易经》之道与天地之道是一致的，即自然与人类的精神也是统一的。《周易大传》高度评价人在宇宙间的地位，高度评价人的主观能动性，它把人与天地并列，称为"三极""三材"，"三极"即宇宙万类之至高者，"三材"即宇宙万类之品质最优者。它还提出："天地设位，圣人成能，人谋鬼谋，百姓与能。"（《系辞下》）天地设定了尊卑的位置，圣人发展其才能，他要办事的时候，先和群众商议，再用卜筮询问鬼神，这样就能得到百姓的拥护，什么事情都能成功。但《周易大传》同时也赞叹大自然的伟大丰富与高度和谐，认为"保合太和，乃'利贞'"（《乾卦》），"天"能保持高度和谐，乃能普利万物，而为"天"之正道。正因为如此，《周易大传》把人的作用限于节制、辅助、引导、开发、调整自然，以达到人类与自然的和谐。应当承认，《周易大传》的这种天人协调说是比较全面而深刻的，从人类的现代实践来看，它比征服、统治自然之说更合理，因而得到饱受环境污染、生态危机之苦的西方工业国家学者的重视和高度评价。我们要继承和发展这种合理的思想，防止在现代化的进程中重蹈西方工业国家的覆辙。当然，《周易大传》对人的主观能动性的肯定，主要限于"大人""君子"，而没有认识到人民群众的力量，对这种时代和阶级的局限性，应当清除。

三 "精义""利用""崇德"三者统一

《周易大传》和先秦其他儒家著作一样，以道德为最高价值，但它认为，人的知识和物质生活也很重要，主张将"精义""利用""崇德"结合起来。《系辞下》论知、德、用三者的联系时说："精义入神，以致用也。利用安身，以崇德也。……穷神知化，德之盛也。"就是说，精研事物的义理，进入神妙的境地，是为了运用。运用知识提高物质生活，使身体安适，是为了提高道德。……道德高尚就能穷究事物之神妙，认识事物的变化。朱熹认为，这段话讲的是以"知识"为"致用"之本，以提高物质生活为提高道德之资，是"内外交相养，互相发也"（朱熹《周易本义·系辞下》）。用今天的话来说，就是"身"与"心"或物质生活与知识、道德互为培养之资、互相促进。朱熹的这一理解是正确的。中华民族素有崇尚道德的传统，这本是一个好传统。道德作为一种观念上层建筑，是反映并服务于经济基础的，但它作为人类特有的精神生活的一部分，与"真"和"美"一样，有独立存在的价值。我们今天为社会主义的现代化、为共产主义奋斗，不仅仅是为了追求物质生活的提高，也是为了追求精神生活的提高，是为了让每个人都得到自由而全面的发展。从这个意义上讲，《周易大传》所主张的身心内外相互培养、相互促进和知识、道德、物质生活的统一是深刻的很有价值的思想。可惜的是，在漫长的中国封建社会中，这一思想没有得到全面的发展，后来的许多思想家片面强调"崇德"，把"利用安身"仅仅理解为维持起码的物质生活需要，有些人甚至把道德与知识对立起来，把道德变成脱离物质生活基础和知识条件的东西。我们应当消除这种偏蔽，恢复精义、利用、崇德统一的优良传统，努力使物质文明与精神文明协同前进。

四　易有太极，是生两仪

关于天地万物的起源，《易传》提出"太极"与"阴阳"学说。"极"的本义是房屋的最高处，《周易大传》引伸为至高的东西。《周易大传》以天、地、人为"三极"，又提出"太极"观念。太极就是天地未分的原始的整体，就是天地万物的最初根源。汉代的经学家指出，这个太极就是"淳和未分之气"。阴阳是两种性质互相对立又互相依存的对立体。在《周易大传》中，具有阳性的物体叫"阳物"，具有阴性的物体叫"阴物"。最大的阳物是天，最大的阴物是地，它们是由原始的阳气（"乾元"）和原始的阴气（"坤元"）分别构成的，并且通过阴阳二气的相互作用（"交感"）联系在一起。"阳"的特征是刚健，即运行不息，主动进取；"阴"的特征是柔顺，即趋于静止，随顺服从。

《周易大传·系辞上》讲天地万物的生成过程说："易有太极，是生两仪，两仪生四象，四象生八卦。"变化的总过程有一个太极，就生出天地两仪，两仪生出春、夏、秋、冬四时（四象），四象生出八卦。太极是世界总过程的开始。八卦象征天、地、雷、风、水、火、山、泽，其中天、地是父母，雷、风、水、火、山、泽是天地的三男三女，是天、地间其他事物的基础。由太极生出天、地，天地运行而有"四时"，"四时"运行演变出雷、风、水、火、山、泽，雷、风、水、火、山、泽演化出万物。这就是《周易大传》的世界生成学说。

《周易大传》这种质朴的唯物主义世界观的最大特点是把天地想象为一对原始的夫妇，它们以父母生子女的方式产生万物。《周易大传》认为，乾元是"万物资始"，万物依靠它起始；坤元是"万物资生"，万物依靠它产生。"起始"和"产生"的区别就是父和母的区别。《周易大传》用人和其他动物的生殖活动类比乾、坤的活动。《系辞上》说："夫乾，其静也专，其动也直。""夫坤，其静也翕，其动也辟。"就是说，乾在静止的时候是团形的，在运动的时候是直的。坤在静止的时候是闭合的，在运动的时候就开放了。它还说："天地纲缊，万物化醇。男女媾精，万物化生。"（《系辞下》）天和地密切结合起来，万物就变得纯粹了。男女两性的精气配合起来，万物就变化而生成了。据此，《周易大传》认为："有天地然后有万物，有万物然后有男女，有男女然后有夫妇，有夫妇然后有父子，有父子然后有君臣。"（《序卦》）这就说明中国的传统结婚仪式不拜上帝神灵，也不拜君主长官，而要拜天地、拜父母，原来天地是万物、男女、夫妇的始祖。

《周易大传》这种世界观虽然简单质朴，但它根植于人类感性经验的基础上，所以产生了很大的影响。中国传统文化在一定程度上是在这种世界观的支配或影响下发展的，哲学、伦理学、文学、艺术、科学乃至宗教，无不打上它的烙印。要了解中国传统文化，实不可不特别注意这种世界观。例如，中国思想家在讨论道德的起源和作用时，大多认为，道德不是上帝的命令，人性不是神性的一部分，它根源于自然的规律，是自然规律的具体化。《周易大传》这种道德起源说虽然被后来的唯心主义者歪曲，但仍然是非宗教的。从事道德修养，进行道德实践，其目的不是为了使灵魂摆脱肉体，进入天国，复归于上帝，而是为了与自然一致协调（"与天地合其德"），为了履行人在自然界和社会中应当履行的责任，为了"裁成辅相"，成就天地生养万物的伟大业绩。尽管古代思想家从自然规律引申出道德准则的观点是错误的，但它不同于从上帝引申出道德准则的观点。

五 一阴一阳之谓道

《周易大传》最重要的贡献是提出了一系列比较精湛的辩证观点。这些辩证观点，与《周易大传》的朴素唯物主义世界观紧密结合在一起，具有自身的特色。

《周易大传》提出了"太和"的观念。中国古代有所谓"和同之辩"，"同"指同样事物的堆积，即没有差别的单纯的同一，"和"指许多种不同事物的协调，即具有差别和矛盾的多样性的统一。《周易大传》所谓的"太和"，不是一般的"和"，而是宇宙的"和"，故称"太和"。这表明《周易大传》是把宇宙看成一个具有差别和矛盾的多样性的和谐的整体。《周易大传》认为，乾元有"保合太和"（《乾卦》）即保持宇宙和谐的作用，所以特别值得推崇和效法。它还认为，与天地合德的圣人也应努力追求天人的协调和人际关系的和谐。《象》说："圣人感人心，而天下和平。"（《咸卦》）《周易大传》这种以宇宙为和谐整体的思想及"太和"的观念，后来在张载、王夫之等哲学家那里得到了详尽的发挥。重视对立面的和谐，可以说是中国传统辩证法的特色之一，而把和谐的观点用于宇宙整体，则是《周易大传》的首创。

《周易大传》给"易"即变化下了一个定义。它说："生生之谓易。"（《系辞上》）变化的根本要义是"生生"，即不断的创造。《周易大传》说："盛德大业至矣哉！富有之谓大业，日新之谓盛德，生生之谓易。"（《系辞上》）天地的德行和事业真是盛大之极呀！富有万物，这就是天地的大业；天天都有新的事物产生出来，这就是天地的盛德；不断地创造，新旧交替，继续不已，这就是易。《周易大传》肯定，宇宙是一个不断进行着新陈代谢的无限的过程。这一思想和前述的和谐整体的思想一起，成为中国传统辩证法的具有特色的基本观念。

《周易大传》辩证法的最基本范畴是阴阳。其中各种各样的对立，如天地、乾坤、刚柔、健顺、动静等等，都是阴阳对立。所以阴阳是概括一切统一物的两个矛盾方面的抽象概念。《周易大传》对矛盾双方的相互对立、相互排斥、相互联系、相互转化、相互贯通、相互依存等等都有所论述，但它最注重的是对立面的和谐统一。

《周易大传》论对立面相互排斥和相互贯通的关系说："暌，火动而上，泽动而下；二女同居，其志不同行。说而丽乎明，柔进而上行，得中而应乎刚，是以'小事吉'。"（《暌卦》）"暌"，乖离，即对立面的相互排斥。卦之象是火在上，泽在下，两者运动的方向相反，相互乖离；这个卦象又是两位女子同居在一起，其心志必然不相通，其行动必然相互乖离。但此卦之象是臣下得中正之道，抱和悦之态度，附丽于君上的光明，顺应君上以行事，从而地位上升，所以说"小事吉"。可见,《周易大传》对对立面相互排斥乖离是抱否定态度的,即使对立的一方顺应俯就,也仅能达到小事吉利。《周易大传》接着说:"天地睽而其事同也。男女睽而其志通也。万物睽而其事类也。睽之时用大矣哉。"(《睽卦》)天地乖离,而其事业是相同的;男女乖离,而其心志是相通的;万物乖离,但其生成运动是类似的。乖离的关系,对于宇宙万类有很大的作用。这里的"睽"是指同一中之乖离,协调中的矛盾。正因为天地之差异和对立是同一中的差异,才能相互交感,互相结合起来,成就其化生万物的事业;正因为男女之差异和对立是同一中的差异,才能心意相通,结合起来,生儿育女。由此可见,《周易大传》对协调中的矛盾很重视,认为它是和谐的重要条件,没有这种差异和矛盾,就只有"同",而没有"和"。正因为如此,《象》认为君子应据睽卦的原理"同而异",即立足于同而保存其异。《周易大传》还提出:"天地交,泰。"(《泰卦》)"天地交而万物通也,上下交而其志同也。"(《泰卦》)"天地不交,否。"(《否卦》)"天地不交而万物不通也,上下不交而天下无邦也。"(《否卦》)《泰》之象是下乾上坤,天地二气相互结合,意味着万物各遂其生,上下团结,国家兴旺;《否》之象是下坤上乾,天地二气相互乖离,意味着万物不能顺利生长,上下不团结,国家危亡。这些都表明《周易大传》对对立面的和谐统一的重视。

《周易大传》以为万物变化的原因在于阴阳两个方面的相互推移摩荡,它说:"刚柔相推而生变化。"(《系辞上》)"刚柔相推,变在其中矣。"(《系辞下》)"刚柔相摩,八卦相荡,鼓之以雷霆,润之以风雨,日月运行,一寒一暑,乾道成男,坤道成女。"(《系辞上》)但这种相互作用是在对立面和谐的条件下进行的。它说:"乾坤其易之门邪? 乾, 阳物也。坤, 阴物也。阴阳合德, 而刚柔有体。"(《系辞下》)乾与坤就是变化的根源吧? 乾是阳物, 坤是阴物。阴阳是统一的, 但天刚地柔, 各有体性。这里"阴阳合德, 而刚柔有体"与前面所述的"天地睽而其事同"含义基本相同, 都是强调阴阳双方又统一又矛盾的观念。

《周易大传》还考察了对立面斗争激烈、势不能两存的情况。如革卦之象是水在火上。水有下行的性质, 火有上腾的性质, 二者互相趋近, 必成"水火相息"(《革卦》), 即一方消灭另一方之势。《周易大传》认为, 在这种情况下, 只有"革而当, 其'悔'乃'亡'"(《革卦》), 即只有变革且变革得当, 才能免除忧愁。可见,《周易大传》视矛盾双方激烈的你死我活的斗争为不好的事情, 主张以变革的方式恢复事物的统一、和谐。又如坤卦之上六爻是阴极盛之象,《周易大传》认为, 阴阳两方面, 阳是主导的方面, 应当始终比阴强大, 才能保持对立面的和谐统一, 现在阴达到极盛, 就会与阳发生激烈冲突, 这叫"阴疑于阳必战"(《坤卦》), 疑即比拟、匹敌之意。《周易大传》认为, 这表明"其道穷也"(《坤卦》), 即事物走到了穷途末路。《周易大传》说"穷则变, 变则通, 通则久"(《系辞下》), 认为事物走到了穷途末路就要变, 变革之后就通, 发展的道路通畅了就能长久。《周易大传》看到了对立面之间激烈对抗、你死我活地斗争的情况, 并看到了这种情况必然导致事物的变革, 但它认为, 这些情况本身是不好的, 应经过变革以恢复和谐统一。也就是说, 它所关心的首先是对立面的和谐统一。

《周易大传》十分重视"中"的概念。"中"即恰到好处, 无过无不及。那么, 怎样才算恰到好处呢? 事物保持在和谐统一状态就是恰到好处。《周易大传》认识到事物发展到极点是要向其反面转化，为了保持事物自身，就要使事物处于无过无不及的状态。如说："天道下济而光明，地道卑而上行，天道亏盈而益谦，地道变盈而流谦，鬼神害盈而福谦，人道恶盈而好谦。谦，尊而光，卑而不可逾，君子之终也。"（《谦卦》）天、地、人都是以谦虚得吉利的，盈满（骄傲）则不免遭祸，人能谦虚，处于尊位则光荣，处于卑位亦可保持尊严，这就是谦虚的好结果。由于《周易大传》以保持对立面的和谐统一为"中"，故"中"与"和"是密切联系的。

《周易大传》以"一阴一阳之谓道"（《系辞上》）概括其对立统一思想。这里的一阴一阳即指上面所讲的统一物之对立双方彼此对立又相互联结、彼此相互转化、相互推移等情况，其侧重则在于阴阳的相互转化和相互推移。《周易大传》认为，所谓道，就是一阴一阳相互转化、相互推移的规律。因而"一阴一阳之谓道"是《周易大传》对对立统一规律的概括。在中国哲学史上做出这样的最一般的表述，这还是第一次。

《周易大传》认为，由阴阳两个方面的相互作用而引起的变化是非常复杂微妙、不可穷尽、不可完全预测的。《周易大传》用一个专门名词来表示变化的微妙不测，这个名词叫"神"。《周易大传》说："阴阳不测之谓神。"阴阳的交互作用是非常复杂不可预测的，叫做"神"。又说："神也者，妙万物而为言者也。"（《说卦》）为了表示万物变化的微妙之处，就说一个"神"字。又说："知变化之道者，其知神之所为乎！"（《系辞上》）了解变化的过程的人，就了解神的所为了啊！按，春秋战国时代一般人所谓的神，是原始宗教的神灵，《周易大传》沿用了"神"这个名词，而改变了它的含义，表现了无神论的倾向。

《周易大传》对于对立统一规律的研究达到了很高的水平,对其他规律亦有所论述。例如,《周易大传》重视"积"和"渐"。它说:"善不积,不足以成名。恶不积,不足以灭身。"(《系辞下》)对小善不注意积累,不会成为知名的贤人;对小恶不积累,就不会成为大恶,不会招致杀身之祸。又说:"积善之家必有余庆,积不善之家必有余殃。臣弑其君,子弑其父,非一朝一夕之故,其所由来者渐矣。"(《坤卦》)善恶的积累是一个长时间的缓慢的过程,但善恶积累到一定程度,就会造成重大的事变。这显然是对质量互变规律的初步认识。又如,《周易大传》看到了事物发展的周期性并对此给予了高度重视。它说:"复其见天地之心乎!"(《复卦》)反复即周期性是自然变化历程的主宰原则。它还看到了这种周期性是由一系列的革(否定)所形成的,如说"天地革而四时成",一年四季周而复始的变化由好几个否定的环节联结而成,呈现出明显的阶段性。这是对否定之否定规律的初步认识。可惜的是,《周易大传》缺少否定之否定是前进性与周期性统一的观念,所以其"反复"思想最后归结为循环论。

《周易大传》的辩证思想十分丰富,这里只涉及最重要的几点。《周易大传》的辩证法有一般辩证法的共性,但亦有其特点。注重"和"与"中";注重整体观和过程观;注重对立统一规律、以阴阳为核心观念等是其突出的特点。由于《周易大传》对后世思想家影响极大,故这些特点也成了中国传统辩证法的特点。与现代辩证法即唯物辩证法比较起来,它当然具有朴素性、直观性,且具有忽视斗争的片面性,但它的一些具有中国特色的思想仍值得我们注意。

庄 子

庄子，姓庄名周，战国中期的宋国人，大约生于周烈王七年（前369），卒于周赧王二十九年（前286），他是老子之后道家最主要的代表，也是我国古代著名的哲学家和文学家。

历史上关于庄子生平的记载比较简单，据现有资料说明，他曾经做过蒙这个地方的漆园吏，是管理漆树园的小官。他的社会地位一直不高，这使他既有机会了解统治阶层的一些内幕，又有机会与社会下层有广泛的接触。他颇有才华，但始终没有得到统治者的重用。传说楚威王曾派使者带着贵重的礼物聘请他去当宰相，庄子却说："我宁游戏污渎之中自快，无为有国者所羁，终身不仕，以快吾志焉。"（《史记·老子韩非列传》）意思是说宁可在贫贱中自得其乐，也不愿去当官受统治者束缚，这个传说虽不一定可靠，但也事出有因，从中大体可以看到他是不愿与统治者合作的。

庄子在生活上一直比较贫穷，他曾穿着带补丁的粗布衣服，用带子系着破鞋去见魏王。他认为自己的贫穷是统治者昏庸无能造成的，有志之士"处昏上乱相之间"是不可能不贫困的，因此他丝毫不为自己的贫穷而感到羞耻。他曾因无米下锅，不得不去向监河侯借粮，监河侯狡猾地说："好吧，等我收上来税，借给你一大笔钱，行不行啊？"于是庄子非常气愤，他马上就讲了这样一个故事："我昨天来的路上，听到有声音在呼叫，我左顾右盼，发现是一条鱼在将要干涸的车辙里，我问它在干什么，它对我说：'我是东海的水官，你能不能给我一点儿水救我活命？'我说：'好！我正要到吴国和越国去，到了那里我把西江水给你引来，怎么样？'那鱼听了十分气愤，说：'我离开了水，无处容身，斗升之水就可以救我的命，你却在这里讲空话，还不如早点儿到干鱼市上去找我呢！'"这个故事既表明庄子生活的艰难，也表明了庄子对富人的蔑视和愤慨。看来庄子晚年生活更为悲惨，住在破陋的街巷里，面黄肌瘦，不得不靠打草鞋谋生。从庄子的生活经历和政治态度来看，庄子可真是一个平民知识分子的思想代表。

庄子哲学继承了老子哲学的基本立场，但体系更为宏大，内容更为丰富，形式更为活泼。庄子常以寓言、故事、比喻等形式阐发哲理，其构想之新奇、运思之深邃、用语之精巧，先秦诸子罕有人能与他相媲美。道家学派能在历史上产生巨大影响，在很大程度上是得力于庄子的。

庄子也把"道"作为自己最重要的哲学概念，他说："夫道，有情有信，无为无形；可传而不可受，可得而不可见；自本自根，未有天地，自古以固存；神鬼神帝，生天生地。"（《庄子·大宗师》）①这和老子所讲的作为世界之本原的"道"并无二致。所不同的是，庄子有时又把"道"当作最高的认识，即无差别的认识境界，道作为最高的认识会"隐于小成"，亏于"是非之彰"，这与"自本自根"的世界之本原有重要区别。

庄子哲学的出发点是如何适应无可奈何的现实。他发现在复杂的社会生活中有一种不以人的意志为转移的必然性，人只能无条件地随顺这种必然性。但庄子并不甘心于像一般命定论者那样仅仅安然顺命，庄子之所以为庄子的特点即在于他要在安命的基础上追求摆脱了一切烦恼的精神自由，即他的逍遥游。这是纯玄想的自由，这种自由不是对必然的认识和利用，也不是个人在社会生活中的选择，不是通常的意志自由，而是个人心灵的超脱和自在。这也是人类的广义自由中的不可少的一种自由的形态。

---

① 本书引庄子语基本用王先谦《庄子集解》本，中华书局，1987年，校改处均作说明。

庄子继承了老子的正反观，但他把对立面的统一推到了极端，以致得出了"万物为一"的结论。庄子也继承了老子的直觉的认识方法，但他花了大量笔墨发挥了怀疑主义，揭示了人的认识中有限与无限的矛盾。总起来看，庄子哲学体系的内容比较复杂，既有悲观主义，又有理想主义；既讲安然顺命，又讲绝对自由；既有怀疑主义，又有直觉主义；既有辩证法，又有诡辩论；既有与人不争、安时处顺的一面，又有傲视权贵、放达不羁的一面；既有对现实的深刻观察和批判，又有对现实的冷漠和超脱。但不管怎样，庄子确实揭示了相当多深刻的矛盾，提出了相当多富于启发性的问题，推进了中华民族理论思维的发展。

庄子不仅在哲学上有重要贡献，在文学和美学上也有重要建树，他的寓言和散文在先秦文学史上大放异彩，他的浪漫主义风格影响了两千多年来的许多大文豪、大艺术家，成为中华民族传统文化中的浪漫主义的主要源泉。庄子是中国古代最杰出的幽默大师。

现存的《庄子》一书包括"内篇""外篇"和"杂篇"三个部分，对庄子书的各个部分的关系，学者们有不同的观点。但是根据《庄子》一书大量语言资料的对比和统计，以及多种形式的考证，相信"内篇"较早或基本上是庄子的作品有更多更坚实的文献和历史依据，我们有理由相信，"外篇"和"杂篇"主要是庄子后学的作品。从《庄子》"外篇"和"杂篇"来看，庄子后学也有许多精彩而深刻的思想。他们有的提出了"窃钩者诛，窃国者为诸侯"（《庄子·胠箧》）的名言，对现实进行了猛烈的抨击；有的提出了"君无为而臣有为"（《庄子·天道》）的主张，把道家思想引向了现实政治；有的则提出了道家的人性论，认为人性是超善恶的，提出人性本贵论。这些也是我们民族文化的宝贵财富。

一　逍遥游

庄子思想中最脍炙人口的就是他的"逍遥游"。"逍遥游"给我们展示了一幅恢宏奇异的画卷。庄子说："予方将与造物者为人，厌，则又乘夫莽眇之鸟，以出六极之外，而游无何有之乡，以处圹埌之野。"（《庄子·应帝王》）即是说与世界的创始者为朋友，以轻虚之气为乘鸟，飞于六极之外、无何有之乡、旷远之野，这是多么大胆神奇的想象。庄子还说过："乘云气，骑日月，而游乎四海之外。"（《庄子·齐物论》）"乘天地之正，而御六气之辩，以游无穷者。"（《庄子·逍遥游》）此外还有"体尽无穷，而游无朕"（《庄子·应帝王》），"无谓有谓，有谓无谓，而游乎尘垢之外"（《庄子·齐物论》）。这些都表达了庄子所向往的人生理想境界。

那么，庄子究竟是在哪里游呢？所谓"六极"之外、"尘垢"之外、"四海"之外、无何有之乡究竟何所指呢？庄子真的要腾云驾雾飞上蓝天吗？或者他幻想进入蓬莱仙境吗？都不是的。庄子所说的"六极"之外、无何有之乡都是想象中的虚静世界。庄子的"逍遥游"其实是驰骋在自由想象的天地之中。

能够在想象的天地里自由驰骋的不是人的躯体，而只能是人自己的"心"，所以庄子的"逍遥游"也叫作"游心"。《人间世》说："且夫乘物以游心，托不得已以养中，至矣。""游心"即心之游，"乘物"与"托不得已"都是要随顺外物，安于无可奈何的现实，"游心"与"养中"则是保持内心的自由与平和。此外，庄子说的"不知耳目之所宜，而游心于德之和"（《庄子·德充符》），"游心于淡，合气于漠，顺物自然而无容私焉"（《庄子·应帝王》），也都说明庄子的"游"是"心游"。所谓逍遥游，是心灵在想象中自由翱翔。

庄子的精神自由除了逍遥游的体验以外，还有"与道为一""与天地万物为一"的神秘体验。《大宗师》中有这样一个故事。南伯子葵问一个叫女偊的人：你年纪很大了，但脸色还像个孩子，是什么原因呢？女偊说：我闻"道"了。——南伯子葵又问："道"可以学吗？女偊回答说：不行，你不是学道的人，……不过我还是告诉你学道的方法吧。"三日而后能外天下；已外天下矣，吾又守之。七日而后能外物；已外物矣，吾又守之。九日而后能外生；已外生矣，而后能朝彻。朝彻而后能见独，见独而后能无古今，无古今而后能入于不死不生"。所谓"外"，实际就是忘，三天以后便忘却了天地的存在，七天以后就忘却了万物的存在，九天以后就忘却了自身的存在，这样就进入了一个新境界，如曙光初启，由黑暗骤睹光明，这就是所谓的"朝彻"。"朝彻"以后就能"见独"，即体验到独一无二的"道"的存在，自身与"道"融为一体。这样就进入了无古今、无生死的境界，得到了个人最高的自由。

此外，庄子还讲过"坐忘"和"心斋"。什么是坐忘？"堕肢体，黜聪明，离形去知，同于大通，此谓坐忘"（《庄子·大宗师》）。"堕肢体"与"离形"即忘身，"黜聪明"与"去知"即"忘神"，简言之，坐忘就是物我双遣，形神俱忘，与道合一或曰与宇宙万物合一（"同于大通"）。"外物""坐忘"都要求精神的虚静，"心斋"则更明确地提出了精神虚静的问题。《人间世》说："若一志，无听之以耳，而听之以心；无听之以心，而听之以气。听止于耳，心止于符。气也者，虚而待物者也，唯道集虚。虚者，心斋也。""无听之以耳"就是关闭感官，专注于内心的宁静；"无听之以心"就是排除一切思虑，以无一丝牵挂的"虚静"状态听任万物之自然。"心斋"的关键即一个

"虚"字，"虚"即无思无虑。"心斋"就是要让精神超然于物外，保持绝对的安宁。

显然，庄子追求的不是现实生活中行动的自由，而是超脱现实的玄想的自由、内心的自在，在外人看来是一种神秘的体验。庄子为什么要在现实之外去寻求自由呢？这是因为他感到现实生活中充满了不以个人意志为转移的必然，人们不可能在现实生活中得到真正的自由。庄子认为生活中充满了矛盾纠纷，人们相互勾心斗角，日夜不宁。每个人一来到这个世界上就陷入尔虞我诈的争斗之中，"与物相刃相靡，其行尽如驰，而莫之能止"（《庄子·齐物论》）。这就是说，每个人一来到世上就陷入了盲目的必然性之中。

庄子对现实中的必然性有痛切的感受，但他没有找到恰当的概念来表达这种必然性，他借用了传统的"命"这个概念来表述现实生活中的必然性。他说："死生，命也，其有夜旦之常，天也，人之有所不得与，皆物之情也。"（《庄子·大宗师》）死生有命，正如天有昼夜，是无可奈何的，万物之实情也是人所不能干预的。他还说："死生、存亡、穷达、贫富、贤与不肖、毁誉、饥渴、寒暑，是事之变，命之行也。日夜相代乎前，而知不能规乎其始者也。"（《庄子·德充符》）生命之存亡、事业之穷达、品德之好坏，甚至饥渴、寒暑的交替变化都是无可奈何的"命"之流行，人们无法窥测其始终，也无法预料其顺逆。总之，一切都是"命"，"命"是人力无可奈何之事。

值得注意的是，庄子所说的"命"不同于传统宗教或迷信中的"命"，庄子说"知其不可奈何而安之若命"（《庄子·人间世》），安之若命的"若"字说明称"命"有一种比喻或假借的意义。庄子的学生说过："不知吾所以然而然，命也。"（《庄子·达生》）"命"只是一种不知道原因的外在的必然性。既然一切都是命之流行，既然一切都是无法改变的，那么就应该认识到现实的一切变化都"不足以滑和，不可入于灵府"（《庄子·德充符》），也就是不足以滑我之天和干扰心灵的宁静，这样就可以得到精神自由了。庄子把摆脱必然性束缚的方法叫做"悬解"，"安时而处顺，哀乐不能入也，此古之所谓县解也"（《庄子·大宗师》）。这里的"县"即"悬"，悬解即解脱倒悬之苦，"安时而处顺"，即随顺必然。随顺必然就可以避免情绪的波动，获得精神的自由。注意，庄子的命常常与无可干预的白天黑夜、四季变化等自然现象相比拟，是不知原因、没有规律的，这与通常的命定论的命完全不同。或许我们可以说，庄子的命其实是一切无可奈何的既定境遇，并非任何外在的意志所决定，没有任何道德、宗教和政治的意味。

庄子的"自由"是"玄想式的自由"。庄子对必然性的态度是安然顺命，就此说来庄子顺命的自由观是逃避现实的，是消极的。但是我们从庄子思想的整体来看，如果我们把庄子的自由观放到人类争取自由的历史中来看，我们就会发现庄子的自由观还有其不可磨灭的价值，这就是他在承认客观必然性的同时积极追求自由，不能追求现实中的意志自由，仍然要追求超越现实的自由自在。这也是一种自由与必然的统一。他把自由的实现放在随顺外在的非意志的无可奈何的现实之上，鲜明地提出了在无可奈何的必然性面前如何实现自在自由的问题，这不仅在中国思想史上是最早的，在世界文化史上也是相当突出的。

二 生有涯而知无涯

庄子在中国哲学史上第一个提出了人的认识能力有限与无限的问题，揭示了人的认识能力的局限性。庄子说："吾生也有涯，而知也无涯。以有涯随无涯，殆已，已而为知者，殆而已矣。"（《庄子·养生主》）人的生命是有限的，而认识对象却是无穷的，以有限之人生追求对无穷对象之认识，必然会陷于困境。既然如此，还要追求认识世界，那就必然要陷于无穷无尽的烦恼之中。庄子似乎是在为他的怀疑主义做论证，说明人们不应奢望认识世界，而应该放弃一切认识活动。这当然是错误的，但庄子单刀直入地抓住了人类认识活动中的一个极为重要又极难解决的矛盾，这在那个时代是十分难能可贵的。

在西方近代，人们认识能力有限还是无限的问题曾引起许多热烈的讨论，休谟和康德的哲学就都是从研究人的认识能力的限度出发的，他们的理论在欧美产生了重大影响，直到今天，许多西方哲学家的思想体系也还在以认识能力的限度问题为自己立论的出发点。这说明庄子关于"生有涯而知无涯"的论点触及了人类认识史上一个极为重要而深刻的矛盾。可惜以后中国的思想家们都很少讨论这一问题了。

此外，庄子还提出了价值标准问题，这也是关于认识论的一个十分重要的问题。《庄子·齐物论》中说："民湿寝则腰疾偏死，鳅然乎哉？木处则惴慄恂惧，猿猴然乎哉？三者孰知正处？"人睡在潮湿的地方就要腰疼偏瘫，泥鳅却专门在潮湿的环境中生活；人爬到树上会胆战心惊，猴子却专门在树上攀援腾跃，谁知道哪里是最好的住处呢？《齐物论》中还说："民食刍豢，麋鹿食荐，蝍蛆甘带，鸱鸦耆鼠，四者孰知正味？"人吃畜肉，蜈蚣吃蛇，猫头鹰和乌鸦喜欢吃老鼠，谁知道什么是最好的味道呢？"猿猵狙以为雌，麋与鹿交，鳅与鱼游，毛嫱、丽姬，人之所美也，鱼见之深入，鸟见之高飞，麋鹿见之决骤，四者孰知天下之正色哉？"猿和猵狙雌雄相配，麋与鹿相互交接，泥鳅与鱼相伴而游。毛嫱和丽姬是人们公认的美女，但鱼见之而潜底，鸟见之而高飞，麋鹿见了就要骤然奔逃。谁知道什么是天下最美的容貌呢？

以动物与人相提并论似乎有些怪诞，以动物见美女而逃证明美的标准不同更是谬误，但庄子的本意却是很清楚的。庄子认为万类各有自己生存的条件和习性爱好，并没有一个共同的标准来决定彼此间的是非高下。以人而论，不同的人各有自己的爱好选择，任何人的是非爱好都不足以作为共同的价值标准，庄子明确揭示了价值判断的主观性问题和价值标准的相对性问题，这在哲学史上也是颇有意义的。

庄子还讨论了"辩论"的作用问题。《齐物论》中说："既使我与若辩矣，若胜我，我不若胜，若果是也？我果非也邪？我胜若，若不吾胜，我果是也，而果非也邪？其或是也，其或非也邪？其俱是也，其俱非也邪？"这里的"若""而"都是"你"的意思。你和我辩论，一人胜，一人负，胜者一定是对的吗？负者一定是错的吗？一定有一人对一人错吗？是不是都对或者都错了呢？这是无法知道的。"我与若不能相知也，则人固受其黮暗。吾谁使正之？使同乎若者正之，既与若同矣，恶能正之？使同乎我者正之，既同乎我矣，恶能正之？使异乎我与若者正之，既异乎我与若矣，恶能正之？使同乎我与若者正之，既同乎我与若矣，恶能正之？然则我与若与人俱不能相知也，而待彼也邪？"你我双方无法确定谁是谁非，别人也一定会迷惑不定，那么谁能评判是非呢？与你意见相同或与我意见相同的人都不能判定双方的是非，与你我意见都相同或都不同的人也不能来评判孰是孰非。辩论双方与第三者都无法说服别人，还能再期待什么人来判定是非呢？

后期墨家曾针对庄子的上述观点提出"谓辩无胜，必不当"（《墨子·经说下》），显然这是对庄子的批评。墨家学派认为真相或真理是可知的，是非是可定的，这在常识范围内是正确的，但用"辩无胜"来批评庄子的观点并不十分中肯，因为庄子认为辩论是可以有胜负的，不过胜负并不一定意味着是非正误，你胜我，不意味着你一定对，我一定错；我胜你，也不意味着我一定对，你一定错。辩论可以有胜负，但胜负并不能最终解决真相或真理的标准问题。就此来说，庄子的论证是有道理的。庄子的错误在于他似乎要否定一般的认识活动和是非标准，这是应该受到批判的，但他论证了辩论之胜负不能最终决定何为真理，看到了在人的主观认识中找不到判断真理的客观标准，则是相当深刻的。

三　彼是方生

庄子有一个非常著名的观点是"万物为一"，这好像是抹煞矛盾差别的诡辩结论。然而应该看到庄子在主观上企图超脱那充满矛盾的现实世界，但他对现实世界的认识却充满了辩证观点。

庄子对自然现象、社会生活和人类认识中的矛盾有深刻细致的观察，他看到了矛盾的普遍存在，他重视对立概念间的相互关系，他反复论及了许多对立面，如"彼是""是非""死生""有无""虚实""大小""成毁""然与不然""可与不可"等等，庄子不仅看到了对立的普遍性，而且看到了对立的统一性。就现实世界来说，庄子是一个辩证论者。

庄子提出了"彼"与"是"的关系问题。"彼"即彼方、对方，"是"即此方、己方，"彼、是"泛指普遍存在的对立双方。"彼、是"即庄子的矛盾观念。庄子认为"彼、是"双方的对立是普遍存在的，又是相因相依的。《庄子·齐物论》中说："物无非彼，物无非是。自彼则不见，自是（知）①则知之。"任何事物都处于彼是的矛盾对立之中，每个事物都既是矛盾的此方，又是矛盾的彼方；从事物自身的角度来看自己是矛盾的此方，从事物对立面的角度来看自己则是矛盾的彼方。彼与此的概念既是对立的，又是统一于一体的。"自彼则不见，自是则知之"就是说，每个人都既是矛盾的此方，又是矛盾的彼方；自己是此方，大家都会想到，自己也是彼方，则往往看不到。每个人都处在矛盾之中，每个人都是矛盾的一方，矛盾的每一方都既可称为此方，亦可称为彼方，彼方与此方是相对而言的。看问题不仅要从此方来看，更要从彼方来看，只有从两个方面来看，才能看到彼此的相对性，才能得到全面的认识。

《齐物论》中接着说："彼出于是，是亦因彼，彼是方生之说也。""彼是方生"即彼此互转。矛盾的"彼方"出于"此方"，矛盾的"此方"也依据矛盾的"彼方"，矛盾的双方相依不离，相互转化。"彼是方生"的理论也就是矛盾双方互相转化的观点。《齐物论》

---

① "是"字原作"知"，此据严灵峰说校改，参见陈鼓应《庄子今注今译》，中华书局，1983年，第55页。

又说："方生方死，方死方生；方可方不可，方不可方可。"随着生的出现就有了死亡，随着死亡的到来又将产生新的生。才说"可以"就有了"不可以"，才说"不可以"却又"可以"了。事物的肯定方面与否定方面形影相随，没有一刻是只有一方面的。"方生方死"的说法不是庄子的独创。据《天下》篇记载，惠施就有"日方中方睨，物方生方死"的说法，其大意即万物皆变，万物都将走向自己的反面，赤日当空，必定西斜；万物萌生，必归消亡，所以任何现象都包含着自己的否定方面，生的概念就包含着死的可能，生的过程就包含着死的趋势。"方生方死"的说法肯定了对立面的相互包容与转化，"方可方不可"的说法则肯定了正题与反题之间的统一性。

庄子在《齐物论》中还说过"因是因非，因非因是"，由是而得非，由非而得是，是非相反而相通。否定是非的界限，就陷入了诡辩；但若从承认是非之转化来看，则是辩证观念。庄子又说"是亦彼也，彼亦是也"，这里抹煞彼此之区别似乎也很荒谬，但肯定彼此双方你中有我，我中有你，彼此相含互转，也是一种深刻的正反辩证观。此外，庄子还说过"彼亦一是非，此亦一是非"，就其否认是非的客观标准来说，好像怀疑论与诡辩论，但看到认识标准的相对性，指出一时一地有一时一地的情况，否认一成不变的是非标准，又具有重要意义。庄子哲学的一个重要特点就是常常在荒谬或貌似荒谬的论题中包含着深刻的睿智。

庄子还揭示了长短寿夭等概念的相对性。庄子说："朝菌不知晦朔，蟪蛄不知春秋，此小年也。楚之南有冥灵者，以五百岁为春，五百岁为秋；上古有大椿者，以八千岁为春，八千岁为秋；而彭祖乃今以久特闻，众人匹之，不亦悲乎！"(《庄子·逍遥游》)"朝菌"

是一种早上生而晚上死的菌类，"晦朔"即月亮一缺一圆的时间，"蟪蛄"是一种蝉，"冥灵"和"大椿"都是树名，彭祖是传说中的长寿者。朝菌寿命不到一天，蟪蛄寿命不足半年，彭祖寿命竟高达八百年，确实很长了，然而冥灵以五百年为一季、两千年为一年，其寿命又是彭祖望尘不及的；而大椿竟然以八千年为一季、三万二千年为一岁，又是冥灵所无法相比的。山外有山，天外有天，大小、长短、寿夭都是相对而言，不足以自恃。庄子以此论证应该忘却大小之别、齐同大小之物，这是荒谬的，但肯定大小、寿夭、长短的相对性，揭示事物差别的无限层次，开阔人们的思想和眼界，则包含着辩证法因素，这对于夜郎自大、故步自封之人来说也不啻一剂方药。

四　气变而有生

"气"是中国古代哲学中一个十分重要的观念，"气"的观念产生很早，用"气"来解释自然现象或生命现象不始于庄子，但从现有先秦文献来看，最为明确地用"气"来解释生命的起源及生死关系的还是《庄子》一书。

庄子关于生命的起源有一段有趣的说明。《庄子·至乐》篇记载庄子妻子死后，庄子的朋友惠施前去吊唁，发现他正叉开两腿坐在地上敲着瓦盆唱歌。惠施批评庄子说，你妻子和你相依为命，生儿育女，她死了你不哭就算了，竟然敲盆唱歌，这不是太过分了吗？庄子回答说："不然。是其始死也，我独何能无慨然？察其始而本无生；非徒无生也，而本无形；非徒无形也，而本无气。杂乎芒芴之间，变而有气，气变而有形，形变而有生，万物皆化①。今又变而之死。是相与为春秋冬夏四时行也。人且偃然寝于巨室，而我嗷嗷然随而哭之，自以为不通乎命，故止也。"庄子这里说，妻子刚死时，我又怎么能不感到悲伤呢？然而推究起来，世界上本没有生命，甚至没有有形之物，甚至连气也还没有。在模糊迷茫的状态中，逐渐变化出气，气演变成有形之物，有形之物又逐渐演化出生命。万物都在变化之中，今天她变而为死，不过是与春、夏、秋、冬四季一样处于变化之中。她安然地睡在天地之间，而我却悲伤地哭她，我感到这是不懂得命的来去，所以就不哭了。

庄子的上述议论有三个要点。第一，生命是逐渐演化形成的，而不是本来就有的（"察其始而本无生"）。第二，气是生命的物质基础，人之形体生命都是气凝聚的结果（"气变而有形，形变而有生"）。第三，有生则有死，生死变化是自然而然的，人死即回归于大自然（"偃然寝于巨室"）。庄子的学生继承了庄子的这一思想，《庄子·知北游》的作者就明确说道："人之生，气之聚也。聚则为生，散则为死。若死生为徒，吾又何患？故万物一也。……通天下一气耳。"人之生命是气聚集演化的结果，气聚而为生，气散而为死，人与万物都是"气"构成的。

"气"在中国古代哲学中相当于基本物质或原初物质的概念，庄子学派强调生命的基础在于气也就肯定了生命的物质本质，打破了关于生命的神秘主义观念，揭示了生存和死亡仅是物质世界演化过程中的一种形式和一定阶段，批判了对于死亡的恐惧和忧虑。这种思

① "万物皆化"四字据《庄子阙误》补。

想在两千多年前，在近代科学远未揭示出生命体之本质的时代是难能可贵的。这种天才推断对于批判唯心主义、批判有神论、批判灵魂不灭的观点都曾起到过积极的作用。

庄子认为人生是气之聚结，生死乃气之聚散，所以庄子主张对生死问题采取一种达观的态度。据说庄子快要死的时候，他的弟子们准备用最好的棺椁为他安葬，他却坚决反对，说："吾以天地为棺椁，以日月为连璧，星辰为珠玑，万物为赍送，吾葬具岂不备邪？何以加此！"（《庄子·列御寇》）以天地为葬身的棺木，以日月星辰为陪葬的珠宝玉器，以万物作为殉葬的礼物（"赍送"），这是多么奇特和达观的想象啊！弟子们说，那样我们担心乌鸦老鹰会吃了您。庄子则说："在上为乌鸢食，在下为蝼蚁食，夺彼与此，何其偏也！"（《庄子·列御寇》）裸葬于天地之间会被老鹰乌鸦吃掉，埋在地下会被蝼蛄蚂蚁吃掉，你们不许乌鸦老鹰吃却让蝼蛄蚂蚁吃，何必这样偏心呢？在庄子看来，人是物质世界的一部分，死亡即回归于大自然，因而无论怎样安葬结果都是一样的。庄子完全没有人死为鬼、灵魂不灭之类的迷信观念。庄子关于生命的物质本质的论证、对于死亡的乐观态度在中国文化史上产生过很大的影响，在一定程度上抵制了宗教迷信的生死观。

五　民有常性

《庄子·外篇》中特别鲜明地提出了"民有常性"的命题。民之常性亦叫做"性命之情"，也就是性之自然。他们主张安其常性或任其性命之情，反对任何对自然之性的破坏和束缚。他们的观点集中表现在《骈拇》《马蹄》《胠箧》《在宥》等篇中。这些篇章可能是庄子后学的一派所撰。由于这一派反对任何形式的统治，是历史上无君论的先声，所以我们可以把他们称为庄子后学中的无君派。

无君派认为，人的自然本性是最高出发点，一切破坏或有损于自然之性的都是错误的。《马蹄》篇中说："彼民有常性，织而衣，耕而食，是谓同德。一而不党，命曰天放。""天放"即自由自在的境界。《骈拇》篇中说："且夫待钩绳规矩而正者，是削其性者也①；待绳约胶漆而固者，是侵其德者也；屈折礼乐，呴俞仁义，以慰天下之心者，此失其常然也。"钩、绳、规、矩是分别用来画曲线、直线、圆形和矩形的工具，用这些外在的工具做标准来校正事物，就伤害了事物的自然之性；用绳子、胶漆等来加固东西，也损坏了事物的本然之情；而儒家吹嘘仁义来抚慰天下人的心，这也破坏了人的本然之性。所以要保持人的自然本性就应该弯者自弯、直者自直，自圆而不用规，自方而不用矩，让天下万物"诱然皆生，而不知其所以生；同焉皆得，而不知其所得"（《庄子·骈拇》），这就是万物的自由发展。

无君派强调要保护人的自然之性，认为性命之情是天然合理的，天下之至正就在于"不失其性命之情"。凡是出于本然的状态都应安其自然，如野鸭的腿虽然短，但并非不足，硬要接长，必然带来忧伤；仙鹤的腿虽然长，但并非有余，硬要截短，必然带来痛苦。脚趾并生（骈拇）虽连无用之肉，手生傍指（枝手）虽有无用之指，但二者都是生性之自然，所以不应切开并生的脚趾，不应砍掉多余的手指。而一切错误就在于人们破坏了自己的自然本性，而去追求性中所

---

① "者也"，据郭庆藩《庄子集释》增补。

没有的荣华富贵。

无君派从"民之常性"或"性命之情"的概念出发，对传统价值标准进行了批判，提出最大的善莫过于"任其性命之情"，或者说"自适其适"，也就是让自己的自然之性得到自由发展。他们把人的本性与仁义对立起来，认为任其性命之情才是真正的善。"吾所谓臧者，非所谓仁义之谓也，任其性命之情而已矣；吾所谓聪者，非谓其闻彼也，自闻而已矣；吾所谓明者，非谓其见彼也，自见而已矣。夫不自见而见彼，不自得而得彼者，是得人之得而不自得其得者也[①]，适人之适而不自适其适者也"（《庄子·骈拇》）。无君派所谓善即"因任自然之性"，他们追求自得其得、自适其适的自由状态。所谓自得其得、自适其适即不受任何外在的牵制约束，亦即人的自然之性的解放。

无君派反对破坏人的自然之性的要害在于反对任何形式的统治和压迫。他们以马为喻，马在自然环境中，蹄可以踏霜雪，毛可以御风寒，吃草、饮水、奔腾、跳跃，自由自在，这就是马的自然本性。等到有了伯乐，自认为善于治马，于是给马剪鬃、烫印、铲蹄、钉掌、加绊，上笼头，戴铁嚼，拴入马槽，这样马就会被折磨得死去十分之二三。此后，马又会遇到饥渴，并被驱赶奔跑，或被训练列队进退，前有铁嚼勒口，后有皮鞭威胁，这样马被折磨死的就有一半了。所以伯乐治马，必伤害马之真性，而统治者治理天下的结果则破坏了人的自然本性。

这一派常讲"性命之情"，即人的本来的真实的自然之性，这是

---

① "者也"，据郭庆藩《庄子集释》本补充。

无君派最高的思想观念,由此出发,他们认为伯乐治马非但无功,反而有罪。同样,民性本来也很淳朴,但圣人治理天下,以礼乐来约束人的行动,以仁义来抚慰人心,于是百姓才学会"争归于利,不可止也","此亦圣人之过也"(《庄子·马蹄》)。在无君派看来,圣人推行仁、义、礼、乐非但无利于天下,反而有罪于天下,仁义礼乐非但不是匡正时弊之良方,反而是引起种种弊端之祸源。事实上,伯乐治马虽有违于马之真性,却有功于人,圣人推行仁、义、礼、乐对劳动人民来说是一种控制,对于社会文化的发展还是有一定功绩的,无君派全盘否定伯乐、否定仁义礼乐的观点是违反常识的。但这也正表现了他们代表被压迫阶级的政治立场。事实上,一切好的观念、习俗、做法一旦变成普遍流行的规范、原则,就有可能成为教条、束缚,就会走到极端,带来不幸。

无君派这种以人的自然之性为中心观念的思想学说在中国古代是比较罕见的。中国古代的儒家、墨家和法家强调的都是社会秩序,对于人的个性发展则很少注意,在这种背景下,庄子后学中的无君论明确提出因任自然本性的主张表现了解放个性的倾向,因而在人类历史发展的进程中,具有进步的意义。

庄子不仅是一个大思想家,也是一位文学家。庄子的理论和文字风格都是独特的。他承认外在的无可奈何的既定境遇,似乎安命;又积极追求逍遥游式的超越和自在,表现出很高的生命的自觉意识。为了实现从安命到逍遥的超越,他又发明了各种齐万物而为一的论证,也睿智地论证了人类认知能力的有限性,以及现实人生中很多不可究知的各个方面。这些方面有机结合为一个独特而复杂的思想体系,为中国哲学提供了一朵奇异而妍美的花朵。

惠　施

惠施，约生于周烈王六年（前370）前后，约卒于周赧王五年（前310），战国中期宋国人，著名的政治活动家，与公孙龙同为"辩者"的代表人物。惠施知识渊博，著述甚丰，名声很大，是庄周的好朋友和论辩的主要对手。他的著作已全部失散，部分事迹和思想保留在《庄子》《荀子》《韩非子》《吕氏春秋》等书中。

惠施在政治上主张"去尊"（《吕氏春秋·爱类》）、"偃兵"（《韩非子·内储说上》），即停止战争，"泛爱万物"（《庄子·天下》），与墨家政治主张有相同之处，亦有相异之处。但惠施并非墨家，在名辩问题上，他主张"合同异"，与墨家辩者的"别同异"形成对立的两派。据《庄子》记载，惠施做过魏国的相。庄周和惠施辩论过人"有情"还是"无情"，应当"益生"还是不应当"益生"的问题。惠施主张人应该"有情"，应该"益生"。

惠施在学术和政治上都具有创新精神。荀子曾指责他"不法先王，不是礼义"（《荀子·非十二子》）。惠施喜欢与人辩论，但他尊重自己的论敌，认为"各是其所是"（《庄子·徐无鬼》）是可以的。惠施死后，庄子很怀念地叹息说，失去了一位可以讨论、质正问题的老朋友。

惠施的学术并不专以"名辩"为限。他知识渊博，对自然万物都充满研究的兴趣。据《庄子·天下》记载，有一个叫黄缭的人向他请教天为什么不会塌，地为什么不会陷，以及风、雨、雷、霆形成的原因，惠施也不说句谦虚话就来接应，毫不思索就对答起来。他广泛地解说万物的道理，滔滔不绝，说个没完，还嫌说得不够。可见，惠施研究逻辑的目的是为了研究万物，他这种重视万物的科学精神是很宝贵的。可惜由于典籍散失，我们今天已无法知道惠施学说的具体内容了。

一　大一与小一

战国时期辩者的共同特点是"可不可，然不然"（《庄子·天地》），即极力证明一些为常识所不能接受的判断。《庄子·天下》保留下来惠施的十个判断（十事），也多具有这样的性质。

"至大无外，谓之大一；至小无内，谓之小一"（《庄子·天下》）。这是惠施"十事"中的第一条。至大即无穷大，至小即无穷小。惠施认为，只有包括了一切空间的体积才是无穷大，这样的体积叫做"大一"；只有不包含任何空间的体积才是无穷小，这样的体积叫做"小一"。所谓"小一"，即物质的不可分割的最小部分，相当于原子论者所谓原子。惠施立此"大一""小一"之说，其用意有两方面，一是用以说明一切有限物在体积大小上的相对性，二是用以说明万物的统一性。

《管子》有精气"其细无内，其大无外"（《管子·内业》）的说法，《庄子》也引证了"世之议者""至精无形，至大不可围"（《庄子·秋水》）的说法。庄子一派是反对这种观点的，认为精、粗、大、小都是对有形物而言，是不可以用来谈道的。由此可以推测，《秋水》篇批评的"世之议者"，很可能包括惠施在内。惠施的"大一""小一"之说，一方面是从一切皆在"大一"之中论证万物之统一，一方面是从一切皆"小一"所构成论证万物之统一。

惠施这种"大一""小一"说，包含了"大"与"小"的相对性、相互转化的思想、宇宙无限的思想、原子的思想和万物统一的思想，很有价值。其缺陷在于，忽视了在一定意义上大、小差别的确定性。

二　无厚不可积也，其大千里

战国时期通常将几何学的"体"称为"厚"，而将"面"称为"无厚"。《墨经》提出"厚，有所大也"（《墨子·经上》），又提出"无盈无厚"（《墨子·经说上》），就是说，体之中必有形质充盈，才能成其为"厚"。惠施"无厚不可积也，其大千里"（《庄子·天下》）之说，很像是《墨经》"厚，有所大也"及"无盈无厚"的反命题。此命题的意思是说没有厚度的面积无法相加成为"厚"，但就其面积说，可以大到千里。

三　天与地卑，山与泽平

"天与地卑，山与泽平"（《庄子·天下》），这是惠施提出的第三"事"。这个命题字面上的意思是说，"天"和"地"一样低，"山"与"湖"面一样平，是一个显然的悖论。惠施对这个命题的论证，可能是说，相对于至高者而言，天地在高度上的差别可以忽略不计，天地就一样高了；相对于至平者而言，"山"和"泽"在"平、陂"方面的差别也可以忽略不计，于是山与泽就一样的平。这种结论虽与常识相悖，但在哲学和科学上有重要价值。在哲学上，它肯定了高与低、平与陂的相对性、同一性和相互转化；在科学上，它相当于提出了"数量级"的概念。在现代科学中，当要把不同数量级的事物加以比较时，低一个或几个数量级事物之间的数量差异通常忽略不计。如，在天文学中，由于天体之间的距离比天体的半径大许多个数量级，在这种情况下，尽管太阳与地球半径的差别很大，但都可以以一个数学上的点来代表。惠施的缺陷在于没有明确提出数量级的概念，故其说不能为常识所接受。

四 日方中方睨，物方生方死

"日方中方睨，物方生方死"（《庄子·天下》），这个命题是说，太阳刚才升到正中，同时也就开始西斜了，一个东西刚才生出来，同时也开始死亡了。这个命题从运动变化的绝对性论证了"正"与"偏"、"生"与"死"的相对性、统一性与相互转化。它揭示了生死之间的差别与对立是事物自身中的矛盾。因为事物是一个流变的过程。既然流变不息，则事物总是同时既在这一点上（"方中"）又不在这一点上（"方睨"）。这个命题虽然受形而上学所局限的常识所不容，却接触到了辩证法的真理，很有价值。

五 "小同异"与"大同异"

"大同而与小同异，此之谓小同异；万物毕同毕异，此之谓大同异"（《庄子·天下》）。这是惠子"十事"中的第五条，也是惠子"十事"中的核心。

"大同异"与"小同异"应该是两个不同层次的同异。庄子说："自其异者视之，肝胆楚越也；自其同者视之，万物皆一也。"（《庄子·德充符》）《吕氏春秋·有始览》中说："天地万物，一人之身也；此之谓大同。众耳目鼻口也，众五谷寒暑也，此之谓众异。"庄子颇受惠施影响，《有始览》中是否引述惠施观点，则无确证。惠施的上述命题可做如下解释：惠施所说的小同异，属于常识范围之内的同异，是人所共知的；而他所说的大同异，则是超出常识范围的，属于哲学的领域。惠施能把这二者区别开来并引导人们深入到哲学的领域中来，是重要的贡献。

六 南方无穷而有穷

惠施所说的"大一",是东、西、南、北、上、下六个方向的无限延伸,这是无穷的总体。就南方这个方向本身的无限延伸,可以说南方无穷;但从"至大无外"的"大一"的角度看,南方只是四方上下中的一方,受其他方向的限制,故可以说南方有穷。这样,惠施就论证了无限与有限的统一性。按现代数学中无限有高低不同的层次,惠施所说的大一,相当于最高层次的无限大,而无限的南方,相当于较低一个层次的无限大,尽管惠施没有达到这样清晰的认识,但他的"南方无穷而有穷"(《庄子·天下》)的命题确实包含着把无限区别为不同层次的思想,并认为相对于高层次的无限来说,低层次的无限就成了有限。这是深邃的辩证思想。

七 今日适越而昔来

"今日适越而昔来"(《庄子·天下》),"适"是往的意思,与"来"相对。同一个行动,是用"适"还是用"来",须视陈述者所在的或设定的地点。"适"只适用于目的地以外的地点,而"来"只适用于目的地。当用"适""来"陈述同一行动时,这种区别实质上是动词时态的区别,"适"为进行时,而"来"为完成时。例如一个人在某一天出发并到达了北京,在他到达北京前,他总要用"今天往北京去"的字样陈述他的行动,而他到达北京后,就要说"今天来到北京"了。"适越"是到越国的意思,其时间按行进的当时说,"来"是到达越国后追述其适越情形的用语,其地在越国,而其时间应以在越之日向回追溯。比如,一个人到达北京,人问他什么时候到达北京?他回答"今日",而到了北京后人问他什么时候动身来北京,就要回答"昨日"。这是从今与昔的推移论证今昔的统一。

惠施提出"今日适越而昔来"的判断，看来是意识到了"适""来"两个动词的时态差，并想用"今"与"昔"来描述这一差别，虽与常识相悖，连深有契于惠施的相对主义的庄周亦视为怪论。惠施通过这个命题深刻揭示了"今、昔"差别的相对性，对于同一个行动，陈述的角度不同，就可能出现"今、昔"的差别。

八　连环可解

据说，有一个外国的使臣送给齐威王后一只玉连环，请她解开。齐威王后拿锤子把玉连环打碎，对使臣说：连环解开了。这可算一种解法。但还有另一种"以不解解之"的解法。晋司马彪解释本条说："夫物尽于形，形尽之外，则非物也。连环所贯，贯于无环，非贯于环也，若两环不相贯，则虽连环，故可解也。"(《庄子集释·天下》陆德明《释文》引)形体之外的虚空不算是物。连环相互连贯之处是环的中空处，而不是环体本身，既然两环本身并不相互连贯，那么虽然是连环，本来是可解的。也就是说，解连环的难处在于把连续不可分的东西分开。但从连环本身形成的方式来看，它是续中有断、断中有续的；如果从断的角度看问题，连环本来是断开的，所以不用人为地去解。这就是以不解解之。按，司马彪此说似较符合惠施的本意。因为惠施在解决各种常识性悖论时，总是采取换一个角度看问题的方法。司马彪的注在方法论上与之吻合。连环是同体之物，但同体中有间断。惠施以"小一"为构成万物之质料，此说必导致"小一"与"小一"之间有间断的结论，此结论可用连环因贯空而可解的形象化比喻表现出来。惠施此条讲的是连续与间断的统一和相对性。连续与间断这对矛盾在哲学史上和科学史上曾困惑人们几千年，在西方，直到黑格尔才提出物质既是连续的又是可分的命题。惠施此说，包含了深邃的辩证思想，十分宝贵。

九 天下之中央，燕之北，越之南

"我知天下之中央，燕之北，越之南是也。"（《庄子·天下》）惠施的这一判断有多处与常识相悖：第一，东、南、西、北、中是中国传统的五个方位概念，惠施活动于宋、魏等处，相对于燕、越而言，无疑是中，而惠施却提出天下之中在燕之北、越之南。指出了方位的相对性。第二，中国人习惯于认为自己处于天下之中，夷、狄处于外，燕、越均华夏之国，燕之北、越之南划为夷、狄地界，惠施提出天下之中在夷、狄而不在中国，是把夷、狄与华夏的差别相对化。第三，"中"作为一个方位概念，指中心地带，而惠施提出有两个不相连续的点均可为"中"，即认为中央与边区是相对的。历代解释此条者，基本上是从上述几个方面推测惠施的论点。由于惠施著作已散失，究竟何者符合惠施的原意，不易做出判定。惠施这个判断可能是从多方面进行论证的。惠施要论证万物毕同毕异，则需将常识认为异而不同者统一起来，同时将常识认为同而不异者区别开来。

十 泛爱万物，天地一体

"泛爱万物，天地一体也"（《庄子·天下》），这一条是惠施的人生思想，也是他的哲学的归结。惠施主张"去尊""偃兵"，反对尊卑等级区别，所以他所说的"泛爱万物"是一种无差别的爱，比之墨家的兼爱，更有过之而无不及。因为墨家在讲兼爱的同时还讲

"尚同"，惠施则主张平等，并将对于人之爱扩展到对物的爱。泛爱万物的哲学依据是"天地一体"，即天地万物是一个有机的整体。

"天地一体"，天地万物是一个总体。万物各有其形体，形体与形体之间是间断的，怎么能说天地万物一体呢？这在当时也被认为是一个悖论。墨家、荀子都反对，认为对天地万物只能讲类同、合同（同在宇宙中），而不能讲一体（体同）。庄子学派同意惠施的观点，但他们认为"道通为一"（《庄子·齐物论》），万物统一于道。惠施的方法与庄子不同。据以上各条所述，惠施并不否认形与形之间有间断，如"连环可解"条还以此为立论根据，他也承认"万物毕异"。因此，惠施论证一体的方法可能是：既然宇宙无穷之大，则物与物之间那一点间断简直算不了什么。这样，异体之物也就可视为同体了。

万物一体说在后来的中国思想史上影响深远，它发端于惠施、庄周，到宋、明时代，张载、程颢、王守仁等大家，都强调天地万物一体。理学家对这个命题的论证与惠施之说有学术上的渊源关系。

通观上述的"十事"，可知惠施学说的要义是"合同异"。他所使用的主要方法，是改变观察、考虑问题的角度，从而超出常识的局限性。惠施所达到的结论与使用的方法都是辩证的，但还只是辩证法的一个方面，即相对性的方面。列宁指出："辩证法，……包含着相对主义、否定、怀疑论的因素，可是它并不归结为相对主义。"[1]充分发展了相对主义，是惠施的贡献，但他没有认识到相对与绝对的统一，没有达到哲理与常识的统一。

----

[1] 《唯物主义和经验批判主义》，《列宁选集》第2卷，人民出版社，2012年，第97页。

公孙龙

公孙龙，约生于周显王四十四年（前325），卒于秦孝文王元年（前250），战国时赵国人，与惠施同为以名辩出名的"辩士"。当时的辩士所热衷讨论的，主要是逻辑学与认识论问题。先秦以后，逻辑学衰落，辩士们的著作渐渐散佚，保存下来的也因简牍错乱、文字衍夺、术语特殊而很难读懂。公孙龙的著作，有《白马论》等五篇保存下来，与一篇公孙龙传记一起合称《公孙龙子》。

公孙龙所讨论的，主要是"名"与"实"的关系和"指"与"物"的关系两个问题。"名"是名词，"指"是名词的内涵，即概念。公孙龙在名、实关系问题上有唯物主义倾向，认为"名，实谓也"（《公孙龙子·名实论》），"名"只是客观事物的称谓。而在指物关系上又有唯心主义倾向，认为概念可以离开实物而存在，这种存在是一种潜伏的可能的存在。公孙龙在逻辑学和认识论上有一定的贡献，但也有明显的诡辩。"名辩"之学的中绝，是中国哲学发展中的一大损失，对于其中的精粹思想，我们应当注意继承发扬。

一 名，实谓也

春秋战国时期，社会发生了大变动。事物发生了变化，而名称依旧，于是发生了"名、实"不相符合的问题。春秋战国许多思想家对这个问题发表了意见，公孙龙在这方面的意见比较深刻，值得注意。

公孙龙讨论了名、实的关系。他认为："夫名，实谓也。"（《公孙龙子·名实论》）名是实的称谓。这就是说，事物是第一性的，名称是第二性的。公孙龙又讨论了"正"的含义。他认为，任何事物都在时间空间中占据一定的位置，如果一物正好处在该物所应当占据的位置上，就是"正"，否则，就是"不正"。据此，他认为，所谓正名，就是努力把物本身的位置摆正，只要物本身的位置摆正了，也就是正名了。他还认为"知此之非此①也，知此之不在此也，则②不谓也"（《公孙龙子·名实论》）。如果已知此物不是如此，或它已不在自己原来的位置上，就不要用原来的"名"来称谓它。这叫"审其名实，慎其所谓"（《公孙龙子·名实论》）。总之，公孙龙正名说的基本观点是名实应当相应。正名的工作可以通过把物本身的位置摆正的方法进行，也可以通过改变名的方法进行，要而言之就是要做到名必符实。这种建立在以"实"为第一性、以"名"为第二性的基础上的正名学说显然是唯物主义的，其中"名"应随"实"的变化而变化的思想，反映了当时新兴势力的变革要求，在政治上也是进步的。

---

① 此，道藏本无，据子汇本、守山阁本、绎史本并从俞樾说补。
② 则，道藏本作"明"，据子汇本、守山阁本、绎史本并从俞樾说改。

公孙龙在《名实论》中还提出用名词专一化的方法解决名实不符的问题。他说："故彼彼当乎彼，则唯乎彼，其谓行彼；此此当乎此，则唯乎此，其谓行此。其以当而当也，以当而当，正也。"意思是，如果那个"彼"的称呼，符合那个东西，就专用于那个东西，那么，那个称呼对那个东西就成立了；这个此的称呼，符合这个东西，就专用于这个东西，这样，这个称呼对这个东西就成立了。要是用适当的称谓分别称谓不同的物，就一定会得到名、实得当的结果。这种主张，包含了两方面的意义：其一是要使名词规范化、清晰化，这是正确的，有积极意义；其二是要使名、实对应的关系确定化，使名实一一相互对应。

二 白马非马

"白马非马"（《公孙龙子·白马论》）论是公孙龙名闻天下的名论。

"白马非马"这个判断中的"非"字，按公孙龙所说，实有两重含义。第一层含义是"不是"。公孙龙说："马者所以命形也，白者所以命色也；命色者非命形也，故曰'白马非马'。"（《公孙龙子·白马论》）这是说，马这个名词，是用来称呼"形体"的；"白"这个名词，是用来称呼颜色的。用来称呼"色"的"名"不是用来称呼"形"的"名"，所以，"白马非马"。又说："白马者，马与白也。马与白马也。故曰：'白马非马也。'"（《公孙龙子·白马论》）白马，就是马和白，或者说，白和马，所以说："白马非马。"这里的"非"，都是"不是"的意思。按照公孙龙的观点，每一个"实"都有一个专用的"名"，马这个名是用来称呼某一特定的形体的，白这个名是用来称呼某一特定的颜色的，二者不能合而指一实。白马就是马和白两个名，或者白和马两个名，马和白各有其实，所以白马不是马。

按公孙龙在这个意义上讲"白马非马"，显然是错误的。公孙龙在进行推论时，明显地使用了违反逻辑的诡辩手法。

"白马非马"说的第二层含义是"白马"异于"马"。公孙龙说："以有马为异有黄马，是异黄马于马也；异黄马于马，是以黄马为非马。以黄马为非马，而以白马为有马，此飞者入池，而棺椁异处，此天下之悖言乱辞也。"（《公孙龙子·白马论》）这是说，承认有"马"是异于有"黄马"，这就是承认"黄马"异于"马"；既然承认"黄马"异于"马"，这就是以黄马为非马；以黄马为非马，而以白马为有马，这就如同说飞翔的动物活动于水中，或者说棺与椁埋在不同的地方一样，纯属天下的胡言乱语！在这里，公孙龙将"黄马"异于"马"与"黄马"非"马"当成等价的判断，说明"非"有"异于"的含义。

肯定"白马"与"马"有区别，这是正确的。但公孙龙并没有到此止步，他肯定"白马"与"马"的区别，目的是要证明"白马"不属于"马"。因为他认为"以黄马为非马"与"以白马为有马"这两个判断是不能同时成立的，异于马也就是无马、不是马。《迹府》篇发挥此意说："如求白马于厩中，无有，而有骊色之马，然不可以应有白马也。不可以应有白马，则所求之马亡矣；亡则白马竟非马。"如果要在马厩中索取白马，没有白马，而只有纯黑色的马，这就不能说有白马在其中。不能说有白马在其中，就是所索取的马不存在，不存在就是"白马竟非马"。

按《白马论》的结论虽属诡辩，但并不是没有意义的。从哲学上看,它所讨论的实质上是一般与特殊的关系问题。"马"是一般,"白马"是特殊。唯物辩证法认为,一般即寓于特殊之中,一般与特殊既是统一的,又是有差别的。公孙龙的《白马论》揭示了一般与特殊差别的一面,这是他的贡献。但他夸大了这一差别,借口一般与特殊有差别而否认一般与特殊的统一,因而导致了错误的结论。公孙龙发现了"不是"中含有"不同于"的意思,却没有把"不同于"与"不属于"区别开来,这就使他的整个议论成为能服人之口而不能服人之心的诡辩。尽管如此,公孙龙的悖论却直接刺激了墨家关于这类逻辑问题的研讨。《墨经》将"名"区别为"达、类、私"三类。"达名"即最普遍的"名",如"物",它是对多种物体通用的名称;"类名"即特殊的"名",如"马",是对凡具有马形的一类物的名称;"私名"即专用名称,是对某个具体物的专用名称。在此基础上,它把"同"区别为"重、体、合、类"四类,其中"重同"即二名一实,如"狗"与"犬","类同"即属于一类。这样,"白马非马"的"悖论"就获得了解决。而这一"悖论"的提出和解决,意味着逻辑学的长足进步。在这个意义上,公孙龙对逻辑学的发展可以说是做出了重要的贡献。

三 离坚白

在《公孙龙子·坚白论》中,公孙龙更提出了"离坚白"的观点。公孙龙认为,石头的"坚、白"两种性质是分离的。他认为,一块石头,用眼看,则只"得其所白",只得一白石;用手摸,则只"得其所坚",只得一坚石。感觉白时不能感觉坚,感觉坚时不能感觉白。就人的感觉说,只有"坚"石,只有"白"石,没有"坚、白石"。所以,

"坚"和"白"是相分离的。"坚、白"既是分离的,就要用坚石和白石两个名称分别称呼它们,而不能称之为"坚白石"。公孙龙说:"无坚得白,其举也二;无白得坚,其举也二。"(《公孙龙子·坚白论》)"举"是命名的意思。公孙龙区别了"正举"与"狂举"。他认为,"名、实"相当为"正举","名"不符"实"造成的混乱为"狂举"。《墨子·小取》有"以名举实"的说法,《经上》也说:"举,拟实也。"可见,"举"是命名,以"名"谓"实"的意思。

按照这种坚、白分离的逻辑,我们就容易了解"白马非马"的命题。坚、白既然是分离的,那么,"白"与"马"也是分离的。故公孙龙有"白马者,白与马,马与白"(《公孙龙子·名实论》)之说。既然"白"和"马"是两个分离的东西,则"言色"时不能"言形","言形"时不能"言色",所以"白马非马"。

公孙龙不仅认为"坚"与"白"是分离的,而且认为"坚"与"石"、"白"与"石"也是可以分离的。他说:"坚未与石为坚,而物兼未与物[1]为坚,而坚必坚其不坚。"(《公孙龙子·坚白论》)这是说,当坚没有与石相结合成为石的坚性时,它是物所公有的;当坚没有与任何物相结合成为物之坚性时,它仍是坚。这样,"石"之"坚"和"白"就不是"域于石"即寓于"石"中的东西,而只是"在于石"的东西。

公孙龙清楚地意识到,白色并不能独"自"成为白色,天下也没有不与任何物相结合的独"自"的"坚",它总要有一个固定的处所

---

[1] 未与物,道藏本无"物"字,据屈志清说补,屈说见《读公孙龙的〈指物论〉》,《中山大学学报》1976年第3期。

才能显现为"白"、显现为"坚"。为了摆脱这一困难,公孙龙进而提出:无定所的"白"和"坚"并不是没有,而是潜藏起来了,而且这种潜藏并不是人们未能感觉到它,而是它自己隐藏起来了。这也就是"有自藏也,非藏而藏也"(《公孙龙子·坚白论》)。

公孙龙这种"离坚白"的观点显然是错误的,但并不是无意义的。"离坚白"所讨论的,包括两个方面的问题:一是感觉与客观事物实际情况的关系问题;二是实体与属性的关系问题。公孙龙发现耳目感官各有所司,不能互相代替,这就向人们提出了通过何种方式证明不同感官分别获得的对象的属性在对象方面是统一的这样的问题。公孙龙以显然错误的方式提出了这个问题,起了促使人们解决这个问题的作用。而这个问题后来在《墨经》中获得了正确的解决。公孙龙发现"白"色、"坚"性这些性质是许多物所共有的,除了有定所的"坚"与"白",还应当有无定所的"坚"与"白",即"坚"与"白"的抽象的概念,认为"坚""白"之类的名词所指称的"实"与牛、马之类命形的名词所指称之"实"不同,这就向人们提出了具体名词与抽象名词的关系问题、"实体"与"属性"的关系问题。尽管公孙龙在解决这个问题时陷入了错误,但他提出这个问题,也是对哲学与逻辑学的重要贡献。

四 物莫非指,而指非指

公孙龙所谓的"指",是指名词内涵的意思,公孙龙区别了"物""名""指"。"名"的外延为"物",如马的外延是所有的具体的马,黄马黑马都是马,白的外延是所有各种物体中具体的白,"名"的内涵为"指",如纯粹的坚,纯粹的白,一般的马,一般的石等。

公孙龙认为"坚"与"白"是分离的，"坚"与"石"、"白"与"石"也是分离的，这种分离的"坚""白""石"，即公孙龙所称之"指"。公孙龙又认为，当坚、白不在石之时是潜藏不现的。与这种观点相对应，公孙龙又提出"物莫非指，而指非指"（《公孙龙子·指物论》）的命题，认为一切"物"皆由"指"集聚而成，"物"皆是"指"，如一"石"，只是"坚、白"等"指"。除去"坚、白"等"指"，则不见有"石"。但"指"并不是由其他"指"所成，"坚"即"坚"，"白"即"白"，不是其他。

　　公孙龙认为，"且指者，天下之所兼"（《公孙龙子·指物论》），指是为一切物所共有的。指泛存于众物。那么，离开一切物是不是"指"就不存在了呢？也不是。在这时，"指"就自身潜藏起来了。

　　公孙龙这种物、名、指三者关系学说有一定的合理成分。他发现了"名词"除有外延还有内涵，发现了名词的内涵是一般，指出这种一般在不与特殊相连结时没有直接现实性，这是公孙龙在哲学上和逻辑学上最重大的贡献。无论是公孙龙的先驱或后继者，一般都只讲"名、实"关系，而不讲"名、指"和"指、物"关系，公孙龙的这些精粹思想中绝不传，实为中国思想史上的重大损失。但公孙龙不懂得"一般"只能通过"特殊"而存在的道理，不懂得脱离了特殊的一般只是人们头脑中形成的关于事物的共性，并认为它以潜在的形式客观地存在着，现实的"物"即由它集聚而成，这就从根本上颠倒了思维与存在的关系，陷入了与柏拉图的理念论（观念论）相类似的客观唯心主义。不仅如此，公孙龙还从概念的分离（这种分离实际上是人的分析的结果）导出"指"在物中也是分离的、不相即的结论，并据此得出"白马非马"和"坚、石""白、石"为二的结论。在《通变论》

中，公孙龙还拒不承认"青色"与"白色"混合而为"碧色"的事实，认为这种颜色只是"青、白"二色争相显现的结果，而这种争相显现是不正常的，正如君、臣竞争是不正常的一样，如果承认为"碧色"这个名，那就只会带来"名、实"的混乱；只有一方胜过一方才是正常的。这样，公孙龙就把作为"名"之外延的"物"与作为"名"之内涵的"指"混淆起来了，这在逻辑学上只能带来惊人的混乱。

通观公孙龙的全部观点，其核心是《指物论》，而《白马论》《坚白论》只是此核心观点的实例或实证。因此，公孙龙哲学的基本倾向是客观唯心主义的。公孙龙的学说在中国哲学史上昙花一现，没有发展起来。究其原因，一方面在于其学说的片面性错误，另一方面也与中国哲学的传统精神有关。在中国古代，各家学说虽立论不同，但大都强调为政治为现实服务，所以纯理论色彩的学说不容易发展起来。例如荀子认为，"坚白同异"之类的辩论虽然很明察，但君子不参加，因为对此类东西"不知无害为君子，知之无损为小人。工匠不知，无害为巧。君子不知，无害为治。王公好之则乱法，百姓好之则乱事"(《荀子·儒效》)。这样就根据是否有益于修身治国把各派辩者之说一概否定了。应当承认，理论应当为现实服务，但中国传统哲学这种过于强调理论的实用价值的精神却未免失之偏狭，因为理论与现实的关系是复杂的，有许多理论一时不见得有实用价值，但只要是真理，总会或直接、或间接、或现在、或将来发生实际的效用。因此，对于中国传统哲学在学术上急功近利的偏狭作风，应有深刻反省。

荀 子

荀子，名况，字卿，又称孙卿，约生于周赧王二年（前313），卒于秦王政九年（前238）。赵国郇（今山西临猗县）人。他曾在齐国游学，是齐国稷下学官的先生之一，后来成为这个学官的领袖（"祭酒"）。荀子是先秦儒家唯物主义的主要代表，在封建社会前期的学术界一直享有很高的声望，只是到了封建社会中后期，理学家们抬高孟子，贬低荀子，把他从所谓的"道统"中排斥出去，他的声望才逐渐低落下来。荀子在学术上的建树是重大的、多方面的。他是哲学家，也是大学者。秦汉时期传授、注解古代文献典籍的学者，大部分出于荀子及其门徒。荀子的许多哲学观点，直到今天还闪耀着智慧的光芒，给人以启迪。

一　明于天人之分

"明于天人之分，则可谓至人矣"这句话，见于荀子的哲学名篇《天论》，意思是说，自然与人是有分别的，明白自然与人的分别的人，就是最高明的人。

荀子并不否认自然与人的联系。他认为人也是万物中的一物，人的感情、感官、思维器官都是自然生成的，他分别称之为"天情""天官""天君"。他还认为，人类必须利用自然界的万物来养育自己，他把这叫做"天养"；在利用自然界的万物来养育自己时还必须接受自然法则的制约，他把这叫做"天政"。总之，人是自然的产物，依存于自然并受自然法则的制约。但荀子特别强调的不是自然与人的联系，而是它们的区别。从荀子的论述中，可以归纳出以下三点区别。

首先，自然界既有不随人的意志为转移的客观规律，人类社会也有自己特有的规范法则，社会的治乱取决于能否遵循这种法则，而与自然的变化无关。用荀子自己的话来说，这叫"天有常道矣，地有常数矣，君子有常体矣"（《荀子·天论》）。关于自然过程的规律性，他提出了"天行有常"（《荀子·天论》）的著名论题。"天行有常"，是指天体和天时变化是有规律的。就是说，自然过程有不以人的意志为转移的客观规律。例如，日、月、星辰的运转，春、夏、秋、冬四季的交替，阴、阳二气的相互作用和转化，乃至水灾、旱灾、暴寒、暴暑之类的自然现象，都有其自身的规律，这种规律并不因为圣明的帝王在世就存在，也不会因为暴虐的君主执政就消失。又如人是厌恶寒冷的，但天并不因为人厌恶寒冷就取消冬季；人不喜辽远，但地并不因为人不喜辽远而废止广大。自然灾害并不可怕，真正可怕的是"人妖"。例如，只要人们尽力进行农业生产，节俭而不浪费，那么水旱灾害就不能使人贫穷；只要人们作息有规律，那么暴寒、暴暑就不能使人害病；只要人们实行道德而不违背客观规律，那么自然就不能使人遭遇祸害。反之，人如不肯努力，胡作乱动，政令不明，道德沦丧，就是"人妖"。出现"人妖"，虽然没有旱涝，也会有饥荒；虽然不寒不暑，也会发生疾病，致使国家动乱衰亡。总之，国家的安定与紊乱取决于人事即是否按人类社会特有的规范、法则行事，而与自然变化无关。

其次，自然与人各有其职能，彼此不能互相代替，但人能够以完成自己职能的方式参与自然过程。"天"的职能是以其有规律的变化来产生万物，"地"的职能是以其资源养育万物，"人"的职能是治理万物，即治理自然与社会，使天地间的万物都变成最美好的，都发挥最大的用处，人就是以治万物的方式来参与自然过程。用荀子自己的话说，这叫"天有其时，地有其财，人有其治，夫是之谓能参"（《荀子·天论》）。"参"就是参与的意思。荀子认为，天地人的上述职能是不能互相代替。天地生养万物的职能，人无法代替，人亦不能"与天争职"（《荀子·天论》），但"天能生物，不能辨物也；地能载人，不能治人也；宇中万物，生人之属，待圣人然后分也"（《荀子·礼论》）。治理社会和自然的职能，非人莫属。

最后，自然与人完成其职能的方式是各不相同的。天以其有规律的变化为万物的产生创造条件，万物由于天的各种变化的和谐而产生出来，地以其资源为万物的发展创造条件，万物各得其所需要的资源而滋长，所以，天地生养万物的方式是"不为而成，不求而得"（《荀子·天论》），即无目的、无意识。因为它们并不是有意识有目的地生养万物，人们看不见它们是怎样做的，而只能看见它们的功效，这就是"神"，就是"天职""天功"。人完成自己的职能的方式则不是这样，他要保持思维器官的清明，保持感觉器官的端正，还要调养自己的感情，只有这样，人才能知道自己能够和应当做什么，不能够和不应当做什么，才能够治理万物，让天地为人类服务，使万物受人类役使。也就是说，"人为"是有意识、有目的的。

荀子这种"明于天人之分"的思想在当时对批判宗教唯心主义和在自然面前消极无为的思想具有重要的意义，闪耀着战斗唯物主义的思想光辉，对中国以后的唯物主义产生了深远的影响。即使在今天，他说的人能够以自己的方式参与自然过程的思想仍能给人以启迪。马克思主义认为，自人类诞生以来，人类就以自己的力量不断改造着、改变着自然，把天然、自然变成"人化自然"，把自然过程置于人类的控制、调节之下。这是非常深刻的思想。在西方，在马克思主义诞生之前，许多哲学家和科学家往往把自然与人类社会、自然与意识截然分割开来、对立起来。而中国传统哲学则自《周易大传》以来就一直强调人能够"参天地，赞化育"，能够参与、配合、辅助自然过程。中国古代哲人的这种智慧，是值得珍视的。

二 制天命而用之

荀子所说的治理万物，是指利用自然规律改变自然界的状态，使它更适合于人类的目的。荀子对此充满信心和热情。他说："大天而思之，孰与物畜而制之？从天而颂之，孰与制天命而用之？望时而待之，孰与应时而使之？因物而多之，孰与骋能而化之？思物而物之，孰与理物而勿失之也？愿于物之所以生，孰与有物之所以成？

故错人而思天，则失万物之情。"（《荀子·天论》）就是说，推崇天而思慕它，哪里比得上把天当作物来畜养而控制它？顺从天而颂扬它，哪里比得上掌握自然的变化规律而利用它？盼望天时而等待它的恩赐，哪里比得上顺应季节的变化而使天时为人们服务？因任万物而赞它，哪里比得上施展人的才能而对万物加以变革发展？想着让万物为自己使用，哪里比得上治理万物而使万物都能得到充分合理的利用？想望万物是怎样产生的，哪里比得上促进已经生成的万物更好地生长呢？所以，放弃人的努力而思念天，就失掉了万物的实情。自然界是没有意志的，所以，对自然界推崇、仰慕、顺从、期待都不会有什么结果，只有充分发挥人的力量去控制、利用自然，才算了解万物的实情。

从荀子这段热情洋溢、信心十足的议论中，我们可以看到荀子对人类征服自然的伟力的赞颂。这在生产力水平还很低、人们还相当普遍地对大自然怀着恐惧敬畏之情的古代，是非常难得的。直到近现代，荀子这种"人定胜天"的思想还激励着人们向大自然进军。当然，生活在古代的荀子没有意识到，仅仅强调征服自然，而不注意顺应自然，不注意与自然相协调，是片面的观点。今天我们在处理人与自然的关系问题上，应当持全面的观点。

三　天地合而万物生

荀子不赞成对宇宙观问题进行系统的研究，因而没有提出宇宙观的体系。不过，他对万物的构成和事物的基本类别也发表了重要的唯物主义见解，并在此基础上提出了人的精神是以人的身体为基础的唯物主义观点。

荀子说："天地合而万物生，阴阳接而变化起。"(《荀子·礼论》)天地间的万物都是天地结合的产物，并在阴阳二气的接触推荡中变化。荀子又说："水火有气而无生，草木有生而无知，禽兽有知而无义；人有气、有生、有知，亦且有义，故最为天下贵也。"(《荀子·王制》)这是说，水火是有气的，而没有生命；草木是有气有生命的，而没有知觉；禽兽有气有生命有知觉，而没有道德；人有气有生命有知觉而又有道德，所以是最有价值、最为重要的。这些论述在哲学上有两个方面的意义：一方面，从万物的共同性方面抽象出了一个万物由以构成的"气"，它相当于我们今日所谓的物质，这是中国古代哲学的物质概念；另一方面，从万物的差异性中揭示出生命与知觉是以气为基础的。荀子关于"形、神"问题的著名论题"形具而神生"(《荀子·天论》)，就是从这里发展出来的。人是天地之"气"结合的产物，"气"结合而成人的形体，形体具备了，然后才产生精神出来。荀子对这一唯物主义观点虽然没有展开详细论证，但这一观点本身很深刻、很正确，对后来唯物主义形神观的发展产生了深远的影响。

四　人生不能无群，群而无分则争

荀子将"有义"作为"人"与"动物"相区别的标志，作为"人"最有价值的标准，这种观点并不全面。有道德固然是"人"与"动物"相区别的一个特征，但"人"与"动物"最本质的区别是劳动。不过，荀子在讨论礼义的起源和作用时却发表了相当深刻的见解。他认为人类的生存离不开社会组织，社会组织离不开分工和等级名分制度，而礼义是分工和等级名分制度得以维系的条件，所以，礼、义对于人生是顷刻不可离弃的。

荀子首先从人类胜过其他自然物的角度论证了社会组织、等级名分和礼义三者的关系。他说："力不若牛，走不若马，而牛、马为用，何也？曰：人能群，彼不能群也。人何以能群？曰：分。分何以能行？曰：义。故义以分则和，和则一，一则多力，多力则强，强则胜物。……故人生不能无群，群而无分则争，争则乱，乱则离，离则弱，弱则不能胜物。"（《荀子·王制》）在这里，荀子明确地指出了人是一种社会性动物，并且用人类联合起来从事活动、战胜自然来解释人类社会的起源。这种观点是符合历史唯物主义的，是历史唯物主义的萌芽。

荀子又从人类分工合作的必要论证了社会组织、等级名分与礼义三者的关系。他说："欲恶同物，欲多而物寡，寡则必争矣。故百技所成，所以养一人也。而能不能兼技，人不能兼官；离居不相待则穷，群而无分则争。穷者患也，争者祸也。救患除祸，则莫若明分使群矣。"（《荀子·富国》）就是说，人们所爱好和憎恶的东西是一样的，欲求多而物资少，物资少就会争夺。一个人的生活所需，要靠各种技艺制成的物品来供养，虽然是能者也不可能兼通各种技艺的，一个人也不可能兼管各种事务；如果人们不相互依靠，就无法生活下去，群居，而没有等级的划分又会发生争夺。要同时免除这些缺陷、祸患，最好的办法就是明确上下职分和等级的差别，建立社会组织。历史唯物主义认为，在生产力发展的一定阶段，分工是发展生产最强有力的杠杆，而分工又是阶级划分的基础，因此，在社会发展的一定阶段上，分工和阶级划分是必然的合理的。荀子在一定程度上有见于此，这是难能可贵的。不过他把这种现象永恒化了，表现出他的阶级和时代的局限性。

荀子还从人的欲望无穷而物资有限的矛盾分析了礼、义的起源。他说："礼起于何也？曰：人生而有欲，欲而不得，则不能无求，求而无度量分界，则不能不争。争则乱，乱则穷。先王恶其乱也，故制礼、义以分之，以养人之欲，给人之求。使欲必不穷乎物，物必不屈于欲，两者相持而长，是礼之所起也。"（《荀子·礼论》）荀子以为，只有划分等级，按等级的不同确定消费的多寡才能解决需求和物资的矛盾，显然这是一种维护特权阶级利益的理论，他把礼、义的创制权完全归之于古圣先王，也是片面的。但他力图从社会本身的需要中寻找礼、义的起源，这还是应当肯定的，是合乎唯物主义原则的。

总之，荀子的历史观虽然总体上来说是唯心主义的，但其中包含着不少历史唯物主义的萌芽。顺便应当指出的是，在道德的起源和作用问题上，中国古代哲人的观点虽然各不相同，但有一个基本一致的倾向，即从社会的需要或人的自然本性中寻找道德的本源，从维系社会或提高个人的生活中寻找道德的作用和价值，而很少有人把道德与上帝、神灵联系起来，这就使得中华民族在漫长的古代形成了道德教育与无神论倾向相结合的优良传统，形成了一种不依赖宗教的人生价值与人生理想体系。这种优良传统和价值体系对于建设社会主义精神文明是有借鉴意义的，值得认真整理、继承和发扬。相形之下，西方人比我们多背了一个精神包袱，他们一向把德育置于宗教之中，以致于随着对上帝信仰的动摇，出现了因价值体系失去本源和支柱而崩溃的精神危机。萨特的存在主义正是在"上帝死了"的意识下陷入精神危机的表现。在荀子的时代，把道德与原始宗教联系起来的还是不少的，荀子可以说是推动这二者脱钩的一系列哲人中的先行者和重要人物，他的功绩是值得大书特书的。

五　化性起伪

人性或人的本质问题是中国古代哲人们十分重视的问题。第一个讲性的，是孔子。孟子和荀子一个讲性善，一个讲性恶，于是性之善恶就成了以后论性的主要争论。由于时代和阶级的局限性，中国古代哲人对人性的研讨并未能结出真理的果实，但他们的一些理论经验、教训和思维方法仍然是值得借鉴的。

孟子和荀子的性论思想虽然在形式上截然对立，实际上却是异中有同，得失互见。双方形式上针锋相对的原因很大程度上在于对"性"这个概念所下的定义不同。孟子认为，人性是指人区别于动物的内在的规定性，这个定义基本上是正确的。实际上，人性应当是人区别于动物的诸内在规定性中最根本的规定性。但孟子仅仅从人有道德的角度规定人与动物的区别，这就没有抓住根本。为了强调这一规定的内在性，他还认为，人的道德的萌芽是天（人格的主宰神）赋予人的，是人生来固有的，这就更陷入了唯心主义先验论。荀子也承认，道德是人区别于动物的根本的规定性，他说："故人之所以为人者，非特以其二足而无毛也，以其有辨也。"（《荀子·非相》）人之所以是人，并非因为他有二足而无毛，而是因为他有人与人之间上下、贵贱、长幼、亲疏的等级区分。但他不承认这是人性。因为荀子认为道德是经过人的思虑的积累、官能的反复运用然后形成的言行规范，这种规范是人为的，不是与生俱来的，即非天赋的、非固有的。他把人为叫做"伪"，强调所谓性伪之分。荀子认为，人与生俱来的固有的只是一些自然欲望，如"饥而欲饱，寒而欲暖，劳而欲休"（《荀子·性恶》），又如"目好色，耳好声，口好味，心好利，骨体肤理好愉佚"（《荀子·性恶》），他认为这才是人的本性，因此他把人性定义为"不可学、不可事而在人者谓之性"（《荀子·性恶》）。在断言道德是人的创造这一点上，荀子的观点是正确的，是对孟子天赋道德论的批判，但他对人性的定义则是不足取的，按照这种定义，人性就不是人区别于动物的规定性，而是人与动物相同的规定性。看来荀子在考察"性"的定义时，过于侧重了性应当是与生俱来的、固有的一面，而忽视了性还应是人区别于动物的规定性的一面。事实上，文明人虽然与原始人一样有饮食男女之需，但文明人不会像原始人那样茹毛饮血，也不会像原始人那样实行群婚，当这些改变充分巩固起来之后，也就习惯成自然了，成了人与动物、文明人与原始人相区别的内在规定性了。

荀子虽然认为人性是恶的，但并不认为这种人性是不可改变的。他主张"化性起伪"（《荀子·性恶》），主张"性伪合而天下治"（《荀子·礼论》）。

荀子虽然以"性"为"恶"，"伪"为"善"，但他所讨论的"性""伪"问题又不限于一个道德问题。荀子说："性者，本始材朴也；伪者，文理隆盛也。"（《荀子·礼论》）饥餐渴饮是性，声色愉佚之好是性，耳聪目明也是性，凡人自然具有的都是性。伪包括人对本身自然的一切人为的改变，经过思虑的选择调整，经过学习而得到的东西都是"伪"，社会的制度、道德、文化都是"伪"。伪是根于人心的选择而日积月累起来的，"圣人"——荀子心目中理想的人格——就是积累之极致。由此可见，荀子所讨论的"性""伪"问题，从总体上看是一个人本身的自然与文明的关系问题。荀子认为，性、伪虽有严格的区别，但亦有统一的方面，他说："无性则伪之无所加，无伪则性不能自美。性伪合，然后圣人之名一。"（《荀子·礼论》）没有"性"这个自然的材质，"伪"就失去了加工、改造的对象；没有"伪"，这种自然材质就不能自发地向美好的方面改变。性伪统一，然后才成就圣人之名。这种"化性起伪"说含有很深刻的哲理。恩格斯曾经提到费尔巴哈的一句名言："当人最初从自然界产生的时候，他也只是一个纯粹的自然物，而不是人。人是人、文化、历史的产物。"[1]荀子在一定程度上也达到了这样的认识。可惜的是，他在性伪关系问题上没有把辩证法贯彻到底。马克思指出："人自身作为一种自然力……作用于他身外的自然并改变自然时，也就同时改变他自身的自然。"[2]普列汉诺夫对这一思想作了极高的评价，认为它包括着马克思的历史理论的全部本质，足以与哥白尼的发现并立。荀子和费尔巴哈一样，在一定程度上接近了这一思想，但却没有能够达到它。

六　虚壹而静

荀子对唯物主义的认识论有多方面的建树。他肯定人是有认识能力的，物质世界是可知的。"凡以知，人之性也；可以知，物之理也"（《荀子·解蔽》）。他分析了认识的过程，认为认识是在感官的感觉

---

①　《路德维希·费尔巴哈和德国古典哲学的终结》，《马克思恩格斯选集》第4卷，人民出版社，2012年，第244页。

②　《资本论》第1卷，《马克思恩格斯全集》第42卷，人民出版社，2016年，第168页。

的基础上加上"心"的作用的结果。他还给"智"和"能"下了唯物主义的定义。他说："所以知之在人者谓之知。知有所合谓之智。智所以能之在人者谓之能。能有所合谓之能。"(《荀子·正名》)这是说，人固有的认识客观事物的能力叫做知，即智力。人的认识能力和客观事物相接触后所产生的认识、"知识"叫做智，即智慧。人的智慧所固有的潜在能力叫做"能"。这种能力和客观事物接触后形成的处理万事的能力也叫做能。荀子给知识和才能下的定义直到今天看来也还是正确的。

荀子在认识论方面不仅坚持了唯物主义反映论，而且特别强调全面的思想方法。思想方法，荀子称之为"心术"。他认为，人们的思想方法，常常陷于片面，"凡人之患，蔽于一曲，而暗于大理"(《荀子·解蔽》)。一曲即片面，受片面所蔽，就不能认识真理了。荀子认为："凡万物异则莫不相为蔽，此心术之公患也。"(《荀子·解蔽》)一切事物都有差异，只看到事物的一面就会造成认识上的片面性，这是思想方法上共同的病患。例如："欲为蔽、恶为蔽，始为蔽、终为蔽，远为蔽、近为蔽，博为蔽、浅为蔽，古为蔽、今为蔽。"(《荀子·解蔽》)认识主体的好恶会造成片面性，认识主体各种矛盾的对立面，如"始终""远近""古今"等等，都可以造成认识的片面性。那么，怎样才能克服这种片面性呢？荀子提出了"兼陈万物而中县(悬)衡焉"(《荀子·解蔽》)的解蔽方法。"兼陈万物"就是从各方面看问题，"中县衡"就是用全面的客观的"道"作为判断的标准。"夫道者体常而尽变"(《荀子·解蔽》)，是包容各个方面的，相对于这个"道"来说，"万物为道一偏，一物为万物一偏"(《荀子·天论》)，即各种具体的事物只是道的一部分、一方面。那么，人们又怎样能够达到对于这个可以作为判断标准的"道"的认识呢?荀子的回答是通过心以"虚壹而静"(《荀子·解蔽》)的方法去获得。"虚"就是要虚心,不以已有的知识妨碍再接受新的知识,不要先入为主;"壹"就是要专心一志,不因对某一种事物的认识而妨碍对另一种事物的认识;"静"就是平静、镇静,不让任意想象和胡思乱想干扰认识。荀子认为,"将须道者之虚则入;将事道者之壹则尽;尽将思道者静则察"(《荀子·解蔽》),想要求道的人,能虚心就可以接受道;想要学习道的人,能专心一志,就可以全面认识道;想要研究道的人,能保持宁静就可以明察道。

荀子主张的"虚壹而静"确实是一个解蔽的良方。因为认识中的主观性、片面性,如经验主义、教条主义等等,往往就是不虚、不壹、不静造成的。当然荀子以"道"为保证认识全面性、客观性的准绳的思想是不对的,因为"道"本身也是一种认识,它不能成为认识的准绳,只有实践才是检验认识的真理性的准绳。

韩 非

韩非，约生于周赧王三十五年（前280），卒于秦王政十四年（前233），是韩国的公子，与李斯都是荀子的学生。秦始皇看到韩非所著的书非常高兴，为了召请他，竟发兵进攻韩国。韩非到了秦国，还没有得到任用，就为李斯所忌妒，而被迫自杀于狱中。但他的思想受到秦始皇、李斯和秦二世的尊崇，成为秦王朝的指导思想。

韩非是战国时期最后一位重要的哲学家和政治思想家。在哲学上，韩非继承了商鞅的"法"、申不害的"术"、荀子的唯物主义观点，改造了《老子》的学说，形成了自己的唯物主义自然观、认识论和含有唯物主义因素的历史观。在政治思想方面，他建立了一个将"法""术""势"融合为一的封建专制中央集权主义的学说。这种政治学说顺应了当时历史发展的潮流，具有进步意义。但到今天，除了其中的法治思想仍有一定借鉴意义之外，基本上已过时了；而且即使在当时，这种政治学说也有很大的片面性。如它片面强调"法"与"力"，完全否定道德的价值；公然宣扬人性是生来自私自利的；君臣父子及其他人与人的关系都是一种金钱关系、利害关系；它公然主张文化垄断主义和思想专制主义，主张愚民政策；它还公然主张专制君主穷奢极欲。如果说秦王朝统一中国的成功证明了韩非的政治学说顺应历史发展潮流的一面，那么，秦的二世而亡也证明了它不足以治国的一面。

下面就韩非思想中有价值的部分或方面做一简要的介绍。

一　道尽稽万物之理

韩非研究过《老子》，他对于"道"提出了自己的解释，改造了老子关于"道"的观念。他对于作为一个哲学范畴的"理"发表了独特的见解，做了较详细的说明，建立了"道尽稽万物之理"的学说。

老子认为道（即最高原理）是先天地生并且产生天地万物的东西，这种把客观规律从客观事物中抽离出来并视为宇宙本原的观点，是客观唯心主义的。韩非没有采取这种观点。他认为："唯夫与天地之剖判也俱生，至天地之消散也不死不衰者谓常。"（《韩非子·解老》）这里的"常"指"常道"，这就是说，"常道"不是先天地生的，而是与天地俱生同存的。这样，道就成为万物的普遍规律了。

韩非所谓的"理"有事物的性质、纹理、规矩等含义。他说："凡理者，方圆、短长、粗靡、坚脆之分也。"（《韩非子·解老》）又说："短长、大小、方圆、坚脆、轻重、白黑之谓理。"（《韩非子·解老》）这是以事物的性质为理。韩非还说："理者，成物之文也。"（《韩非子·解老》）理是已经形成之物的纹理，即条理、秩序、结构。又说："欲成方圆而随其规矩，则万事之功形矣。而万物莫不有规矩。"（《韩非子·解老》）总之，理即事物的形式与规律。

韩非论道、理与事物三者的关系说："道者，万物之所然也，万理之所稽也。理者，成物之文也；道者，万物之所以成也。故曰：'道，理之者也。'物有理，不可以相薄，物有理不可以相薄，故理之为物之制。万物各异理，万物各异理而道尽。稽万物之理，故不得不化，不得不化，故无常操。"（《韩非子·解老》）这是说，"道"是万物存在的依据，是万理的综合。"理"是已经形成之物的纹理，"道"是万物所以形成的根据。所以说：道是统理万物的。物各有理，不会互相冲突，所以事物为理所控制。万物的理是各不相同的，道则总括了万物的"理"。"道"总括了万物之理，所以不能不变化；不能不变化，所以道并无一成不变的格式。这段论述中，包含许多深刻思想。其一，"道"即事物的总规律，是"万理"（具体规律）的综合，具体规律不是永恒不变的，因而作为"万理"之综合的"道"则是流动不居的。这是相当深刻的辩证思想。它肯定普遍规律不能脱离具体规律而独立存在，而且肯定普遍规律是变动不居的。其二，"道理"即在事物之中，事物表现"道理"，道理则作为万物形成的根据而制约着万物。这是相当深刻的唯物主义观点。其三，万物的具体规律是各不相同的。认识到这一点，对于具体问题具体分析、具体对待有积极的意义。

因为"道理"是存在于事物之中并制约着万物的，所以韩非十分强调按客观规律办事，用他自己的话来说，就是"必缘理"（《韩非子·解老》）。他认为，了解了事物的规律，对于事物就可以制裁（"理定而物易割也"）；按照规律办事，就一定能成功，"夫缘道理以从事者，无不能成"（《韩非子·解老》）。他反对不按事物客观规律而按主观意见办事，他说："好用其私智而弃道理，则网罗之爪角害之。"（《韩非子·解老》）所谓"网罗之爪角"，指错综复杂的事物，它像一张网一样，会把不按规律而按主观意见（"私智"）办事的人困死。韩非认识到人必须按照客观规律办事才能成功，不然就要失败。

二　参验

《管子》中有《心术》，荀子著作中有《解蔽》，都是讲究思想方法的。韩非作为荀子的学生，也很注意思想方法的研究。他把《心术》和《解蔽》中的唯物主义观点推进一步，提出了重视"参验"的思想方法。

韩非批评儒、墨两家说："孔子、墨子俱道尧舜，而取舍不同，皆自谓真尧舜，尧舜不复生，将谁使定儒墨之诚乎？……意者其不可必乎？无参验而必之者，愚也；弗能必而据之者，诬也。故明据先王必定尧舜者，非愚则诬也。"（《韩非子·显学》）"参"是比较，"验"是实证。"参验"即是通过比较而得到实际的证明。韩非认为，必须有参验，才能做出正确的结论。

韩非提出"偶参伍之验，以责陈言之实"（《韩非子·备内》）的方法，他认为要知道一个人所说的话（"陈言"）是不是合乎实际情况，那就要用"参伍之验"的方法。"参"是把许多方面的情况（"众端"）搜集起来，加以比较研究；"伍"就是把各方面的情况排列、整理起来。"参伍之验"就是把许多方面的情况搜集起来，排列整理，加以比较研究，用以考察一个人的言论是否符合事实。"参伍之验"是力图按照事物的本来面貌和客观规律来考察言论，避免片面性和主观性，这显然是唯物主义的。

韩非还提出"听其言而求其当，任其身而责其功"（《韩非子·六反》）的主张。这里的"当"和"功"是实践效果的意思。这句话的意思是说，判断某种言论是否正确，或一个人是否有才干，不是只凭争论就可以决定的，只有从实际的效果中才可以断定。他举了许多生动雄辩的例子说明这个道理。他说，比如判断一把剑的利与钝，如果只凭金属原料的颜色，即使像区冶这样的铸剑专家也不能肯定是否合乎标准，而用它试行宰杀，则普通人也能分别出利钝。

如果只看一匹马的形状、年龄，即使像伯乐这样的相马专家也不能判定它的优劣，但只要驾上车跑一次，则一般人也能分辨出是好马或劣马。又如，大家都在睡觉的时候，无法分别出谁是瞎子，都在静默时，无法分别出谁是哑巴，醒后使他看视，提出问题叫他回答，瞎子、哑巴就无法掩饰了。韩非还指出，用实践效果检验言行是否正确，要对这个效果做出预先的规定，而不能到了事后胡乱拼凑。他举例说：如果随便射出一支箭，那支箭总要射中一个地方。那个地方是小小的点。可是这不能算善射，因为那小小的一点并不是预先指定的。如果把一个五寸的靶子（"的"）放在十步以外，这个"的"比上面所说的小小的一点大多了，如能够射中这样的"的"，就算善射，因为这个"的"是预先确定的。用实践效果检验言行也应如此，"夫言行者，以功用为之的彀者也"（《韩非子·问辩》）。检验言行，要以预先确定的效果为标准（"的彀"）。韩非这种思想显然是唯物主义的。不过，用实践检验言行之真理性的问题是很复杂的，远非韩非所想的那么简单。

三 世异则事异，事异则备变

春秋战国时代是中国历史上的一个大变革时代，经济、政治制度在激烈的震荡中迅速演化，思想文化也在百家争鸣中不断改变。春秋战国时代又是一个离远古不久的时代，夏、商的文献犹存，故国犹在，而且有许多未开化的原始部族（所谓"夷狄"）夹杂在文化先进的华夏诸国之间。在这些原始部族中，甚至还有实行母系群婚制，因而"知有母不知有父"的。因此，这个时代的思想家们或多或少都有一种历史是变化的观点，区别只在于，他们的政治倾向不同，对这种变化的解释和态度也不同。儒家、道家、墨家都在不同程度上流露出对逝去时代的赞美和留恋，而法家则不赞成这种倾向，他们力图将这种历史变化解释为必然的进化的过程，主张根据现时代的实际制定治国的方案。韩非在这方面是一个很有代表性的人物。

韩非把历史区别为上古、中古、近古、当世，或区别为上古、中世、当今。他说，上古时代，人民少，禽兽多，人民不能战胜禽兽和虫蛇。有位圣人架起木头，做成鸟巢一样的住处，以避免禽兽虫蛇的侵害，人民非常高兴，就举他做天下的王，称为有巢氏。当时人民吃的是野生的瓜果和腥臭的蚌蛤，对肠胃非常有害，因此疾病很多。有位圣人钻木取火，把食物放在火里烧熟，去掉腥味、臊气，人民非常高兴，便举他做天下的王。中古时候，天下发生大水灾，由禹的父亲鲧和禹先后负责疏通河流。近古时候，夏桀和商纣统治天下，残暴昏乱，于是商汤王和周武王起兵讨伐（见《韩非子·五蠹》）。在同一篇文章中，他还指出，古代人食草木之实、衣禽兽之皮；尧做帝王的时候，住的茅屋屋顶不剪齐修饰，橡子不刨光，吃粗粮，喝野菜汤；禹做帝王的时候，亲身拿了锄头、铲子抢在人民前头做苦工，他们的生活，甚至比不上现在的看门人和奴隶；舜做帝王的时候，有苗人不服，舜于是加强教育和感化的工作，经过三年，派人手执盾和斧对着苗人舞蹈了一番，苗人就降服了，而在对共工（传说不一，据韩非上下文意应是比较晚近的人物）的战役中，战争激烈到用短的铁制武器互相肉搏，铠甲不坚固就会使身体受伤。由此可见，韩非不仅看到了历史的变化，而且看到了人类社会由蒙昧而野蛮而文明的变化的一些具体情景：人类对自然的关系发生了变化，物质生活不断改善，但贫富贵贱的对比日益强烈，战争也由象征性地变成了你死我活的拼杀。尽管韩非所述在细节上有不少缺陷，但在当时还是很了不起的。

韩非不仅认为历史是变化的，还对历史变化的原因做了探讨。他认为历史变动的主要原因之一是人口的增加。人口越来越增多，自然的资源越来越不够用，社会的情况也就随之而改变了。古代人口少，自然资源多，草木之实、禽兽之皮取给有余，用不着凭力吃饭，所以人们不争夺财利。现今（战国时代）人口多而资源少，人们拼命劳动，生活还很差，所以人们争夺财利。韩非的这种观点不承认历史变动的原因在于天意或人的意志，不从人的思想观念去解说历史，而试图从人类物质生活的矛盾中寻找历史变动的原因，含有唯物主义的因素。它把人类物质生活的矛盾归结为人口与自然资源、生活资源的矛盾，这是不正确的，有些类似于马尔萨斯的人口论。恩格斯在严厉批评马尔萨斯的同时，也肯定了他的历史功绩，认为马尔萨斯的理论违背了圣经的教义，成为"一个推动我们不断前进的、绝对必要的中转站"[①]。由于马尔萨斯的理论和政治经济学，"才注意到土地和人类的生产力……我们从马尔萨斯的理论中为社会变革汲取到最有力的经济论据"[②]。根据恩格斯的这些论述，我们应该给韩非的理论以应有的历史地位。

基于对历史变化及其原因的上述认识，韩非批评了儒家、道家提出的人的道德品质随着历史演变而越来越低的观点。他认为，古代的帝王之所以轻易地让位于人，是因为帝王生活待遇

---

① 《国民经济学批判大纲》，《马克思恩格斯全集》第3卷，人民出版社，2002年，第468页。

② 同上。

很菲薄而工作十分辛苦，今天的县令之所以舍不得丢掉职位，是因为待遇优厚、权力很大；山居的人逢年过节以水相送，是因为水太少，依湖泽而居的人却雇人排水，是因为水太多；青黄不接时连幼弟都不肯接济，是因为粮食太少，丰收时连远客也肯供饭，是因为粮食太多。这一切都与道德品质的高下无关。韩非这些话的含义是：仁慈、礼让之类的道德行为是由物质生活状况所决定的，而不是由人的本性决定的。这也是朴素唯物主义的观点。

韩非还认为，时代（"世"）不同，生活中的问题（"事"）也不同，解决的办法（"备"）也不同。上古之世的问题是躲避野兽的侵害，是对食物加工改造，这些问题随着历史时代的变化已成过去，如果到中古之世还有人构木为巢、钻燧取火，那就要受到嘲笑。同样，如果到了现在还去称赞尧、舜、禹、汤的功德事业，也要受到嘲笑。正确的态度应当是"不期修古，不法常可，论世之事，因为之备"（《韩非子·五蠹》），即不遵行古法，不墨守成规，要根据现实生活所面临的问题采取相应的措施。韩非的这一思想是很深刻的，今天仍能予人以启发和教益。

四　以法治国，法不阿贵

在韩非"法""术""势"相结合的政治学说中，法治思想对我们仍有一定借鉴意义。韩非把法治与"尚贤""任智"对立起来，与发展文化教育对立起来，这些都需要认真批判。韩非法治的许多具体内容及严刑峻法的主张已经过时，但韩非法治思想的基本精神是有合理性的。

韩非虽主张君主专制，但同时主张君主要在法律的范围内行事，不可"释法用私"（《韩非子·有度》），不可"释法术而任心治"（《韩非子·用人》）。韩非认为，"道"是"是非之纪"（《韩非子·主道》），要求君主"守自然之道"（《韩非子·主道》），"不以智累心，不以私累己；寄治乱于法术，托是非于赏罚，属轻重于权衡；……守成理，因自然"（《韩非子·大体》），使法律纯洁淳朴，普及万物而不遗。这样，他就把"法"与作为自然规律的"道"挂起钩来，视为连君主也不能侵犯的东西。这表明，韩非彻底的以法治国的主张与他同时主张的君主专制集权主义之间存在矛盾。对这一矛盾，韩非是有所觉察的。他把君主喻为十分厉害的龙，其喉下有逆鳞径尺，谁不小心碰着就要丧命，告诫进说之士千万不要碰着人主的逆鳞（参《韩非子·说难》）。然而正是这位察事极精的人物，却死在秦始皇的刀下，使得大史学家司马迁为之扼腕叹惜。我们说，这不是韩非个人的悲剧，而是历史的悲剧。韩非要求一切人都在法律范围内行事，这是正确的，但这一主张只有在民主制下才能得以实现。

韩非主张"以法治国""法不阿贵"（《韩非子·有度》），"刑过不避大臣，赏善不遗匹夫"（《韩非子·有度》），"内举不避亲，外举不避仇"（《韩非子·说疑》），征兵"不避尊贵，不就卑贱"（《韩非子·难一》），"以力得富，以事致贵"（《韩非子·六反》），"诚有功则虽疏贱必赏，诚有过则虽近爱必诛"（《韩非子·主道》），这些和殷周以来宗族贵族政治所一直奉行的不允许"贱妨贵、少陵长、远间亲、新间旧、小加大、淫破义"（《左传》隐公三年）的信条是针锋相对的，其基本精神是反对贵族制，主张法律面前人人平等。秦王朝虽起于周之诸侯，却相当坚决彻底地贯彻了韩非的这些主张，出现了其父富有天下而子弟为匹夫的现象，这是中国古代历史上绝无仅有的。不幸的是，随着秦王朝的灭亡，贵族制死灰复燃，成为中国封建社会经济、政治机体上的一个可怕的赘瘤。宗族贵族制按其本性，乃是原始社会末期父家长制的产物，在文明民族的一定发展阶段都存在过，但只有在中国成为古代社会（殷周社会）的政治上层建筑并以赘瘤的形式一直存在于封建社会，延缓了中国社会的发展，这实在是一大憾事。在这个意义上，韩非所主张的法治精神的未能实现，是中国历史发展上的一大损失。

董仲舒

董仲舒，约生于汉文帝前元元年（前179），约卒于汉武帝太初元年（前104），今河北省枣强县广川镇人，是汉朝官方哲学体系的奠基人，重要的政论家和唯心主义哲学家。据《汉书》记载，董仲舒的著作共有一百二十三篇，今存著名的《举贤良对策》三篇和《春秋繁露》八十二篇。

董仲舒从小学习、研究《公羊春秋》，后曾任官方讲授儒家经典的"博士"官。汉景帝时，崇尚黄帝、老子道家思想的窦太后想用"兄弟相及"的皇位继承制度代替汉皇室"父子相继"的制度，与景帝发生了矛盾。汉景帝根据《公羊春秋》"立嫡以长不以贤，立子以贵不以长"的说法否定了窦太后的主张，坚持"立子"，汉武帝由此得以继承皇位。这一场发生于窦太后与汉景帝之间的斗争，给公羊学派一个显身政治舞台的机会。汉武帝即位的前六年，丞相田蚡等人以儒家学说为武器，展开了反对窦太后把持政权的斗争。这场斗争以窦太后的逝世而告终。从此，儒家取得了正统地位，诸子百家则遭"罢黜"，公羊学更成为汉武帝五十来年统治的根本法典。正是在这样一种历史背景下，公羊学家公孙弘被提升到公卿的地位，董仲舒也以三篇《举贤良对策》得到汉武帝的赏识，被任命为江都王的"相"。不过，董仲舒的仕途并不顺利。他先是因上书讲阴阳灾异触怒了汉武帝，几乎被杀头，后来又受善于见风使舵的公孙弘排挤，被故意任命为以纵恣不法屡杀大臣而闻名于世的胶西王的"相"。董仲舒怕日久获罪，称病辞职，以后一直不再做官。朝廷议论大事，常派人征询他的意见，但并不起用他。董仲舒的这种遭遇，表明他的哲学政治思想既有适应当时统治阶级需要的一面，又有不符合统治者口味的一面。

在哲学上，董仲舒以公羊说为骨干，广泛吸收先秦诸子所分别宣扬的"天命""天志"思想、刑名法术思想及秦汉方士神秘化了的阴阳五行学说，并利用当时天文、历数、物候等自然科学的新成果，构造出一套以"天人感应"为中心的唯心主义目的论体系；他还宣扬"天不变，道亦不变"的形而上学观点，用以论证封建的"大纲人伦、道理、政治、教化、习俗、文义"等等的永恒合理性。他还提出过"正其谊不谋其利，明其道不计其功"（《汉书·董仲舒传》）的价值观念，片面强调道德的重要，轻视功利，在中国思想文化史上产生片面的有害的影响。在政治上，他强调"大一统"的原则并以此论证"罢黜百家，独尊儒术"的文化专制主义政策；系统地提出并论证了"三纲五常"的封建等级秩序及与之相应的道德原则，为当时及以后的封建统治者编织了用来统治人民的神权、政权、族权、夫权四大绳索；阐发了德刑并用而以"德治"为主的统治原则，为地主阶级专政涂抹上一层"仁义道德"的油彩。这些，显然都适应了地主阶级的根本利益和当时巩固封建统治的直接需要。他所提出的许多措施，如罢黜百家、独尊儒术，立学校之官，以州郡察举的"茂材""孝廉"充实官吏队伍等等，被统治者采纳，成为中国封建社会的重要制度。这些都表明，他之所以被当时统治者所尊重并被汉代儒家学者尊崇为"王佐之材""群儒首""儒者宗"，不是偶然的。

但是，董仲舒的思想也有一些和当时统治者的想法不一致的地方。在哲学上，他的以天人感应为中心的唯心主义目的论固然有宣扬君权神授、宣扬君主专制集权主义的一面，但也有限制君主滥用权力的一面。他说："屈民而伸君，屈君而伸天，《春秋》之大义也。"（《春秋繁露·玉杯》）又说："且天之生民非为王也；而天立王，以为民也。故其德足以安乐民者，天予之；其恶足以贼害民者，天夺之。"（《春秋繁露·尧舜不擅移汤武不专杀》）《春秋》的根本原则之一是让民服从君，让君服从天；天不是为了君主的利益而创造万民，而是为了万民的利益授予君主权力；如果君主的德行能使万民安乐，天就授予他权力，如果君主以恶行残害万民，天就要剥夺他的权力。对于这种以"天"来约束、限制皇帝，鲁迅先生曾戏称之为"愚君政策"。他说："皇帝一自觉自己的无上威权，这就难办了。既然'普天之下，莫非皇土'，他就胡闹起来，还说是'自我得之，自我失之，我又何恨'哩！于是圣人之徒也只好请他吃'红嘴绿鹦哥'了，这就是所谓'天'。据说天子的行事，是都应该体贴天意，不能胡闹的；而这'天意'也者，又偏只有儒者们知道着。这样，就决定了：要做皇帝就非请教他们不可。"①鲁迅先生写的是杂文，口气虽然尖刻一些，但是他对儒家尊天的目的之一在于限制专制君主的"胡闹"的分析，可谓入木三分。一般说来，儒家与法家不同，他们并不是封建专制主义无条件的鼓吹者和拥护者，他们对封建专制主义的拥护是有条件的，这个条件就是封建帝王要体贴"天意"，而这"天意"，其实就是儒家的社会政治理想，就是地主阶级的长远利益和根本意愿。大家知道，汉武帝是一位颇有雄才大略的君主，但也是一位刚愎暴虐、喜欢"胡闹"的君主，对董仲舒用"天"的名义来"谏诤"，是难以容忍的。董仲舒也识"时务"，自从言"灾异"差点被杀头之后，就"不敢复言灾异"了。在政治上，董仲舒借口奉天法古、革除秦留下的弊政，提出了限制地主占有土地数量，堵塞土地兼并之路；取消盐铁官营；解放奴隶，剥夺主人杀死奴隶的权力以及"薄赋敛，省徭役，以宽民力"（《汉书·食货志》）等一系列主张，他还主张，为官食俸禄的人不得置产业。对汉武帝后期以"《春秋》大复仇"为理由，不顾国内重重

---

① 　　《华盖集续编·谈皇帝》，人民文学出版社，1981年，第70页。

矛盾，坚持继续对匈奴大举讨伐的做法，董仲舒也持反对态度。董仲舒的这些政治主张，虽然根本目的在于巩固封建统治，但也有减轻人民负担、肃清奴隶制遗毒等进步意义。

总之，董仲舒与当时最高封建统治者之间，既有一致的地方，也存在着矛盾。这种矛盾，是统治阶级内部那些作为思想家而出现的一部分人与从事实际统治的另一部分人之间的矛盾。

董仲舒的哲学思想体系，是中国古代哲学发展史上的重要环节，体现了时代的特色和民族的智慧。虽然从总体上说是唯心主义、形而上学的，但是也包含若干唯物主义的、辩证法的因素。对这些因素，我们更应当细心地剥离出来。

一　天地之间若虚而实

董仲舒认为宇宙的最高主宰是"天"，"天"有意志、有意识、有目的、有情感、有欲望。这种"天"为最高主宰的观念，是对西周以来的原始宗教思想的恢复。但董仲舒又认为，"天"的意志、意识及其主宰万物的作用等等是通过"阴阳""四时"和"五行"之气而表现出来的。如他说："春气爱，秋气严，夏气乐，冬气哀。爱气以生物，严气以成功，乐气以养生，哀气以丧终。天之志也。"（《春秋繁露·王道通三》）气不仅能爱能恶，而且有喜、怒、哀、乐的情感，在春、夏、秋、冬四气的作用下，万物得以萌芽、生长、成熟、凋谢，这些都是天的意志的表现。这样，董仲舒又不是单纯地恢复西周以来的原始宗教思想，而是容纳了由天地之气产生万物的唯物主义学说。他一方面对这种学说进行了歪曲，使之服务于唯心主义体系；另一方面，在歪曲的形式中，又对气的学说有所发展。

发展之一是，将气视为有合有分的多样性的统一物。董仲舒说："天地之气，合而为一，分为阴阳，判为四时，列为五行。"（《春秋繁露·五行相生》）这是说，气合起来是统一的，分开来就分别成为阴阳两种气，或成为春、夏、秋、冬四种气，或成为金、木、水、火、土五种气。"气"既是统一的，又是多种多样的。在董仲舒之前的哲学文献中，关于气有种种说法，如"通天下一气"说，也有天地之气、阴阳之气、四时之气、五行之气种种名目，但它们之间的关系，从来还没有像董仲舒这样说得简单而明确。由于董仲舒的说法把气与阴阳、四时、五行等观念联系起来，就为后人将气的学说与《周易大传》等著作中的阴阳太极学说、与阴阳家宣传的五行学说结合起来提供了方便，也由于这种学说把气的统一性与分殊性结合起来，为后人将阴阳对立统一学说和气的一元观念结合起来提供了启示。所以，董仲舒此说对气和元气学说的产生和发展起了作用。

发展之二是，明确提出了气是一种"无间（连续）"的充满天地之间广大虚空的物质，并据此提出"天地之间若虚而实"的命题。董仲舒说："天地之间有阴阳之气，常渐人者，若水常渐鱼也。所以异于水者，可见与不可见耳，其澹澹也。然则人之居天地之间，其犹鱼之离水，一也。其无间若气而淖于水。水之比于气也，若泥之比于水也。是天地之间若虚而实。"（《春秋繁露·天地阴阳》）渐，浸润；离，附丽；淖，柔和。"其无间若气而淖于水"中的"气"字疑为"水"字之误。这段话是说，天地之间充满着阴阳之气，它浸润着人，犹如水浸润着鱼，它也像水一样是不间断的，它不同于水的地方在于稀薄、柔和、不可见；水与气的关系，正如泥沼与水的关系一样，因此，天地之间好像是空虚的，其实是充实的。这种学说在哲学上的意义之一是认为不存在任何无物质内容的空间，意义之二是明确提出了气是"无间"的即连续的物质，意义之三是用这种连续的无所不在的"气"论证了有形物之间远距离相互作用的可能性。董仲舒说："今投地死伤而不腾相助（孙诒让认为："不腾相助"当作"不能相动"），投淖（泥沼）相动而近，投水相动而愈远。由此观之，夫物愈淖而愈易变动摇荡也。"（《春秋繁露·天地阴阳》）这段话从泥沼和水能被有形物的作用振动起来以及二者振动幅度的大小推论出气也可以被振动且很容易被振动。董仲舒不仅据此断言天人感应是可能的，而且据此指出乐器共鸣、磁石吸铁之类的感应现象"有使之然者"（《春秋繁露·同类相动》），这个"使之然者"就是"气"，"气"是一切感应的媒介。"天人感应"原则上是不对的，但指出乐器共鸣、磁石吸铁之类的感应有一种无形的物质作为媒介则是精彩的。

以上几点涉及中国元气学说的特色，元气论是与西方原子论迥然有别的。董仲舒首先明确地表述了这些思想，是一个重要的贡献。

二　天地人相为手足，合以成体

为了论证"天人感应"的唯心主义目的论和"屈民而伸君，屈君而伸天"的《春秋》大义，董仲舒精心构造了一个庞大芜杂的哲学体系。这个总体上荒谬的体系中有一个具有朴素辩证法色彩的合理的内核，用董仲舒自己的话说，就是天、地、人"三者相为手足，合以成体，不可一无也"（《春秋繁露·立元神》）。用现在的话来说，宇宙是一个由许多互相联系、互相制约的要素，主要是天、地、人三要素构成的系统。这里的"体"本义是人的身体，引申为宇宙整体，这个命题形象地表现了董仲舒把整个宇宙看作为一个普遍联系的有机整体的思想。

董仲舒所谓的"天"，有三重含义：其一，天是"百神之大君"（《春秋繁露·郊语》），即天是各种神的最高神；其二，可感知的宇宙整体；其三，宇宙整体的一个有机组成部分。董仲舒说："天有十端，十端而止已。天为一端，地为一端，阴为一端，阳为一端，火为一端，金为一端，木为一端，水为一端，土为一端，人为一端，凡十端而毕，天之数也。"（《春秋繁露·官制象天》）"端"是部分的意思。引文中"天有十端"之"天"是广义的天，是由十个要素组成的宇宙整体；而"天为一端"之"天"是狭义的天，是宇宙整体的一个有机组成部分。董仲舒又认为，天虽由十端组成，但"阴阳"与木、火、金、水、土"五行"其实都是由天地派生出来的，因此，说到底，宇宙的主要要素只有三个，即天、地、人。

以上所述"天"的三种意义，既有区别，又有联系。作为"百神之大君"的"天"与"十端之一"的"天"有对应的关系。这是因为作为十端之一的天与地对言，作为"百神之大君"的"天"则与"地祇""山川之神"等对言，这个"天"就是"天神"。因此，十端之一的"天"盖指与"地"相对的物质天，与百神相对的"天"盖指主宰物质之天的神灵而言。由于十端之天在十端中居于首位，神灵之天在百神中居于君位，所以，由十端构成的总体之天可视为一个以十端之天为首同时受神灵之天主宰的整体。这个整体是有意志、有意识、有感情，同时又有实在可见的形体的，也就是说，董仲舒所讲的宇宙是一个完整的拟人化的物质世界系统。

董仲舒对这个系统的结构做了牵强附会的描述：天、地是这个结构的轮廓；五行是这个结构的间架；阴阳是运行于这个间架中的两种势力。从空间方面看，木居东方，火居南方，金居西方，水居北方，土居中央。这五种"气"好像五种"地柱地维"，支持着整个的宇宙。从时间方面看，五行中的木、火、金、水四行，各主一年四时中的一时之气，木主春气，火主夏气，金主秋气，水主冬气，土则兼之。阴、阳二气在这个时空间架中按一定路线运行，阳气始出东北，向南，向西，向北，完成一个历程；阴气始出东南，向北，向西，向南，完成一个历程。"阳"以南方为发挥功能的地方，以北方为休息的地方，"阴"则相反。它们的功能就是协助各主一时的木、火、金、水四行，形成某一季节。

董仲舒认为，阴阳五行各有各的功能："阳"主生，以生长养育为事；"阴"主杀，助金、水促成事物的成熟、收藏；"木"主生；"火"主养；"金"主成；"水"主藏。由于"阴阳五行"是属天的，因此阴阳五行的所有功能也就是天的功能，是天的意志、意识和感情的表现。"天覆育万物，既化而生之，又养而成之，事功无已，终而复始"（《春秋繁露·王道通三》）。董仲舒还认为，万物（实指动植物）是不在天之"十端"之内的，它们是这"十端"的创造物并受"十端"统制，即随着阴阳五行之运行而生长杀藏，不仅如此，由阴阳五行创造并统制的万物，按其性质功能也可分为阴类、阳类及五行之类。

董仲舒还认为，阴阳五行及与之相应的物类之间存在普遍的相互联系和相互作用。异类之间存在"相生""相胜"的相互联系和相互作用。相生是：木生火，火生土，土生金，金生水，水生木，木、火、土、金、水依次由前一个生后一个，这叫做"比相生"，比即相邻的意思；相胜是：金胜木，木胜土，土胜水，水胜火，火胜金，水、金、土、火、木隔一个胜一个，这叫做"间相胜"，间即隔一个的意思。比相生，形成一种一个接一个出现的"天次之序"；间相胜，则形成相互约束克制的"能"，即功能。同类之间存在一种"同类相动"的相互感应作用。如："今平地注水，去燥就湿；均薪施火，去湿就燥。百物去其所与异，而从其所与同。故气同则合，声比则应……类之相应而起也……物故以类相召也。"（《春秋繁露·同类相动》）

综上所述，董仲舒心中的宇宙是一个由十大要素及其产物构成的相互联系、相互作用、相互制约的有机系统。在形成这种系统理论的同时，他还提出或运用了"体""端""序""能""相生""相胜""同类相动"等概念和命题，这些概念与现代系统论中的系统、要素、有序、功能等概念是相对应的。因此，可以说，董仲舒在继承前人思想成果的基础上提出了一种建立在直观和臆测基础上的原始系统论。

应当强调指出：在董仲舒的宇宙系统中，其中人，特别是专制君主，是一个十分重要的要素。董仲舒认为，人和万物一样，都是"阴阳"与"天地"交参而生的，因而"天"不仅是万物之祖，亦是人之"曾祖父"。人与万物之不同之处在于：人是天的副本，人与天同类。人不仅有与天相类的形体，而且有与天相似的意志、意识和情感。"人之形体，化天数而成。人之血气，化天志而仁。人之德行，化天理而义。人之好恶，化天之暖清。人之喜怒，化天之寒暑。人之受命，化天之四时。……天之副在乎人"（《春秋繁露·为人者天地》）。至于天子，乃是人中之"德侔天地者"，他受命于"天"，得到"天"的保佑，"父母事天而子孙畜万民"（《春秋繁露·郊祭》）。由于人是天之副本，人在宇宙系统中占有一个与天地并列为参的地位，具有十分重要的功能。"人之超然万物之上，而最为天下贵也。人，下长万物，上参天地"（《春秋繁露·天地阴阳》），"天、地、人，万物之本也。天生之，地养之，人成之"（《春秋繁露·立元神》）。人是高于万物与天地并列为三的，人和天地一起决定万物的生成。

由于天、人同类，天和人可以互相感应，相互制约。这种相互感应是通过阴阳之气为中介的。董仲舒说："天地之间有阴阳之气，常渐人者，若水常渐鱼也。……是天地之间若虚而实。人常渐是澹澹之中，而以治乱之气，与之流通相淆也。故人气调和而天地之化美，淆于恶而味败。"（《春秋繁露·天地阴阳》）这是说，人在阴阳之气中就如同鱼在水中一样，鱼在水中运动会引起水的振动，人的治乱之气也可以使阴阳之气发生变化。而阴阳之气向坏的方面变化，可以导致各种各样的自然灾害；向好的方面变化，可以使天人和谐发展。

由于天子是畜养万民者，可以号令天下，负有顺承天意、教化万民、维持封建统治秩序的使命，所以他的地位和作用就特别重要。"人言既曰王者参天地矣。苟参天地，则是化矣，岂独天地之精哉？王者亦参而治之。治则以正气治天地之化，乱则以邪气治天地之化。同者相益、异者相损之数也"（《春秋繁露·天地阴阳》）。这是说，王者是天地之化的一个因素，他的一举一动可以损益阴阳。如果人主以邪气治天地之化，就会引起自然灾害。反之，则"天地之化精，而万物之美起"（《春秋繁露·天地阴阳》）。

由此可见，董仲舒的宇宙系统论又是以"天人感应"观念为中心的。也就是说，人和人间的君主在宇宙大系统中具有卓越的地位、特殊的功能，同时，也受到天的制约，不能违背天的意志。在此基础上，董仲舒进而提出了他的灾异谴告之说。他说："天地之物有不常之变者，谓之异，小者谓之灾。灾常先至，而异乃随之。灾者，天之谴也；异者，天之威也。谴之而不知，乃畏之以威。……凡灾异之本，尽生于国家之失。国家之失乃始萌芽，而天出灾异以谴告之，谴告之而不知变，乃见怪异以惊骇之，惊骇之尚不知畏恐，其殃咎乃至。"（《春秋繁露·必仁且智》）这是说，灾异是天谴告天子的手段，是天欲救天子的表示，而灾异本身是国家行政失当所造成的。如果天子善于体贴天意，及时纠正过失，则可消除灾异；如果天子不知应变，天就任其灭亡。由此可见，董仲舒精心构造的天、地、人

"相为手足，合以成体"的宇宙系统论，其最终目的是要"屈民以伸君，屈君以伸天"，要论证他在《天人三策》中提出的"天人相与之际，甚可畏也"的主题。问题的实质确如鲁迅先生所言，"天"是一道进奉给皇帝的"红嘴绿鹦哥"。

董仲舒这种宇宙系统论的根本性错误是显而易见的。它把自然界拟人化，赋予自然界意志、意识、情感和道德属性，把经过拟人化了的自然界当成人类社会的主宰，而把人看成是天的副本，并把自然界与人类的相互联系、相互作用理解为一种有目的、有意识的行为，这显然是唯心主义的，而且是一种粗糙的神学目的论的唯心主义。然而，这个宇宙系统论仍具有不可忽视的辩证法因素。它的整体观点，普遍的相互联系、相互作用、相互制约的观点，运动由相互作用引起（相生、相胜、相感）的观点，以及宇宙的秩序由相互作用规定的观点都是符合辩证法的。他把人作为宇宙大系统中的一个要素并十分强调其作用的观点也是很有价值的。董仲舒对这个结构的描绘，不得不采取了大量的主观虚构臆测手段，但也有一定的科学事实作为基础。宇宙是一个整体的观念及用以构造这个系统的阴阳五行学说虽然都不是董仲舒的创见，但他毕竟是这种宇宙系统论的阐发者，因此，我们不应当因他的谬误而完全抹杀他的贡献。整体观念作为一种辩证观念，作为现代系统论的古代先行思想，已经受到现代系统论者的重视。例如，耗散结构理论的创立者普利高津主张，现代科学革命要把强调实验、分析和定量公式描述的西方科学与强调一个"自发的组织的世界"的中国传统哲学结合起来，达到一种新的综合。事实说明，整体观念是中国传统哲学的主要特点之一，是中华民族智慧的结晶。

扬　雄

扬雄，字子云，生于汉宣帝甘露元年（前53），卒于王莽天凤五年（18），蜀郡成都人，西汉末年著名学者、哲学家和文学家。他出生在一个有田百亩的小地主家庭，从小勤奋好学，知识渊博，思想深刻。他年轻时钦慕司马相如的辞赋，以司马相如的赋为范本，写了许多辞藻华丽的赋，其中有些篇章传到宫廷里，汉成帝十分喜欢，扬雄就被召到京师，当上黄门侍郎的小官。当时以汉成帝为首的统治者穷奢极欲。例如，汉成帝为了向胡人夸耀禽兽众多，在秋收大忙季节，竟征发农民上山捕捉各种野兽送到长杨射熊馆，让胡人与野兽搏斗，汉成帝亲临观看取乐。扬雄看到这一切，很不赞成，于是写了《甘泉赋》《河东赋》《校猎赋》《长杨赋》四篇著名的赋，对统治者进行委婉的规劝。但是，昏聩的统治者竟陶醉在描写宫室、打猎、出行等场面的华丽辞藻之中。因此，扬雄就不再写这类作品了，而把精力转入学术研究。他模仿《周易》作《太玄经》，模仿《论语》作《法言》，还写了《训纂》《方言》《州箴》等著作，成为西汉时代思想最深刻的学者。扬雄目睹当时社会矛盾尖锐，官场腐败黑暗，王莽正在逐步展开夺取汉朝统治权的活动，不愿意趋炎附势，同流合污，所以潜心著述，勤奋治学。他历经成帝、哀帝、平帝三朝，一直做黄门侍郎，生活十分清苦，年老时才升为中散大夫，而开始时与他同僚的王莽、刘歆、董贤等人早已青云直上。尽管扬雄企求清静，甘于寂寞，但还是没有能够逃脱灾难。刘歆的儿子刘棻为了讨好王莽，伪造了一道"符命"进呈王莽，不料破坏了王莽的计划，落了个"投诸四裔"即被流放的下场。由于刘棻曾跟扬雄学过奇字，这场官司也累及扬雄，治狱使者要逮捕扬雄，扬雄正在"天禄阁"校书，怕不能逃脱株连，从阁上跳下来，差一点摔死。即使如此，当时的官方舆论还不放过他，挖苦他"惟寂寞，自投阁；爱清净，作符命"。可见扬雄处境之艰难。

扬雄哲学的最高范畴是"玄","玄"指包括"天道""地道""人道"的最高的"道"。扬雄著作也曾用过"元气""气"的概念。关于"玄"与"气"的关系，他讲得不很明确，因此对扬雄哲学的性质，学术界也存在分歧。一些学者认为"玄"就是元气，扬雄哲学是唯物主义的；另一些学者则认为玄是气的来源，是一种观念性的实体，扬雄的天地本原学说是一种客观唯心主义。扬雄心目中的"玄"，是规、矩、绳、墨一类的东西，它有"幽摛万类而不见形""资陶虚无而生乎规，攔神明而定摹，通同古今以开类，摛措阴阳而发气"（《太玄·玄摛》）的作用。所谓"幽摛万类而不见形"，是暗中舒张展开万物而不露形迹的意思。所谓"资陶虚无而生乎规"，是陶冶虚空使之成为圆形（天）的意思。所谓"攔神明而定摹"，是将天地联系起来并确定其区划判分的意思。所谓"通同古今以开类"，是贯通古往今来并区分开万物的种类的意思。所谓"摛措阴阳而发气"，是分别阴阳之气并使之运动起来的意思。扬雄心目中的气，有"万物资形"（《太玄·玄首都序》）、"万物作类"（《法言·问明》）的作用。"资形"即资取之借以成形的意思，"作类"即形成万物的意思。由此看来，扬雄的"玄"与"气"的关系，有些类似于古希腊哲学家亚里士多德所谓形式因、动力因与质料因的关系，"玄"是使天地阴阳万物区别并联系和运动起来的根源，其作用主要是"摛类""开类"；"气"是构成万物形体的根源，其作用主要是"资形""作类"。因此扬雄的哲学动摇于唯心主义与唯物主义之间。由于他着重"玄"的观念，唯心主义在其整个体系中占了最重要的地位。扬雄的哲学体系中包含许多唯物论、辩证法和无神论的思想因素，是两汉最重要的唯物主义者和无神论者王充的主要思想来源之一，其中比较深刻的如下。

一　吾于天见无为之为

在汉代，以"天"为有意志的"天人感应"的唯心主义目的论哲学盛行，扬雄生活的时代，正是由这种唯心主义目的论进一步演化为谶纬神学并迅速泛滥开来的时代。汉宣帝深深沉溺于灾异祥瑞的宗教迷信之中，假托符瑞改元六七次之多，汉哀帝甚至听信"汉家历运中衰，当再受命"的妖言，改建平二年为太初元将元年，自号"陈圣刘太平皇帝"。他们这样做，本意是想利用宗教迷信缓和阶级矛盾，稳定社会秩序，维持汉王朝摇摇欲坠的统治，但是也起了动摇汉统治者自信心的作用。王莽利用这一点，制造了大量麟、凤、龟、龙之类的"祥瑞"和所谓的"符命"，制造舆论，逐步将汉的最高统治权力夺过来，改"汉"为"新"，登上了皇帝宝座。扬雄生活在这样的时代，却始终保持清醒的头脑。他不仅拒不参加利用"符命"拥立王莽以博取富贵的卑污活动，而且在理论上批驳了作为这些活动依据的唯心主义目的论、天命论。

扬雄提出"吾于天与，见无为之为矣"（《法言·问道》）的命题，意思是说我从自然界看到了"无为之为"。"无为之为"即是没有意志、没有目的的自然变化过程。有人问他：万物千姿百态的形状，不是天"雕刻"出来的吗？他说："天地交，万物生。"（《法言·修身》）正因为天不雕刻，万物才能在天地相互作用中自然产生出来。如果每个事物都要"天"来雕刻，天哪有那么大的力量？扬雄此说，触及天人感应唯心主义目的论的要害。后来王充的天道自然无为学说，就是扬雄此说的发挥。

秦汉之际，刘邦和项羽为了争夺最高统治权进行过激烈的战争。项羽是一位卓越的军事家，也是一位蹩脚的政治家，尽管他在与刘邦的战争中屡战屡胜，所向披靡，最后却在垓下一战中全军覆灭，被迫自杀。项羽对自己的失败百思不得其解，临死前将自己的失败归因于天。这一史实在汉代广为流传，常被相信天命的人引为证据。扬雄则认为，刘邦能充分发挥群策群力的作用，所以取得了胜利，项羽不用群策，只是自竭其力，所以失败了。发挥群策群力者胜，自竭其力者败，与天无关。扬雄此说，不仅指出了项羽失败与天命无关，而且实际上包含了刘邦胜利也与天命无关的思想。扬雄还对孟轲所谓的"五百年必有王者兴，其间必有名世者"的天命论观点提出异议，他指出，尧舜禹同时而生，文武周公一时并处；禹至汤，周公至孔丘，相距数百年，可见王者圣人或千年才生一个，或一年就生一个，这是不能预定的。扬雄关于"命"的言论，表现了唯物主义倾向，有重要的积极意义。联系这些言论产生在汉皇帝迷信"天命"而改元、王莽借"符命"而篡政的汉代末年，就更显得难能可贵了。

二　有生者必有死，有始者必有终

秦汉时期，神仙怪异之说颇为盛行，秦汉国君多信神，秦始皇、汉武帝都企求长生，信仰神仙。例如，秦始皇听信方士徐福的妖言，让他带童男女数千人到海上寻找仙人居住的三神山；听信方士卢生所奏"亡秦者胡也"的谶语，派将军蒙恬发兵三十万人进攻匈奴。为了得到长生不死之药，秦始皇自称"真人"，及至发现受骗，又残暴地坑杀儒生方士四百六十余人。秦始皇的这些迷信活动，耗费了大量人力物力，加深了人民的苦难，成为秦二世而亡的原因之一。

扬雄对神怪仙人的迷信观念展开了旗帜鲜明的批判。他说：

"神怪茫茫，若存若亡，圣人曼云。"（《法言·重黎》）神怪都是虚无飘渺的，不可信，所以圣人孔子是"不语怪力乱神"的。他又说："有生者必有死，有始者必有终，自然之道也。"（《法言·君子》）凡有生命的东西必然有死亡，凡产生出来的东西必然有终结，这是自然的规律。因此，长生是不可能的，传说中的神仙都是虚妄之谈。扬雄这个"有生者必有死，有始者必有终"的命题，从世界观的高度批判了神仙长生之说，深刻而正确，闪耀着朴素唯物主义和朴素辩证法智慧的光辉。这个命题，不仅被东汉的王充所继承发挥，而且成为后来人们批判道教长生不死说的主要武器。它的意义不仅在于论证了神仙长生之说的荒谬，更重要的是明确断言了一切事物都有一个产生、发展和消亡的过程。18世纪德国伟大的文学家歌德提出"一切产生出来的东西，都一定要灭亡"（《浮士德》第一部第三场《浮士德的书斋》），被恩格斯当作辩证自然观的名言引证。早于歌德17个世纪扬雄提出的"有生者必有死，有始者必有终"的命题，与歌德的名言既具有同等的理论价值，又具有更高的历史价值。

三　道有因有革

扬雄在《太玄》中提出"道有因有革"的见解，这是关于历史变化的一种观点，认为在历史变化过程中，后代与前代之间，既有所继承，又有所变革。他说："夫道有因有循，有革有化。因而循之，与道神之；革而化之，与时宜之。故因而能革，天道乃得；革而能因，天道乃驯。夫物不因不生，不革不成。故知因而不知革，物失其则；知革而不知因，物失其均。革之匪时，物失其基；因之匪理，物丧其纪。因革乎因革，国家之矩范也。矩范之动，成败之效也。"（《太玄·玄莹》）这段话的大意是说：有因（继承）有革（改变，改革），是普遍的规律。因而能革，才能合乎自然规律；革而能因，才能顺乎自然规律。新事物是从旧事物中生出来的，没有继承就不会产生；但是如果无所改变，新事物也就不成其为新的了。只知继承而不知改变，就违反了新旧交替的规律，"物失其则"；然而只知改变而不知继承，也会失去平衡，"物失其均"。改革一定要合乎时宜，否则就会失去原来的基础，"物失其基"。因袭一定要合乎道理，否则就违反了变化的规律，"物丧其纪"。因与革，是国家的规矩法则，关系到国家的盛衰成败。在这段话中，扬雄对因与革的关系做了充满唯物主义和辩证法精神的论述。在他看来，继承和改革都应该符合顺从自然规律，要合乎时宜与道理，这是唯物主义的态度；继承和改革是相反相成的，是相互联系的。只有将二者结合起来，才能既不违背新旧交替的规律，也不丧失平衡，这是辩证的思想。

　　为了论证历史的变化，扬雄回顾了以往的历史。他认为，死守过去圣人的办法治理将来，就像"胶柱而调瑟"（《法言·先知》）一样。他指出，尧、舜用"禅让"的办法实现政权的更迭，夏、商、周用传子的办法实现政权的继承；尧、舜用象征性的刑罚，夏代用杀头、砍去手足之类的"肉刑"；尧用和平的方法团结各部族，商汤王和周武王用武力征服不听话的部族；西周时礼乐征伐的权力由周王掌握，春秋时齐、晋等大国实际上取而代之；这些都是"不胶者卓矣"，即勇于改革而取得成果的例子。扬雄还认为，伏羲、尧、舜以前的时代没有礼义，人与禽兽差不多，是不值得仰慕的。

　　总之，扬雄承认历史的变化和前进，肯定改革的必要。他的关于"因革"的言论，包含深刻的思想。由于中国封建社会的长期性、停滞性,一般思想家多相信董仲舒的"天不变,道亦不变"的形而上学观点,他们只承认具体事物、具体制度如朝代官制之类的改变,而不承认封建统治的制度秩序有什么变化,像扬雄这样深刻地指出历史有变化前进,"道"即封建统治的法则秩序应有因有革的思想家是不多见的。事实上,直到明清时代的王廷相、王夫之等人那里,这种思想才得到响应。因此,扬雄"道有因有革"的观点,具有突出的理论价值,是扬雄哲学中特别具有创造性的思想之一。

四 作者贵其有循而体自然

扬雄和著名的唯物论、无神论者桓谭是好朋友,在许多问题上持相同的观点。但在关于宇宙模型的问题上,扬雄本来主张"盖天说",桓谭主张"浑天说",两个人为这个问题发生了争论。"盖天说"认为天像一柄大伞一样覆盖在方形的大地上,伞盖不停地向左旋转,日、月、星辰随之运动,这是一种古老的受人尊崇而又错误的天文学说。"浑天说"认为天地像一个鸡蛋,天是蛋壳,地是蛋黄,这种学说在当时还不够成熟,相信的人还不多,但它比盖天说接近真理,并在天文历算方面显示出比"盖天说"更切实用。有一次,扬雄和桓谭一起在白虎殿前晒太阳,桓谭以日光移动的事实指出"盖天说"的错误和"浑天说"的正确,终于说服了扬雄。扬雄马上毁掉了他论证"盖天说"的著作,从此成为"浑天说"的宣传者,并写文章批评"盖天说"。扬雄这种从善如流的精神,传为思想史上的佳话。

扬雄之所以能够勇敢地抛弃错误观点,接受比较正确的观点,是他主张著书立说必须"有循而体自然"的结果。所谓"有循而体自然",就是思想学说要遵循客观实际的情况,以实际情况为依据。

他指出，著作家们应该有所依据，学说应该以"自然"为内容。不要剥夺客观事物原来所有的，也不要加上本来所无的。譬如我们的身体，增加上一块，就是赘疣；割去一块，就残缺了。所以，"自然"是骨干，人的工作不过加上些点缀罢了，不可对于自然随意增减。他在《太玄·玄莹》中说："夫作者贵其有循而体自然也。其所循也大，则其体也壮；其所循也小，则其体也瘠。……故不攘所有，不强所无。譬诸身，增则赘而割则亏。故质干在乎自然，华藻在乎人事也。其可损益与？"马克思主义认为，唯物主义是按照世界的本来面貌来认识世界，不附加任何幻想的成分。扬雄所主张的"作者贵其有循而体自然"的命题指出"自然"是思想学说的根据，思想学说必须有客观性，显然是唯物主义的科学观点。扬雄在宗教迷信猖獗一时的条件下提出这种观点，为以后的唯物主义发展开拓了道路，这是扬雄的重要贡献。

扬雄之所以能够勇敢地抛弃错误观点，接受比较正确的观点，也是他主张"言必有验"的结果。他说："君子之言，幽必有验乎明，远必有验乎近，大必有验乎小，微必有验乎著。无验而言之谓妄。"（《法言·问神》）有所言，必须有一定的验证。讨论幽微的问题，必须有显著彰明的事实作为验证；讨论"远"和"大"的问题，必须有近和小的事实作为验证。扬雄根据日光移动的事实放弃"盖天说"，就是"远必有验乎近，大必有验乎小"的理论的实际运用。扬雄还有"事辞相称"之说，他说："事胜辞则伉，辞胜事则赋，事辞称则经。"（《法言·吾子》）这是说，言辞不能尽量表述事实，就失之粗直；言辞超出了事实，就失之虚浮；事实和言辞相称，才是标准。扬雄这种"言必有验"和"事辞相称"的唯物主义思想，后来被王充所继承发展,在哲学史上产生了重大影响。

五　极则必反,不极则不反

扬雄的《太玄》中还有关于"变"与"反"的学说。"变"即现象的推移,"反"即向对立的转化。这个学说中包含辩证法的观点。

扬雄关于对立转化的学说有一个特点,即强调转化的条件。他认为事物发展到一定的限度,就会转化为其对立面。如未到一定限度,则不能转化为其对立面。他说:"阳不极则阴不萌,阴不极则阳不牙(同"芽")。极寒生热,极热生寒。信(同"伸")道致诎(同"屈"),诎道致信。其动也日造其所无而好其所新,其静也日减其所有而损其所成。"(《太玄·玄摛》)这段话的大意是说:阳不发展到极限,阴就不会萌发;阴不发展到极限,阳也不会生芽。寒和热、屈和伸都是如此。在发展之时,日日增加新的内容;到一定的限度,就日日减损了。这里的"极"是转化限度的意思。这段话的意思是,极则必反,不极则不反。这种观点,指出了对立面的相互转化要有一个内部条件,这个条件就是对立的一方发展到不能再发展的极限。扬雄又说:"福不丑不能生祸,祸不好不能成福。"(《太玄·玄莹》)如果享福而不作恶,不致于得祸;如果遭祸而不修善,也不能得福。祸福的转化是有条件的,这样的条件是外部条件。扬雄对转化的内、外部条件的关系没有说明,但他指出转化需要一定的条件,这还是很有价值的,是对《老子》《周易》中对立转化学说的发展。

王　充

王充，字仲任，生于汉光武帝建武三年（27），约卒于汉和帝永元九年（97），今浙江上虞人，出身于"细族孤门""以农桑为业""以贾贩为事"（《论衡·自纪》）的家庭，属于小地主阶层。王充的家世有任侠的传统，他的曾祖父和父辈与豪族强宗争斗，结下不少怨仇，不得不屡次迁移。王充从小勤奋好学，经过刻苦努力，成为知识渊博的学者，他继承了家族的传统，以笔为武器继续与豪族强宗作斗争。他先后在本县、本郡、本州做过功曹、从事、治中之类的小官吏，由于关心人民疾苦，对政务经常提出批评建议，因此得不到上司的欢心，屡遭黜斥，以致晚年"贫无一亩庇身""贱无斗石之秩"。但他并不因此而气馁。免职家居时，他就杜门谢客，专心写作，撰成《论衡》等多部论著。

王充是两汉时代最伟大的唯物主义哲学家，战斗的无神论者。他以"重效验""疾虚妄"的求实精神，对东汉统治者大肆宣扬的"天人感应""谶纬"迷信进行了尖锐的揭露和批判，论证了天道自然无为等一系列唯物主义观点。他生在"罢黜百家、独尊儒术"、经学盛行的时代里，敢于不守一家之言、章句之学，博采诸家独立思考，敢于议论经典之书、圣人之言的是非得失，这种大无畏的科学精神在整个中国封建社会里是十分突出的，也是特别值得宝贵的。

王充的著作，除《论衡》之外，全部佚失了。《论衡》问世后也只是在江东一带流传，没有产生广泛的影响。东汉末著名学者蔡邕到江东，发现了这部书，如获至宝，独自学习，秘不示人。人们发现蔡邕学问大进，猜想他不是见到了"异人"，就是得到了"异书"。有人到蔡邕家搜求，于是《论衡》得到了传播。东汉末，正是两汉"天人感应""谶纬"迷信日暮途穷、老庄自然主义之学走向复兴之时，《论衡》的流传动摇了两汉唯心主义目的论的基础，起了结束两汉神学、开启魏晋玄学的划时代的作用。所以魏晋至隋唐的许多学者都视其为一代伟著。

一　天道自然无为

王充所处的时代，"天人感应""谶纬"迷信极为盛行。早在汉武帝时，董仲舒为了巩固中央专制集权的封建统治，创立了一种旨在"屈民而伸君，屈君而伸天"的天人感应学说，到西汉末年，这种学说演变而为泛滥一时的谶纬之学。当时出现了许多"谶纬"书，一类是假托神的启示预告政治事变的书，叫"谶"，一类是托名孔子解释儒家经典的书，叫"纬"。王莽利用"告安汉公莽为皇帝""王莽为真天子"之类的"符命"登上了皇帝宝座。王莽被农民起义推翻后，刘秀也利用"刘氏复兴，李氏为辅""刘秀发兵捕不道，四七之际火为主"之类的"图谶"登上了皇帝宝座。东汉开国以后，"宣布图谶于天下"，后来于章帝建初四年 (79) 召开了白虎观会议，把"天人感应""谶纬"迷信变成了钦定的指导思想和国家法典。

王充对"天人感应""谶纬"迷信进行了全面、深刻的批判，他不仅引证大量事实以有力的逻辑论证批驳了种种"天人感应""谶纬"迷信的具体说法，更着重从天人关系的高度，以天道自然无为的学说批判了作为"天人感应""谶纬"迷信理论基础的唯心主义目的论。

汉代的唯心主义目的论认为，人类是天地有意生出来的，万物也是天地有意生出来为人类服务的，如天生五谷，是为了供给人食物；天生丝麻，是为了供给人衣料。正因为人类是天地的副本，天人同类，且皇帝是代表天统治人类的，所以"天人"可以相互感应，人君的喜怒可以直接引起外界气候的变化，人君的过失可以引起自然灾害，而祥瑞的出现，是上天的嘉奖，灾异的出现，是上天的谴责。

王充认为，天与地都是"玉""石"一类的物质实体，天地都含有物质性的"气"，在天地运动的过程中，所含之气施放出来，天地之气相合，就产生出人和万物来。这就叫做"天地合气，万物自生"（《论衡·自然》）。王充认为，天地产生万物的这种方式，与夫妇同居生出子女来一样。夫妇同居，并不就是想生孩子，因为情欲冲动，自然生出孩子来。同样，天地产生万物，也不是有意识、有目的的，而是自然而然生成的。王充说："天动不欲以生物，而物自生，此则自然也。施气不欲为物而物自为，此则无为也。"（《论衡·自然》）天的运动和施气没有目的，没有意识，这就是"天道自然无为"（《论衡·谴告》）。这里的"道"是过程的意思，天道自然无为即自然界的变化过程是无目的、无意识的。

王充进而指出，人和万物都是天地无目的无意识地产生出来的，因而人也是万物中之一物，不是天的副本。"人，物也，万物之中有智慧者也，其受命于天，禀气于元，与物无异"（《论衡·辨祟》），"夫人，物也。虽贵为王侯，性不异于物"（《论衡·道虚》）。

总之，"天道自然无为"和"人亦万物中之一物"的观点，是王充批驳"天人感应""谶纬"迷信的主要理论武器。应当指出，此二者都非王充的创见。老庄早有"道自然无为"和"人亦万物中之一物"之说。王充的贡献在于做出了详细的论证，并对老庄之说进行了唯物主义的改造和发挥。

王充说："道家论自然，不知引物事以验其言行，故自然之说，未见信也。"（《论衡·自然》）这确实说出了道家自然之说的短处。王充搜集了大量的事实，做出详细的辩论，以证明自然界是无目的无意识的，反驳唯心主义目的论。例如，王充说："何以（知）天之自然也？以天无口目也。案有为者，口、目之类也。口欲食而目欲视，有嗜欲于内，发之于外，口目求之，得以为利，欲之为也。今无口目之欲，于物无所求索，夫何为乎？"（《论衡·自然》）又说："春观万物之生，秋观其成，天地为之乎？物自然也。如谓天地为之，为之宜用手，天地安得万万千千手，并为万万千千物乎？"（《论衡·自然》）这就是说，有目的、有意识的行为是人类的特征，人有智慧，有物质需求，有手，所以人能够有目的、有意识地行动。天地及天地之气是没有什么需求的，也没有口、耳、手，怎么可能有目的有意识地行动呢？又如，王充指出，假如天是有意生万物的，那就应当叫万物相亲相爱，不应当叫它们相互杀害。而《论衡·物势》中说："如天故生万物，当令其相亲爱，不当令之相贼害也。"事实上，万物是相互斗争相互杀害的。虎、狼、蛇、蜂都害人，"天"是为了这些东西而生人的吗？

王充对道家自然无为学说的改造主要有两点：

第一，老庄所谓的"道"，是唯心主义的本体。王充则以物质性的"天"的运动为"天道"。这样，"天道自然无为"学说就具有了明确的唯物主义性质。

第二，老庄不仅认为天地自然无为，而且要求人也应自然无为。王充则认为"天道无为""人道有为"（《论衡·说日》），有意识有目的与无意识无目的是人事与自然过程的根本区别。王充指出，人的行为只能辅助自然，不能代替自然。他说："然虽自然，亦须有为辅助。耒耜耕耘，因春播种者，人为之也。及谷入地，日夜长大，人不能为也。或为之者，败之道也。"（《论衡·自然》）王充又说："物自生，子自成。天地父母，何与知哉？及其生也，人道有教训之义；天道无为，听恣其性。"（《论衡·自然》）他以农业生产和人类自身的生产为例，说明自然过程与人事的区别以及人为辅助自然的必要。根据这种"天道无为""人道有为"的观点，王充批评了道家对于人生的消极态度，主张像孔子、墨子那样积极投身社会生活。他说："恬憺无欲，志不在于仕，苟欲全身养性为贤乎？是则老聃之徒也。道人与贤殊科者，忧世济民于难；是以孔子栖栖，墨子遑遑。不进与孔、墨合务，而还与黄、老同操，非贤也。"（《论衡·定贤》）道家不愿做官，只想全身养性是不对的，只有像孔、墨那样为"忧世济民"而不懈地奔走，才是贤人。

二 自然感应

中国古代有一种朴素的关于天地万物普遍联系和相互作用的学说——感应论。所谓感，就是相互作用中主动一方的作用；所谓应，就是受动一方的反应。如磁石吸铁，磁石一方的吸引运动是"感"，铁被吸引是"应"。感应，即相互作用。最早提出感应思想的，大概是先秦的阴阳五行家。他们认为，万物按其性质可以区分为不同的"类"（如阴阳、五行等），同类的东西之间存在着"类同则召，气同则合，声比则应"（《吕氏春秋·应同》）的感应关系。这种思想在战国末期的《吕氏春秋》、西汉时期的《淮南子》《春秋繁露》中得到了充分发展，成为秦汉时期的时代思潮。感应论的主要观点是：各种物质形态的一切相互作用都是"感"与"应"；"气"是有形物相互感应的中介；有形物相互感应的速度很快，既不受空间距离的限制，也没有什么东西可以阻隔；作为感应中介的"气"是连续性物质，它没有间隙，既充塞于宇宙空间，又渗透到万物的内部；天地万物出气连接成一个息息相关的整体。作为这种感应论的证据的，有乐器共鸣、磁石吸铁、琥珀拾芥（静电吸附现象）、各种各样的生物钟现象等等。这种感应论表明，中国古代思想家已经猜测到磁场、电场一类场式物质的存在，在自然科学史上有重要的价值。在哲学上，它坚持了普遍联系并以天地万物的相互作用作为运动原因的思想，是一种朴素的辩证法观点。但是，秦汉时期的感应论有着极大的局限性：第一，它充斥着各种各样的附会、臆测和迷信，如传说邹衍无罪被囚，仰天而叹，天被感动，夏天下霜。杞梁从军不还，其妻向城而哭，城墙为之崩塌。感应论者都用感应说做了解释并把它们当作感应论的证据。《淮南子》甚至认为，只要最高统治者"执中含和"，即胸怀正气，就可以以其精诚感动天地万物和百姓万民，这样，他不必做任何具体的事就可以治理好天下；第二，西汉的董仲舒进而赋予"感应"以目的论意义，把自然界种种感应现象作为唯心主义目的论的根据，从而使感应论打上了唯心主义目的论的烙印；第三，感应论者还强调感应现象是神秘莫测的，是"玄妙深微，知不能论，辩不能解"（《淮南子·览冥训》）的，为感应论蒙上了一层神秘主义迷雾。

王充在中国哲学史上的一大贡献，就是将天道自然无为的唯物主义立场贯彻于感应论，摒弃了感应论中的唯心主义目的论，清洗了夹杂在感应论中的大部分迷信因素和神秘主义色彩，确立了唯物主义的自然感应学说，使之成为中国古代唯物主义自然观的重要组成部分。

王充首先明确指出了感应的自然无为性质。他说："夫东风至，酒湛溢，鲸鱼死，彗星出。天道自然，非人事也。"（《论衡·乱龙》）"物类相致，非有为也。"（《论衡·感虚》）东风至、酒湛溢、鲸鱼死、彗星出是感应论者用来证明万物之间存在相互作用、相互联系的常用的例证。王充认为，这一类感应现象都是自然无为的，即无目的无意识的。

王充还花费了很大的精力清洗感应论中的迷信成分。他用了大量篇幅，摆事实，讲道理，证明邹衍长叹天为陨霜、杞梁妻哭崩长城之类的传闻是虚妄之言。人间的治乱、个人的冤屈绝不能感动天地。例如，王充对杞梁妻哭崩长城的传说是这样批驳的："传书言：杞梁氏之妻向城而哭，城为之崩。此言杞梁从军不还，其妻痛之，向城而哭，至诚悲痛，精气动城，故城为之崩也。夫言向城而哭者，实也。言城为之崩者，虚也。……今城，土也。……无心腹之藏，安能为悲哭感恸而崩？使至诚之声能动城土，则其对林木而哭，能折草破木乎？向水火而泣，能涌水灭火乎？夫草木水火与土无异，然杞梁之妻不能崩城，明矣。"（《论衡·感虚》）在这段论述中，王充以土木等物没有心脏，不能与人的感情发生相互作用的事实为基本论据，并运用了逻辑学上的归谬法进行批驳，这对于任何一个具有日常生活经验的人都具有强大的说服力。王充就是用类似的平易朴实的语言、人人都可经验到的事实及相当严密的逻辑推理方法清除各种各样的迷信。这对于感应论中的种种迷信因素显然具有摧枯拉朽的威力。

在批判和清洗天人感应论中的各种迷信因素的过程中，王充对自然感应的规律做了探索。例如，他认为天地之气能感动人、物，人、物之气不能感动天地之气，因为天地之气是"本"，人、物之气是"末"，"本"巨大而"末"卑小，"微小之感不能动大巨也"（《论衡·感虚》）；人能通过"相知心"（《论衡·感虚》）而受到道德高尚的人的至诚之心的感化，但这种至诚之心对非人类的自然之物毫不起作用；他区别了自然感应和偶然事件，力图为自然感应论确定一个适用的范围，如"月毁于天，螺消于渊"（月亮在天上亏蚀，螺蚌一类的水生无脊椎动物随之消瘦）的生物钟现象是自然感应，但房屋朽坏崩塌压死了人则是偶然事件，并非房屋之气与人之气相互作用而引起；他还注意对物与气、物与物的相互作用进行定量的研究，如指出鱼在水中游动，能使旁边的水振动起来，但这种水的波动有一定的范围，"一里之外，澹然澄静"（《论衡·变虚》），绝不可能无限延伸开去。他指出，人们之所以把自然感应无限夸大，并推广到不适当的领域，是因为"不达物气之理"（《论衡·变动》），即不懂得物与气相互作用的规律。这样，王充就揭掉了笼罩在感应论上的神秘面纱，向人们指出了一条认识自然感应现象的理性之路。

三 德力具足、知为力

中国哲学学说中与文化发展关系最密切的是价值观思想。儒、墨、道、法各家都有自己的价值观并围绕"义"与"利"、"力"与"德"两个问题展开了争论。在"力"与"德"的关系问题上，儒家崇"德"贱"力"，把"力"与"德"对立起来，忽视力的价值。例如，孔子认为千里马的价值更在于性情善良，而不在于日行千里；孟子推崇以"德"服人的"王道"政治，批评以"力"服人的"霸道"政治。墨子强调力的重要，认为人类生活的特点是"赖其力者生，不赖其力者不生"（《墨子·非乐上》），必须用力才能维持生活。法家韩非认为崇德尚力因时代而不同，"上古竞于道德，中世逐于智谋，当今争于气力"（《韩非子·五蠹》），上古时代讲道德就可以解决了，到战国时代只有靠力量战胜别人。韩非的观点与孟子相反，但也把"德"与"力"对立起来。

王充批评了韩非的"偏驳"，提出了"德力具足"的主张。他说："治国之道，所养有二：一曰养德，二曰养力。养德者，养名高之人，以示能敬贤；养力者，养气力之士，以明能用兵，此所谓文武张设，德力具足者也。事或可以德怀，或可以力摧。外以德自立，内以力自备。慕德者不战而服，犯德者畏兵而却。徐偃王修行仁义，陆地朝者三十二国，强楚闻之，举兵而灭之。此有德守，无力备者也。夫德不可独任以治国，力不可直任以御敌也。韩子之术不养德，偃王之操不任力。二者偏驳，各有不足。偃王有无力之祸，知韩子必有无德之患。"（《论衡·非韩》）王充这里所说的"德"指道德，"力"指气力、物质力量。王充认为道德和力量各有其功用，应当并重而不可偏废，这就是所谓的"德力具足"。这种观点是深刻而全面的。

王充更提出"知为力"的观点。他说："人有知学，则有力矣。"（《论衡·效力》）知识学问与"垦草殖谷"的"农夫之力"、"勇猛攻战"的"士卒之力"、"构架斫削"的"工匠之力"一样，也是一种力量，而且是更重要的力量。这种力量之所以显得特别重要，是因为农夫、士卒、工匠的筋骨之力都要受其驱策。例如，刘邦建国后封赏功臣，先封萧何，后及樊哙、郦商，就因为"萧何以知为力，而樊、郦以力为功也"（《论衡·效力》）。萧何入关后收集秦王朝的档案，了解了形势，能够制定战略，而众将的南征北战，都受萧何驱使。王充所说的知识学问，虽然主要局限于社会知识，而未言及自然知识，但他能在古代提出知识是力量的学说，还是难能可贵的。

在中国古代，儒家"德力"分离、"崇德""贱力"的思想影响深远。人们追求知识，多着重用知识促进道德的完善，而不注意知识向力量方面的转化。王充所提出的德力并重和"知为力"的观点没有引起足够的重视。这是中国哲学史和文化史上很值得遗憾的大事，因为价值观上的偏颇影响文化发展的方向，中国后来一度科学技术的落后与积贫积弱，和"德力"分离，"崇德""贱力"的价值观有很大的关系，和不重视知识向力量的转化也有很大的关系。也正因为如此，我们今天不能不特别珍视王充"德力并重"和"知为力"这两颗久被埋没的智慧的明珠。

四 考之以心，效之以事

王充自述其《论衡》的基本精神是"疾虚妄"（《论衡·佚文》）。所谓"疾虚妄"，就是痛恨虚假。相应地，他用来批判唯心主义目的论及各种迷信、论证正确观点的基本方法是"考之以心，效之以事"（《论衡·对作》）。所谓"效之以事"，即以事实为言论的根据和真理的标准。"效"即"效验""证验"，感觉经验上的证明。《论衡》一书就是运用这个标准来分别思想学说的真假高下的。他认为："事莫明于有效，论莫定于有证。"（《论衡·薄葬》）虚妄之言是经不起事实的验证的，即使是正确的言论，如果不引事物作为论据，人们也不会相信。王充无论是立论，还是驳论，都注意以事实为根据，所以显得坚实有力。

王充所谓的效验，细分析起来，有些是对事物本身的实地考察和实验，有些则是间接的类推或模拟实验。例如，王充在论证"雷者火也"（《论衡·雷虚》）的命题时提出了五大"效验"：一是中雷而死的人，或须发被烧焦，或皮肤被烧焦，尸体散发出"火气"；二是将雷烧石投入井中，石热水冷，产生雷鸣般的响声；三是伤寒病人的腹中温寒二气相斗争，产生雷鸣般的响声；四是雷鸣和电闪相伴随，电光像火光一样闪耀；五是雷击往往烧毁房屋草木。这五条"效验"中，一、四、五属于实地考察，二、三则为类推和模拟实验。在古代，由于自然科学不发达，实验有许多困难，所以王充所谓的效验，多属于类比推理和模拟实验，而类比推理和模拟实验的结果是具有或然性的。这样，王充的立论和驳论，用今天的科学眼光看，还显得相当幼稚。但他在当时能以效验为根本方法，注重实验和实地考察，还是难能可贵的。遗憾的是，王充所提倡的这种科学方法，后来没有得到发扬光大，这也是中国实证科学没有发展起来的原因之一。

所谓"考之以心"，又叫"诠订于内""以心意议""以心原物"（《论衡·薄葬》）。"诠"是全面了解的意思，"订"是由比较而决定的意思，"诠订"就是做全面的审察分析以决定虚实的意思。王充肯定了"心意"有"诠订"的作用，所谓"心意"接近于我们今日所谓的"理性"。王充强调应当将"考之以心"和"效之以事"结合起来，是因为他注意到事物有"虚象"即假象，耳、目有错觉，还因为其总结吸取了墨家偏于经验所造成的失误。这种"考之以心"的方法，在批判种种迷信中也起了很大的作用。例如，他用人的心理作用导致幻觉的观点解释了所谓"见鬼"的现象。他指出，病人、疯子和半睡半醒的人精神错乱，病痛恐惧导致目虚见、耳虚闻。在迷信心理很重的古代，这种由心理作用产生的虚见、虚闻是屡见不鲜的，如果单单依靠"效验"，那么有鬼论者可以找出许多自称见过鬼的人来作证，这样，"苟信闻见，则虽效验章明，犹为失实"（《论衡·薄葬》）。

王充所批驳的许多迷信，如鬼神迷信、宅地岁时吉凶迷信之类，至今在民间还有相当的市场。这种种迷信是一种精神包袱，它不仅影响生产建设、社会生活，甚至酿成悲剧和恶性案件。清除这些迷信，是我们的任务之一。在这一方面，王充《论衡》中的许多篇章及其使用的科学方法，至今仍有价值。我们应该善于继承这一份珍贵的精神遗产，让它在建设社会主义精神文明的事业中做出新的贡献。

五　贵通、贵用、贵作

中国哲学自汉代开始，就进入了如冯友兰先生所说的"经学时代"。这个时代有许多很不好的传统，严重阻碍了哲学乃至社会的发展，如圣人崇拜、尊经信古、墨守师说、拘于章句、述而不作，重"了悟"不重"论证"，等等。王充生活在这些传统已经形成的东汉初年，以大无畏的求实精神进行了悲壮的反抗。他的大胆行为虽没有得到后来一些人的理解，甚至遭到种种责难，但今天看来，是非常了不起的，也是发人深省的。

王充反对"以为贤圣所言皆无非""必须圣人教告乃敢言"的圣人崇拜，主张为了追求真理、发展学说，不妨"距师""伐圣"（《论衡·问孔》）。为了实践这一主张，他写了《问孔》《刺孟》，对孔子、孟子的某些观点提出批评。到了宋、明、清时代，王充的这种态度被视为"离经叛道""非圣无法"。其实，王充并不否认孔子的伟大和功劳，并不否认儒学的价值，他所反对的是对圣贤的迷信。王充说："夫贤圣下笔造文，用意详审，尚未可谓尽得实；况仓卒吐言，安能皆是？"（《论衡·问孔》）圣人写文章，考虑得很周到，也不能说句句符合实际，更何况在日常生活中仓促地说话，怎么能都正确呢？

这显然是清醒的科学的态度。王充又说:"凡学问之法,不为无才;难于距师,核道实义,证定是非也。问难之道,非必对圣人及生时也,世之解说说人者,非必须圣人教告乃敢言也。苟有不晓解之问,追难孔子,何伤于义?诚有传圣业之知,伐孔子之说,何逆于理?"(《论衡·问孔》)这显然不是反孔,而是主张以追求真理的老实态度对待圣人的言论,目的是为了更好地继承圣人开创的事业。

王充认为,虽然圣人立言非常审慎,经典"万世不易",但是也有言过其实的地方。他列举了许多明显的例证,并分析了言过其实的种种原因,他认为有的是因为圣贤"至诚以为然",即圣贤的认识有脱离实际的地方,有的是因为"上古帝王久远,贤人从后褒述,失实离本",即因为时代久远,追记失实;有些则是为了某种目的故意夸大其词,"内未必然"(《论衡·艺增》),圣贤内心并不真正以为如此。他虽然也和他的同时代人一样把经典看成了"万世不易"的东西,但他认为经典也不是完全准确无误的,这种实事求是的科学态度,在当时也是难能可贵的。

王充既反对"信古""泥经",也反对汉代经学家"空生虚说"(《论衡·正说》)。例如,他指出,《春秋》本是鲁国史书的名称,孔子因袭了它的旧名,并没有什么"奇说异意、深美之据"。《春秋》对一些史实的记载,有年无日月,是因为史官失记了,而《公羊》《谷梁》传却在这些方面大做文章,认为《春秋》的书名及对某些事件年月日的记载方法中有什么微言大义,这是不符合"孔子之心"(《论衡·正说》)的。按,王充指出的这种解经方法,是两汉今文学派(包括董仲舒在内)从儒家经典中引申出他们的哲学政治学说的基本方法。所以,王充的批评无异否定了这个学派的方法论。

王充对汉代经师墨守师说、拘于章句、述而不作的学风提出了尖锐批评。他把当时的学者分为四个品级："能说一经者为儒生，博览古今者为通人，采掇传书以上书奏记者为文人，能精思著文连结篇章者为鸿儒。"（《论衡·超奇》）认为"通人胜儒生，文人逾通人，鸿儒超文人……鸿儒，世之金玉也"（《论衡·超奇》）。王充所说的"儒生"，指泥守师说、拘于章句的经师，这种人，他最看不起。他认为这种人有两大缺陷：一是只能解释经典，上不知远古，下不知秦、汉，是"陆沉""盲瞽"之人；二是拘守一经，蔽而"不通"，即不懂儒家其他的经典，更不懂百家之言。他把儒生的这两大缺陷归咎于他们"守信师法，不颇博览"①（《论衡·谢短》）。他所谓的"通人"，指通览五经百家之言知古博今之事的博学之士。他认为这种人高于儒生，他提出："凡贵通者，贵其能用之也。"（《论衡·超奇》）如果只会诵读而不会用，与"鹦鹉能言"差不多。因此，能够根据经传分析政治上的得失，提出建议及写出优美的文学作品的"文人"又高于"通人"。如果能"论说世事，由意而出，不假取于外"（《论衡·超奇》），如陆贾、董仲舒那样，那就是鸿儒，至于像扬雄这样能"作《太玄经》，造于眇②思，极窅冥之深"（《论衡·超奇》）的哲学家，那就是鸿儒中堪与孔子这样的圣人相媲美的人了。在王充对学者的这种品级划分中可以看出，王充在学术上贵"通"、贵"用"，特别推重创造性（"作"），而反对拘守一经，学不能用，反对因循守旧。这种主张，在当时显然是卓绝的，即使在今天，仍能给人启发和

---

① 原文作"斯则坐守何言师法，不颇博览之咎也"，据刘盼遂《论衡集解》引吴承仕说改。
② "眇"，原文作"助"，据孙诒让说改。

教益。

王充认为，"作"是"造端更为，前始未有"（《论衡·对作》）的意思，"作"即创造发明。汉代人认为"作"是圣人的特权，贤人的任务只是"述"。当时有人攻击王充写《论衡》《政务》是"以贤而作"（《论衡·对作》），违反了"圣人作，贤者述"的原则。王充对这种偏见进行了批驳。他赞扬扬雄"不述而作"的精神，高度评价创造发明对人类生活的贡献，他说："言苟有益，虽作何害？"（《论衡·对作》）仓颉创造文字，奚仲发明车，伯余发明衣裳，夏桀发明瓦屋，人类从这些发明创造中得到了许多好处，如果"不论其利害而徒讥其造作"，那岂不是连仓颉、奚仲这些人也不对了？最值得注意的是，他反问那些"圣人作，贤者述"论者说："《诗》作民间，圣王可云'汝民也，何发作？'因罪其身，殁灭其诗乎？"（《论衡·对作》）这实际上是否认唯有圣人才有"作"的权利，肯定"民"也可以创作。这种议论，在中国封建社会中是罕见的。

王　弼

王弼[1]，字辅嗣，生于魏文帝黄初七年（226），卒于魏帝芳正始十年（249），今山东金乡人，出身于著名的士族家庭。他少年时聪明过人，十几岁即以"好老氏，通辩能言"受到当时著名学者裴徽、傅嘏等人的赞赏。后来为何晏发现，推荐给当时实际掌握政权的大将军曹爽，做了尚书郎。公元249年，司马懿发动政变，控制了曹魏政权，曹爽、何晏被杀，王弼也受到株连，被免掉官职，同年秋病死。王弼只活了二十四岁，但他留下的《周易注》《老子注》《论语释疑》等著作，在我国哲学史上产生了深远的影响。他以卓越的才华、勤奋的著述，成为魏晋玄学的主要创始人。

所谓"玄学"，从字面上讲，就是"玄远之学"的意思。魏晋玄学与两汉哲学的一个明显区别在于，秦汉哲学多停留于事物的表面现象和外部联系，魏晋玄学则力图深入到事物的本质和内部联系，它所讨论的中心是"本末、有无"问题。由于它学贵玄远，略于具体事物而醉心于抽象原理，又以"三玄"（《周易》《老子》和《庄子》）为基本经典著作，故被称为玄学。王弼和何晏一起，倡导一种以"无"为世界根本的哲学，他认为万物均产生于"无"并依赖于"无"而存在。王弼所谓的"无"，是一个没有任何质的规定性的抽象存在物，一种"超越一切相对存在的绝对"，实际上是一种思维的虚构，所以这种哲学的实质是客观唯心主义的，在总体上是根本错误的。不过，在这个总体错误的哲学体系中，也还包含一些真理的颗粒，提出了一些耐人寻味的哲学问题，这在今天仍具有启迪人们智慧的作用。

---

[1]　本篇所引王弼语并据楼宇烈《王弼集校释》，中华书局，1980年。

一　得意在忘言

中国经学发展到东汉时代，已陷入了令人绝望的迷宫。它日趋繁琐，注解经典常常是一字万言，一经上百万言，消尽经师们的毕生精力。有的人死读经注，竟致暴死灯下。王弼对中国哲学发展的最大贡献在于，他针对东汉学术的流弊，提出一种崭新的方法论，解放了人们的思想，引导人们走出了两汉哲学和经学的迷宫。这种方法就是王弼继承《周易大传》的先行思想，加以发挥，在《周易略例·明象》篇所阐发的"得意在忘言"论。

《明象》是专门讨论解释《周易》的方法的。文中讨论的"象""言""意"，有其本来的特定的含义。"象"指卦象及象征卦象意义的事物，如"乾卦"的卦意是"健"，象征此卦象意义的事物是天、朝廷、君、父、首、玉、金、寒、冰、大赤、马、木果、龙、衣等等。"言"指一卦的卦辞、爻辞，如乾卦的卦辞是："乾，元亨利贞。"其初爻的爻辞是："初九：潜龙勿用。""意"指卦象及其所表征的事物所包含的意义，如乾卦所包含的意义为刚健，这种意义被认为是圣人作卦时蕴含于卦象之中的。王弼的《明象》首先从讨论"象""言""意"三者关系入手。

王弼认为，从派生的关系来看，"卦言"由"卦象"派生而来（"言生于象"），"卦象"又是由"卦意"派生而来（"象生于意"），因此，"卦意"是一卦之本；从功能角度来看，卦言是用来说明"卦象"的（"言者，明象者也"），"卦象"是用来象征"卦意"的（"象者，出意者也"），"卦言"和"卦象"的关系，有如捕兔的器具（"蹄"）与兔的关系，蹄是用来捕捉兔的工具（"蹄者所以在兔"），"卦言"是用来表达卦象的。"卦象"和"卦意"的关系，有如捕鱼的器具（"筌"）与鱼的关系，即筌是用来捕捉鱼的工具（"筌者所以在鱼"），卦象是用来表示卦意的。王弼这里以蹄兔、筌鱼的关系比喻"卦言"与"卦象"、"卦象"与"卦意"的关系，有两重用意：其一，表明"卦言"有充分表达"卦象"的功能，"卦象"有充分表达"卦意"的功能，即"尽意莫若象，尽象莫若言""意以象尽，象以言著"；其二，表明"卦言""卦象"对于"卦意"来说，仅仅是一种工具、一种手段，这种工具和手段，在目的已经达到即已经"得意"后，就成废物，甚至可能成为障碍，可以而且必须忘掉。

基于对"象""言""意"三者关系的上述学说，王弼提出了他的解《易》方法，其要点有两条。第一是"寻言以观象""寻象以观意"，就是根据"卦言"去"得象"，再根据"卦象"去"得意"。例如，"坤卦"的卦辞是"元亨，利牝马之贞"，王弼解释说："马，在下而行者也，而又牝焉，顺之至也。至顺而后乃亨，故唯利于牝马之贞。"（《周易注·坤》）。这就是先从"卦言"去得"牝马"之象，然后再从牝马不是在上而是在下、不是飞天而是行地，而且又是雌的这样一些性质，去把握"至顺"的卦意。第二是"得象而忘言""得意而忘象"，就是得象之后要把"卦言"忘掉，得意以后要把"卦象"忘掉。例如，只要懂得了"乾"的卦意是"健"，"坤"的卦意是"顺"，用来象征这些意义的马、牛之象，用来说明这些"卦象"的卦辞、爻辞乃至☰、☷这样的符号都可以而且必须忘掉。

由于在王弼的上述学说中，"象"只是"言"与"意"的中介，所以，这种方法可简称为"得意在忘言"论。

在提出了"得意在忘言"的解《易》方法论后，王弼继而转入对汉儒解《易》方法的批评。他认为，汉儒解《易》的根本错误在于

"存象忘意"。例如，他们把"马"这一"卦象"与"乾卦"的关系固定起来，"案文责卦"，如果一卦有"马"而无"乾"，就牵强附会，搞出"互体""卦变""五行"等等迂曲的方法，结果是繁琐之极而不得要领。

应当承认，王弼把"得意在忘言"论作为解《易》的方法是有巨大合理性的，他对汉儒的批评也是切中要害的。按《易经》本是占卜之书，其中并无系统的哲学思想，《周易大传》的作者们却把它解释为一部"极深而研几""冒天下之道"的哲学书，并通过注经的方式发挥出一整套以"太极""阴阳"为核心观念的哲学体系来。他们所使用的方法固然多种多样，但主要的方法还是从"卦画"及"卦爻"辞所涉及的事物中引申出义理。《周易大传·系辞上》中说："圣人立象以尽意，设卦以尽情伪。系辞焉，以尽其言。"又说："夫乾，确然示人易矣；夫坤，隤然示人简矣。爻也者，效此者也；象也者，像此者也。"(《周易大传·系辞下》)在《周易大传》的作者们看来，"卦画""卦象""卦爻辞"等等，正是圣人用来发挥哲学义理的工具，其"象""言""意"的关系，并不是一般意义上事物现象与语言、语言与思想的关系，而是喻体、揭示喻体之意义的语言及喻义之间的关系。在这个意义上，王弼的蹄兔、筌鱼之喻是正确的，他所主张的"得意在忘言"论继承并发展了《周易大传》的方法。《周易大传》的这种方法，在崇拜古人之风弥漫的古代社会里，是一种重要的解放思想的手段，它为人们提供了一块在经学的形式范围之内发展哲学的天地。汉儒的方法则与此相反，它拘泥于"卦象""卦辞"，把"易学"引入了烦琐哲学的泥坑，致使《周易大传》所开创的传统几至中绝。由此可见，王弼的方法重新建立了哲学与经学的桥梁，它对于中国哲学发展的意义，显然是极为深远的。

"得意在忘言"论，不仅仅是一种解《易》的方法，在王弼那里，还被用作注释《论语》《老子》等古代典籍的方法和一般的哲学方法。不过，在这些场合，王弼对象、言、意的含义及其关系都另有解释。

作为一种注释古代典籍的方法，王弼舍"象"而只论"言""意"的关系。这里的"言"指语言、文字，"意"指思想。王弼认为，圣人著书立说，是用语言寄寓思想。王弼认为"立言垂教，将以通性"，"寄旨传辞，将以正邪"（《王弼集校释·论语释疑·阳货》）。据此，王弼在注释古代典籍时不拘泥于文字而注重会通其义理。例如，《论语》中有这样一段话："子曰：'君子而不仁者有矣夫，未有小人而仁者也。'"（《宪问》）从字面上看，孔子似乎肯定有不仁的君子，汉儒拘泥于文义，在注释此语时颇感为难，王弼则说："假君子以甚小人之辞，君子无不仁也。"（《王弼集校释·论语释疑·宪问》）这就是说，孔子这里用的是"假言"即比方、夸张之词，其真实的含义与字面是不同的，君子没有不仁的。王弼用这种注重会通义理的方法注释《论语》《老子》，一扫汉代经师繁琐迂执之陋习，开拓了会通义理而不以辞害意的新风。这种方法，不仅成了王弼和其他魏晋玄学家会通儒道二家之学的方便法门，对于魏晋哲学冲破汉代经学之牢笼而自出发展具有积极的意义，并且影响到以后的佛教学者和儒家学者，成为佛学中国化和宋明理学兴起的历史契机之一。

作为一种哲学方法，王弼将"意""象""言"的派生关系序列改成"象""言""意"的派生关系序列，即"言"生于象，"言"各有"意"。如他说："名号生乎形状，称谓出乎涉求。"（《王弼集校释·老子指略》）"道、玄、深、大、微、远之言，各有其义。"（《王弼集校释·老子指略》）这里的"形状"即"象"，指有形有象的具体事物，它们是名的根据，而不是"出意"的工具；名号称谓即言，主要是指名词、概念；"义"即意，指名称、概念的含义。王弼认为，由于言生于象，所以"言必及有"（《世说新语·文学》）[1]，任何的名称言辞都要涉及到有"形"有"象"的事物，"有此名必有此形，有此形必有其分"（《王弼集校释·老子指略》），一定的名词概念与一定的具体事物相联系，而一定的具体事物又只是世界的一部分，这样，名言及其含义也只能反映世界的某一部分，都有"不兼"即不全面、"不尽"即不穷尽的弊病，不能完全而真实地表达无形无象的万物本体——"无"。这个本体，在王弼看来，同时也就是世界之全体。据此，王弼认为，正确的认识不能停留、执着在"象""言""意"上，而应当"不以言为主""不以名为常"（《王弼集校释·老子指略》），而以"名""言"为向导去"寻其所归"（《王弼集校释·老子指略》），以达到"常于有物之极，而必明其所由之宗"（韩康伯《系辞注》引王弼《大衍义》）[2]的目的，亦即从"有象"达到"无象"，从"有名"达到"无名"，从各有其意达到会归众意，从而超越"象""言""意"的局限，达到对"超言绝象"的"无"的直觉（所谓"体无"）。很显然，王弼的这种方法，实质上是一种由感觉、知觉、表象而进入抽象思维，再由抽象思维而进入超越抽象思维的"直

---

① 转引自《王弼集校释·附录》，中华书局，1980年，第645页。
② 转引自《王弼集校释·周易注附》，中华书局，1980年，第548页。

觉"境界的方法。王弼的这种方法包含一些真理的颗粒，例如它正确地指出了名词概念在把握世界全体方面的局限性，要求突破思维的抽象的局限性，在更高的水平上把握世界，把握客观实在，这种思想在当时是非常深刻、难能可贵的。但王弼过分强调了名词概念含义的确定性的一面，看不到概念的灵活性的一面，因而王弼找不到从思维的抽象上升到思维的具体的正确方法，而只能求助于直觉。直觉作为一种创造性思维，无疑有其不可抹杀的地位和作用，但王弼把它看作认识世界全体的基本方法，要求人们"修本废言"（《王弼集校释·论语释疑·阳货》），即不用名词概念而纯任直觉去把握世界全体，这就未免陷入神秘主义与蒙昧主义了。

王弼的"得意在忘言"论不仅影响了当时及以后的经学、哲学、宗教神学，而且影响了当时及以后的文学艺术。魏晋文学艺术争尚"隽永""隐秀""传神"，其理论根据都是"得意在忘言"论。应当承认，在属于形象思维的文学艺术领域内，"得意在忘言"论是很正确、很有生命力的，它对中国文学艺术民族风格的形成起了巨大的积极作用。

二 "本末"与"体用"

中国古代哲学包含极为丰富的内容，其中最主要的可说有三部分：宇宙论即世界观，人生论即社会历史观、人生观及伦理学，致知论即认识论与方法论。其中宇宙论中又包含两大方面的问题：一个是世界万物的本原、存在的根据和统一性问题，这个问题，用西方哲学的旧名词说，叫宇宙本体论，用中国哲学的旧名词来说，叫本根论；另一个是世界万物的发生、变化及其规律问题，这个问题，用西方哲学的旧名词说，叫宇宙发生论，用中国哲学的传统名词说，可称为大化论。中国哲学的上述内容的形成有一个历史过程，其中宇宙论部分基本上创始于老子。老子以道为天地万物的本原和存在的根据。在他的学说中，既有宇宙本体论的学说，也有宇宙发生论的学说。汉代哲学比较侧重于宇宙发生论的研究，对于宇宙本体论则缺乏深刻的讨论。魏晋玄学与此相反，不注重宇宙发生论的研究而注重宇宙本体论的研究，尤其是注重天地万物存在根据和统一性的研究。王弼是促成这一变化的关键人物。王弼认为，"无"是天地万物的本原和存在的根据，"无"兼涵"万有"，包容一切，"无"也就是"全"。王弼这种观点虽然从最终结论看是错误的，但他把这个宇宙本体的问题作为哲学的首要问题突出地展现出来，并做了深入的讨论，不失为对中国哲学发展的一大贡献。同时，王弼在论证这个问题时，引入了"本末""体用"范畴，发表了一些包含某些真理颗粒的观点，这些也是他对中国哲学的重要贡献。

"本末"的本义是指树的根干和枝叶。王弼从"本末"的这个本义引申出多种含义，用来描述"无"与"有"之间多种多样的关系。例如，树木的枝叶是从根干上生长出来的，因此，本末关系首先是一种本原和派生的关系；树木的主干只有一根，枝叶却可以有千千万万，因此，本末关系也是"一"与"多"的关系；树木的根干是树的主体，比起枝叶来重要得多，因此，本末关系也是主体与从属、宗主与附庸的关系；树木的枝叶依赖根干而存在，根干本身则无所依赖，因此，本末关系又是一种独立存在与赖以存在的关系；树木的主干还有把千枝万叶联结成一个整体的作用，因此，本末关系还是一种以本为主的统一关系。王弼说："自然之道，亦犹树也。"（《老子注》第二十二章）。由此我们可以看出，王弼心目中的世界，是一个以"无"为根干、以"有"为枝叶的整体。王弼以"无"为世界万物的本体，显然是错误的。但他用"本末"这对范畴将中国哲学中本体的含义及本体与事物的关系包括无遗，却是一个贡献。同时，他肯定"无"与"有"是同一实在的不同部分，"无"与"有"都是真实存在的并且是不可分割地联系在一起的。因此，这种唯心主义本体论不同于西方唯心主义本体论。西方唯心主义本体论往往认为现象是不实在的虚幻的，而唯一的实在乃是超越现象的本体。与这种唯心主义本体论相比较，王弼所坚持的只有一个统一的世界的观点，"本末"皆是真实存在的观点及本体即在现象之中的观点都可以说是真理的颗粒，是包含在唯心主义体系中的唯物主义因素。王弼的这些正确的观点，上承秦汉之风，下启宋明之学，为形成具有中国特色的本体论传统做出了重要的贡献。

"体"字的本义是"一端"与"形体"。如《论语》记荷蓧丈人批评孔子说"四体不勤，五谷不分"（《论语·微子》），这个"体"是肢体的意思，两手两脚，合称四体。《礼记·大学》中说"心广体胖"，这个体指身体。王弼所谓的"体"，有各种含义。如身体之体，形体之体，这样的体，都是有形象的东西。王弼又谈到"无"的"体"，这样的"体"是无形无象的东西，是引申意义上的"体"，可称为"无形之体"，其含义犹如今天我们所说的"存在"。王弼认为，"无"虽无形体可言，却是一切有形体之物的"本"，因此，万物皆由"有形之体"与"无形之体"两部分组成，如他说："清不能为清，盈不能为盈，皆有其母，以存其形"，"物皆各得此一以成。"（《老子注》第三十九章）引文中的"母""一"都是指"无"。王弼又认为，这种情况不是固定不变的，如果物"既成而舍一以居成"，就会"失其母"，走向死亡（《老子注》第三十九章）。这种"舍一以居成"之物，王弼称为"体尽于形"（《老子注》第三十九章）者，即失去了无形之体的物。总之，在王弼看来，"体"不尽于形者存，"体"尽于形者亡，这就是所谓的"万物虽贵，以无为用，不能舍无以为体也"（《老子注》第三十八章）。这种思想，形象地说就是万物是丛生在"无"这个主干上的枝叶，万物是由万物本身及"无"构成，万物的存在不能脱离"无"这个主干，一旦脱离了，就如同枝叶脱离了根干，必定死亡。这种思想显然是错误的。但是王弼明确地在抽象的意义上使用"体"这个概念，在中国哲学范畴发展史上有一定意义，同时，它还以歪曲的形式表达了具体事物只有在与万物相联系中才能存在的思想，这种思想也还是应该肯定的。

"体、用"作为一对范畴，指一物的实体及其功用。王弼认为，万物包含无形之体，而这无形之体又是万物所以具有功用的依据。他说："有之所以为利，皆赖无以为用也。"（《老子注》第十一章）这样在"体、用"关系上，王弼自发地表现了"体、用"统一的倾向，在他看来，万物之体是"无"，起作用的也是"无"。这种倾向，经唐代崔憬、孔颖达等人逐渐明确起来，至宋代程颐始明确概括为"体用一源，显微无间"（《程氏易传序》）的命题。这种"体用一源"的观点，也是中国古代哲学一贯坚持的优良传统。虽然唯物主义与唯心主义者各自的所谓"体用一源"在具体含义上有本质区别，但由于这个命题肯定了"本体"与"事物"、"本体"与"功用"的密切联系，所以即使在唯心主义那里，也是有积极意义的。

三　"名教"与"自然"

魏晋玄学在融合儒道两家学说的过程中，遇到了一个困难：儒家贵"名教"，道家明"自然"。所谓"名教"，就是我们通常说的封建礼教，它以正名定分为中心，故也叫做"名教"。正名，就是根据君臣、父子、兄弟、夫妇、朋友之类的"名"去要求、考察、规定每个具有相应身份的人，使之恪守这种身份所应具有的权利义务和道德品质；"定分"就是根据君臣、父子、兄弟、夫妇、朋友之类的"名"规定每个个人在社会中的地位及应当遵守的道德，如君对臣要仁，臣对君要忠，父对子要慈，子对父要孝，如此等等。儒家主张用这种正名定分的方法教化世人，对违背的施以惩罚，对遵行得好的予以表彰奖励，以此维护封建的社会政治制度和宗法制的家庭秩序。所谓"自然"，在王弼的著作中，是指没有经过人有意识加工改造过的自然而然的状态，是万物的本性。儒家主张以正名定分的方法治国，道家主张无为而治，即顺应自然。一个有为，一个无为，自然发生矛盾。魏晋玄学从王弼开始，就力图解决这个矛盾。王弼的观点，大体上有以下几层意思：

第一，等级名分是圣人顺应"朴散则为器"的自然状况而创制的。

王弼在注解《老子》第二十八章"朴散则为器，圣人用之则为官长"一语时说："朴，真也。真散则百行出，殊类生，若器也。圣人因其分散，故为之立官长。以善为师，不善为资，移风易俗，复使归于一也。"在注解《老子》第三十二章"始制有名"一语时说："始制，谓朴散始为官长之时也。始制官长，不可不立名分以定尊卑，故始制有名也。"这两段话的大意是说，人类自脱离了原始纯朴的状态以后，就发生分化，出现各式各样的道德品行和各种类型的人，就像有形的万物千姿百态一样，这就是"朴散则为器"。圣人顺应这种分化，设立各种官长，让善人为师，教化不善人，使之归于善，以此达到"移风易俗"、恢复原始纯朴的目的。既有官长，就不可不建立各种各样的"名分"来规定人的尊卑等级。王弼对"形""名""分"三者关系是这样规定的："凡名生于形"，"名必有所分"（《王弼集校释·老子指略》）。"名"是根据一物固有的"形"来定的，"形"有一定的大、小、长、短范围，故"名"也有一定的含义。对于人类社会来说，"形"即人的品行、类别，"名"是由圣人根据这种形而建立的身份等级，而"分"是各种身份等级自然具有的权利义务。总之，王弼认为，等级名分是圣人顺应人类分化状态并根据其固有的状态而创立的，也就是说，等级名分是以人类分化的自然状态为根据的。

第二，"名分"虽有"定尊卑"的作用，但不是治理国家的根本，因此，既不可"立形名以检于物"（《老子注》第二十七章），也不可"尚名"，即既不可以名分作为考察、惩罚人的工具，也不可以表彰奖励的方法维系名分，相反，只有"行不言之教"才能保持等级名分，才能恪守道德准则。王弼说："用不以形，御不以名，故仁义可显，礼敬可彰也。夫载之以大道，镇之以无名，则物无所尚，志无所营。各任其贞，事用其诚，则仁德厚焉，行义正焉，礼敬清焉。弃其所载，舍其所生，用其成形，役其聪明，仁则尚焉，义则竞焉，礼则争焉。故仁德之厚，非用仁之所能也；行义之正，非用义之所成也；礼敬之清，非用礼之所济也。载之以道，统之以母，故显之而无所尚，彰之而无所竞。用夫无名，故名以笃焉；用夫无形，故形以成焉。守母以存其子，崇本以举其末，则形名俱有而邪不生，大美配天而华不作。"(《老子注》第三十八章)这段话的大意是说：以无为的"道"兼容万物，以无名的"朴"镇守全局，人们就不会崇尚虚伪的名、钻营非分的利，就会各自做他们应做的正事，并且是真心实意地做，这样，人们的品德行为及各种礼节就纯厚正直，不包含另外的不好的动机了。如果抛弃兼容万物的大道，舍去产生等级名分的根本，用现成的等级名分治理国家，费力劳神，那么仁义礼敬就成了追名逐利、你争我夺的工具。所以，仁义礼敬的纯厚正直无邪，不是用它作为束缚人们的工具或通过表彰奖励所能得到的。用无名无形的"道"治天下，等级、名分、仁义、礼敬才能笃实，才能保持。所以，用守母存子、崇本举末的方法，就可以做到等级、名分完全保持而邪恶不生，仁义、礼敬的美德崇高无上而虚华不作。

第三，所谓"行不言之教"，主要是道德示范的意思。王弼多处讲到，他主张"载之以大道，镇之以无名"，"守母以存子，崇本以息末"，"行不言之教"，这些话都隐晦难懂。实际上，王弼这些话的主要意思是依靠"善人""官长"自身真诚的模范的道德行为去引导、感化不善的人。例如他在解释《老子》第五十八章"圣人方而不割，廉而不刿，直而不肆，光而不耀"一语时说："以方导物，令去其邪，不以方割物"，"廉，清廉也。刿，伤也。以清廉导民，令去其污，不以清廉刿伤于物也"，"以直导物，令去其僻，而不以直激拂于物也"，"以光鉴其所以迷，不以光照求其隐匿也。"文中的"物"是指"民"，邪、污、僻、隐匿指各种不道德的行为。这几句话的大概意思是说，应当用正直清廉的美德去引导人民，让他们自己去掉不道德的行为，而不要将正直清廉变成宰割、伤害人民乃至与人民冲突的工具，应当用智慧的光芒指引人民认识在道德上迷途的原因，而不应当用它去发现人民在道德上不敢公开的过失。王弼说："我之教人，非强使从之也，而用夫自然。"（《老子注》第四十二章）贵引导而不强求，这就是用夫自然，也就是"行不言之教"，"崇本以息末"。

总之，王弼是想用道家无为而治的方法达到儒家名教的目的。这种主张，既不同于道家对仁、义、礼、智的攻击否定，也不同于儒家以等级、名分为教化的工具，具有兼融儒道的特点。

两汉魏晋时代统治阶级鼓吹"以孝治天下"，"孝悌力田"者受到种种表彰奖励，可以做官，不孝者则要受到严厉惩罚，甚至被杀头。这种以"名教"治天下的方法产生种种弊端。一方面是人们为了博取名利，矫揉造作，甚至弄虚作假，把封建道德变成虚伪的东西。另一方面，"名教"成了统治者诛杀异己的借口。曹操杀孔融、司马懿杀嵇康，都是以"不孝"为借口的。在这种情况下，魏晋时出现了一种奇特的现象，"崇奉礼教的看来似乎很不错，而实在是毁坏礼教，不信礼教的表面上毁坏礼教者，实则倒是承认礼教，太相信礼教。"[①]王弼对于礼教被当作名利的工具非常反感，因此提出上述主张，力图为改变这种状况而制造舆论。

王弼企图以自然无为的方法达到道德纯朴的目的，自然不过是空想。但他把等级、名分看为人类社会发展过程中的必然产物，认为只有真诚的道德行为才有价值，提倡身教，在中国哲学史上产生了积极的影响。汉代的董仲舒把等级名分归之于"天意"，以

---

① 鲁迅《而已集·魏晋风度及文章与药及酒之关系》，人民文学出版社，1980年，第109页。

神的意志解释封建制度、封建道德的起源。王弼把等级名分归之于"自然"，以人类社会固有的分化现象作为等级、名分的根据，相比之下，王弼的观点显然是比较合理的。王弼的这种观点，纠正了两汉将道德宗教化的错误倾向，坚持了先秦以来以道德取代、排斥宗教的优良传统。后来宋明理学家认为道德是天理自然，与王弼的观点是部分相通的。先秦儒者提出"仁者安仁，智者利仁"，强调道德实践中"诚"的重要，王弼主张去邪存诚，宋明儒家也主张"以诚敬存之"，这些学说都强调真诚是衡量道德行为的最高标准，反对把道德仅仅看成是一种追求功利的工具，这是对伦理学的积极建树。道德生活作为精神生活的重要内容，有其内在的价值，当然也有调节人与人关系的功用价值，但如果一个人的道德生活不是真诚的，其道德就没有内在价值，也起不到调节人际关系的作用。王弼把不用语言的教即"身教"与"言教"对立起来，有片面性，但他注重身教、注重引导的方法还是值得肯定的。道德需要人们自觉地遵守，一般说不应当用强制的方法去推行。王弼看到了道德的这一特点，也是值得肯定的。封建社会的道德对于劳动者来说基本上是一种精神枷锁，而统治阶级自身为了一己的私利，一有可能就企图违背道德，在这样的社会里，提倡道德的真诚、提倡用统治阶级自身真诚的道德行为感化老百姓，事实上都是做不到的。但王弼提出的这些理论，在建立社会主义的伦理学体系时仍有借鉴意义。

向秀与郭象

向秀，字子期，约生于魏明帝太和元年（227）前后，约卒于晋武帝咸宁三年（277）前后，今河南武陟县人，魏末著名的"竹林七贤"之一，与嵇康、吕安是好朋友。"竹林七贤"对当时的统治者特别是司马懿父子假借封建礼教之名以谋取私利之实的伪善行为十分不满，激而变成不谈礼教，不信礼教，甚至于反对礼教。他们饮酒时衣服不穿，帽子也不戴，居丧时不一定按例哭泣，儿子可以直呼父亲的名号。他们中最激烈的嵇康甚至提出"非汤武而薄周孔"（《嵇康集·与山巨源绝交书》）、"越名教而任自然"（《嵇康集·释私论》）的主张。这一主张，成了司马昭篡位的思想障碍，于是司马昭就借口嵇康的朋友吕安不孝，将嵇康和吕安杀掉。嵇康被杀以后，向秀应本郡的举荐入朝做官，投靠了司马氏，但他并未忘情于他与嵇康、吕安的友情，作《思旧赋》表示了深切的哀悼。在与嵇康交往期间，他采用王弼"寄言出意"的方法，为《庄子》作注，称为《庄子隐解》。

郭象，字子玄，生于魏帝芳嘉平四年（252）前后，约卒于晋怀帝永嘉六年（312）前后，年轻时好老庄，州郡征召他为官，他不做，以文章自娱。后来，他被晋东海王司马越征召为太傅主簿，很受信任，于是"任职当权，熏灼内外"，受到舆论的非议。向秀死后，郭象在向秀《庄子隐解》的基础上加工扩充写成《庄子注》一书而没有提向秀的名字。据今人研究，郭象注在根本问题上是依据向秀注但比向秀注更圆满周到。所以，《庄子注》应该说是向秀和郭象两个人的作品。

《庄子注》是继王弼《老子注》《周易注》之后又一部重要的玄学著作。它不仅使玄学由以阐发《老子》和《周易》为主的第一阶段，发展到以阐发《庄子》为主的第二阶段，而且扩大了玄学的地盘，起了使"儒墨之迹见鄙，道家之言遂盛"（《晋书·向秀传》）的作用。《庄子注》

是一部奇书，它有许多精彩的议论、新鲜的见解，同时又有许多错误的观点、荒谬的结论。对于其中唯物主义的、朴素辩证法的、合理进步的思想，我们应当认真继承，而对于它之所以陷入唯心主义、形而上学，则应当认真分析，总结经验教训。

一 万物必以自然为正

战国时有一位思想家叫季真，他主张"莫为"，就是认为自然界的变化是无所为的，没有任何目的的。这是中国历史上第一个反对目的论的。另一位思想家接子主张"或使"，就是认为自然界的变化总有一个东西在起主宰作用。《庄子·则阳》对这两位思想家的观点做了评述。向秀、郭象在为这段评述文字作注解时，肯定了季真的"莫为"说，否定了接子的"或使"说。他们提出："物有自然，非为之所能也"，"凡物云云，皆由莫为而过去。"（《庄子注·则阳》）这就是说，万物都有自然的本性，这种本性不是有为所能决定的，一切物都经由自然无为的道路完成自己的存在历程。他们还提出："天地以万物为体，而万物必以自然为正。自然者，不为而自然者也。"（《庄子注·逍遥游》）天地就是万物的集合，自然无为是万物的真相和本性。这样，向秀、郭象就把自然无为作为他们的世界观的基本原则，这种以自然无为为基本原则的哲学，可以称为自然主义。

自然主义并非向秀、郭象首创，但他们通过对"自然无为""有为"等概念的含义的重新规定，赋予了自然主义以新的内容。向秀、郭象认为，万物（包括人在内）的形式、性质和运动、变化的规律都是自然具有、固定不变的，这里的形式和性质包括大小、方圆、长短、美丑、寿夭等等，也包括人的贵贱、贫富、道德的高下、聪明与愚蠢等等。这些自然具有、固定不变的形式、性质和规律，向秀、郭象称之为"性""分""理""命"。向秀、郭象认为，一切物的运动作为，包括人的行为，只要是在"性分"之内的，都属于自然无为，这种性分之内的作为，向秀、郭象称为"自为"。例如，人们在牛鼻子上穿上一个东西，给马戴上笼头，让牛、马为人服役，这一方面符合人类的自然本性，另一方面也不违背牛马的自然本性，所以是自然无为。这样的自然无为，与老子、庄子的自然无为的原意大不相同，它包括了人的基于自身本性的并且不违背对象自然本性的一切作为。"为"或"有为"是自然无为的反面。对于运动的主体来说，只要其动作由本性引起又不超出性分的限制，就属于自然无为，反之，如果动作不是由本性引起或超出性分之外，就是有为。例如，天地有覆载万物的本性，舟船有常浮于水面的本性，这是自然无为。又如，圣贤是一部分人的本性，离朱的眼睛特别锐利，师旷的耳朵特别灵敏，这也是他们固有的天性，一个不具有圣贤本性、不具有离朱之明、师旷之聪的人，如果超越自己性分的限制，去追求圣贤的品德和离朱、师旷的聪明，这就是"有为"。对于对象来说，顺应其自然本性而施加作用是"自然无为"，不顺应其自然本性而施加作用就是"有为"。例如役使牛、马，只要按照牛、马的自然承受能力去使用它们，属于"自然无为"，反之，如果超过它们的自然承受能力去使用它们，就是"有为"。又如，牛生牛，马生马，万物都不能"易种而生"，这是"无为"；反之，如果一个事物的死生由自身以外的某种因素主宰，这种主宰作用就是有为。可见，向秀、郭象所谓的"有为"，实际上是指出于作为者的自由意志并违背对象自然本性的作为，这样的"有为"，也就是随心所欲。由于向秀、郭象赋予了"自然无为""有为"等概念以新的含义，向秀、郭象主张无为、反对有为的自然主义哲学就成为批判唯心主义目的论的锐利武器。

根据万物自然无为的自然主义原则，向秀、郭象论证了"无不能生有"与"有"的永恒性。《庄子注·齐物论》中说："无既无矣，则不能生有。"这是说，"无"既然是无，就是什么也没有，那也就没有任何作用，也就不能生有。这里的"生"是创造的意思。他们还指出："非唯无不得化而为有也，有亦不得化而为无矣。是以（夫）有之为物①，虽千变万化，而不得一为无也。不得一为无，故自古无未有之时而常存也。"（《庄子注·知北游》）这是说：不但无不能变化为有，而且有也不可能变化成为无。所以，有虽然经过千变万化，但不可能变成为无。有不能变成无，所以自古以来根本没有"未有"的时候，有是永恒存在的。这就是认为，存在是永恒的不灭的。存在虽然经常在变化推移中，然而不会消灭。这就肯定了存在的永恒性。在许多场合，向秀、郭象把这种存在有变化而无消灭的观点和气一元论思想结合在一起。例如，他们说："一气而万形，有变化而无死生也"（《庄子注·至乐》），"虽变化相代，原其气则一。"（《庄子注·寓言》）这是说，万物的形状虽各自不同，并且不断变化，但都以气为本原，这就证明了存在只有变化，而无生灭。向秀、郭象又说："一者，有之初，至妙者也。至妙，故未有物理之形耳。夫一之所起，起于至一，非起于无也。"（《庄子注·天地》）这里的"至一"指自然，而"未有物理之形"的"一"显然是指气。这段话是说，无形的"气"是"万有"的始原，而这无形的气是自然存在的，不是"无"产生出来的。向秀、郭象还说："死生出入，皆欻然自尔，未有为之者也。然有聚散隐显，故有出入之名；徒有名耳，竟无出入。"（《庄子注·庚桑楚》）这是说，万物的产生、消灭、出现、隐没，都是突然而自然如此的，并没有什么东西在创造和主宰它们。因为是气的聚集和消散、显现和隐没，所以有"出入"的名称，但"出入"仅仅是虚有

---

① 原文作"无有之为物"，"无"为衍字。

其名，其实并无所谓出入。这些说法，肯定了气的存在的永恒性和气与有形的万物的相互转化的自然无为性质，批判了虚无生气及气有目的有意识地转化为万物的唯心主义观点，对发展气一元论的唯物主义学说具有一定意义。

根据万物自然无为的自然主义原则，向秀、郭象批判了关于"造物主"的思想。他们说："请问夫造物者有耶，无耶？无也，则胡能造物哉？有也，则不足以物众形。"（《庄子注·齐物论》）这是说，请问造物主是"有"呢还是"无"呢？假如是"无"，那怎能创造万物呀！假如是"有"，那它本身也是一物，不足以为万物的创造者和主宰。他们认为，世界上没有造物主，每一物都是分别自然创造的。每一物都是分别自然创造，不需依靠某种特定的外部条件，这就是天地的真相。《庄子注·齐物论》说："故造物者无主而物各自造。物各自造而无所待焉。此天地之正也。"文中"自造"和"自然""自生""自得""自为""自知""自尔"等等的用语一样，其中的"自"是自然而然的意思，自造犹言自然产生，自然生成；"无所待"指不依赖某种特定的外部条件。向秀、郭象的这一见解，否定了造物主，这是正确的。但是，他们的表述中包含一个严重的错误。虽然他们并不否认物质世界中每一物体的产生有它的原因和条件，他们认为客观世界的任何一物对某一物的生成变化都是必不可少的。他们认为，如果只注意一物产生的近因而忘记此物的自然如此的本性，就会导致"宗物于外"，并最终引出造物主来。这样，他们片面强调一物与整个物质世界的普遍联系，而否认某一事物产生的原因或条件的特定性，又片面强调事物产生的内在根据而轻视外部条件的作用，这样就导致了"物各自造而无所待"的错误结论。

根据万物自然无为的自然主义原则，向秀、郭象又批判了"先物者"的观念。所谓先物者，即是在物质存在之先并为物质存在之根源的东西。向秀、郭象说："谁得先物者乎哉？吾以阴阳为先物，而阴阳即所谓物耳。谁又先阴阳者乎？吾以自然为先之，而自然即物之自尔耳。吾以至道为先之矣，而至道者乃至无也。既已无矣，又奚为先？然则先物者谁乎哉？而犹有物无已。明物之自然，非有使然也。"（《庄子注·知北游》）什么算是先物呀？我以为阴阳之气是先物的，可是阴阳之气就是所谓物啊。有什么又在阴阳之先呢？我以为自然在阴阳之先，可是自然就是物的自然如此的意思。我以为"至道"在阴阳之先，可是"至道"就是"至无"，既然是"无"，又怎能是先物？然则先物者到底是谁呢？这就证明物即是自然的，并没有主宰。这段议论就是肯定：物是最根本的，所谓先物者是不存在的。

　　根据万物自然无为的自然主义原则，向秀、郭象还批判了对万物相互作用所作的目的论解释。他们首先肯定了万物的普遍联系和相互作用。他们说："人之生也，形虽七尺，而五常必具。故虽区区之身，乃举天地以奉之。故天地万物，凡所有者，不可一日而相无也。一物不具，则生者无由得生；一理不至，则天年无缘得终。"（《庄子注·大宗师》）这是说，人的生命虽然只存在于七尺之形内，但具备了金、木、水、火、土全部五种元素。可见小小一个身体，需要从整个天地万物得到奉养。天地万物，凡是存在的东西，都不能缺少。一样东西不具备，生命就无法产生；一种道理不具备，生命就无法完成其自然的历程。他们还指出，这种相互联系和相互作用并不是基于相互联系的物的自由意志，它们是在基于自身本性的"自为"中自然无为地相互联系、相互作用的。这就是所谓"相与于无相与，相为于无相为"（《庄子注·大宗师》）。为了说明这一点，向秀、郭象举了许多例子。例如说：春天的太阳自然和煦，并不是因为爱万物而温暖它们，所以万物得到太阳的温暖而不必酬谢；秋天的寒霜自然降落，并不是因为仇恨万物要冻死它们，所以受到摧残的万物并不怨恨它。又如说：唇并不是因为爱齿而去保护它，但唇亡则齿寒；人的手足五脏并不是有意地相互交往、相互服务，但人体的各器官自然而然地保持着和谐统一和相互供给的关系。这些例子都说明，向秀、郭象认为万物的相互联系和相互作用都是出于自然本性，而不是基于自由意志。可见，万物"相与于无相与，相为于无相为"的论断，肯定了万物相互联系、相互作用的自然无为性质。它批判的矛头是指向天人感应的唯心主义目的论的。

根据万物自然无为的自然主义原则，向秀、郭象提出了"道不逃物"（《庄子注·知北游》）的观点。向秀、郭象认为，道是"物所由而行"（《庄子注·则阳》）的意思，而这个"所由"，就是自然无为，道就是万物自然无为的性质。因此，道不是实体，不能存在于万物之外之先，它就存在于万物之中。这就叫"道不逃物"。

以上的分析表明，向秀、郭象用自然无为原则对自然观方面形形色色的唯心主义特别是唯心主义目的论进行了尖锐的批判，并且在一系列的问题上得出了唯物主义的结论。这表明，向秀、郭象的自然主义哲学在自然观领域内基本上是唯物主义的。他们对唯物主义自然观的论证和对唯心主义的批判闪耀着智慧的光辉，是一份值得珍视的哲学遗产。

二 天地万物无时而不移

向秀、郭象肯定世界是变化的世界，天地万物都时时刻刻在变化推移中。他们在《庄子注·大宗师》中指出：天地是"趋新"的，山岳是"舍故"的。"天地万物无时而不移"这一结论表明，向秀、郭象把变化日新作为他们世界观的一个基本原则。这一原则，是朴素辩证法的原则。不过，他们的这一思想中包含着一些错误和不足。

首先，他们过分强调了变化的绝对性，忽视了事物相对的稳定性。如他们说："故不暂停，忽已涉新"，"向者之我，非复今我也。我与今俱往，岂常守故哉！"（《庄子注·大宗师》）旧的东西没有片刻的停留，忽然之间已变成新的了；过去的我不是今天的我，我与当时的"今"都过去了，哪里会保持着原来样子呢？他们还说："人之生，若马之过肆耳，恒无驻须臾，新故之相续，不舍昼夜也。"（《庄子注·田子方》）人的一生，就像马飞跑过市场那样，没有片刻的停留，新和旧的交替是无时无刻不在进行的。其次，他们所说的新和旧含义比较肤浅，凡是与从前不同的都可以叫作新，不是讲实质上的新。最后，他们认为，万物虽变动不居，但只要满足于性的规定，那么存在时间的长短就没有区别。他们还认为，人只要认识到事物变化无穷的本性，不恋生，不恶死，任其自然，就可以达到不死不生，"虽涉至变而未始非我"（《庄子注·齐物论》），即不论怎样变化，我还是我。这些观点，显然是主观主义的。

在万物变化日新的原因问题上，向秀和郭象也力图贯彻自然无为的原则。他们说，天地万物变化日新，是什么东西使它们这样呢？这些变化都是自然而然的。《庄子注·齐物论》说："夫天地万物，变化日新，与时俱往，何物萌之哉？自然而然耳。"他们又说："万物万情，趣舍不同，若有真宰使之然也。起索真宰之朕迹，而亦终不得，则明物皆自然，无使物然也。"(《庄子注·齐物论》)这是说，各种事物各种有情识的生物所取所舍各不相同，好像有个"真宰"在主宰、驱使着它们。然而追寻这个"真宰"的踪迹，终不可得，这就说明万物的取舍都是自然而然的，没有什么真宰。这两段议论肯定万物的变化取舍不是由什么"真宰"在冥冥中主宰驱使，这是正确的。但将各种各样的变化笼统地归因于自然，就未免流于空洞。

三　顺其自然即是无为

中国古代哲学关于"有为"与"无为"的争论，不仅在自然观领域中展开，而且在人生论领域中展开。自然观领域中的自然无为学说，虽然情况千差万别，但都是反对宗教、反对唯心主义目的论的，因而都具有正确的成分，其中如王充、向秀、郭象的自然无为说具有唯物主义性质。但是，在人生论领域中的自然无为学说，直到向秀、郭象以前都基本上是错误的、消极的。这种自然无为学说主张去思虑、去知识、去情欲、去作为，以返于原始生活。这些主张，在教人脱除名利思想、减低欲望、保养精力方面有一定的合理性，在揭露阶级社会种种伪善的、不合理的现实方面有一定的作用。但是，从总体上来看，它们是违反人类生活的自然趋势，与社会发展的客观规律背道而驰的。

向秀、郭象和老子、庄子一样，在一切领域中都讲自然无为，但由于他们赋予自然无为新的含义，他们的自然无为学说与老、庄有本质的区别，特别是在人生论领域，他们的自然无为学说实质上是一种变相的有为论，因为他们把一切出于人的本性的作为都视为无为。

向秀在《难养生论》中反对"绝五谷，去滋味，窒情欲，抑富贵"的主张。他认为，人有思虑智慧，是人为万物之灵的体现，它能帮助人类避害趋利；人有感情，是人作为有生命之物的体现；人有嗜欲，希望富贵，厌恶穷辱，这种嗜欲也是"生于自然"，因此，"绝五谷、去滋味、窒情欲、抑富贵"的做法是"背情失性"，违反自然的。在《庄子注》中，向秀、郭象指出，足能行、手能执、耳能听、目能见、心能知，都是天理自然，充分发挥手、足、耳、目、心的自然具有的功能，而不去追求性分之外的东西，就是自然无为；仁义道德是人的本性，只要人们按照自己的道德本性去生活，而不去追求仁、义、孝、悌之类的名声，就是自然无为；君臣上下的封建社会秩序，也是天理自然。如《庄子注·齐物论》中说："君臣上下，手足外内，乃天理自然，岂真人之所为哉？"只要君不"以一己而专制天下"（《庄子注·在宥》），将具体事务委之百官，让百姓得以"自为"，臣各司其职，百姓各安其任，就是自然无为。向秀、郭象肯定人为是自然，而去人为以返于自然则是反自然的。这种观点是正确的、精辟的。应当承认，人的有思虑、有知识、有情欲、有作为，实际上都是自然而然。有为是人类生活的自然趋势。

不过，向秀、郭象这种自然无为说也有严重的错误。他们不懂得自然与人为的辩证的对立统一，不能理解人为是出于自然而又改造自然的活动。其次，向秀、郭象所谓的自然，有必然、偶然、不知其所以然而然等含义，他们认为必然也是偶然的，偶然也是必然的，他们不理解主观能动性与客观规律性的辩证的对立统一，因而陷入了自然命定论。例如他们说："夫我之生也，非我之所生也，则一生之内，百年之中，其坐起行止，动静趣舍，情性知能，凡所有者，凡所无者，凡所为者，凡所遇者，皆非我也，理自尔耳。而横生休戚乎其中，斯又逆自然而失者也。"（《庄子注·德充符》）这是说，我的诞生并非由我自己做主，因此，一生之内，百年之中，一行一止，感情、禀性、知识、才能等等，凡所具有的一切，凡所不具有的一切，凡所作为的一切，凡所遭遇的一切，都不是我自己做主的，都是天理自然如此。如果对这一切有的快乐，有的哀伤，那就违反了自然。这种自然命定论的社会效果，显然是消极的。最后，向秀、郭象认为人与人之间存在的君臣上下的等级划分，以及贫富、贵贱、贤不肖、智愚等的差别都是天理自然，不可改变的。任何企图改变这种等级划分和个人地位的行为都是违反自然无为原则的。相反，人们只要各安其任，各当其分，按照现实社会制度为各个个人所安排的地位去生活，就可以达到逍遥自在的理想境地，而且这种逍遥自在并不因其地位的差别而有异。这样，向秀、郭象就把自然无为学说变成了论证封建社会制度自然合理的理论。向秀和郭象之所以后来都投靠了当时的统治者，与他们这种理论也是有联系的。

向秀、郭象这种无为的学说，标志着道家自然无为学说发展到了一个新的阶段。在这个阶段上，它向儒家有为学说接近并趋向于融合为一，从而结束了自身发展的历史。这一发展具有双重意义，在揭示了人的出于自然本性并顺应自然规律的作为也属于自然的意义上，是理论思维的巨大进步；但是，由于阶级和时代的局限，也由于这一学说本身的种种错误，它把本来对封建制度具有批判揭露作用的自然无为学说变成了为这种制度做辩护的理论，在这个意义上，又是一种倒退。

葛 洪

葛洪，字稚川，号抱朴子。丹阳句容（今属江苏）人。生于晋武帝太康五年（284），卒于东晋哀帝兴宁二年（364）。东晋道士、道教学者、哲学家、炼丹术家、医学家。葛洪出身于江南著名的士族家庭，祖父葛系在吴国历任中央要职，父亲葛悌也深得朝廷信任，但吴亡后在西晋王朝并不受重用。葛洪十三岁丧父，家道中落。葛洪从小好学，不爱交游。早年博读儒家经典，"以儒学知名"。后应邀任将兵都尉，参与镇压石冰农民起义军，因有"战功"，迁伏波将军。司马睿为丞相时，用为掾，后任谘议、参军等僚佐职务，然难以实现抱负。因听说交趾出产丹砂，求为勾漏令。携同子侄经广州，为刺史邓岳所留，于是止于罗浮山炼丹，在山积年而终。葛洪的人生态度，大体上有两个不同的阶段：前期发愤精治五经，立志为文儒，以振兴儒学为宗旨。后来由于社会动荡、朝代更替、家世没落、素志难伸，深感荣位势利，"有若春华，须臾凋落。得之不喜，失之安悲？"（《抱朴子外篇·自叙》）心境凄楚悲凉，"百忧攻其心曲，众难萃其门庭，居世如此，可无恋也"（《抱朴子内篇·论仙》），世间并不足以留恋。终于由积极用世转为消极遁世，绝意仕途，舍儒从"道"，专心致志寻求长生之道。

葛洪的著作宏富，总共有六十余种之多。重要的有《抱朴子外篇》《抱朴子内篇》《肘后备急方》和《神仙传》等。《抱朴子外篇》对于人间的得失、政治的成败、世事的臧否、风俗的良窳等都进行了评论。《抱朴子内篇》宣扬以金丹大药求神仙的长生之道，记载了从事炼丹术研究的成果，并为神仙道教奠定了哲学理论基础。葛洪将道教思想系统化、理论化，建立了完整的神秘主义的道教神学世界观，并使之和儒家的纲常名教结合起来，宣扬"内宝养生之道，外则和光于世。治身而身长修，治国而国太平。以六经训俗士，以方术授知音"（《抱朴子内篇·释滞》），由此使道教直接服务于封建统治。同时，他在评论政事、总结历史经验教训时，也阐发了一些合理的进步的见解。他的丰富的科学实践经验，使他具有若干自发的唯物主义观点。从其宗教唯心主义体系中剥取出合理的精华，同样闪烁着智慧的火花。

一 役其所长则事无废功，避其所短则世无弃材

葛洪继承《太平经》和曹操、徐干等人的思想，并观察、总结以往历史现象和经验教训，十分重视知人善任的问题。他在《外篇》中对这个问题做了详密的论述，发挥了若干精彩的见解。

葛洪强调知人善用、选贤用能的重要性，他说："每观前代专权之徒，率其所举，皆在乎附己者也。所荐者，先乎利己者也，毁所畏而进所爱。所畏，则至公者也。所爱，则同私者也。至公用，则奸党破；众私立，则主威夺矣。奸党破，则升泰之所由也；主威夺，则危亡之端渐矣。"（《抱朴子外篇·名实》）认为历史上奸臣专权，结党营私，排斥异己，是国家危亡的开始；破除奸党，重用贤人，则是国家升泰的必由之路。他引述当时人的话："举秀才，不知书；察孝廉，父别居；寒素清白浊如泥，高第良将怯如鸡。"（《抱朴子外篇·审举》）对于东汉末年的群奸当政、卖官鬻爵、假仁假义、虚伪欺诈的丑恶政治，进行了揭露和鞭挞。他进而强调皇帝的首要任务就是招贤举才："人君虽明并日月，神鉴未兆，然万机不可以独统，曲碎不可以亲总，必假目以遍览，借耳以广听，诚须有司，是康是赞，故圣（君）莫不根心招贤，以举才为首务。"（《抱朴子外篇·审举》）葛洪提出人君的首要任务是知人善任，这里饱含了丰富而深刻的历史教训。

怎样看待人才？葛洪认为才智比德行更为重要。他作《仁明》篇，说："明者，才也；仁者，行也。"明，指才智。仁，指德行。并说："夫体不忍之仁，无臧否之明，则心惑伪真，神乱朱紫，思算不分，邪正不识，不逮安危，则一身之不保，何暇立以济物乎？昔姬公非无友于之爱，而涕泣以灭亲。石碏非无天性之慈，而割私以奉

公，……舍仁用明，以计抑仁，仁可时废，而明不可无也。汤武逆取顺守，诚不仁也；应天革命，以其明也。徐偃修仁以朝同班，外坠城池之险，内无戈甲之备，亡国破家，不明之祸也。"（《抱朴子外篇·仁明》）这是援引历史上的若干事例，以说明事业的成败利钝应以有没有才智来决定。例如，商汤讨伐夏桀，周武王讨伐殷纣，都是"逆取顺守"，可以说是"不仁"的行为。但他们"应天革命"，吊民伐罪，是才智的表现，是合理的行动。葛洪认为，当道德观念和历史需要发生矛盾的时候，舍弃道德观念，采取果断的行动，推翻暴君，"舍仁用明"，是应当肯定的。在葛洪看来，"介洁而无政事者，非拨乱之器；儒雅而乏治略者，非翼亮之才"（《抱朴子外篇·博喻》），单有德行，缺乏治略，不能拨乱反正，救世济民，并不是真正的人才。

葛洪认为人的才智各有长短，长短也是相对而言的。比如："淮阴，良将之元也，而不能修农商免饥寒；周勃，社稷之鲠也，而不能答钱谷责狱辞。"（《抱朴子外篇·备阙》）韩信善长于打仗，但是缺乏治理国家的才能；周勃能安定社稷，但是缺乏对答的辩才。葛洪还以唐尧和夏桀为例，说世人"能言莫不褒尧，而尧政不必皆得也。举世莫不贬桀，而桀事不必尽失也"（《抱朴子外篇·博喻》），世人赞美的圣帝唐尧也有过失，世人不齿的暴君夏桀也未必全是过失。对于人才，主要是要看到他的长处，"小疵不足以损大器，短疢不足以累长才"（《抱朴子外篇·博喻》），人无完人，人才也不可能是十全十美的，要分清主次，不要以其短处去求全责备。对于人才的使用，是要避其所短，用其所长，决不能因其所短而弃其所长。"若以所短弃所长，则逸侪拔萃之才不用矣"（《抱朴子外篇·备阙》），

"役其所长，则事无废功；避其所短，则世无弃材矣"（《抱朴子外篇·务正》）。如果因人才之所短而不利用其长处，则出类拔萃的人才也会被埋没。如果善于发挥人才的长处，避开人才的短处，则既能成就事业，又不浪费人才。应当肯定，这是正确而深刻的人才学观点。

葛洪还强调识别和使用人才要避免个人的成见，切忌以个人的爱憎好恶为标准选拔人才。他说："同于己者，未必可用；异于我者，未必可忽也。"（《抱朴子外篇·清鉴》）这也是一个非常深刻的观点。葛洪认为，只有公正无私才能用人得当，"用之不得其人，其故无他也，在乎至公之情不行，而任私之意不违也"（《抱朴子外篇·百里》）。出以私心，必然任人唯亲，这是用人不当的根本原因。

二　诸后作而善于前事

葛洪重视对"非一世之所患"的贵古贱今思潮的批判，在社会生活、历史演变、科学技术等各方面都强调进化观念。他说："世俗率神贵古昔而黩贱同时，虽有追风之骏，犹谓之不及造父之所御也；虽有连城之珍，犹谓之不及楚人之所泣也；虽有疑断之剑，犹谓之不及欧冶之所铸也；虽有起死之药，犹谓之不及和、鹊之所合也；虽有超群之人，犹谓之不及竹帛之所载也。"（《抱朴子外篇·尚博》）有一种世俗偏见，以为现世的骏马、珍宝、利剑、药物和人才都不及古代。更为典型的是："俗士多云，今山不及古山之高，今海不及古海之广，今日不及古日之热，今月不及古月之朗。何肯许今之才士，不减古之枯骨。重所闻，轻所见，非一世之所患矣。"（《抱朴子外篇·尚博》）认为连今日的月亮都没有古时的月亮明朗，这种崇古思想是何等荒谬！

葛洪指出，这些崇古论调本身就是一种令人震动的揭露和犀利的批判。葛洪强调"若舟车之代步涉，文墨之改结绳，诸后作而善于前事，其功业相次千万者，不可复缕举也"（《抱朴子外篇·钧世》），舟车和文墨等的发明使用，都表明后来居上，今胜于昔。"诸后作而善于前事"的进化观，是对崇古、复古思想的有力批判。

《抱朴子外篇》的《诘鲍》篇引述了鲍敬言的无君论，并加以抨击。鲍敬言的生平事迹和著作已不可考，据《诘鲍》篇所载，鲍敬言的基本主张是，运用古今对比的方法，肯定古代的一切，否定现今的一切；古今优劣的根本区别在于有否君主，"以为古者无君，胜于今世"，社会的一切罪恶，"皆有君之所致"。应当肯定，鲍敬言指出在君臣等级之分以前存在过没有君臣之分、没有统治与被统治之分的社会，揭露阶级社会统治者对人的剥削、压迫，都是正确的。但是，由此而认为原始社会胜于阶级社会，主张回复到原始社会，就是错误的了，是一种历史复古倾向。葛洪从当今社会人民的物质生活和文化水平等方面提高的事实，指出后来的阶级社会要胜过以往的原始社会，体现了历史发展的观点。应当承认，葛洪的历史进化论合乎社会发展规律，是远胜过鲍敬言的理论的。当然，葛洪的观点包含了把"君臣之道"、君主制永恒化的倾向，也是不正确的。

三 "天地万物无不须气以生者"与"气竭则命终"

葛洪继承和利用以往唯物主义者关于气的观点，并通过亲自对自然现象的观察和自然科学的实验，将"气"的观念纳入自己的道教神学体系，阐发了"气"生天地万物和气竭命终等片断的自发的唯物主义观点。

葛洪说："夫人在气中，气在人中。自天地至于万物，无不须气以生者也。"(《抱朴子内篇·至理》)"气"，指原始物质。意思是说，人在"气"里面，"气"也在人体之中。自天地至于万物，无不是依靠"气"生成的。气作为充满于宇宙间的物质是生成天地万物的始基。可贵的是，葛洪的上述哲学观点是通过自然科学的实验而得出的，是以自然现象变化的原理为依据的。他曾说："云雨霜雪，皆天地之气也，而以药作之，与真无异也。"(《抱朴子内篇·黄白》)云、雨、霜、雪都是由"气"变成，用人工的方法制造出人造雨、人造雪等，和自然的雨、雪等一模一样。葛洪通过实验而肯定自然现象都是由气构成的观点，显然是唯物主义的。

葛洪进而从人工变化替代自然变化推导出物种变化的论断。东汉王充在《论衡·无形》中以虾蟆为鹑，雀为蜃蛤等自然变化现象为例，明确提出"岁月推移，气变物类"的观念。葛洪更前进一步，他通过实地观察和化学实验，认识到"变化者，乃天地之自然"(《抱朴子内篇·黄白》)，认为只要掌握自然现象变化的规律，采用科学的人工方法，就可以巧夺天工，从本来不是那种东西而制造出那种东西来，如人工可以制造人造雨、人造雪，人们可以用铜制的凹镜向太阳取火，用方铜镜在月亮下取水。金、银、铅、丹等也都可以用别种材料炼制出来。这是肯定物种是变化的，而且变化是无穷的。葛洪还明确批判"物各自有种"的凝固不变的形而上学的看法。所谓"物各自有种"，是说某一物种只能变生某一物种，如马生马，驴生驴，"不信骡及駏驉是驴马所生"(《抱朴子内篇·论仙》)。铅是铅，黄丹是黄丹，"不信黄丹及胡粉是化铅所作"(《抱朴子内篇·论仙》)。葛洪指出，驴和马合交可以生出非驴非马的骡及駏骊,化铅可以变成黄丹及胡粉,那种否定物类变化的看法是愚人的少见多怪。当时有人说"水精本自然之物,玉石之类"(《抱朴子内篇·论仙》)。葛洪指出:"外国作水精碗,实是合五种灰以作之。今交、广多有得其法而铸作之者。"(《抱朴子内篇·论仙》)以事实驳斥了物种不变的说法。葛洪对物种不变说的批判,是自然辩证法的胜利。

葛洪从气生天地万物的世界观出发,认为人可以长生不死,"肉体飞升成仙"。成仙以神形不相离为前提条件,而形神之所以可能不相离开,又是由于气的作用。他说:"苟能令正气不衰,形神相卫,莫能伤也。"(《抱朴子内篇·极言》)所以,"长生得道者,莫不皆由服药吞气"(《抱朴子内篇·杂应》),"养生之尽理者,既将服神药,又行气不懈,朝夕导引,以宣动荣卫,使无辍阂"(《抱朴子内篇·杂应》)。"吞气""行气",即"养气",是形神相卫、羽化登仙的重要方法。这里逻辑地包含着人的肉体与精神都是气构成的思想,但是葛洪没有直接主张精神本身就是气的说法,他把神说成是"有姓字服色",有长短大小,即有形有象的东西,并认为守住这个东西就可长生不死,叫做"守一存真"。这是葛洪思想的混乱、矛盾之处,也是他的形神俱不灭的道教神学思想的表现。但是,葛洪没有直接把精神看作气,又是一个理论思维的进步。

关于形神关系问题,葛洪有重要的论述,他说:"夫有因无而生焉,形须神而立焉。有者,无之宫也。形者,神之宅也。故譬之于堤,堤坏则水不留矣。方之于烛,烛糜则火不居矣。形劳则神散,气竭则命终。"(《抱朴子内篇·至理》)葛洪以为形神关系是有无关系,从无生有的观点推出"形须神而立"的命题,认为精神是形体的主宰,形体要依赖精神才能存在，过分夸大精神的作用，是唯心主义的观点。但是，他又认为形体是精神寄寓的住宅，精神依存于形体。所举的两个比喻，一是以"形"比作堤，"神"比作水；一是以"形"比作烛，"神"比作火，包含堤崩则水流、烛糜则火灭的思想，实质上也是认为精神是依赖于形体的。由此得出"形劳则神散，气竭则命终"的结论。应当承认，这是朴素唯物主义的观点。于此也可见，葛洪的道教神学唯心主义的思想体系内，有着若干唯物主义的思想因素。

葛洪的一生，一度热心政治，后又脱离政治。他既是划时代的道教理论家，又是著名的自然科学家。他是一位具有二重人格、思想矛盾和特质奇异的历史人物。他观察政治，总结历史经验教训，并且尊重客观规律，坚持科学实验，使他的思想倾向于辩证法和唯物论；他脱离政治，信仰神仙，又必然倒向唯心主义。他的二重人格必然反映出两重思想。对于如此矛盾人物的矛盾思想，我们应做实事求是的分析和评价。

僧　肇

僧肇，本姓张，京兆长安（今陕西西安市）人，生于东晋孝武帝太元九年（384），卒于东晋安帝义熙十年（414）。他是我国著名的佛经翻译家鸠摩罗什的大弟子，东晋后期重要的佛教哲学家。据《高僧传》卷六《僧肇传》记载，僧肇出身于贫困的家庭，生计艰难，靠代人抄书度日。他在缮写的过程中，阅读了大量的经史典籍，深受影响。他对当时广为流行的《庄子》《老子》两书非常感兴趣，认为是在思想上追求玄微境界的重要引路书，但又总感到不够尽善尽美，不完全满意，"尝读老子《道德章》，乃叹曰：'美则美矣，然期栖神冥累之方，犹未尽善也。'"（《高僧传·僧肇传》）认为还不是冥除思想系累、达到精神解脱的最好指归。后来读了三国时吴支谦翻译的宣扬大乘佛教信仰的《维摩诘经》，"欢喜顶受，披寻玩味，乃言始知所归矣。因此出家"（《高僧传·僧肇传》）。

僧肇出家后，深入研究佛教大乘经典，通晓小乘经、律、论三藏，在成年时已名震长安一带了。当时佛教思想界争论十分激烈，有人竟千里负粮前来和僧肇抗辩，据说长安的"宿儒"和关外的"英彦"都敌不过僧肇的犀利辩锋。正当僧肇在佛教界显示才华、崭露头角的时候，鸠摩罗什来到了姑臧（今甘肃武威）。僧肇千里迢迢奔赴姑臧，拜鸠摩罗什为师，跟从受学，孜孜不倦，深得赏识。后秦国君姚兴在弘始三年（401）派人将鸠摩罗什迎至长安，僧肇也随同前来。此后僧肇一直在鸠摩罗什身边，协助翻译，注释经典，并从事著述。他对鸠摩罗什所传的大乘般若空宗的理论领会极深。他认为当时中国佛教学者的有关论著文义舛杂，解说乖谬，不符合佛教的本义，于是撰写论文，有针对性地就佛教的哲学理论基础问题发表重要见解。他以流畅的中国语言文字，当时所喜闻乐见的形式，准确简练地表达了般若空宗的基本思想，产生了重大影响。

僧肇所撰的《不真空论》《物不迁论》和《般若无知论》均见《肇论》，构成了完整、缜密的客观唯心主义佛教神学体系。僧肇在阐发大乘佛教般若学的世界观、动静观和认识论的理论中，贯穿着彻底的唯心主义思想，而且富于诡辩的色彩，但是，他在运用相对主义的和否定的方法所作的深入周详的论证中，也揭示了人们认识系统中的一系列矛盾，阐扬了一系列的哲学范畴，体现出较高的理论思辨的才能和水平，为后人提供了丰富的理论思维的经验教训。中国传统哲学在魏晋时期有一个发展高潮，即以王弼、向秀、郭象等人为代表的魏晋玄学。魏晋玄学是唯心主义的，但在理论思维方面却有相当高的水平，玄学家们围绕"有无""动静""言意""名教与自然"等问题展开热烈的讨论，丰富了中国哲学的范畴（如"本末""体用"），增加了中国哲学的深度。当时的佛教哲学还没有取得独立，佛教哲学家们大体上只能套用玄学的语言，如把佛教的"空"比附于玄学的"无"，这样，他们既不能取玄学而代之，也不能忠实地反映佛教哲学的特色。东晋时期，玄学已成强弩之末，佛教哲学则方兴未艾。僧肇的历史地位在于对佛教和玄学各派理论进行批判性的总结，特别是忠实地阐明、发挥了佛教空宗关于"空"的理论[①]，建立起自己的哲学体系。这个体系，既是真正佛教的，又用佛教理论对魏晋玄学讨论的传统问题做出了彻底唯心主义的回答。这表明，佛教哲学已经以独立的形态出现在中国哲学的论坛上，并且以自己理论

---

① 鸠摩罗什曾称赞僧肇说："秦人解空第一者，僧肇其人也。"（吉藏《百论序疏》，《大正新修大藏经》，台北财团法人佛陀教育基金会出版部，1990年，第24册，第232页）

思维的优势开始登上哲学的王座。对于这一历史性的变化,可以从多方面评价。从文化学的意义上看,它标志着外来的佛教哲学已脱掉貌似黄老之学的伪装,并对传统的中国哲学提出挑战。而这种挑战,可以说又是外来的佛教哲学最后融汇于中国哲学的漫长过程的开始。从这个意义上说,僧肇对推进中国传统哲学的发展做出了重要贡献。

一　"非有非无"与"立处即真"

僧肇世界观思想体系的核心是，依据佛教缘起法（一切事物都是由因缘——原因与条件和合而成）的基本观点，宣扬万物由因缘而"有"，同样，也由因缘而"无"（"空"）。存在本身并不是"有"，而是待缘而后"有"，所以不是真正的存在，是假名为"有"；同时，现象既已生起，所以也不是"无"。僧肇认为，所谓"真"，所谓"真有"，是不从因缘而有的，即不待缘的。世间并不存在这种不待缘的"真有"的事物，世间一切事物都是因缘和合而生的，因缘故有，因缘故无。"有"和"无"都是表示"因缘和合"的现象的，是相对的、统一的。这也就是："虽有而非有"，"虽无而非无"，"有者非真有"，"无者不绝虚"（《肇论·不真空论》）。合此两方面，就是非有非无。"非有"就是"无"，"非无"就是"有"，"无"不是一无所有，"有"不是真有，归根到底，一切事物本身、存在的本质是不真实的、空的。僧肇说："虽有而无，所谓非有；虽无而有，所谓非无。如此，则非无物也，物非真物；物非真物，故于何而可物？故经云：色之性空，非色败空。以明夫圣人之于物也，即万物之自虚，岂待宰割以求通哉？"（《肇论·不真空论》）事物虽有而无，即非有；事物虽无而有，即非无。由此说明，物不是真物，物是本性空，不是败坏、消灭以后才空。万物是自虚，本身就是虚空的，不是通过截分离析才是空的。僧肇强调"虚""空"的含义是"不真""非真非实有"，他说："欲言其有，有非真生；欲言其无，事象既形。象形不即无，非真非实有。然则不真空义，显于兹矣。"（《肇论·不真空论》）由于因缘和合，而有事物的现象形态，但是事物是假有，也就是"空"。不真故空，不真即空。"不真"不能简单地以有或无来表示，而是非有非无才能描述。这就是说，用有或无来表示事象，并不能把握事象的本质，只能以非有非无才能把握事物的实相。事象是非真非实有的，是自虚的，是非有非无的存在，这就是世间万物的实相，也就是"妙有"的意义。

僧肇强调"即万物之自虚"，"万物"就是"有"，"自虚"就是"空"，就万物自身来说就是虚空的，"有"就是"空"，不是"假虚而虚物"，不是在主观上涤除万物。同时，客观世界存在的本质是"空"，"空"也是主观世界的本质，客观世界的"物虚"和主观世界的"心虚"是一致的。僧肇说："内有独鉴之明，外有万法之实。万法虽实，然非照不得，内外相与以成其照功，此则圣所不能同，用也。内虽照而无知，外虽实而无相，内外寂然，相与俱无，此则圣所不能异，寂也。"（《肇论·般若无知论》）内外，即心与境，主与客。主观和客观都以寂然为根本。这是在寂无的基础上把主观世界和客观世界沟通起来。僧肇一方面强调"即万物之自虚"，一方面也十分重视主观的"心虚""神虚"。他认为"心虚"又是悟解、洞照"物虚"的根本。

僧肇认为，具有虚心，就能领悟和把握世间现象与现象的真相（真实本体）的相即关系，《不真空论》总结性地说："故经云，甚奇世尊，不动真际，为诸法立处。非离真而立处，立处即真也。然则道远乎哉，触事而真。"世尊，是对释迦牟尼的尊称。真际，真实的本体。诸法，一切事物。立处，根据。这是说，一切现象的根据就是"真体"，一切现象都不是离开真体而另有根据，真体之道，也并非超出现象之外，触及任何现象也就接触到真体。也就是说世间万物和真际是相即不二的。

僧肇的不真空学说无疑是唯心主义的，它在理论上的最根本的错误是，把客观事物生成的条件性和事物的真实性对立起来，认为由一定的原因和条件和合而成的事物就是不真的、假的，因而也是空的。这是否认客观事物真实性的唯心主义的具体形态之一。但是，僧肇认为一切事物都由因缘和合而成，是正确的。他也多少接触到事物的生成和消灭、存在和不存在的统一性，在形而上学诡辩理论体系中包含了辩证法的颗粒。僧肇的"立处即真""触事而真"的命题，也蕴含了本体和现象相统一的思想因素。这些认识都体现了僧肇理论思维的深度。

二　动静未始异

事物存在的形态是怎样的？僧肇不同意一切皆变和一切不变的两极观念，也不同意本体不变、现象是变的说法，他提出了"动静未始异"的主张："《放光》云：'法无去来，无动转者。'寻夫不动之作，岂释动以求静，必求静于诸动。必求静于诸动，故虽动而常静。不释动以求静，故虽静而不离动。然则动静未始异，而惑者不同。"（《肇论·物不迁论》）在这里，强调"动而常静""静而不离动"，是猜测到了动和静是同一事物同时表现出来的两种不同的形态。在僧肇看来，没有离开静止的运动，也没有离开运动的静止；静止和运动在表面上虽然不同，实际上二者本来是统一的。动静一如，即动即静。这是对运动和静止的统一性的猜测。

僧肇针对常人的事物都是运动的普遍观念，强调静止也是事物的一个方面，甚至是更重要更真实的状况。他还着重强调人们在当下所谓物的流动中见物的静止，由此而作《物不迁论》。在僧肇看来，一切事物都是生灭无常的，而且是随生即灭、迅速无常的。既然没有生而不灭的固定的物体，事物也就不能从古到今、从此至彼。事物的存在只是生灭变化而没有流转往来，生灭变化中并没有往来者，运动就是静止。他说："旋岚（猛暴大风）偃岳而常静，江河竞注而不流，野马（飘荡的微尘）飘鼓而不动，日月历天而不周。"（《肇论·物不迁论》）"乾坤倒覆，无谓不静；洪流滔天，无谓其动。"（《肇论·物不迁论》）运动就是静止，"动静未始异"。僧肇这里视静止比运动更重要，又把运动归结为静止，这是一种诡辩论。这种错误是和僧肇的宗教信仰需要相联系，他说："如来功流万世而常存，道通百劫而弥固。"（《肇论·物不迁论》）如来说法的功德永恒常存，道法历尽百劫愈加坚固，进入成佛境界的法身永远不坏，从而为因果报应、众生修行成佛做论证。这显然是形而上学的神学观念。

僧肇在论证"即动以求静"和"物不迁"的过程中，客观上触及或揭示了动静观中的一系列矛盾：

（一）触及事物变化的阶段性和连续性的矛盾。僧肇论证"物不迁"的基本论据是："夫人之所谓动者，以昔物不至今，故曰动而非静；我之所谓静者，亦以昔物不至今，故曰静而非动。"（《肇论·物不迁论》）一般人所谓变化，他们的论据是以前的事物不会延续到现在，所以说事物是变化的而不是不变；我所谓不变，也以同样的论据反证事物是不变的，而不是变化的。为什么呢？僧肇继续发挥说："求向（过去）物于向，于向未尝无；责（求）向物于今，于今未尝有。于今未尝有，以明物不来；于向未尝无，故知物不去。复而求今，今亦不往。是谓昔物自在昔，不从今以至昔；今物自在今，不从昔以至今。……如此，则物不相往来，明矣。既无往返之微朕，有何物而可动乎？"（《肇论·物不迁论》）昔物和今物是不同的概念，两者毫不相干。同一事物决没有过去和现在之间的流转往来，昔物自在昔，今中无昔物；今物也自在今，也不往不去。因此，事物是不迁的。这里，僧肇触及事物变化发展的阶段性，但他把前后昔今的阶段性加以凝固化，否定事物发展变化的延续性，从而否定事物的运动，是完全错误的。事实上，笼统地说昔物不至今是不正确的，昔物是既至今又不至今，今物自然和昔物不同，但是今物毕竟又是昔物发展演变而成的。

（二）揭示了时间的间断性和非间断性的矛盾。僧肇依据大乘佛教一切皆空的基本观点，反对那种过去、现在、未来三世实有的说法。他依据物无去来的观念，也必然否定时间的古今之分。在僧肇看来，古今只是不同的概念，而不是客观实有的时间。但是，他在《物不迁论》的论述中，却是把时间的间断性加以绝对化，否定时间的不间断性，进而取消事物的运动。他说："既曰古今，而欲迁之者，何也？是以言往不必往，古今常存，以其不动；称去不必去，谓不从今至古，以其不来。不来，故不驰骋于古今；不动，故各性住于一世。"（《肇论·物不迁论》）又说："人则求古于今，谓其不住；吾则求今于古，知其不去。今若至古，古应有今；古若至今，今应有古。今而无古，以知不来；古而无今，以知不去。若古不至今，今亦不至古，事各性住于一世，有何物而可去来？"（《肇论·物不迁论》）这是强调古今有别，今非古，古也非今，今不至古，古也不至今，古今互不相往来。所以，人们应当于古观古，于今观今，古如其古，今如其今，懂得古不延续到今，没有古今的时间流转，也没有事物的流动往来。从时间理论来说，僧肇猜测到了时间的间断性，但是他把古和今、过去和现在加以割裂，以间断性否定连续性，把时间的序列分割为一系列孤立的阶段，从而也就彻底地否定了运动的真正本质。

（三）揭示了原因和结果的矛盾。僧肇说："果不俱因，因因而果。因因而果，因不昔灭。果不俱因，因不来今。不灭不来，则不迁之致明矣。"（《肇论·物不迁论》）"果不俱因"，是说果与因不同时存在。"因因而果"，是对因而言，叫它为果。有过去的因才有现在的果，因在过去是不会消灭的。果与因不同时存在，果存在于现在而不存在于过去，因在先，果在后，因与果在各自的时间里独立存在，彼此不相联系。原因既不消灭，也不延续，所以，事物是不迁动的。僧肇的论述，包含着辩证法的因素：因果既分先后，因果又是相对而言的。但是，就整个立论来说，则在于割断事物之间的因果联系，否定因果律，否定事物的运动。

僧肇的动静观，从总体来说是错误的，但他提出了"动静未始异"的命题，又揭示了运动和静止的若干矛盾，这对于推进中国古代动静观的深化是有重要的启迪作用的。

三　"能知"和"所知"，"相与而有，相与而无"

《般若无知论》着重阐述佛教应化的道理，但是也涉及知识问题。全文主旨是讲佛教般若智慧的体性、本质，不同于一般有知之心的特点，也就是没有世俗的"惑取之知"。文章论及认识主体和认识对象的关系，尤其是对主体认识能力进行较为深入的反思，从而提出和阐扬了能知与所知、圣智与惑智、知与无知、名与实的矛盾和关系，做出了独特的解说。

关于能知与所知，僧肇说："以缘求智，智非知也。何者？《放光》云：不缘色生识，是名不见色。又云：五阴①清净，故般若清净。般若即能知也，五阴即所知也，所知即缘也。夫知与所知，相与而有，相与而无。……夫智以知所知，取相故名知。真谛自无相，真智何由知？所以然者，夫所知非所知，所知生于知。所知既生知，知亦生所知。所知既相生，相生即缘法。缘法故非真，非真故非真谛也。"（《肇论·般若无知论》）般若，作为佛教的最高智慧，是能照、能知；五阴，作为物质世界和精神世界的总和，是所照、所知。这是明确地区分了认识主体、活动、作用和认识对象。僧肇所说的能知与所知"相与而有，相与而无"，包含了认识活动的实现、完成是认识主体和认识客体相互作用的结果的思想。僧肇所说的所知生知，是唯物主义的观点，但所说的知生所知则是唯心主义的思想。至于僧肇说认识主体和认识对象既然互相产生，相生就是由条件构成的，由条件构成的就是不真实的，也就不是真理（真谛），这实际上是否定了认识对象和认识结果的真实性。

关于圣智与惑智，僧肇认为有两种本质截然不同的智慧、认识，一种是"圣智"，即圣人（佛）的智慧认识，叫做"般若"。一种是"惑智"，也叫"惑取之知"，是由于人们迷惑事物的本性而产生的、对事物执着为实有的错误认识。僧肇认为"圣智"和"惑智"的对象不同，认识的作用、内容和结果也不同。这体现了僧肇对认识主体和认识对象以及认识结果的相互联系的看法，也是对认识的不同层次的猜测。但是，僧肇关于圣智的说法，从根本上说是一种虚构，他关于

---

① "五阴"：也称五蕴，指色蕴、受蕴、想蕴、行蕴、识蕴，即物质世界（色蕴）和精神世界（余四蕴）的总和。

圣智和惑智的区别，也是一种颠倒。

关于知与无知，僧肇说"般若无知"，无知和知是不同的。有什么不同呢？僧肇说，圣智洞照万物"无相"的真谛，不执着"无相"的万物，是为无知。相反，视万物为"有相"，执着"有相"的万物，加以分别、认识，是为知。僧肇的这种区分当然是不对的，但客观上也揭示了人们一般认识和佛教神秘直观、"应化"作用的区别。僧肇又说："夫有所知则有所不知。以圣心无知，故无所不知。不知之知，乃曰一切知。"（《肇论·般若无知论》）有所知必有所不知，这是合乎认识的辩证规律的看法，但是，又说无知就是概括一切、洞察一切的"一切知"，这是违背逻辑的，是诡辩论。

关于名与实，僧肇十分重视名言与事物的关系问题，在《不真空论》《般若无知论》和《答刘遗民书》中都有论列。他说："万物虽殊，然性本常一；不可而物，然非不物。可物于物，则名相异陈；不物于物，则物而即真。"（《肇论·答刘遗民书》）这是说，万物千差万别，本性是同一的。尽管不能把事物看作真实的，但假相是存在的。由于人们把事物看作是真实的，就有各种名相的差别。不把事物看作是真实的，就可以即物而契合真理。僧肇看到了名与实的矛盾，看到名言、名称、概念反映和表述事物的局限性，但他加以夸大，以致否定事物名相是事物本质的反映或表现，进而不仅否定名词、概念的作用，而且也否定了名词、概念所反映的客观事物的真实性。僧肇又就般若智慧和名言的关系说："经云，般若义者，无名无说，非有非无，非实非虚。虚不失照，照不失虚，斯则无名之法。故非言所能言也。言虽不能言，然非言无以传。是以圣人终日言，而未尝言也。"（《肇论·般若无知论》）这是说，般若的含义是，既没有名称，也无从论说，既不是有，也不是无，既非实体，也非虚寂。虚寂不失其洞照，洞照不失其虚寂。它是无名的东西，所以不是语言所能表达的。语言虽不能表达，但是不通过语言又无从表达，这样，圣人（佛）终日讲说，实际上并没有说什么。这里僧肇又在一定程度上肯定了语言的作用，是在表达佛教教义、借以教化人们的意义上加以肯定的。

综上所述，可以说，虽然僧肇的世界观、认识论和方法论是唯心主义和形而上学的，但是他运用相对主义方法和否定方法，在论证过程中对现象和本质、运动和静止、知和无知等一系列矛盾的揭露，都包含了辩证思维的成果，焕发出中国佛教哲学家的智慧的闪光。

范　缜

范缜，字子真，约生于宋文帝元嘉二十七年（450）前后，约卒于梁武帝天监十四年（515）前后，是继东汉王充之后最重要的唯物主义无神论者。范缜出身于中小地主家庭，曾跟儒家学者刘瓛学习，先后在齐、梁任尚书殿中郎、尚书左丞等官。他曾两次孤身一人分别与以齐竟陵王萧子良、梁武帝萧衍为首的佛教信徒们展开大论战。他的主要哲学著作《神灭论》就是第一次大论战的产物和胜利的记录。

　　范缜生活的时代，正是佛教在中国大江南北日趋兴盛的时代。早在两汉之际，佛教已经传入中国内地，但是，从东汉到西晋，佛教并没有多大势力，在思想上也没有发生影响。从西晋末年的八王之乱开始到南北朝初期，中国陷入了上百年的战乱局面，战火连天，杀人盈野，在北方，先后有十六个少数民族政权迅速兴起又迅速灭亡。在这种情况下，各族劳动人民固然痛苦不堪，就是统治阶级自身也深感富贵无常、人命危浅，一种寻求解脱的情绪油然而生。佛教是以摆脱生死轮回的苦海、获得在极乐世界中的永生为立教宗旨的宗教，正得以大行其时，迅速传播开来。在南北朝时佛寺林立，僧尼众多，如梁朝仅都城中就有佛寺五百余所，僧尼十余万。达官贵人、世家豪族为求来生福祉，纷纷将巨额财产施舍寺院，梁武帝萧衍为了支持佛教，几次舍身给寺院为奴，让臣下拿出数以千万计的钱来赎回。这一切耗费，最终都落在劳动人民头上。不仅如此，随着寺院地主经济的发展，"天下户口，几亡其半"（《南史·郭祖琛传》），国家控制的土地、人口急遽减少，僧尼不敬王者，不孝父母，封建政权的实力和权威都受到严重的损害，以儒家学说为主干的传统意识形态也受到巨大的冲击。所有这一切，都引起了有识之士的不安，他们冒着很大的危险，勇敢地奋起排佛，如梁朝时有个叫郭祖琛的人就抬着棺材上殿，向梁武帝提出排佛主张。他们的斗争，为范缜的斗争提供了经验和教训。

　　范缜所批判的佛教"神不灭论"在精巧圆滑方面是前所未有的。东晋十六国和南北朝时期的佛教哲学家极力宣扬生死轮回、因果报应、灵魂不灭等佛教教义，尤其是着力论证作为佛教基本教义的基石的"神不灭论"。东晋名僧慧远认为，神是无名无状的，它不是物，不是气，也不是气的作用，相反，客观的外部世界和人的肉体都是神处于无知和贪爱状态所招引来的结果。神只要还处在这种无知的状态中，就会永远陷入物与我的对立，陷入生死轮回的苦海。如果神从无知和贪爱中超脱出来，就可从生死轮回、因果报应中获得解脱，获得无生即永生。在永生中，神超出了一切分别，主要是主观（神）客观（境）的分别，达到"冥神绝境"的"涅槃"境界。梁武帝萧衍进而提出，精神是"本"，物质（包括人的肉体和客观物质世界）是"用"，整个物质世界不过是永存不灭的佛性（即神）在"无明"状态中创造出来的，是虚幻不真的。很显然，佛教所宣扬的这种"神不灭论"在哲学上属于主观唯心主义。不过，这种神不灭论，断定精神不是物，不是气，不是气的作用，在这一点上它是正确的，并且摧毁了唯物主义者过去常用的精神是一种特殊的气（精气）或这种气的作用的传统观点。此外，它不讲活灵活现的鬼魂，甚至把自然无为、世界没有主宰之类的唯物主义思想加以歪曲纳入自己的体系，把唯物主义者用来比喻精神肉体关系的薪火之喻也接过去反驳无神论。这一切，都使得唯物主义批判佛教神不灭论的斗争变得空前困难起来。范缜以前曾经有许多人针对佛教"神不灭论"进行过批判，但都因为没有超出以精神为一种特殊的气的传统观点，不足以在理论上克敌制胜，没有产生重大影响。

　　范缜的神灭论与其先行者相比则要深刻得多。他运用"质用"范畴，以唯物主义形神一元论与佛教宣扬的唯心主义形神一元论相抗争。

范缜的主要哲学著作《神灭论》[1]是用对话体裁写的。他对人死神灭的论证条理十分清晰，其主要内容大体上可区分为四个层次，可用四个命题来概括。

---

[1] 见《梁书·范缜传》和《弘明集》卷九。以下引文，据中华书局《中国历代哲学文选（两汉—隋唐编）》校勘本。

一 形神相即

范缜提出的第一个命题是"形神相即"(《神灭论》)。范缜说："神即形也，形即神也。"所谓形神相即，就是身体与精神有不离的关系。这个命题也可表述为形与神"名殊而体一"(《神灭论》)，就是说，形与神名称虽异，其实是一个既有区别而又有联系的不可分离的统一体。范缜指出，由于形神相即不离，所以身体存在的时候，精神也存在；身体死亡了，精神也随之消灭了。

二 形质神用

如何论证"形""神"是"相即"的呢？范缜进而提出"形者神之质，神者形之用"(《神灭论》)的命题。这个命题可简括为"形质神用"。其意思是说，形体是精神所从属的实体，精神是形体所具有的作用。作用和实体有从属的关系。作用是实体所表现的，是依附实体而存在的。实体是表现作用的，是不依靠作用而存在的。为了说明这种质与用的关系，范缜打了一个比喻。他说："神之于质，犹利之于刃；形之于用，犹刃之于利。"(《神灭论》)形神关系犹如刀刃与锋利的关系一样。刀刃是"质"，是实体；刀刃的锋利是"用"，是"作用"。刀刃的锋利是不能离开刀刃而存在的。刀刃与锋利的名称虽异，但所指是一个东西，不过一个是从"质"即实体上称呼，一个是从"用"即作用上称呼罢了，他指出，没有离开刀刃而独存的锋利，哪里有脱离形体而独自存在的精神呢？

三 "人之质，质有知"与"知虑各有其本"

神是形的作用，但不是任何形体都有精神这种作用。为了说明这一点，范缜提出了"人质"的概念，以区别于其他的形体。人质就是人这种特殊的物质实体。为了把神灭论贯彻到底，范缜又指出人质是指活人的实体，人死之后的尸体（"死形"）与活人的实体（"生形"）有根本的区别。范缜认为，生形与死形的区别，犹荣木与枯木的区别。总之，范缜在这里提出了精神是活人的身体这种特殊物质所有的作用，而不是一般的物质所有的普遍的属性。用范缜自己的话来说，"人之质，质有知也"（《神灭论》）。这是第三个命题。

为了更清楚地说明形质神用的观点，范缜还对"神"做了进一步的分析。他指出，神包括"知"与"虑"。他所谓的知即是感觉。他所谓的虑即是思维。他认为，任何一种精神作用都从属于一定的器官。如"是非之虑，心器主之"（《神灭论》），"手等能有痛痒之知，而无是非之虑"。这就是说，感觉是手、目、耳等感官的作用，思维是心脏所具有的作用。这些思想，用范缜自己的术语，可概括为"知虑各有其本"。这是第四个命题。

总之，"形神相即""形质神用""人之质，质有知也"和"知虑各有其本"四句话，概括了范缜唯物主义形神一元论的主要内容。范缜在中国哲学史上第一次引用"质用"这对范畴来说明"形神"关系，断定神不是实体而是一种作用，是人体这种特殊物质的作用，这是他的一个伟大的创见，一个巨大的贡献。他认为任何一种精神作用都从属于一种器官，这也是基本正确的，只是限于当时科学知识水平，误认心脏为思维器官。要而言之，范缜明确地解决了"形神"问题，科学地论证了精神随身体的死亡而消灭的真理。范缜的形神学说在宗教迷信盛行的古代是一盏智慧的明灯，直到今天，它的基本思想仍然具有重要的价值，在普遍意义上仍是不可移易的真理。

范缜与佛教信徒们的两次大规模论战，是中国思想史上许许多多论战中十分壮观且颇具戏剧性的一幕。

南齐竟陵王萧子良是一个虔诚的佛教信徒，范缜当着他的面"盛称无佛"（《梁书·范缜传》），萧子良问他："你不信因果报应，怎么解释富贵贫贱的差别？"范缜回答说："人生就像一棵树上开放的花朵，随风落地，自然而然地有些落在锦席之上，像殿下一样；也自然而然地有些落在厕所之中，像下官这样，这完全是事出偶然，哪里有什么因果报应呢？"范缜用偶然论来解释人的社会地位的差别，理论上并不正确，但用来反驳因果报应，却也使萧子良无言以对。萧子良感到范缜的观点是一种怪论，范缜似乎也感到仅仅从因果报应问题上争论不能根本解决问题，于是就写了《神灭论》，把批判的矛头直指因果报应论的理论基础"神不灭论"。此文一出，"朝野喧哗"。萧子良于是会集众僧与范缜论战，但都辩论不过范缜。有的人理屈词穷，竟然对范缜进行人身攻击，说："可怜啊，范先生，你连自己祖宗的神灵也不知所在了！"范缜也机智地反唇相讥，说："可怜啊，你老先生既知祖宗神灵所在，为什么不自杀去追随祖宗！"萧子良见论战失利，派人私下找范缜，一面抬出"名教"的大帽子压他，一面以中书郎的官爵利诱他，说："以你的美才，哪怕做不到中书郎呢？何必坚持自己的偏见，不如放弃了吧！"范缜大笑，答道："假使我范缜卖论取官，已经做到尚书令和仆射了，岂仅中书郎啊！"范缜就这样以刚正的态度坚持了真理，取得了第一次大论战的胜利。

范缜与以梁武帝萧衍为首的佛教信徒们的论战更为壮观。

梁武帝不仅享有至高无上的政治权威，可以对臣下生杀予夺，而且是一位佛学理论修养很深的佛教学者。公元504年，萧衍下了一道《舍道事佛》的敕令，鼓励公卿百官、侯王宗室信奉佛教。在以皇帝为首的统治阶级的倡导下，梁国出现了"普天信向，家家斋戒，人人忭礼，不务农桑，空谈彼岸"（《南史·郭祖琛传》）的崇佛狂热。面对这种情景，范缜"哀其弊，思拯其溺"（《梁书·范缜传》），以《神灭论》为武器，抨击佛教。梁武帝深知《神灭论》对佛教的危害，一面亲自下敕令攻击神灭论是"违经背亲"的异端邪说，一面纠集东宫舍人曹思文与当朝权贵萧琛等六十六人，先后写了七十五篇文章，围攻《神灭论》。面对这种来势汹汹的阵势，范缜毫无惧色，据理力争，"辩摧众口，日服千人"。他还采取了集中力量打击主要论敌的策略，针对曹思文"上启"梁武帝并得到嘉许的代表作《难神灭论》一文，写出《答曹舍人》一文，予以反驳。在范缜凌厉的攻势下，曹思文不得不向梁武帝报告："思文情用浅匮，惧不能征折诡经"（《弘明集》卷九《难神灭论并启诏》）。在这种情况下，梁武帝也不得不偃旗息鼓，草草收兵。

这两次大论战的戏剧性情节很多，也很耐人寻味。如前所述，佛学"神不灭论"的最精致形态是主观唯心主义的形神一元论，佛学家们曾用这种理论批评过精神是一种精微之气的朴素唯物主义学说。可是，当无神论者以彻底的唯物主义形神一元论批判神不灭论时，佛学家们却又只能依靠形神二元论来招架。范缜充分利用对手所宣扬的形神二元论的理论弱点，以唯物主义形神一元论为武器，把对方驳得体无完肤；同时，他又利用对手不得不到儒道经典中找论据的弱点，以中国传统思想中的无神论因素进行反击。例如，对儒道经籍中的鬼神迷信记载，范缜采取了由王弼首创而为魏晋以来学术界（包括佛学界）公认的得意忘言论，说不应该"求之蹄筌，局以言教"（《弘明集》卷九《答曹舍人》），也就是说，这些字面上的东西只是圣人用来教化百姓的工具，应当透过字面，把握圣人的真意。他认为，孔子对人死是否有知的问题及怎样事鬼神的问题拒不回答，实际上是肯定死而无知。这些戏剧性的情节告诉我们，虽然当时佛教思想盛行一时，但是中国传统思想仍然具有不容争辩的正统地位和权威性，范缜之所以能取得论战的胜利，除了依靠其理论的正确，还凭借了中国思想中悠久的无神论传统。

范缜在《神灭论》的末尾说明了神灭学说的目的性。他认为，佛教的流行危害政治，败坏风俗。僧尼日众、寺院林立的结果是使粮食钱财匮乏，官吏严重缺员，军队屡打败仗。人们都信仰因果报应，追求死后的幸福，变得越来越自私，他们把大量财富捐献给寺院，却不肯拿出少量的东西周济贫穷的亲戚朋友。他指出，假如人人知道生死自然，无所谓来生，就会"各安其性"。下层人安心生产，以盈余供养上层人；上层人也过着节约的生活，减少对下层人的干涉。这样就可以使人生圆满，可以使父母受到供养，可以帮助他人，可以改善国政，可以使国家有击退外来侵略的威力了。由此可见，范缜批判佛教的动机中，包含了对人民的同情。范缜是一位同情人民的进步的思想家，他的勇敢、机智、顽强的品格和追求真理、追求社会进步的精神，与他精辟阐发的无神论思想一样，都是宝贵的精神财富，值得我们学习继承，发扬光大。

法　藏

法藏，唐代佛经翻译家、佛教理论家、华严宗实际创始人、书法家。生于唐太宗贞观十七年（643），卒于唐玄宗先天元年（712）。原籍西域康居（今苏联乌兹别克共和国撒马尔罕一带）。法藏祖先曾累代相承为康居国丞相，祖父迁来长安（今西安）定居，父亲被赠为左侍中。据史载，法藏十七岁时，入太白山求法，不久从云华寺智俨学习《华严经》一类经典，前后九年，深为智俨所赏识。二十七岁时出家，后奉诏在太原寺、云华寺讲《华严经》。武则天把《华严经》中贤首菩萨的名字赐给他作称号，一般称为贤首大师。此后更是经常参加翻译，广事讲论，辛勤著述，培养弟子，创立华严寺，大振华严的宗风。

法藏是一位思维敏捷、富于创造、善于说教的佛教学者。史载，武则天命法藏开讲《华严经》，在讲到《华藏世界品》时，据说出现讲堂"地动"（地震）的现象，法藏当即附会佛教迷信，特意上报武则天，女皇欣然利用，借机把地震灾害当作天降瑞应来宣扬，说是如来佛降迹显灵，命史官将此事编于载籍。又法藏尝为武则天讲重新翻译的《华严经》，当讲到"十重玄门""六相圆融"等义理时，武后茫然不解。为此，"善巧化诱"的法藏特指殿隅金狮子作比喻，谓一一毛头各有金狮子，一一毛头狮子同时顿入一毛中，一一毛中皆有无边狮子，重重无尽。武后由此豁然悟解。法藏的弟子把当时所讲集录成文，叫做《华严金师子章》。法藏又为不了解一切现象相互涉入、相互蕴含、重重无尽的学者，取十面镜子，安置在八方（四方四角）和上下，相隔一丈余，面面相对，中间安放一尊佛像，然后燃烧一支火炬照耀佛像，这样，互影交光，每一面镜中都反映出无数镜子、无数佛像，使学者通晓一切现象圆融无碍、重重无尽的义旨。法藏前后讲新旧《华严经》三十余遍，著述据说约百余卷，详尽地阐发了智俨所创教相和观行的说法，周备地建立了华严宗独树一帜的教规,从而成为华严宗的实际创始者,世称他为华严宗三祖。

法藏富于创造,他运用一系列哲学范畴来构筑宗教唯心主义体系,哲学理论非常丰富,理性思辨达到了中国佛教的顶峰。法藏的佛教唯心主义理论的基本内核是,世界是一个普遍联系的网,宇宙万物都不是独立存在的,而是普遍联系的。宇宙一切现象通通互为因果。一物为因,万物为果;万物为因,一物为果。彼此互为缘起,相资相待,圆融无碍。这也就是所谓一即一切、一切即一、相即相入、重重无尽的"事事无碍"说。在法藏的佛教唯心主义神学体系中,包含了精彩的辩证法思想因素。

一　用即体、体即用

法藏用"体""用"、"理""事"、"本""末"、"空""有"来说明本体和现象的关系。他说："事虽宛然，恒无所有，是故用即体也，如会百川以归于海。理虽一味，恒自随缘，是故体即用也，如举大海以明百川。"（《华严经义海百门·体用开合门第九》）"用"和"事"相当，都是指现象，"体"和"理"相当，都是指本体。意思是说，现象虽有而无，现象是本体的表现，有如百川最后之会归于大海。本体虽一而随缘显现为现象，有如大海之显现百川。这里是说，体用相即，用归结为体的表现，体随缘表现为用，两者是统一的。用是"恒无所有"，体是真有，现象是虚幻的，本体是真实的。又说："尘空无性是本，尘相差别是末。"（《华严经义海百门·体用开合门第九》）"尘空无性"是体、是理，"尘相差别"是用、是事。体、理是本，用、事是末。法藏还说："以事无体故，事随理而圆融；体有事故，理随事而通会。是则终日有而常空，空不绝有；终日空而常有，有不碍空。"（《华严经义海百门·熔融任运门第四》）"体（理）事"关系是"空"和"有"的关系，"事"虽"有"而常"空"，"体"虽"空"而常"有"，"空"不绝"有"，"有"不碍"空"。这就是"体用相即""理事无碍"。由此可见，法藏所讲的"体""理"是"空""无"，所讲的"用""事"是"有"。"用""事"是"空""无"的"体""理"所表现的现象，所以是"假有"。

继法藏之后被称为华严宗四祖的澄观，就理事提出五重关系说。这些学说在法藏著作中也都有所论列。五重关系是：（一）相遍："理"完整、普遍地存在于每一个"事"中；"能遍之理，性无分限；所遍之事，分位差别。一一事中，理皆全遍。"（法藏《华严发菩提心章》）这是说，真理不可分割，寓于每一"事"中。同时，"事"虽有分限，但全同于"理"，"有分限之事于无分限之理，全同，非分同"（《华严发菩提心章》）。"事"以"理"为体，任何一微细的事物都摄无边真理。（二）相成：无"理"不成"事"，无"事"不成"理"。犹如由水以成波，由波而成水。（三）相夺："事"是"理"的表现，是虚幻的，所以"事"应归属于"理"。万有唯有一理体，"事"灭则"理"显，此是"理"夺"事"。同时，"理"也不离"事"而存在，离"事"也无"理"，"理"也应属于"事"。"理"随缘成"事"而"理"隐，此是"事"夺"理"。（四）相即：由上述三层关系推知"理"与"事"相即，无差别的理体即差别的事象，差别的事象即无差别的理体，犹如水即是波，波即是水。（五）相非：一切事物本身自体的特质不变，各有差别，"理"非"事"，"事"非"理"，彼此相非不即，犹如水非波，波非水。这些理论是为了说明物质世界的虚幻，本体世界的真实，同时，两种世界虽有差别，但又互相统一，没有矛盾，从而说明世俗生活和宗教生活并不截然脱节，众生和佛也是无障无碍的。

应当指出，法藏强调体用相即、理事圆融是有一定道理的，他在一定意义上否定体用割裂、肯定体用统一，是有理论意义的。当然，他视体为空，视用为假有，是在空无的基础上讲体用相即，这是唯心主义的思想。

二 "缘起相由"与"相即相入"

法藏由本体和现象的统一说，进而阐述现象和现象的统一说，这也就是由"理事无碍"说进而阐述"事事无碍"说。法藏在《华严经探玄记》第一卷中,分析事事无碍有十个原因:(一)"缘起相由故":"缘",原因、条件。"缘起",事物是由若干原因、条件和合而生起。"缘起相由"是说事物相对而起,是相对的。(二)"法性融通故":"法性",万物的本性、本体。这是说万物都是本体的表现,万物一体。(三)"各唯心现故":万物都是心的显现。"心",法藏也称为"真心""净心",是一切众生本来藏有的清净心。此心既是众生成佛的根源,也是形成万物的原因。(四)"如幻不实故":万物如幻如梦,都是非实体。(五)"大小无定故":大小形体无固定性。(六)"无限因生故":无尽的原因所形成。(七)"果德圆极故":佛教性果至圆。(八)"胜通自在故":具有绝对自由的神通力。(九)"三昧大用故":"三昧",禅定。禅定的巨大作用。(十)"难思解脱故":不可思议的悟境所现。这是从事象分析和佛教修持功德力两个方面去说明事事无碍的原因。

在上述十个原因中,法藏认为第一、二个原因最为重要。他将第一个原因"缘起相由故"再分为十义:1."诸缘各异义":谓事物的体用各不相同,即事物的差别性。2."互遍相资义":谓万物互为因缘,相资相待,任何一物皆遍于他物,即近于事物的普遍性。3."俱存无碍义":谓上述差别性与普遍性同时具足而无妨碍。4."异门相入义":异门的事物能够相容。5."异体相即义":异体的事物能够相即不离。6."体用双融义":体与用互摄,相融无碍。7."同体相入义":任何一事物具足一切事物的本性,事物都是同一体性,同体间相入无碍。8."同体相即义":同一体性的事物相即不离。9."俱融无碍义":异体同体相即相入,互融无碍。10."同异圆备义":由圆融无碍进而可知一切万有圆融无碍。这是对万物如何由各种原因、条件和合而生起的展开论述，也是对各种事物之间的种种复杂关系的具体论述。

在上述"缘起相由故"十义中，"相即"与"相入"又最具重要的理论意义。"相即"，就是不二、同一的意思；"相入"，就是相互蕴含、相互渗透的意思。这是法藏用来表述一切现象圆融无碍的两种形式。他在《华严一乘教义分齐章》卷四等文中，从体用、空有、自他、同异等角度来阐述"相即"与"相入"的含义。"相即"是侧重于从体上讲的。法藏用"自他""空有"来阐述其含义，认为自他双方互废自己，或"废己同他"，或"摄他同己"，泯灭自性差别而同一于对方，称为"相即"。具体说，是在一切缘起事物中，"他物"是作为形成某物"自体"的条件而存在，这样，就"自体"来说，"他物"就失去了独立的自性，由此可以说"自体"是"有"，"他物"是"空"，这叫做"自"即是"他"。反之，由于某物的"自体"是由"他物"的条件所构成，离开"他物"，"自体"就不能成立，由此可以说"他物"是"有"，"自体"属于"空"，这叫做"他"即是"自"。上述已讲过的相即，又有同体与异体的不同，是分别指同体事物与异体事物的"空"与"有"的相即同一。"相入"，是着重从"用"上讲的。法藏用"自、他""有力、无力"来阐述其含义，认为在一切缘起事物中，若果某物"自体"的力用强大，"他物"的力用消失，某物就具有摄取"他物"入于自身的优势。反之，"他物"的力用强大，也能摄取某物入于自身之内。"自、他"双方根据作用的不同，可以互相容摄。同时，被摄取的一方虽入于他物之内，但并不失去原有的本性，不同于消失自性差别的相即关系，是谓相入。前文已述，相入也有同体与异体的不同,任何一事物具足一切事物的本性,因而相入无碍,为同体相入,差异的事物互相包容,称为异体相入。

法藏的"缘起相由"和"相即相入"的理论,具体而细致地考察了事物间普遍联系的内容和形式,包含了比较丰富的辩证法思想。但是,他的这套理论是和宗教实践相联系的,他用因果报应、禅定神通来说明现象间的联系和统一关系,是一种偏见和谬误。

三 六相圆融

法藏还从事物的整体和部分、相同和差异、生成和毁坏六个方面,来阐明事物的统一性,这就是"六相圆融"说。"相",通常谓由条件和合而起、呈现于人的面前,可以分别认识的现象,也称法相、事相。法藏把"相"分为六种,提出一切"缘起"现象都具足六相的说法。法藏说:"总相者,一含多德故;别相者,多德非一故,别依止总,满彼总故。同相者,多义不相违,同成一总故;异相者,多义相望,各各异故。成相者,由此诸缘起成故;坏相者,诸义各住自法不移动故。"(《华严一乘教义分齐章》卷四)这是说,事物的全体是"总相";事物的各部分是"别相"。事物及其各部分都由原因和条件和合而起是"同相";各部分各自独立是"异相"。各部分和合成此事物,则此事物成是"成相";各部分若不和合而只是各部分,则此事坏,为"坏相"。法藏在《华严金师子章》中以金狮子为比喻,谓狮子是"总相",眼、耳等差别是"别相"。眼、耳等同一缘起而形成狮子是"同相";眼、耳等各不相同是"异相"。眼、耳等诸根和合而成狮子是"成相";眼、耳等各自独立而不和合为狮子是"坏相"。在《华严一乘教义分齐章》中,法藏还以房舍和椽、瓦为比喻,来说明六相。总、同、成三相，指全体、整体；别、异、坏三相，指部分、片断。前三相也指无差别，后三相则指差别。整体与部分、无差别与差别，相即相入，圆融无碍：离总无别、离同无异、离成无坏。总即别，别即总。同即异，异即同。成即坏，坏即成。这是用整体与部分、同一与差别、生成与坏灭三对范畴六个方面来说明，一切现象虽然各有不同，但是每一现象都是总相和别相、同相和异相、成相和坏相的统一。应当承认这是深刻地部分揭示了辩证法的因素。

四　"一中多，多中一"与"一即多，多即一"

一与多，还有一与一切、一与十，法藏是在相同意义上使用的范畴。《华严经·初发心菩萨功德品》有"一切中知一，一中知一切"的说法，法藏由此而宣扬"一中多，多中一"（"一中一切，一切中一"，"一中十，十中一"），和"一即多，多即一"（"一即一切，一切即一"，"一即十，十即一"）的命题。一与多的范畴涉及本体与现象、"一心"与万有的关系，而主要是就现象与现象的关系讲的，即是和"六相"说密切相联系着的。法藏在《华严经探玄记》卷一中，以"一缘"和"多缘"两方面结合构成缘起来说明一与多的相即相入的关系。文章认为，一方面是"诸缘各异"，每一缘都是"各各守自一"，"住自一"；另一方面诸缘又"互遍相资"，互相依存，每一缘又都"遍应多缘"。只有这两方面结合方成缘起。这也就是说，一缘和多缘都是相对的，一缘既要依赖多缘而存在，多缘也要依赖一缘而存在；一缘既起，就能令多缘而起，一缘是能起，多缘是所起，反之，多缘具备，才能令此一缘有所成就，多缘是能起，一缘是所起。这也就是从相即来说，"无有不多之一，无有不一之多"；从相入来说，"无有一而不摄多，……亦无有多不摄一"。一和多是相即相入、相互依赖而存在的。法藏在《华严一乘教义分齐章》卷四中以房子和椽子为例，说一所房子，缺乏一根椽子，整所房子就不成其为房子；同时，每一根椽子也必须依赖于其他椽子以及柱子、砖瓦等，才能发挥其构筑房子的作用。并带总结性地说："一即具多名总相，多即非一是别相，多类自同成于总，各体别异现于同；一多缘起理妙成，坏住自法常不作，唯智境界非事识，以此方便会一乘。""一"为总相，"多"是别相。一具多是总，多非一是别。多由于体同而成为总，各别（相）由于体异而显为同。这就是由总别联系到一多，总由别成，别即是总，同样一由多成，多即是一。法藏还从两方面论证"一"与"多"的相入、相即关系：一是就事物的"异体"关系来论证，如一与十，一作为十的基础，包含有十的因素，能使十容纳于内，为"一中十"，进而无一就无十，"一即十，何以故？若无一即无十故"（《华严一乘教义分齐章》卷四）。同样，一是相对于十存在的，属于十的因素，所以是"十中一"，进而无十就无一，由此又说："十即一，何以故？若无十即无一故。"（《华严一乘教义分齐章》卷四）二是就事物的同体关系论证，十由十个一组成，由此说"十中一"。每个一的"自体"都是性空，是相同的，由此"十即是一"。同样，以十作为"自体"看，一的本身即含有十的"自体"在内，所以说"一中十"。一是构成十的因素，而一和十的"自体"都是性空，所以说"一即是十"。总之，在法藏看来，"一全是多，方名为一；又多全是一，方名为多"（《华严经义海百门·熔融任运门第四》）。"一尘中显现一切，而远近彼此宛然。十方入一尘中，远而恒近；尘遍十方，近而恒远"（《华严经义海百门·熔融任运门第四》）。

一与多是古代思想史上极富思辨性的问题，它反映了简单与复杂的数量关系。一是数目的起点，多是一的叠加，一是一个单位，多是杂多。从"质的量"角度说，一与多是相对的，一中有多，多中有一。法藏从数量关系、因果关系、异同关系阐述了一与多的相容、相即的关系，包含了比较丰富的人类认识成果。但是，法藏的一与多关系的学说，纯是思辨的产物，缺乏科学的论证和检验。法藏还以此说明，众生在佛教修持过程中，可以通过个别法门，在一念中圆满成就悟解，则更是为宗教实践提供理论武器了。

　　从中国古代思想发展史来看，法藏的佛教理论虽然是神学唯心主义的，但是它在阐述宇宙生成和描绘宇宙图景时，也不时地透露出辩证的思想火花，比如普遍联系的观念，一体性、整体性的观念，相对性的观念等。法藏揭示了本体和现象、现象和现象之间多重复杂的联系，如果我们剔除宗教性的内容，就可以发现有值得认真总结的合理因素。他把宇宙视为统一的整体，又强调万物的相对性，彼此相资相待、相入相即，这是曲折地反映了客观辩证法。法藏的又一个理论贡献是，运用和阐述了一系列哲学范畴，丰富了古代哲学范畴史。如他通过理事、体用、本末、性相、一多、相即相入等范畴的阐发，程度不同地揭示了本质和现象、一般与个别、同一与差别、相对与绝对、整体与部分、原因与结果等若干对立范畴的内涵，这都是人类认识史上的积极成果，值得我们重视和批判地继承。

　　佛教哲学在中国的发展，大体经历了三个阶段。第一阶段是魏晋时期，它以"格义"的方式翻译佛教经典，即把佛教哲学的名词术语与中国传统哲学的名词术语简单地相比附，并用这种名词术语讲哲学，借以厕身于哲学论坛，并经过一定的酝酿准备而独立起来。

第二阶段是隋唐，佛教哲学家特别是般若空宗和唯识宗，诚惶诚恐、亦步亦趋地跟着印度佛教哲学家跑。从法藏开始，佛教哲学的发展进入了第三个阶段，即与中国传统哲学融合的阶段。其主要标志是对"空"的解释。印度佛教哲学家所谓"自性空"是一种否定的表述方式，即事物现象没有真实的自性，这样的"空"并无实体的意谓，也不是万物的本原。而中国传统哲学则习惯于将某种无形的东西作为万物的本原，如老庄的"道"、王弼的"无"、张载的"太虚"、程朱的"理"。法藏对佛教哲学理论的一个重要修正就是把"空"视为实体，"空"即是"理""性""体""本"，与之相对的万物现象则是"事""相""用""末"。法藏认为，般若空宗和唯识宗都是"偏教"，只有华严宗是"圆教"，其"圆"就圆在认为物质世界是虚幻的，佛性是实有的；事物是假的，其本体是真的。这一修正使得其理论与西方唯心主义哲学相似，即都认为本体实而不现，现象现而不实。虽然它与中国传统哲学坚持体用均为实有的立场仍格格不入，但毕竟从印度大乘空宗的立场向中国传统哲学的立场前进了一步。正因为如此，法藏的哲学理论在中国古代思想史上产生了深远的影响。它的思维模式、论证格局，特别是一套常用的范畴，如理事、性相、本末、一多等，长期地影响着唐以来的思想发展。它的一些观点是尔后一些唯心主义流派理论的张本，如理事说与程朱理学是一脉相通的，而心为形成万物的原因的观点，又和心学的主观唯心主义有着思想渊源的关系。在这个意义上，法藏的哲学思想是中国哲学发展链条上一个重要的环节。一个预示着佛教哲学的理论思维行将受到改造并融汇入中国传统哲学的链条。

慧　能

慧能，一作惠能。俗姓卢，原籍范阳（郡治在今北京城西南）。生于唐太宗贞观十二年（638），卒于唐玄宗先天二年（713）。中国佛教禅宗六祖，禅宗实际创始人。其父亲在范阳曾为县官，后被贬岭南新州（今广东新兴县）。慧能三岁丧父，稍长即卖柴狩猎养母度日，过着艰难贫困的山民生活。艰苦的环境，使慧能养成观察生活、审视世道的习惯。据传，他于卖柴途中闻人诵《金刚经》有悟，发心学佛，决定出家。后得知弘忍在湖北黄梅弘扬此经，遂北上参见，作行者，在碓房舂米，干粗工重活，并随众听法。他虽不识字，但不满足于人云亦云，死记硬背，而是注意掌握要义，领悟精神。他虽有领悟，但却默契不语。后来，弘忍为选嗣法弟子，传授衣钵，命寺僧各作一偈以供选取。当时弘忍门下大弟子神秀上座，作一偈子写在墙上："身是菩提树，心如明镜台。时时勤拂拭，莫使有尘埃。"（《坛经》六《神秀书偈》）慧能听人念过以后，也请人代书作偈："菩提本无树，明镜亦非台，佛性常清净，何处有尘埃？"（《坛经》八《惠能、童子问答，惠能作偈》）此偈针对神秀的说法，用"无相"破"有相"，以"顿悟"破"渐悟"，宣扬单刀直入，直指人心，见性成佛，深得弘忍的赞许。弘忍并于三更时分专门为慧能讲解《金刚经》，秘密授予顿教衣钵。为了避免神秀一系的暗害，弘忍敦促慧能尽速南归隐居，在适当时机再出来弘法。慧能于是回岭南，在今广东四会县一带山民中隐名埋姓十余年。后赴广州法性寺（今光孝寺）遇印宗法师，得以落发，智光法师为授具足戒，由此而公开身份。不久北上韶州（今广东韶关）南华寺专心施法，韶州刺史韦璩特邀慧能到大梵寺说摩诃般若波罗蜜法，传授"无相戒"，弘扬顿悟法门。其说法记录后由弟子整理成书，名为《坛经》^①，为后来禅宗的宗经。唐宪宗追谥他为"大鉴禅师"。

印度佛教没有禅宗，在中国，慧能以前也只有禅学（包括以神秀为代表的所谓禅宗北宗在内），禅学的特点之一是"藉教悟宗"，离不开佛教经典，特点之二是主张"渐悟"，认为成佛需要经历各种阶段。慧能禅宗不同，主张"不立文字""教外别传"，强调一切众生皆有佛性，人人都可以成佛；而行住坐卧皆是坐禅，只要于自心顿现真如本性，即可"顿悟成佛"。慧能禅法是佛教史上的一次空前的大改革，它贬低了佛祖释迦牟尼的绝对权威，排除了佛教经典的神圣地位，破坏了佛教僧侣平日生活的固有本色。慧能禅宗是典型的中国化的佛教，它形成以后，就日益取代其他宗派的地位，成为中国佛教的主流，它是在中国古代史上流传时间最长、影响最大的宗派。

慧能是富于创造的思想家，勇于改革的宗教家，他提倡和阐发"自性是佛"和"顿悟成佛"的学说，把佛教改造得符合中国人特别是封建士大夫的口味，在中印文化的融合上有重要的贡献。

---

① 本篇引《坛经》，据敦煌写本《南宗顿教最上大乘摩诃般若波罗蜜经六祖惠能大师于韶州大梵寺施法坛经》（法海集记）。

一　若识本心，即是解脱

前面提到，慧能在流传广泛的"得法偈"中强调众生"佛性常清净"，认为人人都有恒常清净的佛性。佛性是成佛的本性，也就是人性。慧能说："三世诸佛，十二部经，亦在人性中，本自具有。……内外明彻，识自本心，若识本心，即是解脱。"（《坛经》三十一《自心内善知识，般若三昧》）本心（本性）包含有诸佛和佛理，佛就在本心中，众生一旦认识本心，就获得解脱，也就成为佛。

本心不仅就是佛性，是成佛的基础，而且包涵万物，是客观世界的基础，慧能说："如是一切法，尽在自性。自性常清净。日月常明，只为云盖覆，上明下暗，不能了见日月星辰，忽遇惠风吹散，卷尽云雾，万象森罗，一时皆现。世人性净，犹如清天。……妄念浮云盖覆，自性不能明，故遇善知识开真法，吹却迷妄，内外明彻，于自性中，万法皆见。一切法自在性，名为清净法身。"（《坛经》二十《见自三身佛——清净法身、自性化身与圆满报身》）。"一切法"，"万法"，一切东西。"善知识"，善于开导佛理的友人。"一切法自在性"，一切东西的真性、本性。"清净法身"，"法身"指"自性""本性"，清净法身即清净本性。这段话的意思是，森罗万象，都在"自性（本性）"之中，是"自性"的派生物，因此，"万象"也就是自性，就是清净本性的体现。世人的自性也是清净的，如果去掉妄念浮云，去掉迷妄，就能在自性中显出万象来。万象的自性，就是法身。世人如能"于自性中，万法皆见"，与万物融为一体，与宇宙本体相契合，也就成为佛了。慧能还现身说法："我于忍（慧能的师父弘忍）和尚处，一闻言下大悟，顿见真如本性。"（《坛经》三十一《自心内善知识，般若三昧》）"真如本性"，就是"法身""自性""佛性"，指神秘的精神本体。一旦顿然显现、契证最高的精神实体，就觉悟成佛。所以，自心、本性也就是佛。

慧能认为，宇宙的"真心"是世界的本原，万物的实体。真心是永恒的、无所不在的、灵明不昧的。人人都具有这种真心。这种真心作为人的本心，是一种善性、智慧性、觉悟性，即佛性，是成佛的根据。众生成佛就是认识本心。所谓认识本心，也就是认识世界本原，与宇宙实体相冥合。或者说，这种对最高的精神实体的契证，就是众生见性的表现，就是佛性的显露，这也就是佛的境界。

慧能的这套说教，教人内求于心，返本归原，不去正视现实，更不去变革现实，安于现状，以苦难为安乐，客观上起到了麻醉人心的作用。但是，从思想史的角度来说，它也有重要的积极意义：反对了佛教繁琐哲学，摆脱、冲破了佛教种种教义和名相的束缚，在宗教限度内解放了思想；把成佛看成纯思想的解脱、本性的复归，一定意义上说，是对人的生命、生活、生意的肯定，它强调要依靠自力，重视意识主体的能动性，力主个体自我获得启悟，带有解放人心和解放个性的进步作用；它教人忘怀得失，不计利害，超脱现实生活中的种种自我束缚，在一定意义上有助于陶冶、培育、丰富和完美人的精神世界和心灵境界。

二 迷来经累劫，悟则刹那间

慧能认为人人都有佛性，成佛就是从自心中"顿见真如本性"。众生本性的"顿见"，既是主体本性的显发，又是对万物本体的把握。众生若果为妄念浮云所盖覆，本性就不能彰明；一旦吹却迷妄，顿然觉悟，本性就得以彰明。所以"众生"和"佛"或"凡"和"圣"的区别在于，对本性是"迷"还是"悟"。慧能说："自性迷，佛即众生；自性悟，众生即是佛。"(《坛经》三十五《西方去此不远》)同时，迷悟之间的转化在时间上是非常短暂的，在于刹那之间，一念之差。慧能说："一念愚即般若绝，一念智即般若生。"(《坛经》二十五《摩诃义》)"前念迷即凡，后念悟即佛。"(《坛经》二十五《摩诃义》)众生迷妄的时间往往很长，由迷妄转为觉悟则在一刹那之间。慧能说："迷来经累劫，悟则刹那间。"(《坛经》三十六《若欲修行在家亦得，无相颂》)众生的本心只要一念相应，自己认识自己的本心，就成为佛。"人"和"佛"的距离在于一念之间、一刹那间，人在一念之间顿然觉悟本性就成为佛。这就是"顿悟成佛"说。这种成佛说教也称为顿教。

顿悟成佛说是禅宗区别于其他佛教宗派的基本学说，它对于过着地狱般的生活、亟需摆脱现世痛苦的被剥削劳动大众来说，能给以精神上的慰藉和满足，具有很大的诱惑力。其次，这种"放下屠刀，立地成佛"的顿悟理论，对于那些不劳而获、享乐腐化的剥削分子，以及为非作歹、欺压人民的不良分子来说，可以不用累世修持，不必布施赎罪，只要一念之间，体认自身的清净本性，当下就可成佛，也完全适合这类人的性格特征和内心要求，自然也就受到他们的热烈欢迎。再次，禅宗的顿悟理论宣扬，通过个体的直觉体验，可以在短暂瞬刻与人生本性乃至永恒的宇宙本体相契证，领悟我即佛，佛即我，佛、我一体，从而获得经过长久追求和执着之后主观的突然的解脱快感，这对于一部分士大夫知识分子来说，是合乎他们的情感需要和精神需要的。慧能的顿悟理论适应了唐代社会各个方面人的需要，从而得以迅速流传，并发挥了作用。

从思想角度来说，慧能的"顿悟成佛"的理论，是宣扬通过神秘的直觉体验以达到精神的解脱，这当然是一种神学的说教。但是在禅法的宗教包裹中，在唯心主义、神秘的直觉主义中，含藏着一些合理的思想，曲折地反映出人类认识过程中的某些规律。例如，顿悟的"悟"并不是思辨推理，不是理智活动，不是理性认识，而是一种不可言说的个体感受和直观领悟。这种悟是顿然的、一刹那间实现的。就是说，个体自身的感受、领悟、体会、觉悟是突然之间获得的，这也就是肯定了个体经验的某种神秘飞跃。这实际上是对认识过程中的突变、飞跃的现象的神学表述。再如，顿悟是强调要在个体亲身体验中去领悟佛性整体，把握本体全貌，顿然觉悟成佛。这就是主张在顿然间把握整体，以获得全面性的认识，达到豁然贯通的境地。这也是有一定理论意义的。慧能把上述合理的片断无限夸大，导致了神秘的直觉主义。

韩 愈

韩愈，生于唐代宗大历三年（768），卒于唐穆宗长庆四年（824）。字退之，河南河阳（今孟县西）人。其先世曾居昌黎，故自称郡望昌黎人，世称韩昌黎。他是唐代著名的文学家、杰出的教育家和重要的思想家。

韩愈出生在一个普通官僚地主家庭，三岁时父母双亡，由嫂郑氏抚养成人。孤独的童年生活和富有文学气氛的家庭环境，培养了韩愈的自我奋斗和富于开拓的精神，他自幼勤奋好学，锐意钻研，在崇尚古文和尊奉儒学两方面"欲自振于一代"（《旧唐书·韩愈传》）。贞元八年考取进士。后任监察御史，因事贬为阳山令。永贞元年赦还后，曾任国子博士、刑部侍郎。然又因谏阻宪宗迎佛骨，贬为潮州刺史。后遇大赦调任袁州刺史，此后又历任国子监祭酒、兵部侍郎和吏部侍郎等要职。卒谥文，世称韩文公。韩愈一生主要经历是从政和从事教学。他热衷于功名利禄，甚至钻营求官，但又敢于直言抒怀，评议朝政，以致一生仕途几番上下，坎坷不平。他不仅在潮州创办乡校，且曾四进国子监，教学严肃认真，是一位学识渊博而又深谙教授方法的良师，极受学生的欢迎和爱戴。他任国子监祭酒，相当于现时全国唯一的国立大学校长，是一位深孚众望的杰出的教育家。

韩愈在中国学术文化史上起了重要的历史作用，具有重要的历史地位。他所领导的古文运动和儒学振兴运动，犹如两大洪流，猛烈地冲击了中国思想文化的格局，深刻地推动了中国思想文化的演变。韩愈是在文学史上争取文体从骈文的束缚中解放出来，重新恢复先秦、两汉的散文传统的一个核心人物，又是在思想史上由佛学鼎盛到理学兴起转变过程中一个关键的人物。韩愈的思想和业绩在历史上引起了长期的深刻的反响。

古文运动是文学史上的一次文学运动。古文就是散文，因区别于称为"时文"的骈文而名。骈文的"骈"是二马并驾的意思，由对称的音韵协调的字句组成，是便于上口诵读的有格律的文体。后来流弊愈来愈甚，造成委靡的文风和僵化的形式，其末流甚至接近于文字游戏。古文是指用先秦诸子（如《庄子》《孟子》等）散文和汉代史传文、论说文那种文体写作的文章，它可以自由抒写，不太受形式格律的拘束，文字质朴，接近口语，内容平实。当时许多文人纷纷要求摆脱骈体文的淫靡文风和僵硬模式，提倡先秦、两汉的散文体。韩愈适应改变文体的时代需要，摧陷廓清而历史地成为古文运动的巨子。

韩愈振兴儒学运动，一是排击佛老，尤其是佛教，一是扶树儒道。排击佛老，主要是反对他们破坏了封建等级制度以及与之相适应的封建伦理关系。扶树儒道，也主要是为了维护封建等级制度以及与之相适应的封建伦理关系。韩愈为了排击佛老，特地模仿佛教传法世系的法统，制造了一个儒家圣人传道的道统。他说："尧以是传之舜，舜以是传之禹，禹以是传之汤，汤以是传之文、武、周公，文、武、周公传之孔子，孔子传之孟轲。轲之死，不得其传焉。"（《昌黎先生集·原道》）儒家道统至孟子就中断了，"使其道由愈而粗传，虽灭死万万无恨"（《昌黎先生集·与孟尚书书》）。韩愈以极其坚决的立场，决心肩负起维护道统并使之绵延万世的历史使命。

韩愈把古文运动和儒学振兴运动结合起来，宣扬古文是实现儒学的工具和手段，振兴儒学是古文运动的目的。韩愈的《原道》既是儒学振兴运动的激烈宣言书，又与促成古文运动的胜利有着重大关系。"道"是振兴儒学的标志，"卫道"是古文运动的任务。所谓"道"，就是儒家的仁、义、礼、乐、纲常名教。《原道》说："博爱之谓仁，行而宜之之谓义，由是而之焉之谓道，足乎己无待于外之谓德。仁与义为定名，道与德为虚位。""定名"，名称概念的特定内容。"虚位"，名称概念的抽象形式。这是说，普遍地"爱人"就是"仁"，发于行动而适当就是"义"，照着这个方向去做就是"道"，自我具备了仁义而无须向外求得就是"德"。仁与义有其确定的具体内容，道与德则并没有确定的具体含义。韩愈认为，道与德作为抽象范畴，是儒、佛、道共同使用的，但各家所说的含义并不相同。他强调道与德必须和仁与义联系起来，才是"公言"，否则就是"私言"。韩愈用"公"和"私"来区分儒家与佛老，强调儒家仁义是为社会整体利益，指斥佛老只求"清净寂灭"的境界，是为一己的私利。应当肯定，韩愈所讲的"公"，究其实不过是维护地主阶级的统治，他所讲的仁、义也只是地主阶级的道德规范。但是，也应当看到韩愈的道即仁义道德的两重性质：一方面是确定和维护"君臣、父子、师友、宾主、昆弟、夫妇"(《昌黎先生集·原道》)的封建等级制度，强调"民不出粟麻丝，作器皿，通货财，以事其上，则诛"(《昌黎先生集·原道》)，而且这方面的作用是主要的。另一方面，又有要求统治阶级在可能范围内减轻对人民剥削的意义，即使"鳏寡孤独废疾者有养也"(《昌黎先生集·原道》)，这方面的作用是次要的，但对人民是有利的。

韩愈投身于古文运动、创作实践和教育实践，总结了一系列带有规律性的东西，提出了若干精湛和独到的见解，留下了不少脍炙人口的名言佳句，丰富了中国古代文学理论和教育理论。这是韩愈思想的精华所在，它集中地表现出韩愈超人出众的聪明才智。

一　文以载道

韩愈的最大历史功绩是倡导古文运动，他系统地提出了古文运动的中心内容和具体要求，阐扬了以"文以载道"思想为中心的一系列合理的见解。

韩愈竭力把提倡古文运动和传播儒道结合起来，他一再强调："愈之为古文，……通其辞者，本志乎古道者也。"（《昌黎先生集·题欧阳生哀辞后》）"愈之所志于古者，不唯其辞之好，好其道焉尔。"（《昌黎先生集·答李秀才书》）"学所以为道，文所以为理。"（《昌黎先生集·送陈秀才彤序》）韩愈的学生李汉也说："文者，贯道之器也。"宋人根据上面这些话概括出"文以载道"的命题，用以表达古文运动"文道"关系的口号，也就是古文运动的理论基石。"文以载道"是说，文像一只船，道像船上的乘客或货物，文就是用以装载道的。韩愈所谓的古道，即尧、舜、禹、汤、文、武、周公、孔子、孟子的"相传之道"。韩愈强调，他所好的是"古道"，由于好古道，因此重视"古文"。学古文是为了学古道，写古文是为了传古道。传道是目的，作文是手段。

从文艺理论的角度来看，古文运动的文道关系成了形式与内容、艺术性与思想性的关系问题。对于形式与内容的关系，韩愈说："夫所谓文者，必有诸（内容）其中，是故君子慎其实（本质）。实之美恶，其发（表现）也不掩：本深而末茂，形大而声宏，行峻而言厉，心醇而气和；昭晰者无疑，优游者有余。"（《昌黎先生集·答尉迟生书》）这是说，内容是首要的、起决定作用的，内容重于形式，只有思想内容好，才是好的作品。但是，形式也是重要的："体不备，不可以为成人；辞不足，不可以为成文。"(《昌黎先生集·答尉迟生书》)没有好的形式，就难以完美地表达其所要表达的内容。文道合一，形式与内容、艺术性与思想性，两者缺一不可。这是非常精彩的见解。

韩愈标榜的"道"是儒道，是维护封建统治利益之道，因此文以载道也有其历史的阶级的局限性。但是，古文运动中的"道"和儒学振兴运动中的"道"也有着一定的差异。在古文运动中，道作为"言之有物"的内容，在推动文学、文风、文体和文字的创新改革方面起着较为重要的作用，它有力地打击了骈文末流的空洞无物及其所造成的堆砌词藻的形式主义学风，它的进步意义是应当充分肯定的。

怎样以文载道呢？韩愈揭示文学艺术与现实的关系和特点，提出"不平则鸣"论，作为古文运动向社会现实进行批判的理论根据。韩愈说："大凡物不得其平则鸣。草木之无声，风挠之鸣；水之无声，风荡之鸣。其跃也或激之，其趋也或梗之，其沸也或炙之。金石之无声，或击之鸣。人之于言也亦然，有不得已者而后言。其歌也有思，其哭也有怀。凡出乎口而为声者，其皆有弗平者乎？"(《昌黎先生集·送孟东野序》)"不得其平"，就是矛盾。"不平则鸣"即表现矛盾运动是自然界和人类社会的普遍现象。韩愈意识到文学艺术是人类社会矛盾运动的表现，他说："凡载于《诗》《书》六艺，皆鸣之善者也。周之衰，孔子之徒鸣之，其声大而远。……其末也，庄周以其荒唐之辞鸣。楚，大国也，其亡也，以屈原鸣。"(《昌黎先生集·送孟东野序》)孔子之徒、庄子和屈原感受到现实的矛盾，心中有"不得已者"，于是借助一定的手段形象地把种种"不平"表现出来，这就是文学艺术。楚国亡而屈原鸣，韩愈已经接触到文学和现实的关系，猜测到了文学是反映现实的工具，这是深刻而正确的文学思想，对以后的文学艺术的发展有深远的影响。

文怎样才能更好地载道呢？形式怎样更好地服从内容的需要呢？韩愈对文章提出了具体标准，主要是：第一"惟陈言之务去"（《昌黎先生集·答李翊书》）。"陈言"，陈词滥调，文章要做到摒弃一切陈词滥调。如"桃红柳绿""春花秋月"等词句，使用过多，就会使人感到腻味。所以韩愈又说，对待前人的著作，应当"先乎其质，后乎其文"（《昌黎先生集·答陈生书》），"师其意，不师其词"（《昌黎先生集·答刘正夫书》）。也就是要着重了解前人著作的素材和精神，然后再留意技巧和词句。又说："惟古于词必己出，降而不能乃剽贼。"（《昌黎先生集·南阳樊绍述墓志铭》）主张"词必己出"，反对剽窃抄袭。总之，提倡努力创造各种新鲜的、适合时代与群众所需要的词汇。第二"文从字顺各识职"（《昌黎先生集·南阳樊绍述墓志铭》）。"文从字顺"，即文字通顺。"各识职"，即合乎语法规律。这是讲，语言文字的革旧创新，必须做到通畅流利，符合语法。韩愈提出上述要求，是为了使语言更准确地表达文章的内容，"文章语言，与事相侔"（《昌黎先生集·至邓州北寄上襄阳于相公书》），形式要与内容相统一，形式要服从内容的需要。

韩愈还提出"气盛言宜"的命题，强调个人的修养和精神状态对于写好文章的重要意义。"文以载道"，"文所以明道"，由此作者首先必须具有关于"道"的素养。韩愈说："行之乎仁义之途，游之乎《诗》《书》之源①，无迷其途，无绝其源，终吾身而已矣。"（《昌黎先生集·答李翊书》）努力实行仁义道德，把握儒家经典道理。

---

① "源"，原作"府"，从朱熹说校改。

韩愈认为，作家具备品德修养，进而就具有饱满的精神状态，也就能得心应手地运用语言，在作品中表现出旺盛充沛的气势，作品自然也就是上乘的文章了。韩愈把这种作家创作时的精神状态，称为"气"，也就是"文气"。他还就文气（气）和文章（言）的关系，做了形象性的说明，他把气比为水，把文章比作浮在水面的东西："气，水也；言，浮物也。水大而物之浮者，小大毕浮。气之与言犹是也。气盛，则言之长短，与声（音调）之高下者皆宜。"（《昌黎先生集·答李翊书》）"气盛"，即精神饱满。作家气势充沛，志趣盎然，情感激越，写文章就会如行云流水，行乎其所不得不行，止乎其所不得不止，文字音调的长短高下都合乎自然。虽然韩愈提倡的是儒家的封建道德修养，但他强调提高作家的品德，重视作家的品德素养和精神状态对作品的作用，是有积极意义的。

从上述韩愈的文学艺术理论来看，涉及内容和形式、继承和创新、文艺和现实、品德修养和创作实践等文艺创作中带根本性的理论问题。从总体来说，韩愈对于这些问题的见解是符合文艺创作和文学发展的客观规律的，也是符合唯物主义认识和客观辩证法的。作为韩愈智慧的主要结晶品，是他为中华民族思想文化宝藏增添的宝贵财富。

二　业精于勤荒于嬉，行成于思毁于随

韩愈一生十分重视教育工作，亲自投身教学工作，积累了丰富的有益的教育经验，就学习态度、学习方法、师生关系和发现人才等方面，都提出了真知灼见。

韩愈提倡学习必须有勤奋刻苦的精神，他总结前人和自己治学

的经验教训，在《进学解》中提出"业精于勤荒于嬉，行成于思毁于随"的精辟论断。他还谈到自己如何孜孜以学，持之以恒："口不绝吟于六艺之文，手不停披于百家之编。……焚膏油以继晷，恒兀兀以穷年。"口不绝吟，手不释卷，夜以继日，长年不懈。韩愈之所以能成为古文的大家，是经过多年的刻苦钻研、艰苦磨炼的结果，是绝非偶然的。

在治学方法上，韩愈强调在博的基础上求精。他一方面要求博学："贪多务得，细大不捐。……俱收并蓄，待用无遗。"（《昌黎先生集·进学解》）一方面又要求专心求精，反对生吞活剥地杂学："记事者必提其要，纂言者必钩其玄。"（《昌黎先生集·进学解》）"提要"，就是要把握住要点。"钩玄"，就是要领会精神实质。在博学的基础上融会贯通，学习收获才大，学问才有用处。

韩愈提倡不耻下问的精神。他作《师说》，说："古之学者必有师，师者所以传道授业解惑也。人非生而知之者，孰能无惑？惑而不从师，其为惑也终不解矣。"这是从教育学的观点，总结老师的传道、授业和解惑的三种职能、作用。并从唯物主义认识论的角度，否定生而知之，强调后天学习的重要性，即不耻从师以求解惑。那么，为师的标准又是什么呢？韩愈说："无贵无贱，无长无少，道之所存，师之所存也。"（《昌黎先生集·师说》）不能以社会地位和资历深浅为标准，不论贵贱，不分老少，只要有道者便是师。因此，"圣人无常师"，"弟子不必不如师，师不必贤于弟子，闻道有先后，术业有专攻"（《昌黎先生集·师说》）。师生是相对而言的，弟子有的地方比老师高明，老师也有的地方不如弟子，是正常的现象。只要闻道在先就可为师，只要学有专长就可为师。师生之间应当互相学习，教学相长。应当肯定，这是一种卓识创见，它反映了师生的教学相长的辩证关系，也反映了知识积累的客观规律，有助于人才的培育和成长，也有助于文化知识的继承和发展。

韩愈还强调发现和识别人才的重要性。他说："世有伯乐，然后有千里马；千里马常有，而伯乐不常有。故虽有名马，只辱于奴隶人之手，骈死于槽枥之间，不以千里称也。"（《昌黎先生集·杂说四首之四》）这是说，千里马要靠伯乐鉴别发现，没有伯乐，千里马就会被和一般的马同样对待，也就会被埋没。人才总是有的，关键是有没有伯乐，能否加以识别和扶持。这的确是人才学的一大问题。

韩愈在教育史上建立起来的思想丰碑，值得我们认真学习继承、发扬光大。

柳宗元与刘禹锡

柳子厚　刘宾禹锡

柳宗元①,生于唐代宗大历八年(773),卒于唐宪宗元和十四年(819),字子厚,河东解县(今山西运城县解州镇)人,世称柳河东。又因曾任柳州刺史,也称柳柳州。刘禹锡,生于唐代宗大历七年(772),卒于唐武宗会昌二年(842),字梦得,洛阳(今属河南)人,自言系出中山(今属河北定州)。因曾任太子宾客,世称刘宾客。柳宗元、刘禹锡都是唐代文学家、哲学家。他们也都是"永贞革新"的中坚。在唐顺宗永贞元年(805),参加以王叔文、王伾为首的革新派,发动了一次政治改革,主张抑制兼并,反对藩镇割据和宦官、官僚贵族集团的专权统治,以维护唐王朝的中央集权,但不久即告失败。"永贞革新"失败后,柳、刘都过着长期的贬谪生活。两人思想一致,交谊很深,人称"刘柳"。柳、刘在中国思想史上的重大贡献是,在宗教和唯心主义泛滥的情况下,重新提出了天人关系问题,又一次展开了对天人感应论的批判,使唯物主义重新登上了哲学的"王座"。柳宗元的"天人不相预"说和"生人之意"说,刘禹锡的"天人交相胜"说,都阐扬了超越前人的创见,体现出深邃的智慧。

---

① 此篇引文,柳宗元的出自《柳河东集》,上海人民出版社,1974年;刘禹锡的出自《刘梦得文集》,上海人民出版社,1975年。

一 天人不相预

柳宗元和韩愈是好友，两人曾讨论过天人关系问题。韩愈曾表示，人类从事生产活动，如开垦土地、斫伐森林、疏浚河流、建筑房舍、采炼矿物等等，都是对天地元气阴阳的破坏，因此，增加人类的生育，是"天地之仇"，减少人类的繁殖，则是"有功于天地"的（见柳宗元《天说》）。韩愈认为，天和人的好恶是不同的，"天之与人，当必异其所好恶无疑"（《昌黎先生集·与崔群书》）。韩愈的这些说法虽然是有感而发，但在一定程度上也反映了他的思想。韩愈还宣扬，人们的贵贱、贫富、吉凶、祸福，都决定于天命，"贵与贱、祸与福，存乎天"（《昌黎先生集·与卫中行书》）。因此，人们应当顺从天命："所谓顺乎在天者，贵贱穷达之来，平吾心而随顺之，不以累于其初。"（《昌黎先生集·答陈生书》）对于天命的安排，要绝对服从，决不能用人力去改变。柳宗元反对那种天能赏罚的说法，他系统地阐述了天的自然性质和天人不相预的关系。

柳宗元肯定天是自然现象、自然物，他说："彼上而玄者，世谓之天；下而黄者，世谓之地。浑然而中处者，世谓之元气。寒而暑者，世谓之阴阳。是虽大，无异果蓏、痈痔、草木也。"（《天说》）这是说，天和地都是自然物，和瓜果草木是一样的，只是体积不同罢了。所以，又说："天地，大果蓏也；元气，大痈痔也；阴阳，大草木也。其乌能赏功而罚祸乎？功者自功，祸者自祸。欲望其赏罚者大谬；呼而怨，欲望其哀且仁者，愈大谬矣。"（《天说》）这是说，自然界不会对人进行赏功罚祸，"功者自功，祸者自祸"。天地万物的变化是自然的运动，是不会报应的。人们的功祸都是自己行为的结果。向天呼而怨，求天的哀且仁，更是大错而特错了。

天是自然现象，更进一步说，就是无限的宇宙空间。柳宗元在《天对》中说："无极之极，漭渱非垠。"天苍苍茫茫，根本没有边际，广阔无边。又说："无青无黄，无赤无黑，无中无旁，乌际乎天则！"《淮南子·天文训》把天划分为中央和八方共九块，每块都有青、黄、赤、黑的颜色。柳宗元认为，不能把天分为九块，天根本没有中央和偏旁的差别。这里柳宗元关于天没有中心的观念，是对宇宙空间无限性的极其精辟的见解。有中心就意味着四方的量度相等，也就不能无限延长。宇宙无中心，才是无限的。在西方，15世纪学者尼古拉和16世纪末学者布鲁诺肯定宇宙无限，没有中心，但这要比柳宗元晚七八个世纪了，于此足见柳宗元观点的历史价值和历史地位。

柳宗元还深刻地指出，天是由运动着的元气构成的。他在《天对》开头说："本始之茫，诞者传焉。鸿灵幽纷，曷可言焉？晷黑晢眇，往来屯屯。厖昧革化，惟元气存，而何为焉！""本始"，天地形成以前。"诞"，荒诞。"鸿灵幽纷"，广大空虚暗昧不明。"晷黑"，黑暗，指夜间。"晢眇"，日光远照，指白天。"屯屯"，不停息的样子。"厖昧"，蒙昧。"革化"，开化。这是柳宗元对战国时屈原《天问》提出的"遂古之初，谁传道之？上下未形，何由考之"这一关于宇宙生成问题的回答。柳宗元认为，关于天地形成以前的茫无根据的说法，是荒诞的人传下来的。远古的世界广大空虚，暗昧不明，有什么可说呢？黑夜白天，往来不息。万物从蒙昧状态中变化出来，都是元气的自然变化，有谁在那里造作呢？这里，柳宗元明确否定造物主的观念，反对了"创世说"，肯定世界统一于元气，天地万物是出于元气的自己运动变化。元气的运动又是怎样推动自然界的变化呢？

柳宗元在回答《天问》中"阴阳三合，何本何化"这一问题时说："合焉者三，一以统同。吁炎吹冷，交错而功。"（《天对》）"三合"，指阴、阳、天三者相合①。"一"，指元气。意思是说，阴、阳、天三者，统一于元气，元气自然。它缓慢吹动，阳气流行，造成炎热的天气；它迅速吹动，阴气流行，造成寒冷的天气。寒暑交错，阴阳二气相互作用，从而形成万物的变化。这里，柳宗元把阴阳二气看成内部相反相成的两个方面，包含了物质本身的矛盾是运动的源泉的思想，比王充的"气自变"理论和范缜的"独化"说又前进了一步。由此可见，柳宗元的元气说是对气一元论学说的发展。

柳宗元通过对天的自然性质的全面分析，进而提出了天和人"各不相预"（干涉）的观点。他说："生植与灾荒，皆天也；法制与悖乱，皆人也。二之而已。其事各行不相预，而凶丰理（治）乱出焉。"（《答刘禹锡天论书》）自然的生长繁殖和年成的凶歉丰裕，社会的法制施行和治乱状况，各有其不同的规律。柳宗元用"天人不相预"的观点来说明自然与社会的关系，是为了反对用天命论来解释历史，反对用自然现象的变化来说明社会治乱。柳宗元十分重视人力的作用，他说："变祸为福，易曲成直，宁关天命，在我人力。"（《愈膏肓疾赋》）同样，帝王的统治和社会的治乱，也在于人力的作用。他说："受命不于天，于其人；休符不于祥，于其仁。"（《贞符》）帝王不是受命于天，而是受命于人民；国家兴盛的原因不是祥瑞，而是帝王的道德。所以，"惟人之仁，匪祥于天。……未有丧仁

---

① 三合：《谷梁传》庄公三年："独阴不生，独阳不生，独天不生，三合然后生。"

而久者也，未有恃祥而寿者也"(《贞符》)。柳宗元竭力强调帝王道德的重要作用，这是一种历史唯心论，但是帝王的道德面貌对国家的兴亡确有影响作用。至于这种观点在反对"君权神授"说和天人感应论的斗争中，也是有其积极作用的。

二　天人交相胜

刘禹锡认为，柳宗元的《天说》"非所以尽天人之际"，所以写了《天论》"以极其辩"，力图更深入地论述天人关系。他总结"世之言天者二道焉"：一是阴骘之说，宣扬天"昭昭"，即有意志、有意识，"天与人实影响"，天能赏功罚祸；二是自然之说，讲天"冥冥"，即无意志、无意识，"天与人实相异"，天道自然无为。刘禹锡在否定唯心主义和肯定唯物主义的基础上，提出"天人交相胜"的观点。他说："天，有形之大者也；人，动物之尤者也。"(《天论上》)天不是上帝，是最大的东西；人是最优等的动物。天与人各有所能和所不能："天之能，人固不能也；人之能，天亦有所不能也。故余曰：天与人交相胜尔。"(《天论上》)由于天与人各有不同的特殊功能，所以是互胜，天可以胜过人，人也可以胜过天。这是对天与人完全无关的思想的批评。

天与人各有什么不同的特殊功能呢？刘禹锡说："天之所能者，生万物也。人之所能者，治万物也。"(《天论上》)又说："天之道在生植，其用在强弱。人之道在法制，其用在是非。阳而阜生，阴而肃杀；水火伤物，木坚金利；壮而武健，老而耗眊，气雄相君，力雄相长，天之能。阳而蓺树，阴而擎敛；防害用濡，禁焚用洒；斩材窾坚，液矿硎铓；义制强讦，礼分长幼，右贤尚功，建极闲邪，人之能也。"(《天论上》)"阳",指春夏。"阜生",生长。"阴",秋冬。"蓺树",种植。"擘",收敛。"濡",指河水。"洒",浇水。"窾坚",挖空坚实的东西。"硎铓",在磨刀石上把刀磨锋利。"强讦",强悍。"右贤",尊重贤能。"建极",树立一定的标准。"闲邪",防禁邪恶。这是说,天的职能在于生长、繁育万物,而人的职能则在于治理万物。天道表现为春、夏生长,秋、冬萧条。人道则是春、夏种植,秋、冬收藏。阴、阳对立的力量互相斗争,互为消长,强胜弱败,是自然的作用。而组成社会,建立制度,确定是非和善恶的标准,实行赏功罚过,则是人的作用。由于天的功能、作用与人的功能、作用不同,所以"天理"与"人理"也有区别,"天理"即自然规律,是有力者占先,"人理"即人生准则,是有德者居先。这说明刘禹锡已初步觉察到人有社会的特性而与自然界相区别,初步认识到人类社会生活与自然界的区别,这是具有重要的理论意义的。

刘禹锡认为,有时天理胜,有时人理胜。在社会安定时期,有公认的是非标准,赏罚分明,人生的准则发生效力,这就是"人理胜",即"人理"胜过"天理",那种强有力者占先的自然规律也就不能在人类社会中发生作用。但是,在社会混乱时期,是非不分,赏罚不明,社会道德法制都失去效力,这时,人类社会失去了自己的特点,而强有力者占先的自然规律却支配了人类社会生活,这是"天理胜"。刘禹锡强调,"天非务胜乎人",所谓天理胜,是"人不宰则归乎天也"。而"人诚务胜乎天",因为"天无私,故人可务乎胜也"。天不是有意识地要胜人,当"人理"不起作用时,自然力量就自发地起作用了。天是客观的,自然的。人是有意识的,"胜天"是人的自觉的主观能动作用和社会特性。刘禹锡初步论述了自然规律与社会准则的区别，既反对天神目的论，又强调人的主观能动性，这是全面而深刻的观点。

虽然天与人"交相胜"，但是天并不干预人类社会的治乱，人也不干预自然现象的变化，"天恒执其所能以临乎下，非有预乎治乱云尔；人恒执其所能以仰乎天，非有预乎寒暑云尔"（《天论上》）。这是再一次强调天不干预人事，否定天干预人事的神学说教；同时也强调人的主观能动作用的意义和范围，人胜天并不是改变自然界的客观规律。应当说，这个观点也是全面的深刻的。

柳宗元、刘禹锡对于"天人"之辩的论述，是在更高阶段上向荀子的"明于天人之分"观点的复归，在中国古代天人关系学说史上占有非常重要的地位。

三　理昧而言关

柳宗元、刘禹锡从天人关系的基本看法出发，还从主观力量的大小和是否把握客观规律的角度，比较深入地考察了宗教迷信产生的根源。柳宗元说："力足者取乎人，力不足者取乎神。所谓足，足乎道之谓也。"（《非国语·神降于莘》）人力足以掌握命运，就不会有宗教迷信，人力不足则会相信鬼神迷信。刘禹锡更详细地从"人道昧"和"物理昧"两个方面分析了宗教迷信的起源问题。

刘禹锡分析了宗教迷信的社会原因，指出："生乎治者人道明，咸知其所自，故德与怨不归乎天。生乎乱者人道昧，不可知，故由人者举归乎天。"（《天论上》）他以为"人之道在法制"，"人能胜乎天者，法也"。而法的实行有三种情况：一是"法大行"，法制严明，是非清楚，赏罚分明，此时"人道明"，人们就不会把赏罚祸福都归之于天。二是"法大弛"，社会混乱，此时"人道昧"，人们就会把祸福归之于天。三是"法小弛"，即是非混乱，赏罚不公，人们对天人关系问题的看法也就混乱。这里，刘禹锡把宗教迷信和政治制度败坏、社会秩序混乱联系起来，从中揭露宗教迷信的根源，是一个深刻的新见解。

更可贵的是，刘禹锡还考察了宗教迷信的认识根源。他以"操舟"为例说，在小河里划船，快、慢、停、航都由人支配，即使搁浅或翻船，人们也都知道其原因，在这种条件下，"舟中之人未尝有言天者，何哉？理明故也"（《天论中》）。在大河里行船就不同了，快、慢、行、止很难掌握，在这种条件下，无论是平安到达，或不幸沉没，或侥幸脱险，"舟中之人未尝有言人者，何哉？理昧故也"（《天论中》）。这就是说，人们之所以相信"天命"，是由于对客观规律盲目无知，不能掌握自己的命运的缘故，刘禹锡的这种分析，是超越前人的，十分深刻的。

但是，柳宗元、刘禹锡的唯物主义无神论思想是不彻底的。他们对佛教都采取了容忍妥协的态度。这主要有两个原因：一是认为佛教教义中有与儒家孔子同道之处。柳宗元说："浮图诚有不可斥者，往往与《易》《论语》合。……不与孔子异道。"（《送僧浩初序》）二是欣赏佛教僧侣不做官、不追求名利的出世主义的人生态度。柳宗元、刘禹锡作为地主阶级的革新派，在政治失意后，便转而与僧侣为友，寻找精神寄托。柳宗元说："凡为其道者，不爱官，不争能，乐山水而嗜闲安者为多。吾病世之逐逐然唯印组为务以相轧也，则舍是其焉从，吾之好与浮图游以此。"（《送僧浩初序》）刘禹锡也说:"予策名二十年,百虑而无一得,然后知世所谓道,无非畏途,唯出世间法可尽心尔。"(《送僧元嵩南游序》)这是可以理解的,但毕竟也是软弱性的表现。

四 "生人之意"与"势"

柳宗元在"天人不相预"的思想基础上,进而提出进化的历史观。他认为历史的发展既不是天命、神意所使然,也不是帝王、圣人的个人意志所支配,而是"受命于生人之意"(《柳河东集·贞符序》)。唐代避太宗李世民讳,称民为人。所谓"生人之意",即生民之意,就是人民生存的意愿和要求。他说:"圣人出于天下,不夏商其心,心乎生民而已。"(《伊尹五就桀赞》)又说:"圣人之道,不穷异以为神,不引天以为高,利于人,备于事,如斯而已矣。"(《时令论上》)圣人要"心乎生民""利于人",即要关心和重视人民的生存要求。柳宗元认为,正是由于人们的生存意向和要求,推动人们为争取物质生活资料而斗争,而这种斗争造成了人类社会向前发展的客观必然趋势,柳宗元把这叫做"势"。柳宗元说,人类的早期,和草木群兽生长在一起,由于身体条件的限制不能"自奉自卫",这样就要"假(凭借)物以为用",由此就要发生争夺,"争而不已",就需要有能"断曲直"的人出来管理,这样"君长刑政"就产生了。由于一层一层的争夺,就有一层比一层高的统治者出现,以致形成了从最基层的地方官吏起,一直到最高统治者天子的封建制(不是指五种社会形态的封建社会制度,而是指天子分封同姓和功臣为诸侯的制度)。这种封建制的产生"非圣人之意,势也"(《封建论》)。封建制不是圣人意志所造成的,而是社会发展的必然。后来实行官僚制度，即选拔人才，有赏有罚的郡县制取代封建制，这也是合乎"势"的必然，而不是什么"圣人之意"。这是含有唯物主义思想因素的历史观。因为用"势"的观点来解释国家的起源和社会政治制度的演变，就否定了过去唯心主义者的天命史观，也超过了过去唯物主义者用人口、天时等条件来说明社会治乱原因的理论。其次，还值得注意的是，柳宗元觉察到历史发展的客观趋势与参加历史活动的个别人物的主观动机之间的矛盾。他说："夫殷、周之不革者，是不得已也。……夫不得已，非公之大者也，私其力于己也，私其卫于子孙也。秦之所以革之者，其为制，公之大者也；其情私也，私其一己之威也，私其尽臣畜于我也。然而公天下之端自秦始。"（《封建论》）这是说，殷、周的帝王搞分封，并不是出于公心，而是要诸侯为自己出力，为保卫自己的子孙后代尽力。秦始皇之所以变分封为郡县，其私心是为了树立个人权威，使臣民服从，主观动机是为一己的私利，然而客观上却反映了历史发展的趋势，所以是"公之大者"。这里所讲的"公天下"，指郡县制而言，即是地主阶级的"公"，是为了有利于地主阶级国家的长治久安。柳宗元指出了人们的主观动机后面隐蔽着客观的必然趋势，从而触及了偶然性与必然性的矛盾问题，暴露了表面上的偶然性始终是受内部隐蔽着的规律支配的事实。这是有重要的理论意义的。

总之，柳宗元、刘禹锡的天人关系学说，着重批判了天能干预人类社会治乱和给个人以祸福的宗教思想，从而也就批判了"因果报应"的迷信观念。这是对中国古代天道观理论的重要贡献，是中国古代唯物主义思想发展史的重要里程碑。

周敦颐

周敦颐，字茂叔，生于北宋真宗天禧元年（1017），死于北宋神宗熙宁六年（1073），他的家乡是湖南道州营道，即今湖南道县。他早年曾任洪州分宁县主簿及几任县令，后任南安军司理参军，晚年任广东转运判官，广东提刑，知南康军。他是北宋重要的哲学家。

周敦颐长期做州县小吏，但不卑小职，处世超然自得。他尘视名利，雅好山林。他有一首诗："闻有山岩即去寻，亦跻方外入松阴。虽然未是洞中境，且异人间名利心。"传说他的住所窗前杂草丛生，但他从不锄除，人问之，他答："与自家意思一般。"体现出一种要与生生不已的大自然融为一体的人生胸怀。他曾作《爱莲说》，称"予独爱莲之出淤泥而不染"，这篇格调清新的优美散文，脍炙人口，堪称一绝。他所称颂的莲的中正清直的品格正是寄托了他的人格理想。周敦颐的家乡营道县有水名濂溪，他晚年定居庐山时，山麓有发自白莲花峰的一条小溪，周敦颐也以濂溪名之，他在溪上构筑书堂，称为濂溪书堂，因此被学者称为濂溪先生。他的主要著作是《太极图说》和《通书》①。他在《宋史·道学传》中被列为道学之首。

---

① 均见于《周子全书》。

一 孔颜乐处

周敦颐在南安的时候，还是一个不为人知的普通官吏。唯有程颢、程颐的父亲独具慧眼，推崇周敦颐的才学，命当时只有十五岁左右的二程从学于周敦颐。这是周敦颐后来被尊为理学开山祖师的重要原因之一。

《论语》中记载，颜回生活贫困不堪，但内心十分快乐，孔子对此十分赞叹。程颢后来回忆早年周敦颐对他的教诲时说："昔受学于周茂叔，每令寻颜子仲尼乐处，所乐何事。"（《二程遗书》卷二上）程颐第一篇重要的论文是《颜子所好何学论》，也是讲这个问题。此后，"寻孔颜乐处"成了宋明理学的重大课题。这表明，周敦颐提出的寻求并了解颜回为什么在贫贱中保持快乐的问题对二程和整个宋明理学确实产生了重大的影响。周敦颐说："颜子'一箪食，一瓢饮，在陋巷，人不堪其忧，而不改其乐'。夫富贵，人所爱也。颜子不爱不求，而乐乎贫者，独何心哉？天地间有至贵至富可爱可求，而异乎彼者，见其大而忘其小焉尔。见其大，则心泰。心泰，则无不足。无不足，则富贵贫贱处之一也。"（《通书·颜子第二十三》）孟子曾经提出生与义的选择问题，认为"生亦我所欲也，义亦我所欲也，二者不可得兼，舍生而取义者也"（《孟子·告子上》）。这是说，人既有生存的欲望，又有道德的理想，当两者不能同时满足的时候，人应当把道德理想放在首位，因为"所欲有甚于生者"（《孟子·告子上》）。孟子是用个体的生存欲望和道德的绝对命令二者发生冲突时的选择来说明人生中有比个体生命更为重要的价值存在，孟子要求人应当有一种为了道德义务而超越感性欲望的思想境界。在周敦颐看来，富贵是常人共同追求的对象，但是世界上有比富贵更宝贵更可爱的东西。这种至贵至富可爱可求的东西是"大",比起它来,富贵利达不过是"小",人得到了这种"大",不但可以忘却"小",而且可以在内心实现一种高度的充实、平静和快乐。周敦颐的这个思想是对孟子的进一步发展。

照周敦颐的这个说法,颜回并不是因为贫贱本身有什么可"乐"。颜回在艰难困苦的环境中为什么会有快乐呢?照周敦颐的说法看,颜回所得到的至贵至爱是指他达到了人生的一种精神境界,有了这种境界人就可以超越名利富贵,这也就是他的"所乐"处,他的乐是他的精神境界带给他的精神快乐。这种快乐不是由于某种感性对象所引起的感性愉悦,而是一种高级的、理性的、精神的享受,是超越了一切人生利害而达到的内心幸福和快乐,人生应当寻求的最高境界就是这种精神境界。这个境界周敦颐自己达到了没有呢?北宋著名的文学家、诗人黄庭坚称赞周敦颐说:"舂陵周茂叔,人品甚高,胸中洒落,如光风霁月。"(《濂溪词并序》)说周敦颐的精神境界超脱庸俗,不滞于物,像清风明月那样,韵致高远,淡泊洒落。这样看来,他所提倡的境界,他自己是达到了。

《通书》中另有一段说:"君子以道充为贵,身安为富,故常泰无不足,而铢视轩冕、尘视金玉,其重无加焉尔。"(《通书·富贵第三十三》)这一段可与《颜子》章相印证,也是说人真正能体会到道,自然会超越那种对于功名利禄的庸俗计较,并获得一种高度、持久的精神快乐。周敦颐的"寻孔颜乐处"的思想使古代儒家以博施济众和克己复礼为内容的仁学增添了人格美和精神境界的内容,并对整个宋明理学的人生追求产生了深远影响。

二 动静互根，变化无穷

周敦颐的《太极图说》有图有说。明清以来，考证《太极图》与道教《无极图》《太极先天图》关系的不乏其人。实际上，南宋初即有人指出《太极图》原出于北宋初道士陈抟，这表明《太极图》确与道教的某些图式有关。但是，一个图式仅仅是一种理论表述的形式，在利用前人的思想资料上，图式与范畴一样，它的意义决定于对图式的解释。事实上，用来解释《太极图》的《太极图说》是宋代崛起的新儒家哲学的一个论纲，它包含着一个辩证法的发展观。

《太极图说》认为："无极而太极，太极动而生阳，动极而静，静而生阴，静极复动。一动一静，互为其根，分阴分阳，两仪立焉。阳变阴合而生水火木金土。五气顺布，四时行焉。五行一阴阳也，阴阳一太极也，太极本无极也。五行之生也，各一其性。无极之真，二五之精，妙合而凝。乾道成男，坤道成女，二气交感，化生万物，万物生生，而变化无穷焉。"《太极图说》至少包含了如下重要论点：

太极作为未分化的原始实体，它的运动是阴阳产生的根源，太极的显著运动产生了阳气，太极的相对静止产生了阴气。"动而生阳""静而生阴"，这里突出了运动对于宇宙过程的意义，表明宇宙本质上是运动的。

运动的过程是动静两个对立面的交替和转化。"动极而静""静极复动"。"动"的状态发展到极点，就要向相反的方向转化，变为"静"。同样，"静"的状态发展到极点，又要转化为"动"。整个宇宙过程中任何一种特定的运动状态都不是恒常不变的。

从纵的、宇宙运动过程上说，是"一动一静，互为其根"，即运动和静止不断交替循环的过程。从横的、宇宙的构成上说，是"分阴分阳、两仪立焉"，即宇宙的构成是阴阳二气的对立统一。

宇宙的构成本质上是阳气和阴气的相互作用和相互交合。"阳变阴合而生水火木金土"，"二气交感，化生万物"。阴阳的交互作用和结合产生了五种物质元素，并进而形成万物。在阴阳的相互作用中，阳（变）是主导的方面，阴（合）是非主导的方面，矛盾的对立面有主有从。

正如动和静的循环是没有极限的，"万物生生而变化无穷焉"，宇宙间一切事物的变化都是没有穷尽的。"四时运行，万物终始，混兮辟兮，其无穷兮"（《通书·动静第十六》）。宇宙处在一个无休止的永恒的生成和变动中。

周敦颐的著作言辞简约，但他提炼了《周易》的阴阳变化思想，提出了一个辩证自然观的纲要，这对推动辩证法思想的发展是有意义的。

三　诚、神、几

《通书》中说："寂然不动者，诚也。感而遂通者，神也。动而未形、有无之间者，几也。诚精故明，神应故妙，几微故幽。诚、神、几曰圣人。"（《通书·圣第四》）就这个思想的直接意义来说，是从不同方面描述圣人的精神状态及其活动。是指圣人的本性是"诚"，本性是寂然不动的。当与外部事物接触时，本性做出反应，于是表现为精神活动，有所知觉。本性是静，精神知觉是动，在活动刚刚萌生而尚未明显之时，叫做"几"。

周敦颐的诚、神、几学说，提供了一种心性论的观点，表明人的心理活动是依性（诚）—几—知（神）的顺序发生的过程，他说："无思，本也。思通，用也。几动于彼，诚动于此。"（《通书·思第九》）又说："诚无为，几善恶。"（《通书·诚几德第三》）《太极图说》也说："形既生矣，神发知矣，五性感动而善恶分。"周敦颐认为性是无思无为的，几是"五性感动"而"神发知矣"的中间环节。性没有恶，但到了"几"的时候，就可能有善恶。他要求人在欲念萌发的时候慎重地加以检查。

四　动而无动，静而无静

周敦颐在《通书》中进一步讨论了关于动静的问题："动而无静，静而无动，物也。动而无动，静而无静，神也。动而无动，静而无静，非不动不静也。物则不通，神妙万物。"（《通书·动静第十六》）周敦颐哲学中"神"有不同的意义，这里所说的神是继承了《易传》"神也者，妙万物而为言者也"的思想。"妙万物"是指"神"是宇宙万物运动的内在本性和变化生生的微妙功能。周敦颐认为，对于一般的事物而言，运动和静止是互相排斥的，运动时没有静止，静止时没有运动。但对于神来说，静止中有运动，运动中有静止。神是超越动静的对立的。

周敦颐的这一思想，还不是我们今天对于运动和静止的科学的辩证了解，但是，至少对于他来说，"动"和"静"这两个概念不仅是互相依赖、互相转化的，而且在一定意义上可以互相包含。对立的矛盾范畴不是固定、僵死、对立的两极，是彼此不可分离的，它们是互相渗透的。

五　太极本无极

汉唐哲学多以"太极"指元气未分的状态,如《汉书·律历志》说"太极元气,函三为一"。"太极"和"无极"是两个概念。无极最先见于道家学说,在后来中国哲学的发展中又为其他学派所吸收。朱熹晚年看到一个记载,其中所抄《太极图说》与朱熹自己所见本在第一句上有不同,朱熹所见本作"无极而太极",别本作"自无极而为太极"。但朱熹校定本在他中年时即广泛流布,而终朱熹一生,甚至在陆九渊激烈地和他辩论无极问题时,也从未有人对他的定本提出非议,这表明朱熹的定本还是有根据的。

《太极图说》的一个突出意义是它提出了一个宇宙发展的图式,就《太极图说》和《通书》的关系看,前者是纲,后者是目。《通书》是把《太极图说》宏观的勾勒加以具体化。

《通书》中说"五行阴阳,阴阳太极,四时运行,万物终始"(《通书·动静第十六》),这也就是《太极图说》中所说的"五行一阴阳也,阴阳一太极也,太极本无极也"。《太极图说》先于《通书》而作,这可以由《太极图说》所作的两个小注得到说明[①]。《通书》中没有提到无极,但也没有因此对《太极图说》进行修改,这表明这两部著作的基本思想是一致的。周敦颐的思想认为,五行统一于阴阳二气。而太极作为原始物质本身是无形的、无限的,这也就是所谓的"无极而太极"。

---

① 　《太极图说》"圣人定之以中正仁义(自注:圣人之道仁义中正而已矣)",《通书》第六"圣人之道,仁义中正而已矣"。《太极图说》"主静(自注:无欲故静)立人极焉",《通书》第二十"无欲则静虚动直",疑《太极图说》自注当为作《通书》后所补。

根据周敦颐的思想,宇宙发展的基本图式是:太极—阴阳—五行—万物。宇宙的原初实体是太极元气,太极元气分化为阴阳二气,阴阳二气变化交合形成五行,各有特殊性质的五行进一步结合凝聚,由此产生万物。

周敦颐在《通书》中还用"一"与"万"的范畴描述这一宇宙模式。他说:"二气五行,化生万物,五殊二实,二本则一。是万为一,一实万分。万一各正,小大有定。"(《通书·理性命第二十二》)这是说宇宙万物生生不穷,本质上都是一气的变化,这就是"是万为一"。太极元气演化出二气五行,一气表现为万殊的不同,这就是"一实万分"。这种"一"与"万"的关系表明,宇宙的多样性中包含着统一性,统一性表现为多样性。由此可见,周敦颐的哲学是一种一元论哲学,因为他是把太极作为自然现象的无限多样性的统一基础。

周敦颐的学说主要是一种宇宙发生的学说。根据他的哲学,世界在本质上是从某种混沌中产生出来的东西,是某种发展起来的东西,是某种在时间的过程中逐渐生成的东西,这种自然观与那种把宇宙看成为某种一下子造成的、僵化不变的东西的观念显然是完全不同的。

六 一与思

周敦颐认为,人有了形体,才产生精神,五性感动,才有知觉思维,于是便有善恶。圣人把仁义中正作为基本道德原则,又用主静的方法进行自我修养。在他看来,圣人代表了人类最高的道德标准。

那么,人能不能通过学习和修养把自己培养成为圣人呢?回答是肯定的:"圣可学乎?曰:可。曰:有要乎?曰:有。请问焉,曰:一为要。一者，无欲也。无欲则静虚动直。静虚则明，明则通。动直则公，公则溥。明通公溥，庶矣乎！"（《通书·圣学第二十》）这就是说，学做圣人，最重要的是做到"一"。"一"就是不要有任何杂念。做到了"一"，人的内心世界就达到了"虚"的境地。"虚"就是没有任何成见，这样人就能够明白透彻地认识事物，思想开阔，胸怀通达。这样的人在行为上一定可以做到正直，正直是公正无偏的基础。周敦颐主张的这种修养方法，强调"一"，要求排除杂念的干扰，使内心静虚而明，这显然是继承和吸收了荀子主张的"虚一而静"的清明境界，包含有认识主体的修养的意义。

有了"一"的修养，还须有"思"的功夫。"不思则不能通微，不睿则不能无不通，是则无不通生于通微，通微生于思。故思者，圣功之本而吉凶之几也"（《通书·思第九》）。思既是穷神知化的认识方法，也是辨察善恶的修养方法。

周敦颐的著作过于简约，他的哲学思想的论纲式的表达为后来的思想家利用或引申留下了十分广阔的余地。

张　载

张载，字子厚，生于宋真宗天禧四年（1020），卒于宋神宗熙宁十年（1077）。他祖籍大梁（今河南开封），生于长安仕宦之家，因久居陕西凤翔府郿县（今作"眉县"）横渠镇讲学，学者称他为横渠先生。熙宁初任崇文院校书，熙宁末同知太常礼院，到官不久，谒告西归，行至临潼，卒于馆舍。

张载生活的北宋中期，宋王朝与北方、西方的少数民族矛盾十分严重，他因生长在西北地区，对西北边患十分关注。史称他"少喜谈兵，至欲结客取洮西之地"（《宋史》本传）。他在青年时代常与朋友共究兵法，慨然有军功之志。他曾上书谒见当时任陕西招讨副使的范仲淹，陈述关于用兵边事的谋略和计划。《宋史》本传说他"年二十一，以书谒范仲淹，一见知其远器，乃警之曰：儒者自有名教可乐，何事于兵！"范仲淹认为他在儒学方面可以有更大作为，便引导他潜心《中庸》，张载不以此为满足，又研究释老之书多年，觉无所得，又反求之于六经，终于确立了他对佛老的批判立场，并在对佛老的强烈批判中建立了他的唯物主义哲学体系。

张载是一个真正的哲学家。他的一生穷神研几，努力探索宇宙人生的奥秘。自视甚高的二程对他的才学也推崇备至，以为"自孟子后，儒者都无他见识"。时人说他"以命世之宏才，旷古之绝识，参之以博闻强记之学，质之以稽天穷地之思"，这个评说并不过分。他曾作诗云："芭蕉心尽展新枝，新卷新心暗已随。愿学新心养新德，旋随新叶起新知。"（《张载集·文集佚存·芭蕉》）他一生思学并进，德智日新。他的弟子为他作的《行状》中记述："终日危坐一室，左右简编，俯而读，仰而思，有得则识之。或中夜起坐，取烛以书。其志道精思，未始须臾息，亦未尝须臾忘也。"（《张载集·附录·吕大临横渠先生行状》）这正是他一生呕心沥血、穷神知化的真实写照。他的哲学以《周易大传》为宗，真可谓之精深，处处闪耀着中国哲学智慧的光彩，是我们中华民族哲学遗产的一份宝贵财富。

他的主要著作是《正蒙》，新印本《张载集》收录了他的全部思想材料。

一 虚空即气

张载哲学中最具特色的学说是关于虚空与气的理论，这一理论构成了他的整个哲学的基础。他说："太虚无形，气之本体。其聚其散，变化之客形尔。"（《正蒙·太和》）又说："太虚不能无气，气不能不聚而为万物，万物不能不散而为太虚。"（《正蒙·太和》）又说："气之聚散于太虚，犹冰凝释于水，知太虚即气，则无无。"（《正蒙·太和》）按照这种学说，宇宙的构成分为三个主要层次：太虚 $\rightleftharpoons$ 气 $\rightleftharpoons$ 万物。太虚之气聚而为气，气聚而为万物；万物散而为气，气散而为太虚。这两个相反的运动构成了宇宙的基本过程。根据这一思想，太虚、气、万物都是同一实体的不同状态，这个物质实体"气"在时间和空间上都是永恒的。按照这一学说，一方面，气的每一种有规定的形态都是暂时的，因而道教的"肉体长生"只是一种幻想。另一方面，宇宙并没有真正的虚空存在，虚空也是气的存在形态。气作为实体，永远同一，而没有消灭，因而佛教的"空""虚"教义乃是一种迷妄。张载的这个学说像一把两刃刀，对于佛老具有强有力的批判力量[①]。

"太虚"一词本指虚空，即广阔的宇空，张载认为，虚空并非像普通人了解的那样，它并不是一个绝对的空间，不是一个中间一无所有的大柜子，而是在它中间充满了一种无法直接感知的极为稀薄的气。在这里，张载提出了一个十分精到的见解，即无形无状的太虚实质上是气的本来存在状态，他称这本然状态为"本体"。而气不

---

① 佛教讲"空"是指万物由因缘和合而生，是无自性的，并不是指虚空。但佛教的一切皆空理论，实质上导致了对客观存在的否定，陷入虚无主义。

过是这种清稀微细的太虚之气凝聚而成并可以看到象状的暂时形态。虚与气是统一的。万物和气之间也是种同样的聚散关系。因而气是物质实体，又是空间本身，又是构成一切有形物体的材料。因而，宇宙并不存在什么真正的虚空或虚无。有形有象的物质形式可以为人直接感知，这是有；气散归为太虚，人无法看到它，但这并不是真正的无。所以宇宙是一个无限的实在，其中只有"幽明之分"，并没有"有无之别"。在他看来，传统所谓的有与无，都是气，他把这叫作"有无混一"。

从科学思想史的角度看，张载的虚空即气的学说在一定程度上猜测到了"场"的存在。按照现代物理学的量子场论，场是连续的，具有粒子性，粒子可以看作量子场的凝聚。这与张载把无形的空间看作一种物质实在，认为这种物质实在可以凝聚为气及万物的思想不谋而合，无怪乎当代的科学史家对这位11世纪的中国哲学家抱有高度的尊敬。

从哲学上看，张载的自然哲学无疑是气一元论的唯物主义哲学，他把宇宙的统一性毫不犹豫地归结为物质性的实在"气"。在他死后，程朱学派批评他对事物生、死、聚、散的解释是受了佛教轮回思想的影响，这是不正确的。生、死、聚、散的观念是中国古典哲学的固有观念，萌生于先秦、发展于两汉，而且与佛教轮回思想完全不同。恩格斯指出："整个自然界被证明是在永恒的流动和循环中运动着。"[①]他认为，宇宙的过程"是物质运动的一个永恒的循环……

---

① 《自然辩证法》，《马克思恩格斯选集》第3卷，人民出版社，2012年，第856页。

在这个循环中，物质的每一有限的存在方式，不论是太阳或星云，个别动物或动物种属，化学的化合或分解，都同样是暂时的"①。和恩格斯一样，张载的学说同样具有辩证的宏大气魄。

万物由气产生，万物又不断复归于气，气作为实体，无所不在，永远同一，它仅在自己的规定中变化，张载的唯物主义气一元论是古代哲学朴素唯物主义的一个相当完备的形态。

从思维方法上看，张载把太虚规定为"气之本体"，把太虚凝聚的有形事物称为"变化之客形"，提供了一个"本体—客形"的理论模式，"本体"用以指某一存在的本来状态，"客形"用以指由本来状态通过某种方式转变而成的其他暂时存在形态。这一对范畴不仅使元气论的理论思维进一步提高，而且对其他范围的哲学思考也有积极意义。

二 凡象皆气

如果说虚空即气说主要用来说明"空"与"形"的相互联系，那么，"凡象皆气"说则主要用来说明"象"与"气"的关系。

张载说："凡可状，皆有也。凡有，皆象也。凡象，皆气也。"（《正蒙·乾称》）因而，一切可以被形容、摹状的都是实实在在的现象，一切现象则都是气的不同表现。张载进一步指出："所谓气也者，非待其蒸郁凝聚、接于目而后知之。苟健、顺、动、止、浩然、湛然之得言，皆可名之象尔。然则象若非气，指何为象？"（《正蒙·神

---

① 《自然辩证法》，《马克思恩格斯选集》第3卷，人民出版社，2012年，第863—864页。

化》）这就是说，凡有状态可以形容，凡有动静可以分别，浩然广大、湛然清彻的一切现象都是气。这些"象"都是气的现象，即气的表现。

按照这个思想，不仅虚空是气，各种有形体的万物是气，一切具有运动和静止、有深度和广度的现象，也都是气。"象"这个概念具有感觉的对象的意义，也就是说，一切可感觉到的对象都是气。这样，"气"的意义就更为广泛了。在这个意义上，"气"这一概念已接近于人的意识之外的物质存在的含义。这个思想是张载在中国唯物主义思想发展史上的一个重大成就。

三　神天德，化天道

张载哲学中还着重讨论了关于宇宙运动变化的种种问题，即他所谓的"气化"的问题。他说："由气化有道之名。"（《正蒙·太和》）他用"道"来指气的变化过程，这是他的一个有创见的理解。

张载把气化分为两种主要形式。一种是"变"，一种是"化"："变言其著，化言其渐。"（《横渠易说·系辞上》）"变则化，由粗入精也。化而裁之谓之变，以著显微也。"（《正蒙·神化》）著变指事物的显著运动，渐化指事物逐渐而细微的变化。"变"与"化"二者相互联结，"变则化"是说著变可以引起渐化；"化而裁之谓之变"，是说著变是渐变过程的中断。张载关于变化的二种形式的理论，虽然简单，却十分精辟。

张载进一步提出，宇宙的运动是由于气本身具有内在的运动本性。他说："太和所谓道，中涵浮沉升降动静相感之性，是生细缊相荡胜负屈伸之始。"（《正蒙·太和》）这是说，道就是太和之气的相互震荡絪缊变化；太和之气的絪缊变化正是根源于太和之气内在的动静相感的本性。他还指出，气的不断运动，乃是由于其中有"虚实动静之机"（《正蒙·太和》）。他指出，所谓机，就是内在的动力，事物的运动正是在"机"的作用下实现的："动必有机，既谓之机，则动非自外也。"（《正蒙·参两》）事物的动静之机也就是指一切运动变化的内在根源。在他看来，事物运动的根源在它的内部，而不是在它的外部。

这种事物自己运动的内在本性和根源，张载又称为"神"。他继承、发展了《周易·说卦传》"神也者，妙万物而为言者也"的思想，在他的哲学中，神不仅指变化的复杂性和不固定性，而且指事物运动变化的内在本性，他说："神天德，化天道。德其体，道其用，一于气而已。"（《正蒙·神化》）这是说，"神"是指气的内在本性，因而是体；"化"是指气化的运行过程，因而是用。神和化都是宇宙实体"气"的不同方面。张载强调："气之性本虚而神，则神与性乃气所固有。"（《正蒙·乾称》）神作为世界运动变化的根源，是"气所固有"的。

张载也提到，变化的过程是有规律的。他指出，气在太虚中升降聚散、相推相荡，是在某种必然性的支配下发生的。他说："天地之气，虽聚散攻取百涂，然其为理也顺而不妄。"（《正蒙·太和》）物质世界既是不测（神），又是有常（理），是"神而有常"（《正蒙·天道》）的。不过，他关于世界运动的规律性的讨论还是比较简单的。

张载哲学建立了许多概念规定来力图把握宇宙永恒的变化总体过程，在这个自然哲学的范畴体系中，变化的实体是"气"，变化的过程是"道"，变化的常则是"理"，变化的本性是"性"，变化的动因是"机"，变化的不测为"神"，变化的总体是"易"，变化的渐变为"化"、著变为"变"。张载哲学的范畴主要继承了《周易大传》中的哲学，并有较强的分析性。

四 一故神，两故化

如果说"神化"学说只是一般地肯定运动根源来自世界自身，那么，张载的"两""一"学说则进一步揭示出矛盾的对立统一是这个根源的具体内容。他提出："一物两体，气也。一故神，两故化，此天之所从叁也。"（《正蒙·参两》）"两不立则一不可见，一不可见则两之用息。"（《正蒙·太和》）"感而后有通，不有两则无一。"（《正蒙·太和》）"一物两体"是指每一事物都包含有对立的两个方面。他曾解释说："两体者，虚实也，动静也，聚散也，清浊也，其究一而已。"（《正蒙·太和》）两体是指虚实、动静、清浊、聚散这些对立的矛盾，又正是这些对立面构成了统一体。

"两不立则一不可见"，是指没有对立的双方，统一体就不能存在。"一不可见则两之用息"是指没有统一体，对立面双方就不能相互作用。因而，"有两则有一""一则有两""不有两则无一"，张载的这些命题都是指没有对立就没有统一，没有统一就没有对立。统一与对立不是互相排斥，而是互为存在的条件。任何一个事物都是既统一又对立的。

所谓"一故神""两故化"，是指这种对立统一的辩证关系正是事物运动的内在根源，气是包含对立部分的统一体，因为有对立，才产生变化。对立又统一，所以变化不测。作为统一体，才能有神妙的运动；两个对立面交互作用，才有无穷的变化。

张载不仅讲"两""一"与"神""化"，以说明世界变化的源泉。还从"两""一"与感、合的关系上具体描述对立双方的相互作用与相互联系。"两"，张载又称"二"或"二端"，他说："无无阴阳者，以是知天地变化，二端而已。"（《正蒙·太和》）又说："天包载万物于内，所感所性，乾坤、阴阳二端而已。"（《正蒙·乾称》）也就是说，每一事物的对立面，从普遍意义上说，就是阴阳，阴阳的对立统一是宇宙的普遍规律。张载认为，对立的双方必定发生相互作用，"有两则须有感"（《横渠易说·观卦》），这种作用他称之为感。他说："感即合也，咸也。以万物本一，故一能合异。以其能合异，故谓之感。若非有异，则无合。天性，乾坤、阴阳也，二端故有感，本一故能合。天地生万物，所受虽不同，皆无须臾之不感。"（《正蒙·乾称》）根据气一元论哲学，二端的相感主要表现为絪缊、相荡、屈伸、升降、动静、相求、相揉、相兼、相制，正是这些广泛的相感形式使对立面在相互作用中相互联结，从而造成屈伸无方、运行不息的变化过程。

如前所说，二端相感根源于气的本性。张载说："感者性之神，性者感之体。"（《正蒙·乾称》）"感"是"性"的表现过程，事物相感的根据在事物的本性。

五　合内外，大其心

张载的认识论也是很有特色的。他说："人本无心，因物为心。若只以闻见为心，但恐小却心。今盈天地之间者皆物也，如只据己之闻见，所接几何？安能尽天下之物？所以欲尽其心也。"（《张子语录·语录下》）这个思想是说，人的思维并没有先验的内容，认识的来源是外部世界。思维离开了外在世界就失去内容了。思维的深度和广度取决于思维对象的范围，因而，如果把思维限制在个体感官直接接受的现象范围之内，人对事物的了解和知识就狭小有限。所以，要对整个宇宙和万物有所了解，就必须扩展自己的思维，超越感官的局限，彻底发挥思维的能动作用，这就是尽心，也叫做"大心"。他说："大其心则能体天下之物，物有未体，则心为有外。世人之心，止于闻见之狭，圣人尽性，不以见闻梏其心。……见闻之知，乃物交而知，非德性所知。德性所知，不萌于见闻。"（《正蒙·大心》）"体天下之物"的"体"，朱熹解释为"置心物中"，用现在的名词说，就是直觉。这也就是说感官所能直接把握的对象是十分有限的，大心是要求人的思维超出感性表象的范围，并通过直觉的方法尽可能地扩展思维的广度。

大心所得到的知识又称"德性所知"或"诚明所知"。可以看出，张载大心之知的一个基本方面是指出了以宇宙整体为对象的哲学理论思维所有的特点。事实上，如果没有这种超越闻见之狭的大心思考，他本人就不可能提出太虚即气的宇宙学说。

大心之知又是一种意境高远的人生境界，所谓"体天下之物""视天下无一物非我"就是使自己胸怀天下，放眼宇宙，把自己看成全宇宙的一个必要部分，把宇宙万物看作是和自己息息相通的整体，在这样一种对于宇宙的了解中确立自己的地位。因而，这样一种人的心灵境界常常需要充分的道德修养来加以培壅。

可见，张载强调的大心之知作为对宇宙人生的深刻思考，既包括以"穷神知化"为内容的逻辑思考，又包括"体天下之物"的直觉体会。正是这种思考和体会使他树立起《西铭》的思想境界。

从纯粹认识论的意义上说，张载的大心之知是指人的理性认识。他虽然强调理性思维必须超越感官经验的范围，但并不否认感官经验的实在性和可靠性。他认为感觉经验是理性思维的基础，人的知识都是由"合内外"而形成的。耳闻目见接受外部事物的表象，构成认识的门户。人的知识既须以见闻为基础，又要不为感觉经验所局限。不过张载更注重理性思维，他的思想表现了一些唯理论的倾向。他说的"德性所知，不萌于见闻"，主观上是企图强调理性认识的相对独立性，但在表述上却给人一种割断感性认识与理性认识联系的印象。

六　民胞物与

在《正蒙》最后一篇《乾称》的开始，有一段文字是张载原来为学者所写的一篇铭文，题为《订顽》，又称《西铭》。二程曾经认为，《西铭》代表了孟子以后儒家的最杰出的见解。

《西铭》说："乾称父，坤称母，予兹藐焉，乃浑然中处。故天地之塞，吾其体；天地之帅，吾其性。民吾同胞，物吾与也。大君者，吾父母宗子；其大臣，宗子之家相也。尊高年，所以长其长；慈孤弱，所以幼吾幼。圣其合德，贤其秀也。凡天下疲癃残疾、茕独鳏寡，皆吾兄弟之颠连而无告者也。于时保之，子之翼。乐且不忧，纯乎孝者也。……富贵福泽，将厚吾之生也；贫贱忧戚，庸玉女于成也。存，吾顺事。没，吾宁也。"《西铭》是要解决如何从个人的角度来看宇宙，如何运用这种对宇宙的观点来看待社会生活。从《西铭》的立场上看，人是由气构成的，这构成人的气也是构成宇宙万物的气。因而，从个人的角度来看，天地就是我的父母，民众即是我的同胞，万物都是我的朋友，君主可以看作是这个"大家庭"的嫡长子，等等。张载的这些说法，其用意并不在于要用一种血缘宗法的网络编织起宇宙的关系网，而是表明，从这样一个观点出发，人就可以对自己的道德义务有一种更高的了解，而对一切个人的利害穷达有一种超越的态度。从那样一种"吾体""吾性""吾同胞""吾与"的立场来看，尊敬高年长者、抚育孤幼弱小都是自己对这个"宇宙大家庭"和这个家庭的亲属的神圣义务。换言之，这样一种对宇宙的了解中，宇宙的一切都无不与自己有直接的联系，一切道德活动都是个体应当实现的直接义务。这也就是"视天下无一物非我"的具体内容，这个境界也就是"天人合一"的境界。

在这样一种万物一体的境界中，个体的道德自觉大大提高，他的行为也就获得了更高的价值。而个人的生与死、贫与富、贱与贵，在广大的宇宙流行过程面前则变得微不足道。生命是属于宇宙的，活着就应当对天地奉行孝道，死亡使人永远安宁，贫贱使人发愤，富贵得以养生。人应当把有限的生命投入到"为天地立心①，为生民立道，为去圣继绝学，为万世开太平"（《张子语录·语录中》）的无限大业中。

张载"民胞物与"的思想，是封建时代中国知识分子的一曲正

---

① 心，原为"志"，据《张子全书》改。

气歌。它哺育了许许多多志士仁人，激励他们以天下为己任，救邦国于危难，拯生民于涂炭，终生奉行道德理想，生死利害一切置之度外。但这种思想也有一定的偏弊。其一是侧重于强调个人对他人的义务而忽视个人的权利，其二是侧重于强调人与自然、人与人之间的和谐，而忽视斗争、竞争。这是中国传统思想的通病，特别是儒家思想的通病。与近代西方强调权利而忽视义务、强调斗争而忽视和谐，可谓各陷于一偏。正确的观点应该是坚持权利与义务的统一、斗争与和谐的统一。"民胞物与""与天为一"的人生理想，还有空想的成分。人是社会性的动物，应该追求"群己一体""与群为一"的理想；人类生存于自然环境中，应该注意保护自己赖以生存的自然环境，保持人与自然之间的和谐。但人与自然之间，并不存在与人际关系类似的道德义务，所以从"民胞"讲到"物与"、从与群为一讲到与天为一，实属蛇足。在对待现实生活中富贵贫贱的差别和对立时，《西铭》表现出一种要人安分守己不思变革的倾向，因此，在肯定"民胞物与"思想的积极合理的同时，对这些偏弊，应有清醒的认识。

程 颢

程颢，字伯淳，生于北宋仁宗明道元年（1032），死于北宋神宗元丰八年（1085），河南伊川人。由于他和他的弟弟程颐长期在洛阳讲学，传统称他们的学派为"洛学"。程颢年轻时举进士，后任过县主簿、县令、著作佐郎。神宗时王安石变法，程颢任太子中允权监察御史里行，后改签书镇宁军节度判官、太常丞、知扶沟、监汝州酒税。元丰末哲宗即位，召为宗正寺丞，未行，以疾终。葬于伊川，时潞国公太师文彦博题其墓表，称"明道先生"，后来学者皆尊为"明道先生"。

程颢和程颐以孟子的继承者自居，认为自己的学说把孟子以后中断了一千四百年之久的儒学传统真正承接起来了。他们把"理"作为最高的哲学范畴，强调道德境界对个人和社会的意义。二程学说可以说是两宋理学的主流派。

程颢死后，程颐为他作《行状》，其中说："先生为学，自十五六时，闻汝南周茂叔论道，遂厌科举之业，慨然有求道之志。未知其要，泛滥于诸家，出入于老释者几十年，返求诸六经而后得之。"（《二程集·明道先生行状》）程颢所走的这一条"泛滥出入"而后"归本六经"的道路也是宋明时期许多理学家思想发展的常规道路。

程颢青年时代就学于周敦颐，周敦颐"令寻颜子、仲尼乐处，所乐何事"（《二程遗书》卷二上）。后来他尝说："自再见周茂叔后，吟风弄月以归，有'吾与点也'之意。"（《二程集·遗书》卷三）《论语》记载，孔子曾问起他的几个学生各自志向如何，其中几个人都表示要做管理国家事务的官吏，最后问到曾点，曾点表示自己的志向是在大自然的美好风景中歌舞郊游，孔子因加叹赏："吾与点也。"（《论语·先进》）从周敦颐的个人品格我们可以推测到，周敦颐曾引导程颢摆脱世俗名利，追求对道的体认和自然的乐趣。程颢后来有一首诗："云淡风轻近午天，望花随柳过前川。旁人不识予心乐，将谓偷闲学少年。"（《二程集·偶成》卷三）这首诗可以说是他"有'吾与点也'之意"的一个注脚。

程颢平生没有著过书，他的讲学语录及程颐的语录合编为《二程集·遗书》，另有诗文若干卷。有新印本《二程集》可供参考。

一　浑然与物同体

在程颢的语录中，有两段论"仁"的语录，后来的道学家特别推崇这两段话："仁者以天地万物为一体，莫非己也。认得为己，何所不至？若不有诸己，自不与己相干。如手足不仁，气已不贯，皆不属己。"（《二程集·遗书》卷二上）"学者须先识仁，仁者，浑然与物同体，义、礼、知、信皆仁也。识得此理，以诚敬存之而已，不须防检，不须穷索。若心懈则有防，心苟不懈，何防之有？理有未得，故须穷索。存久自明，安待穷索？此道与物无对，大不足以明之，天地之用皆我之用。孟子言'万物皆备于我'，须反身而诚，乃为大乐。"（《二程集·遗书》卷二上）先秦儒家的仁学强调博施济众的人道主义和克己复礼的道德自律，程颢则认为，仁的最高境界是与"万物为一体"，这种境界的基本特征是要把自己和宇宙万物看成息息相通的一个整体，把宇宙每一部分都看作与自己有直接的联系，甚至就是自己的一部分。程颢认为，这可以用古典中医理论以手足麻痹为"不仁"来加以解释，在肢体麻痹的情况下，人就不会感到麻痹的肢体是整个身体的一部分。

上面引的那两条语录与张载的学说是相通的，"以天地万物为一体"，认为"物莫非己"，就是张载说的"视天下无一物非我"（《正蒙·大心》）。程颢说过："《西铭》，某得此意。"（《二程集·遗书》卷二上）但程颢与张载也有所不同，这主要表现在，《西铭》的基础是气一元论，它所提倡的人生态度和宇宙胸怀是与穷神知化的理性思考联系在一起的。程颢则更强调个体的感受体验，他认为，仁者并不是仅仅把自己与万物"看成"一体，而是必须有那样一种真切的感受，这就是所谓的"实有诸己"。因为程颢的仁学境界更多基于心理体验,强调不要穷索的直觉体会,经过内心的修养,人体会到自己超越了一切对立,体验到宇宙的一切是一个不可分割的浑然一体。程颢认为,有了这样一种对宇宙的直接体会,人就有了一种较高的自觉、较高的精神境界。修养的功夫就是要把这种体会到的心理境界保持住。程颢认为,人有了这样的内心境界,自然会有"大乐",这也就是颜回的乐处。这种乐处并不是一定要在颜回的贫贱中才能获得,而是贫贱更能显示出这种境界的意义。程颢认为,有了这样的境界,人对他所要完成的道德行为就有了一种更高的意识和自觉,人就不是勉强克除私欲服从道德律令,而是在这种完全的自觉中体会到精神上的极大快乐。

程颢这种"仁者浑然与物同体"的思想,与张载的"民胞物与""与天为一"思想一样,既有积极合理的一面,也有严重的偏弊。"与人为徒"即强调人的社会性和人际关系的和谐,本来是自孔子以来的儒家传统思想。在理论思维上,它强调了个人不能离开他人和社会独立存在;在社会作用上,它培养了一代又一代士人"以天下为己任"的社会责任感,是积极、合理的。张载、程颢将这种"与人为徒"的思想扩大为"浑然与物同体""与天为一",即不仅讲"与人为徒",还讲与天地万物一体,赋予"与人为徒"宇宙的意义。这种扩大和提升,在与佛老"超越主义"(日本学者冈田武彦用语)斗争、维护儒家积极入世的人生态度方面有积极的意义。但从理论思维上看,这种扩大和提升不能说不是对儒家理性主义的损害。我们应当做彻底的唯物主义者,无论是宗教的"超越",还是准宗教的所谓"内在超越",都不能赞同。所以在人生理想上,还是以"群己一体""与群为一"为好。我们要善于从古代哲人的思想中剥取智慧,而不为其偏弊所惑。

二 动静皆定

张载曾以书信问于程颢，表示"定性未能不动，犹累于外物"，程颢因复书作答，后来道学家称程颢的答书为《定性书》。朱熹后来曾向他的学生解释说，《定性书》中的"定性"实际指的是"定心"，这个解释是正确的。因而，剔除其中一些无关的内容。可以看出，《定性书》讨论的主题是通过一种什么样的修养方法来实现人的内心的安宁和平静。

照张载的说法，内心平静的主要障碍来自外部事物的干扰，而根绝外物所引起的干扰又十分困难。程颢认为，所谓"定"，并不是使内心停止活动，也不是使内心仅仅集中在自我意识上，更不是对外物不做任何反应。他提出："夫天地之常，以其心普万物而无心；圣人之常，以其情顺万事而无情。故君子之学，莫若廓然而大公，物来而顺应。……苟规规于外诱之除，将见灭于东而生于西也。非惟日之不足，顾其端无穷，不可得而除也。……与其非外而是内，不若内外之两忘也。两忘则澄然无事矣。无事则定，定则明，明则尚何应物之为累哉！圣人之喜，以物之当喜；圣人之怒，以物之当怒，是圣人之喜怒，不系于心而系于物也。"（《二程集·答横渠先生定性书》）

中国古代哲人对一系列人生问题做了深入的探讨，程颢《定性书》所论的是一个"情与无情"的问题。这确实是一个重要问题。人生是一个艰难的过程，外物的逆阻，世事的曲折，常使人痛苦；如不能善用感情，那就痛苦不堪了。所以人生需要一种生活的艺术，一种统御情绪的艺术。在这方面,中国古代哲人所见各有不同。有的主张节制感情,有的主张消弭感情,有的则主张有情而无情。程颢主张以情从理,是一种很深刻的见解。人非草木,孰能无情?但感情这个东西,如果不受理性的控制,很容易出问题。感情过于强烈,内可以伤身伤神,外可以害事,因此很有用理性控制感情的必要。中国古代有许多长寿的哲学家、艺术家、科学家,他们都很善于用理智控制感情,一方面用自强不息的态度勇敢地投入生活,不消极,不逃避,一方面用理智达观的态度对待人生的种种磨难,从而成为生活的强者。这与儒家特别是孔、孟、二程之教有密切的关系。这种以理性、理智控制感情的生活艺术,是值得学习继承的。"廓然大公"是指消除了个人的私心杂念。在接触外物时,情感还是应该有的,但应完全顺应事物的自然规律,不是从自己的利害出发的,而是依从事物的当然。这样,一切由于个人利害而产生的失望、不安、烦乱、苦闷、恼恨等等就可以免除了。

程颢的定性方法,主张"内外两忘",它的核心是超越自我。这个方法继承了孟子不动心的传统,吸取了佛教和道教的心理修养经验,特别是禅宗"不在境上生心"的不执着的方法。强调人虽然接触外部事物,但心不留恋、不停止在任何一个事物上,从而心灵是自由的、平静的、安宁的,并且始终是动中有定。另一方面,这种修养又与佛老不同,它强调情感反应要合乎当然,消除了私心杂念的影响,心对外物就可以像镜子一样做出正确的反应,从而在人伦日用中正确地处世应物。

三 形上与形下

《周易大传·系辞上》说:"形而上者谓之道,形而下者谓之器。"在中国哲学的发展中,不同时代的哲学家对这两句话给了不同的解释。

程颢和他的弟弟程颐十分重视形而上与形而下的区分,程颢说:"《系辞》曰:'形而上者谓之道,形而下者谓之器。'……阴阳亦形而下者也。而曰道者,惟此语截得上下最分明。元来只此是道,要在人默而识之也。"(《二程集·遗书》卷十一)这就是说,凡是物质的、具体的东西都是属于"形而下"的,凡是普遍的、抽象的东西都是属于"形而上"的。感性地存在的东西是形而下的,只有用理性才能把握的东西是形而上的。天地、万物、阴阳都是形而下的"器"。事物的规律、本质、共相才是形而上的"道"。程颢认为,区分普遍与特殊,区分理和物、道和器,是哲学的重要方法,他强调,《系辞上》中"一阴一阳之谓道"那句话并未真正分清道和器,因为阴阳是气,是形而下的存在,只有那句"形而上者谓之道,形而下者谓之器",才"截得上下最分明",才把感性的具体和抽象的一般本质划分开来。"道"或"理"不是感性的直接的存在,它们是理性思维的对象,不是凭感官直接认识的,所以说"要在人默而识之也"。

程颢同时指出:"形而上为道、形而下为器,须著如此说。器亦道,道亦器,但得道在,不系今与后、己与人。"(《二程集·遗书》卷一)也就是说,从思维对于对象的把握来说,哲学首先要区分抽象和具体,但又必须了解,就实际的存在来说,道并不是与器截然分开的独立实体,道不离器,器不离道,道就在器之中,器之中便有道。因而"道之外无物,物之外无道"(《二程集·遗书》卷四),事物的本质、原理、法则就在事物之中，人的认识就是要在人伦日用中见道，在一切具体的事物上认识宇宙的普遍原理。

程颢是一位有主观唯心主义倾向的哲学家。宋明时期的主观唯心主义有一些值得注意的特点，即他们在"理气""理事""道器"等关系问题上持论与唯物主义者很接近，他们的唯心主义主要表现在"心物""心理"关系的见解上。程颢的道器论，就具有这种特点。他主张道器统一，认为道与器不是两个独立的实体，这是唯物主义的因素。但他又以为道是宇宙中的最根本的，并以此反对张载以气为本原的唯物主义，这样，道器就不是统一于器而统一于道了，这又是客观唯心主义的。尽管如此，程颢把"道器"问题作为一个重要的哲学问题提出来，对理论思维的发展做出了重要的贡献。

四　无独必有对

程颢十分注意宇宙中矛盾对立的现象，他说："天地万物之理，无独必有对，皆自然而然，非有安排也。每中夜以思，不知手之舞之，足之蹈之也。"（《二程集·遗书》卷十一）在程颢看来，一切事物都有其对立面，矛盾和对立是宇宙的普遍现象。"对"即对待，"独"指没有对立面。他还说："万物莫不有对，一阴一阳、一善一恶，阳长则阴消，善增则恶减。斯理也，推之其远乎！"（《二程集·遗书》卷十一）一切对立面互为存在的条件，矛盾和对立的普遍性是宇宙的普遍法则，这个法则是自然的，不是任何人强加给事物的，没有这个规律，事物就不能产生，不能存在。程颢没有说明为什么他会由于看到这一规律的普遍适用而手舞足蹈。也许这是一种由于意识到某种真理所感受到的不可名状的鼓舞和冲动。

儒家的对立观念，一方面是由对世界上的广泛现象所作的观察而总结出来的，另一方面，更多的是从社会生活的种种矛盾现象总结出来的。在儒家的阴阳对立观念中常常包含着这样的思想：善与恶的对立是合乎普遍法则的表现，人们应当正视社会的丑恶面。有了这样的认识，人就不会因社会的黑暗、丑恶面而厌倦、消极、退缩，而把同黑暗的斗争看作是题中应有之义。虽然，有善必有恶，但这种对立观念强调个体的道德修养要去恶为善，在社会政治结构中应当进君子而退小人。所以，宇宙间永远不能无恶，但个人去恶存善是可能的。这种阴阳对立观正因为在相当程度上基于社会的善恶的对立消长，因而它始终强调阴阳对立中阳是主导的方面。阳主阴从这个观点并不是说任何一个具体事物中矛盾双方的地位永远不能转化，而是表示，从宇宙的总性质来说，代表善的、向上的积极力量始终是主导的力量，反映了这些哲学家对善和正义的信念以及乐观主义的态度。我们只有知道儒家的阴阳对立观念不仅是对自然的一种辩证观察，而且更是对社会的辩证理解，才能正确地认识这种思想的积极意义。

五　天人一理

张载在哲学中也讲天人合一、万物一体，但张载的天人合一主要以他的宇宙气一元论为基础。在这一点上，程颢与之不同，他说："所以谓万物一体者，皆有此理。"（《二程集·遗书》卷二上）根据这个观点，万物一体，是由于万物都有"此理"。《二程外书》卷十二说："明道尝言，吾学虽有所受，'天理'二字却是自家体贴出来。"二程兄弟认为，他们对天理的认识是他们经过认真思考和体验得到的独特见解。

在二程哲学中,"天理"既指自然的普遍法则,又指人类社会的当然原则。因此天理的这种意义本身就表现了天人合一。程颢说:"有道有理,天人一也,更不分别。"(《二程集·遗书》卷二上)这表明天理是一个普遍的原理,适用于自然、社会和一切具体事物的存在与发展。儒家传统的天人合一思想在这种"天人一理"说中找到了新的形式。

程颐在他的《易传》中曾说:"乾,天也。天者,天之形体;乾者,天之性情。乾,健也,健而无息之谓乾。夫天专言之则道也,天且弗违是也。分而言之,则以形体谓之天,以主宰谓之帝,以功用谓之鬼,以妙用谓之神,以性情谓之乾。"(《周易程氏传》卷一《乾》)这就是说,在二程的哲学中,"天"的基本意义是指"道",有形的苍苍之天是天道赖以表现的形体,可以用帝称呼其主宰支配的作用,用神指称其变化的功能,用健而无息表称它的性质。程颢亦说:"天者,理也;神者,妙万物而为言者也;帝者,以主宰事而名。"(《二程集·遗书》卷十一)用"天"指理,这是二程的一个创见。

程颢的天理学说,把"理"提高到上古哲学中"天"所具有的本体地位,同时把上古哲学中用"天"对于宇宙现象的解释统统改用"理"来解释。从这个角度看,天人一理的学说是要把人道提高到天道的意义上来论证其普遍性和必然性,把人类社会的某些原则和规范夸大为世界的本体,这是唯心主义。然而从另一个角度来看,天人一理的思想含有肯定宇宙普遍规律的统一性,在理论思维上是有一定意义的。恩格斯在谈到正确分析黑格尔哲学时指出:"尽管我们在这里遇到无数的任意虚构和凭空臆造,尽管这种哲学的结果——思维和存在的统一——采取了唯心主义的头足倒置的形式，可是不容否认，这种哲学在许多场合下和在极不相同的领域中证明了思维过程同自然过程和历史过程是类似的，反过来也一样，并且证明了同一些规律对所有这些过程都是适用的。"①二程的天人一理说也是肯定在自然界里运动的规律在错综复杂的变化中发生作用，而这些规律也同样支配着人类社会和历史。在他们看来，自然规律、社会法则、人生准则是统一的，人类社会的种种法则是宇宙普遍原理的一种局部表现。剥除这里的虚构和臆造，其中包含着人类合理认识的内核。

六 易、道、神

程颢指出："盖上天之载，无声无臭，其体则谓之易，其理则谓之道，其用则谓之神。……彻上彻下，不过如此。"（《二程集·遗书》卷一）所谓"其体则谓之易"，这里的"体"不是体用对待的体，而是指变化流行的总体过程。"其用则谓之神"，这里的"用"是指天地之间各种具体的运动变化。照这个思想来说，天地变化运动的总体称为"易"（"易"本有"变易"义），天地的运动变化所以根据的法则称为"道"，各种具体的运动变化称为神。这里的"其"都是指天而言。

程颢的这个思想，在理论思维上提供了一个方法论的模式，即易（体）—道（理）—神（用），可以广泛用来说明一切具有一定功能

---

① 《自然辩证法》，《马克思恩格斯全集》第3卷，人民出版社，2012年，第977页。

的自身运动变化的系统。也就是说,从三个要素来把握一个系统的总体关联,一个是系统的运动总体,一个是系统运动运作的原理,一个是系统的功用。后来的理学家正是把这个模式运用到理学哲学的其他部分(如人性论)的说明。

为了把握宇宙变化的总体,张载哲学规定了较多的范畴,但这些范畴有些有重复。程颢用以把握宇宙变化总体的范畴较少,但比较明确。比较起来,张载用以把握世界的哲学范畴分析性较强,程颢比较注重从宏观上进行把握。他们各自对理论思维做出了自己的贡献。

程　颐

程颐，字正叔，学者称伊川先生，生于宋仁宗明道二年（1033），死于宋徽宗大观元年（1107）。程颐是程颢的弟弟，只比程颢小一岁。年十四五时，同程颢一起受学于周敦颐。十八岁时上书仁宗，劝以王道为心，并要求召对，面见皇帝一陈所学，然而没有实现。当时著名学者胡瑗在太学主教，以《颜子所好何学论》试诸生，程颐也作了一篇，胡瑗得其试卷，大惊，聘为学官。二十七岁时廷试报罢，从此不再参加科举考试。他的父亲几次得到保荐儿子做官的机会，程颐都让给了族人。治平、熙宁年间，大臣屡荐，程颐自以为学不足，不愿为官。所以一直到五十多岁，程颐他仍然没有做过官，只是一介"布衣"，亦称"处士"。

程颢死后程颐才出仕，元祐元年"以布衣被召"，任崇政殿说书。当时哲宗初即位，还是一个十岁多一点的孩子，程颐为他做讲书的老师。程颐从一介平民一下子充任皇帝讲官，这在当时是一件有影响的事。程颐任崇政殿说书后，上疏要求增加讲课的次数，减少休假；并要求皇帝听课的时候，太皇太后在后垂帘，时常监督，并且可使讲官直接把自己的一些意见向太皇太后陈述；他还要求改变仁宗以来讲官站着辅讲的规定，准许讲官坐讲，他认为这样可以培养皇帝"尊儒重道"之心。

程颐在为皇帝讲书的时候，板着面孔，一副十分庄严的态度。有一年春天，他看到小皇帝依着栏杆折柳枝玩，他就训教皇帝："方春发生，不可无故摧折。"使得皇帝很不高兴。类似的事情，不一而足。程颐当时以皇帝老师自居，一切无所回避，这在旁人看来未免狂妄，所以前边所说的他的那些要求，都没有被理睬；同朝之士与他关系也日趋紧张。元祐二年差管勾西京国子监。

程颢活着的时候曾对程颐说，将来能使人"尊严师道"的是你，不过因材施教、培养后学我不能让焉。上面说的程颐的行为，也就是尊严师道的行为。程颐的个性与程颢不同，程颢温然和平，程颐则严毅庄重，二程的弟子曾说，大程饶有风趣，而小程"直是谨严"。称道古今的"程门立雪"，不仅说明杨时的敬师之诚，也与程颐平日的严厉有关。据程颐的门人说，他在晚年"乃更平易"，但终究赶不上程颢的气象从容。

程颐长期居住于洛阳，与在洛阳的反对新法的政治集团联系很深，所以在他的晚年，新党把他送到四川涪陵管制，直到徽宗即位，才回到洛阳。他从涪州顺长江而归，到峡江一处，水流湍急，风作浪涌，一舟人皆惊愕号哭，唯有程颐正襟危坐、凝然不动。岸上有老父问他：你是"达后如此？舍后如此？"（《二程集·外书》卷十二）意思是说，你是精神境界很高、自然临危而心不动呢，还是自己强制自己不动心、硬把捉在这里呢？据程颐的门人说，程颐归自涪州后，境界气象皆胜于往昔，看来他在晚年的精神境界确实修养得很高了。

新印本《二程集》中收录了程颐的语录、诗文、杂著，以及他的名著《周易程氏传》，亦称《程氏易传》。

一 动静无端,阴阳无始

程颐认为,阴阳之气相摩相推,日月运行寒暑往来,刚柔变化,万物终始,自然的造化是一个无休止的流行过程,他指出:"动静无端,阴阳无始,非知道者,孰能识之!"(《二程集·经说·易说·系辞》)周敦颐虽然也提出过"一动一静,互为其根",但由于他要讲"太极动而生阳,静而生阴",没有把宇宙发生论与本体论区分开来。按这种宇宙发生论,阴阳的发生似乎有一个开始。从哲学上说,程颐主张的是一种本体论,因而对于他来说,动和静,阴和阳,既没有开始,也不会有终结。宇宙并不是从一个原始实在中逐渐演化出来的,宇宙的对立统一和阴阳变化,是一个永恒的无尽过程。根据这一点,他批评老子:"老氏言虚而生气,非也。阴阳开阖,本无先后,不可道今日有阴,明日有阳。如人有形影,盖形影一时,不可言今日有形,明日有影,有便齐有。"(《二程集·遗书》卷十五)这也是说阴阳二气没有先后,这种没有先后并不是说阴阳二气同时产生,而是指阴阳二气是永恒的存在,因此老子认定先有虚无、后来才产生气的思想是不对的。程颐认为,只有从无限的意义上认识宇宙的实在和宇宙的运动,才算是"知道"者。恩格斯也曾说过:"除了永恒变化着的、永恒运动着的物质及其运动和变化的规律以外,再没有什么永恒的东西了。"[①]程颐关于运动不灭和物质永恒的思想体现出了较高的辩证思维。

---

① 《自然辩证法》,《马克思恩格斯选集》第3卷,人民出版社,2012年,第864页。

二　动为天地之心

程颐也继承了《周易》的思想，肯定"变"的普遍性和永恒性，他说："凡天地所生之物，虽山岳之坚厚，未有能不变者也，故恒非一定之谓也，一定则不能恒矣。唯随时变易，乃常道也。"(《周易程氏传》卷三《周易下经上·恒卦》)就是说，宇宙间一切事物，不论大小，都处在永恒的变化和运动之中，没有任何事物是不变的。不变就不能长久，宇宙的永恒正是在不断的运动和变化中得以保持。因而恒则必变，不变不能恒。不但自然界如此，人类社会也如此，不断地有所改革，有所变易，才是永恒的规律。

在动和静中，一方面，程颐强调二者"相因"，他说："动静相因而成变化。"(《二程集·经说·易说·系辞》)即认为二者是相辅相成的，动和静互相依赖、互相交替、互相联系造成一切运动变化；另一方面，他更强调"动"："一阳复于下，乃天地生物之心也。先儒皆以静为见天地之心，盖不知动之端乃天地之心也。非知道者，孰能识之！"(《周易程氏传·周易上经下·复卦》)这里的"天地之心"指主宰天地的根本原则。照这个思想来看，动静二者之中，不是静而是动才是更为根本的，才体现了宇宙生生不已的根本规律。程颐这个思想，一反王弼、孔颖达易学以静为天地之心的思想，肯定了运动对于宇宙过程的意义，是很有理论价值的。

三　所以然为理

《周易大传·系辞上》中说："一阴一阳之谓道。"指阴阳的对立统一是宇宙永恒的规律。程颐对这一句话做了另一种解释："一阴一阳之谓道，道非阴阳也，所以一阴一阳，道也，如一阖一辟谓之变。"（《二程集·遗书》卷三）"离了阴阳更无道，所以阴阳者是道也。阴阳，气也。气是形而下者，道是形而上者。"（《二程集·遗书》卷十五）这是认为，"一阴一阳之谓道"这句话包含着阴阳与道的相互关系。他认为，一阴一阳是指气的不间断的循环过程，道则是指一阴一阳开阖往来过程的内在根据。

因而，一方面，程颐像程颢一样，坚持道是不能离开阴阳的，形上形下不是空间上分别的不同实体。另一方面，强调气的往来运动，其中有一种支配它如此运动的规律作为内在根据，程颐这个以"所以一阴一阳"解释道的思想，把道作为二气运行的所以根据和规律，这就在一种新的意义上把《系辞》古老的命题解释为理与气的关系，这对宋明理学的理论思维的发展起了一种促进的作用。

根据这一思想，程颐认为，大而天地，小而草木，一切事物莫不有其所以然，事物的所以然就是事物的"理"，人穷理就是要穷事物之所以然，程颐这种以理（道）为所以然的思想，从哲学史的发展来看，表现出对"理"的认识和规定的某种深入，因而在理论思维上也是有意义的。"所以然"就是事物所根据的规律，这是中国传统哲学中"理"的诸意谓之一。

四　体用一源，显微无间

张载在对老、释的批判中曾提出，要反对二氏哲学的"体用殊绝"之论。也就是说，在张载看来，体和用之间不应是割裂的、不一致的外在联系。程颐进一步发展了这一思想，他在《周易程氏传》的序中特别指出："至微者，理也；至著者，象也。体用一源，显微无间。"（《周易程氏传·易传序》）程颐这一思想，就易学本身的意义来说，是指周易深奥的义理存在于纷然错综的卦象之中，理在象中，即象识理，离象无理，理是象的理，象是理的象。

从哲学上说，这一思想有更广泛的含义。程颐曾说："至显者莫如事，至微者莫如理，而事理一致，微显一源，古之君子所谓善学者，以其能通于此而已。"（《二程集·遗书》卷二十五）也就是说，《周易程氏传序·易传序》中所说的"象"也泛指一切现象、一切具体事物。理无形无象，微妙不可见，所以说"微"。具体事物著象分明，可直接感知，所以说"著"。"理"是事物的本质，事物是理的表现，两者不是截然对立，而是相互统一的。

程颐这里说的"体"，是指事物内部深微的原理和根源，"用"是指世界的各种现象。"体""用"这一对范畴之间，在中国哲学中，有第一性与第二性的不同。"体"是第一性的，"用"是第二性的。体决定用，用依赖体。从这点上说，程颐的理体、事用说有唯理主义的倾向。

在西方和印度哲学中，有一种比较流行的观点，认为现象是虚幻的、不实在的，本体则是超越现象的真实存在。就是说，本体是"实而不现"，现象是"现而不实"。中国的佛教哲学当然也采取了印度哲学的基本观点，而在中国哲学的固有系统中则反对本体现象截然两分的观点。从这方面来看，程颐以理为事物内部深微的原理，把事物看作是理的表现，以理为体，以事为用，认为体与用是统一的，强调本体与现实的密切联系，认为体用都是实在的，体就在用之中，体与用相即不离，这些思想把中国古代哲学关于本体和现象的观点推进了一步，而且它的表达具有严整的经典形式，这是他对中国哲学的一个贡献。

五 道则自然生万物

在张载的气一元论哲学中,太虚之气聚而为气,气聚而为万物,万物散而为气,气散而归于太虚,整个宇宙是一个聚散交替的永恒循环,气作为构成宇宙的物质材料,只有形态的转变,而永远没有消灭。在程颐看来,从宏观上说,物质和运动都不会消失,没有任何一个时候宇宙中没有物质和运动,但程颐认为,就宇宙构成的材料说,不是循环的,而是生生的,具体的气都是有产生、有消尽的。

程颐认为,像张载那种认为一个事物的气在事物死亡后只会改变形态,不会真正消灭,这种看法与宇宙的发展难以一致。他说:"天地之化,自然生生不穷,更何复资于既毙之形、既返之气以为造化?⋯⋯天之气亦自然生生不穷。"(《二程集·遗书》卷十五)这是说,有生便有死,有盛必有衰,有往则有来。宇宙在本质上不是循环的,而是日新的、生生的。一个事物死亡,组成这一事物的气也逐渐消尽至于无。新的事物是由宇宙间新产生的气聚合而成,不会由原来聚合旧事物的气重新结聚造成。

新的气怎样产生?从哪里产生?在程颐看来,气的不断消尽和不断产生,是宇宙中每时每刻发生的,这是一个完全自然的过程。气的不断产生根源于宇宙固有的必然性。宇宙的"道"就是生生不穷的根源。程颐说:"道则自然生万物","道则自然生生不息。"(《二程集·遗书》卷十五)他把生生不穷的作用归之于道,而认为气是不断产生又不断消灭的。

从辩证唯物主义的观点来看,物质及其运动是永恒的,宇宙间永恒的物质表现为无限的各种不同具体实物形态,这些具体的物质形态都是暂时的。物质的形态之间可以转化,宇宙的总能量则没有增减，它是守恒的。程颐未能了解物质和能量不灭及其相互转化的道理。

六 物极必反

程颐还进一步讨论了事物的运动，他说："屈伸往来只是理，……物极必返，其理须如此，有生便有死，有始便有终。"（《二程集·遗书》卷十五）程颐认为，任何事物的存在和运动的状态都处于不断变化之中，任何运动不能只有往没有来，只有屈没有伸。正像昼夜交替一样，有盛便有衰，有生便有死，有往便有来，事物运动到极点，必然要为另一种对立的状态所替代，"物极必返"是世界的基本法则。他在《周易程氏传》中许多次谈到这一点，如说："物理极而必反，故泰极则否，否极则泰。……极而必反，理之常也。然反危为安，易乱为治，必有阳刚之才而后能也。"（《周易程氏传·周易上经上·否卦》）又说："物理极而必反，以近明之：如人适东，东极矣，动则西也。如升高，高极矣，动则下也。既极，则动而必反也。"（《周易程氏传·周易下经上·睽卦》）还说："物极则反，事极则变。困既极矣，理当变矣。"（《周易程氏传·周易下经下·困卦》）事物的发展不断向对立面转化，这个规律是不以人的意志为转移的。恩格斯也说过："一极已经作为核内的东西存于另一极之中，到达一定点一极就转化为另一极，整个逻辑都只是从这些前进着的对立中展开的。"[1]

---

[1] 《自然辩证法》，《马克思恩格斯选集》第3卷，人民出版社，2012年，第892页。

程颐认为，在社会生活中，人应当根据物极必反的规律决定自己的行动，社会的反危为安、易乱为治都需要人发挥主动性，以促成事物向好的方向转化。在相对稳定的时代，应当注意缓和矛盾，不使过激。他说："贤智之人，明辩物理，当其方盛，则知咎之将至，故能损抑，不敢至于满极也。"（《周易程氏传·周易上经上·大有》）"圣人为戒，必于方盛之时。方盛而虑衰，则可以防其满极，而图其永久。"（《周易程氏传·周易上经下·临卦》）根据不同情况，有的时候要求人能动地促成事物的转化，有的时候则要求人能动地防止事物向坏的方向转化，可以看出，中国哲学的所谓中庸、反对走极端的主张，正是包含了这后一方面的内容。而这种主张在一定程度、一定范围内是正确的。

七　理必有对待

与程颢一样，程颐也肯定对立的普遍性，他指出："道二，仁与不仁而已，自然理如此。道无无对，有阴则有阳，有善则有恶，有是则有非，无一亦无三。"（《二程集·遗书》卷十五）世界上没有任何事物没有其对立面，没有对立面的"一"或超越对立面的"三"都是不存在的，他还说："理必有对待，生生之本也。有上则有下，有此则有彼，有质则有文。一不独立，二则为文。非知道者，孰能识之！"（《周易程氏传·周易上经下·贲卦》）有一种现象，必然存在着与之相反的另一种现象，对立是普遍的、必然的，也是自然的。这种对立正是生生变化的根源，又是宇宙变化的基本法则，只有真正认识这种法则的人才能理解这种普遍的对立。

八 性即是理

先秦时代,哲学家曾经对人性善恶的问题发生热烈的讨论。孟子的性善说强调人具有先验的道德理性,荀子的性恶论强调自然情欲是人的本质。作为理学创始人之一的程颐则用"理"来规定人性,发展了儒家的性善论,形成了在理论上有特色的人性学说。

程颐说:"性即理也,所谓理性是也。"(《二程集·遗书》卷二十二)"性即是理,理则自尧舜至于涂人,一也。才禀于气,气有清浊,禀其清者为贤,禀其浊者为愚。"(《二程集·遗书》卷十八)在中国哲学中,"性"本来是指人类的本性或事物的本质属性。"理"是指事物的必然法则,又指社会的道德原则。程颐认为性就是理,这个思想把社会发展的某一阶段的道德原则当作人类不变的永恒本性,认为人具有先验的道德理性,这是一种道德先验论。程颐还认为人性不仅是道德的根本原则,而且是宇宙的根本规律,这个思想把宇宙的根本规律与人类的道德原则混而为一了。

然而从另一个方面说,"性即理也"包含着认为一类事物的本性或本质也就是这一类事物的规律,这个思想在理论思维上是有意义的。列宁曾说:"规律和本质是表示人对现象、对世界等等的认识深化的同一类的(同一序列的)概念,或者说得更确切些,是同等程度的概念。"[①]中国古代哲学中许多命题有多层意义,今天我们应当加以辩证地分析。

---

① 《列宁全集》第55卷,人民出版社,1990年,第127页。

九 涵养须用敬，进学在致知

在程颐看来，道德原则也就是人的本性，人性在根本上是善的，为学的方法就是为了使自己的本性完全地表现出来，在这个意义上说，成圣成贤也就是意味着人的自我实现。

在人的自我培养和自我实现方面，他认为有两种最基本的方法，这就是："涵养须用敬，进学则在致知。"(《二程集·遗书》卷十八）这是指人的道德感情、道德情操、道德境界的培养主要依赖于一种主敬的修养；人的知识的积累和发展主要通过各种学习。主敬作为一种平时的修养，是指排除一切杂念，把注意力集中到内心，使心不放驰，而保持一种敬畏的心境，并对人欲的干扰时刻保持清醒的头脑。程颐认为，主敬和致知两者并不是割裂的，主敬的修养也是读书明理的必要前提；同时，仅有主敬的修养是不够的，还必须通过格物穷理，即具体地研究事物的道理。

程颐认为人既要读书穷理，又要涵养德性，在真善两方面同时并进，这是成圣成贤的不可缺少的两个基本途径。

程颐晚年从涪陵回到洛阳，一日将撰成已久的《周易程氏传》出示门人，他的一个弟子尹焞说，《易传序》中的"体用一源，显微无间"，这句话"似太露天机也"。程颐称赞他能看出要领，并表示"某亦不得已而言焉耳"(《二程集·外书》卷十二）。这样看来，程颐自己也是认为他的哲学已经掌握了"天机"了。

朱　熹

朱熹,字元晦,一字仲晦,号晦庵。生于宋高宗建炎四年(1130),死于宋宁宗庆元六年(1200),祖籍徽州婺源(今属江西)。从他的父亲开始,居住在建阳(今属福建)。他生于福建龙溪,因而传统称他的学派为"闽学"。朱熹是宋代理学的集大成者,也是中国哲学史上最大的唯心主义哲学家。

朱熹早年泛滥词章,出入佛老,对各种学问有着极为广泛的兴趣。据记载,朱熹青年时赴进士考试,临行时他的父亲检查他的行李,结果发现他的全部行装中唯一的书籍竟是《大慧语录》,这是当时一个著名禅师的语录。这个故事的细节也许还可以进一步考证,但也足以说明青年时代的朱熹对佛教的热心追求。

朱熹十九岁中进士第,后任泉州同安县主簿。同安既归之后,从学于二程的三传弟子李侗,从此走上了道学的发展道路。后来又曾任枢密院编修官、秘书省秘书郎。他还先后在江西的南康、福建的漳州、湖南的潭州(在今长沙)做过最高行政长官。在南康,他修复白鹿洞书院;在漳州,他请行经界;在潭州,修岳麓书院。每至一处,兴政之余,聚徒讲学。绍熙五年(1194),他被召入都,除焕章阁待制兼侍讲,可是为时很短。晚年,由于他被卷入当时的政治斗争,被当权者夺职罢祠,他和他的学派被诬称为"伪学",受到了很大的压制。

朱熹的社会政治思想是要求正君心,立纲纪,亲忠贤,远小人,移风易俗,改变社会不良风气,认为这是富国安民、恢复中原的根本。有一次,他奉召入都,路上有人对他说,皇帝不喜欢什么"正心诚意",你见了皇帝切勿以此为言!朱熹严肃地回答:"吾平生所学,惟此四字,岂可隐默以欺吾君乎?"(《宋史》本传)孝宗晚年对朱熹的意见也还是重视的,有一次朱熹上封事,论天下六大急事,疏入时孝宗已就寝,"亟起秉烛，读之终篇"（《宋史》本传）。

朱熹平生不爱做官，常屡召不起，以各种理由辞免，所以他登进士第后五十余年中，"仕于外者仅九考，立朝才四十日"（《宋史》本传），其余时间主要在福建崇安、建阳一带著书讲学。他少时家贫，后因很少做官，生活穷窘，学生远近来学，自负粮食，常无肉菜，仅"脱粟饭"而已，但他和他的学生们不以贫为意。朱熹一生最大的乐趣是著书和讲学。

朱熹的著作极为繁富，在中国哲学史上，几乎没有别的哲学家能在著述的广泛性上望其项背。他的著作中重要的有《四书集注》《周易本义》《太极解义》《西铭解义》等，他的讲学语录《朱子语类》就有一百四十卷，此外还有《朱文公文集》一百二十卷。

一　理与事

朱熹继承了二程哲学中关于理事关系的讨论，并做了进一步的发展。他指出："凡有形有象者，皆器也。其所以为是器之理者，则道也。"（《朱文公文集》卷三十六《答陆子静》）事、物、器是有形有象的，可以由感性来把握，理或道则是指事物的本质、规律。

朱熹进一步发挥程颐关于理事的体用一源的思想。他说："自理而观，则理为体、象为用，而理中有象，是一源也。显微无间者，自象而观，则象为显、理为微，而象中有理，是无间也。"（《朱文公文集》卷十四《答何叔京》）这是说，事物是显著的，理是深微的，就事物上看，一切事物中都有理。如果仅就理上看，理虽然没有形迹，但其中已包含了事物的本质，包含了事物发展的可能性。这就是程颐说的"体用一源，显微无间"。

按照这个逻辑，事物还不存在的时候，事物的理可以预先存在，这个理决定了后来事物的必然出现和存在。程颐本来也说过"有理而后有象"，只是程颐还没有说得那么清楚。

这样，朱熹就在二程哲学的基础上进而讨论了理事的先后问题。他说："若在理上看，则虽未有物，而已有物之理，然亦但有其理而已，未尝实有是物也。"（《朱文公文集》卷四十六《答刘叔文》）"未有这事，先有这理。如未有君臣，已先有君臣之理；未有父子，已先有父子之理。不成元无此理，直待有君臣父子，却旋将道理入在里面。"（《朱子语类》卷九十五）这是认为，一类事物尚未产生的时候，这些事物的规律、法则、原理已经存在。换言之，一切事物的法则，包括人类社会的各种原则都是永恒存在，而且不会改变的。

朱熹关于理事先后的讨论涉及到一般和个别问题。一类事物的"理"作为这一类事物的共同本质、规律，体现在此类一切事物之中，不为此类事物中某个个别事物所私有，不以个别事物的产生、消灭为转移。因此，久已有的一类事物的理对于此类中后来的某个事物来说，可以是"理在事先"，这表现了规律具有普遍性、一般性。但是，一般不能离开个别独立存在，一类事物都不存在，它们的理当然也就不能存在。朱熹有见于一类事物的理对此类中某个事物的先在性，这是他的贡献，但据此进而认为一类事物之理可以先于此类事物而存在，这就陷入了谬误。朱熹的思想虽然是唯心论，但他对理事先后的讨论对人的认识的深化是有意义的。

二 理与气

朱熹认为，宇宙及万物都是由"理"和"气"两个方面共同构成的。他说："天地之间，有理有气。理也者，形而上之道也，生物之本也。气也者，形而下之器也，生物之具也。是以人物之生，必禀此理然后有性；必禀此气，然后有形。"（《朱文公文集》卷五十八《答黄道夫》）也就是说，气是指构成一切事物的材料，理是指事物的本质和规律。在古希腊哲学家亚里士多德的哲学中，把宇宙的构成分为形式与质料，形式是指每一事物所以为这一事物的理，质料是指事物构成的材料。一个方的事物有其所以为方的道理，这个方的事物可以是桌子，也可以是砖石，就是说可以是木头组成的，也可以是泥土或其他什么东西组成的，这是质料。朱熹说的理与气这两方面，也有类似亚里士多德的意思，所不同的是，亚里士多德讲的理主要是指事物的形式、共相；朱熹讲的理则主要是指事物的本质、规律。

朱熹进一步研究了理与气有无先后的问题。他认为，就现实世界来说，理与气是不能分离的。天下没有无理之气，也没有无气之理。但就本原上说，便不同了。他曾答他的学生说："未有天地之先，毕竟也只是理，有此理便有此天地，若无此理便亦无天地，无人无物，都无该载了，有理便有气，流行发育万物。"（《朱子语类》卷一）这是说理是先于气存在的。按朱熹的这个说法，物质世界尚不存在的时候，其普遍规律已经存在，很明显，这个思想是朱熹关于理在事先思想进一步推展到宇宙本原问题上的必然结论。这一结论规定了朱熹哲学的客观唯心主义性质。应当引起注意的是，理气、理事的讨论，就其哲学问题来说都是指事物的规律与事物本身的关系，它与精神和物质关系的讨论是有所不同的。这也就是说，被朱熹视为宇宙本原的，是一种观念性的实体，即把只有在人的头脑中才能单独存在的抽象观念实体化了。这是一种特殊形式的客观唯心主义，可称为观念论，它与将具有思维能力的精神视为宇宙本原的唯心主义有一定的区别。

朱熹在晚年意识到，断定理在气先容易引起某些不易解决的矛盾。比如理学创始人程颐强调"动静无端，阴阳无始"，若照理先于气的说法，宇宙就必须有一个开始。在朱熹晚年的讲学记录中有这样的一段对话："或问理在先气在后，曰：理与气本无先后之可言，但推上去时，却如理在先气在后相似。"（《朱子语类》卷一）这就是说，理与气实际上无所谓先与后，但在逻辑上有一种先后的关系。也就是说，理的在气之"先"，是指逻辑上在先，不是时间上在先。

既然理气在时间上没有先后，为什么又要规定二者之间有逻辑上的先后? 这表明朱熹始终认为理气二者的地位不是平行的, 理是第一性的, 气是第二性的。

三　理一分殊

"理一分殊"最先是程颐在答复他的学生的疑问时提出来的, 主要指伦理学上一般原则与具体规范的关系。朱熹继承了这一点, 他说: "理只是这一个, 道理则同, 其分不同, 君臣有君臣之理, 父子有父子之理。" (《朱子语类》卷六) 这也是强调统一的普遍原理表现为不同的具体准则, 具体准则中又贯穿着普遍原理。他还指出: "所居之位不同, 则其理之用不一。如为君须仁, 为臣须敬, 为子须孝, 为父须慈, 物物各具此理, 而物物各异其用, 然莫非一理之流行也。" (《朱子语类》卷十八) 每个人根据不同对象所处的相对地位, 确定其义务而采取不同的道德行为。各种道德行为中又包含着统一的道德原则, 换言之, 基本道德原则表现为具体不同的行为规范, 这就是理一分殊。

从伦理学推广, 朱熹认为天下万事万物都有这种一般与个别的理一分殊关系, 他和他的学生有一段问答: "问: 去岁闻先生曰, 只是一个道理, 其分不同。所谓分者, 莫只是理一而其用不同? 如君之仁、臣之敬、子之孝、父之慈、与国人交之信之类是也? 曰: 其体已略不同, 君臣父子国人是体, 仁敬慈孝与信是用。问: 体用皆异? 曰: 如这片板, 只是一个道理, 这一路子恁地去, 那一路子恁地去。如一所屋, 只是一个道理, 有厅有堂。如草木, 只是一个道理, 有桃有李。如这众人, 只是一个道理, 有张三有李四, 李四不可为张三, 张三不可为李四。如阴阳,《西铭》言理一分殊, 亦是如此。" (《朱子语类》卷六）每一类事物都有这一类事物共同的理。个体事物不同，普遍之理在个体事物上的具体表现也不相同。一切房屋都有共同的理，但房子之理是由厅堂等不同形式具体表现出来的。桃李都是草木，但草木的一般规律的表现是有差异的。同一性表现为差别性，杂多中有统一，一般寓于个别之中，朱熹的这些思想是有其合理性的。

根据理一分殊的思想，事物的具体性质、规律是各各差别的，金、木、水、火、土各有其理，人的实践必须依从不同对象固有的特定之理，否则就会失败。站在这个立场上来看，所谓万物一理，不是指万物的具体规律的直接同一，而是说从更高的层次上看他们都是同一普遍原理的表现，而具有统一性。这样，理一分殊也就为朱熹提供了认识论与方法论的基础。"分殊"决定了知识积累的必要性。"理一"决定了贯通的可能性。客观世界的理一分殊决定了人的认识必须通过"分殊"而上升到"理一"。

四　两端相对

阴阳的学说是中国古典哲学辩证思维的主要理论形式之一，在这个问题上不仅唯物主义思想家做了许多深入的阐发，唯心主义哲学家也做出了自己的理论贡献。

朱熹十分强调阴阳的普遍性。他指出："阴阳无处无之，横看竖看皆可见。横看则左阳而右阴，竖看则上阳而下阴。仰手则为阳，覆手则为阴。向明处为阳，背明处为阴。《正蒙》云阴阳之气循环迭至，聚散相荡，升降相求，细缊相糅，相兼相制，欲一之不能，盖谓是也。"（《朱子语类》卷九十四）朱熹继承了张载"阴阳两端"和二程"无独有对"的思想，并把阴阳对立统一的思想做了更加充分的发挥。

在朱熹讲学的语录中，几乎到处都可以看到他对阴阳的普遍性的强调。他说："无一物不有阴阳乾坤，至于至微至细，草木禽兽，亦有牝牡阴阳。"（《朱子语类》卷六十五）"只就身体上看，才开眼，不是阴，便是阳，密挨挨在这里，都不着得别物事。不是仁，便是义；不是刚，便是柔；只自家要做向前，便是阳，才收退，便是阴；意思才动便是阳，才静便是阴。未消别看，只是一动一静便是阴阳。"（《朱子语类》卷六十五）"天地之间无往而非阴阳，一动一静，一语一默，皆是阴阳之理。"（《朱子语类》卷六十五）"一物上又自各有阴阳，如人之男女，阴阳也。逐人身上，又各有这血气，血阴而气阳也。如昼夜之间，昼阳而夜阴也。而昼阳自午后又属阴，夜阴自子后又属阳。"（《朱子语类》卷六十五）这些论述通俗易懂，无须做进一步的解释。他还指出："天地之化，包括无外，运行无穷，然其所以为实，不越乎一阴一阳两端而已。其动静屈伸、往来阖辟、升降浮沉之性，虽未尝一日不相反，然亦不可一日而相无也。"（《朱文公文集》卷七十六《金华潘公集序》）阳代表一切前进、上升、运动、刚健、光明、流动的方面，阴代表一切后退、下降、静止、柔顺、晦暗、凝固的方面，一切事物，大至天地，小至草木，无不具有正反两方面的相互作用，这两方面的相互作用是宇宙及万物的本性。朱熹关于对立面及其相互作用、相互渗透的思想显然是受了张载的许多影响。

朱熹也发展了二程关于"对"的讨论。他说："一便对二，形而上便对形而下。然就一言之，一中又自有对，且如眼前一物，便有背有面，有上有下，有内有外，二又各自为对。虽说'无独必有对'，然独中又自有对，且如棋盘路两两相对，末梢中间只空一路，若似无对，然此一路对了三百六十路，所谓一对万，道对器也。"（《朱子语类》卷九十五）这是强调，"对"不只是指两个不同事物或现象的对立，每一个统一体自身中都有对立面，所以说一中自有对，独中自有对。根据这个思想，事物的矛盾不仅是一种外在的对立，也是一种内在的对立统一，这个思想显然把阴阳对立思想推进了一步。

朱熹指出："东之与西，上之与下，以至于寒暑昼夜生死皆是相反而相对也。"（《朱子语类》卷六十二）相反相对既然是宇宙的普遍现象，也就是表明相反相对是宇宙的普遍规律。他指出："有高必有下，有大必有小，皆是理必当如此，如天之生物，不能独阴，必有阳；不能独阳，必有阴，皆是对。这对处不是理对，其所以有对者，是理合当恁地。"（《朱子语类》卷九十五）在朱熹论阴阳对立的字里行间，常常充溢着一种由于体认到宇宙真理的兴奋，正如程颢所表达的那种同样的心情："每中夜以思，不知手之舞之，足之蹈之也！"

五　阴阳交变

朱熹对于阴阳对立学说的发展还表现在他提出了"交易"和"变易"的观念。

朱熹提出："某以为'易'字有二义：有变易，有交易。"（《朱子语类》卷六十五）"变易"是指事物的运动过程是一个对立面不断更替的循环过程，"交易"是指事物的构成都是对立面的交合及相互作用。朱熹说："阴阳有个流行底，有个定位底。'一动一静，互为其根'，便是流行底，寒暑往来是也。'分阴分阳，两仪立焉'，便是定位底，天地上下四方是也。'易'有两义，一是变易，便是流行底；一是交易，便是对待底。"（《朱子语类》卷六十五）根据这个思想，宇宙间的对立统一，从纵的过程来说，正像昼夜更替，寒暑往来。从这个方面看，阴阳二气只是一气，气的运动有如磁场的变化，它的过程是一个阴阳交替的循环过程。在这个过程中，阳气运行到极点就会转化为阴气，阴气运行到极点又转化为阳气。

宇宙的对立统一，从横的方面看，一切事物包括宇宙本身都是阴阳对立的统一体。从这个方面看，有东便有西，有南便有北，有男便有女。这种阴阳对立称之为定位底，表明这种对立面有相对的固定性，然而这种对立面又是相互交合、相互作用的。

阴阳的变易又称为流行、推行、循环；阴阳的交易又称为对待、相对、定位。朱熹认为，只有从这两个方面同时理解阴阳的学说，才能全面地把握宇宙的辩证法。

朱熹的语录中记载："或问一故神，曰：一是一个道理，却有两端，用处不同。譬如阴阳，阴中有阳，阳中有阴，阳极生阴，阴极生阳，所以神化无穷。"（《朱子语类》卷九十八）阴中有阳、阳中有阴指阴阳的交易，阴极生阳、阳极生阴指阴阳的变易。正是阴阳的这两方面的对立统一造成了宇宙神妙无穷的变化和运动。对立面既是相互渗透的，又是相互转化的。从而定位的对待不是僵死的固定的，流行的循环在不断的否定中运动。朱熹对阴阳显然有着辩证的理解。

六　体用对待而不相离

和二程一样，朱熹也是重视"形而上"与"形而下"的区分的。在他看来，凡是具体的东西总是形而下的，抽象的原理、本质、规律才是形而上的。朱熹说:"形以上底虚,浑是道理。形以下底实,便是器。"(《朱子语类》卷七十五)虚表示形而上的东西不是一种感性的具体存在。亚里士多德的哲学中曾提出"两种实体"的理论,认为个体事物是第一实体,一般性的东西是第二实体。朱熹哲学中则认为前者是形下之器,后者是形上之理;他还认为,在两者之间有体用之分,不能认为形上形下都是实体或本体。如他说:"至于形而上下,却有分别,须分得此是体,彼是用,方说得一源。分得此是象,彼是理,方说得无间。"(《朱文公文集》卷四十八《答吕子约》)

在中国古代哲学中,体用的范畴有多种意义。朱熹也说:"见在底便是体,后来生底便是用。此身是体,动作处便是用。天是体,万物资始处便是用。地是体,万物资生处便是用。就阳言,则阳是体,阴是用。就阴言,则阴是体,阳是用。"(《朱子语类》卷六)就是说,体用可以用来区分本原的和派生的,实体和作用。体用作为用以把握世界的范畴,也有相对性。然而,和其他理学家一样,朱熹哲学中的"体"主要指事物内隐不可见的形而上之理,"用"则是指见诸事物的、理的各种表现。

关于"体用"的规定,朱熹进一步提出了一些补充前人的原则,这主要是:

"体一而用殊"(《朱子语类》卷二十七)。体既然是事物深微的本质、原理,它就是一般的、普遍的;而用作为理的外在表现,则必然是个别的、万殊的、具体的。

"体用"无先后。朱熹说:"有体则有用,有用则有体,不可分先后说。"(《朱子语类》卷七十六)体用有则同有,无则皆无,两者没有发生学上的关系，没有时间上的先后。朱熹曾举例说，好像耳和听，两者没有先后。

"体用"二而一。朱熹常说，体用是二，是两物，这是说体与用不是同一个对象有两个名称，体和用是事物客观存在的两个不同方面。"体用自殊，安得不为二"（《朱文公文集》卷三十三《答吕伯恭》），体用如果本来是同一的，也就谈不上"一源"和"无间"了。另一方面，体用又是统一的，"体用亦非判然各为一事"（《朱文公文集》卷三十三《答吕伯恭》），在这个意义上，体用又是一物，是一物的不同方面。

体用不相离。朱熹指出："体用之所以名，政以其对待而不相离也。"（《朱文公文集》卷三十三《答吕伯恭》）体用作为一种对立统一的关系，互为存在的前提，互为存在的条件，离开对方而独立存在的体和用是不可想象的，也就不成其为体或用了。

朱熹极为推崇程颐"体用一源，显微无间"的名言。他进一步发挥说："体用一原，显微无间，盖自理而言，则即体而用在其中，所谓一原也。自象而言，则即显而微不能外，所谓无间也。"（《朱文公文集》卷三十《答汪尚书》）这是用体中有用、用中有体来解释和发展程颐的思想。虽然朱熹的思想是从唯心主义出发的，但也表现出他对体用的一些辩证的理解。

此外，朱熹还主张体用是有层次的，他说："大抵体用无尽时，只管恁地移将去。如自南而视北，则北为北，南为南。移向北立，则北中又自有南北。体用无定，这处体用在这里，那处体用在那里，这道理尽无穷。……分明一层了又一层。"（《朱子语类》卷二十二）这是说在一定的条件下，体或用，每一方面都可以进一步从自身区分中体用，这几乎是一个无穷的一分为二的层次体系。

七　"道心"与"人心"

以理节情，以理节欲，本是孔子以来儒家哲学的固有思想。宋儒尤其注重培养理想人格，要求提高道德自觉，努力使道德意识最大限度地支配人的行为。为了这一目的，理学从二程起，大力宣讲《伪古文尚书》中所谓"人心""道心"的问题。在这一点上，朱熹是二程的继承者。

朱熹认为，人心的所知所觉，按其内容大体可分为两种："此心之灵，其觉于理者，道心也；其觉于欲者，人心也。"（《朱文公文集》卷五十六《答郑子上》）"只是这一个心，知觉从耳目之欲上去，便是人心；知觉从义理上去，便是道心。"（《朱子语类》卷七十八）根据这个思想，合于道德原则的意识是"道心"，专以个体情欲为内容的意识是"人心"。也就是说，道心指人的道德意识，人心指人的感性欲念。

人为什么会有道心、人心？朱熹的解释是，凡人之生，都是禀受"气"作为形体，禀受"理"作为本性。各种情欲根源于构成血肉之躯的形气，而道德意识直接发自以"理"为内容的人的本性。情欲不加控制则流于不善，所以是"危"，道德意识潜存于心灵深处，所以为"微"。朱熹认为，这就是《伪古文尚书》所说的"人心惟危，道心惟微"的意思。他提出，"必使道心常为一身之主，而人心每听命焉，则危者安，微者著，而动静云为自无过不及之差矣"（《四书章句集注·中庸章句序》）。就是说，要使道德意识支配个人的一切思想和行为，使个人的情欲受到道德理性的指导和控制。

从人的伦理生活实际来看，人的内心常常交织着感性情欲和道德观念的冲突，道德活动的基本特征是用道德意识评判、裁制感性情欲，这种道德评价和自我控制的心理过程是理学道心人心说的现实依据。道德的基本特征就在于，强调在道德意识活动中用道德理性限制、压制个体的利己情欲，使人服从于社会通行的规范。程朱理学的道心人心说为了维护当时社会等级秩序而强调道心主宰人心、天理排斥私欲，与近代以来的资本主义要求打破等级、追求个人利益不受等级限制的思想有很大不同，反映出理学作为中世纪封建哲学的特殊性格。然而另一方面，理学的这些思想也确实看到了人类社会中社会总体利益与个体的各种情欲的冲突这一基本矛盾。理学固然是从封建社会等级制度的角度揭示出这一矛盾，然而理学又是当时社会条件下自觉地、最大限度地承担起社会道德调节这一使命的。

八 心统性情

在朱熹以及其他宋明理学家的哲学中，关于心性情的理论是十分重要的。总体上看，心性情三者的基本关系上，朱熹的主要观点是"心统性情"。据《近思录》及朱熹所说，"心统性情"一语首先见于张载的语录。朱熹对此备加推崇。然而，张载的具体思想今已不得而知，在后来宋明理学中实际发生影响的是朱熹的思想。

朱熹说："心统性情，统犹兼也。"（《朱子语类》卷九十八）又说："性其理，情其用，心者兼性情而言，兼性情而言者，包括乎性情也。"（《朱子语类》卷二十）根据这个说法，性是心的"体"，情是心的"用"，心则是赅括体用的总体。而性情都只是这一总体的不同方面。

朱熹强调:"仁义礼智,性也;恻隐羞恶辞让是非,情也;以仁爱、以义恶、以礼让、以智知者,心也。性者心之理也,情者心之用也,心者性情之主也。程子曰:'其体则谓之易,其理则谓之道,其用则谓之神。'正谓此也。"(《朱文公文集》卷六十七《元亨利贞说》)"其体则谓之易",这里的"体"是指阖辟变化的总体,指变化的总体过程。朱熹认为,根据程颢"体—理—用"的方法模式来考察人的意识活动,"心"是标志思维意识活动总体的范畴,其内在的道德本质是"性",具体的情感思虑为"情"。对于这样一种系统,如果从体用的观点来看,这个系统的本质是它的"体",这里的体不是前面所说的变易流行的总体,而是指系统内在深微的本质和规律。系统的功用是它的"用",而系统总体则包括体用,兼摄体用。这就是"心统性情"。根据这一区分,朱熹认为心、性、情各有确定的对象,是不可以混淆的。性是现实意识(及情感)所以产生的根源(体),后者则是前者的外在表现(用)。情是具体的,性则是某种一般的原则。相对于性情而言的心则是指意识活动的总体。

九 格物致知

在秦汉之际成书的《礼记》中有一篇题为《大学》,宋代的理学家把这一篇抽出来,加以特别表彰,把它放在与《论语》《孟子》相同的地位。《大学》提出了两个重要观念——"格物"和"致知"。理学家认为从这两个基本概念出发,可以衍演出一套新儒家的认识方法和修养方法。在这个问题上,朱熹和程颐有相同的看法。朱熹进一步发挥了程颐提出的基本思想。

朱熹哲学中的"格物"主要是指"即物穷理"。格物的核心是穷理。程朱都强调，穷理不能离开具体事物，必须在具体事物上去考察研究事物的理；"致知"则是指扩展、充广知识，是通过格物而得到的知识扩充的结果。因而，格物与致知是认识过程的不同方面。朱熹曾把格物与致知的关系通俗而形象地比喻为吃饭与食饱，"夫格物可以致知，犹食所以为饱也"（《朱文公文集》卷四十四《答江德功》）。

关于格物的途径和对象，朱熹说："若其用力之方，则或考之事为之著，或察之念虑之微，或求之文字之中，或索之讲论之际。使于身心性情之德、人伦日用之常，以至天地鬼神之变、鸟兽草木之宜，自其一物之中，莫不有以见其所当然而不容已，与其所以然而不可易者。"（《大学或问》卷二）这表明朱熹认为格物的对象是极为广泛的，上至宇宙本体，下至一草一木，其中的"理"都必须加以研究。这种对象的广泛性也就决定了格物途径的多样性，其中主要是阅读书籍、接触事物和道德实践。

"格物"最终要达到的目的是了解事物的"所当然"和"所以然"，"所当然"主要指社会的伦理规范，"所以然"主要是指事物的本质、规律。朱熹认为，通过不断地格物，人就可以使自己成为道德高尚、知识全面的圣贤了。由此可见，"格物致知"在朱熹哲学中，既是"明善"的基本途径，也是"求知"的根本方法，因而既是修养方法，也是认识方法。

在朱熹为《大学》所作的注解中，他认为流传下来的《大学》缺失了原有对"格物"的解释，于是他颇具用心地做了一个补充："所谓致知在格物者，言欲致吾之知，在即物而穷其理也。盖人心之灵莫不有知，而天下之物莫不有理。惟于理有未穷，故其知有不尽也。是以《大学》始教，必使学者即凡天下之物，莫不因其已知之理而益穷之，以求至乎其极，至于用力之久，而一旦豁然贯通焉，则众物之表里精粗无不到，而吾心之全体大用无不明矣。"（《四书章句集注·大学章句》）"用力积累"和"豁然贯通"是程颐、朱熹关于格物方法的一个重要思想。照他们的思想，格物的终极目的是使人认识宇宙的普遍之理。要达到这一点，是把天下万物逐一格过，还是只格一物便能把握万物之理？根据"理一分殊"的思想，具体的物理是各个差别的，同时又都是统一的宇宙之理的表现。因此不可能只格一物便了解万物的具体物理，也不可能只格一物便认识宇宙的普遍原理。只有通过"今日格一物，明日格一物"的反复积累，人的认识才能从个别上升到一般，逐步认识一切事物间共同的普遍规律。朱熹指出，正像人在正常认识活动中常常发生的，经过对外部事物反复考究的渐进过程，在某一阶段上人的思想认识就会产生一个飞跃，即"豁然贯通"。按照他的理解，这是一个基于经验活动的由特殊到普通的飞跃。

朱熹的格物学说强调对于外在对象的考察，尽力在方法论上指出学习知识的重要性，在他的学说中不仅容纳了认识过程的辩证内容，而且表现出鲜明的理性主义精神。从认识论的路线和原则看，朱熹一方面承认人的内心本有天赋的道德原则，同时又强调认识的直接对象是具体事物之理，只有通过具体的学习的积久过程才能使内心的原则彰显出来。在他的哲学中，既包含一种唯理论的先验论，又包含关于认识过程的经验论。

十　知先行后

中国古代哲学中所讨论的"知行"关系问题,常常不是认识的来源问题。尤其是儒家,其知行学说主要是讨论道德知识与道德践履的关系。所谓道德践履,即指对既定的道德知识的实行、履行。朱熹论知行关系说:"致知力行,用功不可偏。……但只要分先后轻重,论先后当以致知为先,论轻重当以力行为重。"(《朱子语类》卷九)"知行常相须,如目无足不行,足无目不见。论先后知为先,论轻重行为重。"(《朱子语类》卷九)朱熹讲的知先于行,就其讨论的特定问题说,指伦理学上的致知与力行的相互关系。这个思想是说,人必须首先了解什么是道德的原则,才能使自己行为上合于道德,成就道德人格。这里所谓的行或力行,不是泛指人的一切行为或社会实践,只是指人对所了解的道德规范的践行。从这个方面来看,朱熹的思想基本符合伦理生活的实际,从这种特定意义上讲知先于行,并不就是唯心主义。

十一　主敬涵养

宋明理学家大都各自有特殊的修养方法,朱熹所倡导的"主敬"的修养方法也是理学家修养身心的一个重要方法。

主敬最初由程颐提出,主张"主一之谓敬……,无适之谓一"(《二程集·遗书》卷十五),朱熹也十分强调这一点:"主一之谓敬,只是心专一,不以他念乱之。"(《朱子语类》卷六十九)

朱熹认为,"主敬"这种涵养与穷理格物有密切关联。他主张必须使心达到"虚静明彻"的状态,才能"见得事理分明"。就是说,要穷得事物之理,就要使心安定集中、虚静明彻。因而人必须在穷理之前，在平时有一种修养，做到心定理明，从这个意义上说，主敬为穷理准备了主体方面的条件。

这种"主敬"的方法，要求人排除一切杂念干扰，使注意力高度集中在内心。在修养中，力求心情恬淡，一无所欲，这样，在达到纯熟的修养者那里，便会由强制转为自如，心情将自然实现充分的宁静，并能排除各种心理浮动。在这种意念活动高度集中的条件下，便进入一种特殊的心理状态。"主敬"主要是一种心理的锻炼。在理学家看来，有了"主敬"的修养，主体便会进入一种特殊的心理状态，从而最大限度地发挥思维的功能，来掌握万事万物的道理。

朱熹是一位有很高的精神修养的哲学家，又是一位知识渊博的学者，他在自然科学方面也有很高的造诣。他曾提出一种类似康德式的星云假说，认为我们所在的这个天地是由一种气团的运动逐渐演化而来，原始的气团不停地旋转运动，于是在气团的中央聚结成块，这便是原始的大地，在它的外周的气便是天，天不息地转动，地才得以处中不动。他还提出，大地初形成时，水火起了重要作用。他根据所注意到的螺蚌化石和岩石地貌受水流冲蚀的痕迹，断定地质有一个变迁的过程。他在12世纪已经认识到化石和地质变迁的意义。

朱熹的哲学标志着中国哲学发展的一个高峰，他的内容丰富、条理清楚的哲学体系中，始终贯穿着理性主义的基调，显示出这位伟大哲学家尽心竭力地探求宇宙奥秘的精神。

陆九渊

陆九渊，字子静，生于宋高宗绍兴九年（1139），卒于宋光宗绍熙四年（1193），江西抚州金溪人。他曾讲学于贵溪象山，自称象山居士，故以象山先生称谓流传于世，是南宋时有深远影响的思想家之一。

陆九渊个性较强。据记载，他在少年时代就不满于程颐的言论。他十几岁写读书笔记时，就写道："宇宙便是吾心，吾心即是宇宙。"这也就是后来他的哲学宗旨。

虽然他的思想是早熟的，可直到三十四岁才通过进士考试。这一年，他参加省试，考官是当时的知名学者吕祖谦。吕祖谦读到陆九渊的答卷，始而击节称赏，继而赞叹不已，谓同官云："此卷超绝有学问者，必是江西陆子静之文。"（《陆九渊集》卷三十六《年谱》）淳熙中，除国子正，迁敕令所删定官。淳熙十三年，转宣义郎，改主管台州崇道观，于是回到江西，在象山筑精舍讲学。绍熙初，知荆门军，绍熙二年九月上任，仅一年余，卒于任上。

陆九渊从不著书，他基本上是通过讲学对他的学生产生影响。他言辞锋锐，善于辩说，具有一种天赋的即席阐发义理的能力，吸引了许多学生聚集在他的门下。他和他的哥哥陆九龄同在家乡金溪讲学，合称"江西二陆"。

陆九渊学术活动的时期基本与朱熹相同，但他的学说与朱熹学说之间有较大的分歧。1175年夏天，吕祖谦邀请朱熹和陆九渊以及当时其他一些学者聚会在当时的信州铅山鹅湖寺，讨论学术异同，陆九渊当时作了一首诗："墟墓兴哀宗庙钦，斯人千古不磨心。涓流积至沧溟水，拳石崇成泰华岑。易简工夫终久大，支离事业竟浮沉。欲知自下升高处，真伪先须辨只今。"（《陆九渊集》卷二十五《鹅湖和教授兄韵》）他自称为久大的易简工夫，把朱熹的"格物致知"说成是支离事业，引起了激烈辩论。这一次"鹅湖之会"是中国哲学史上一次有名的事件。在朱、陆的晚年，他们还因为周敦颐学说中的"无极""太极"问题发生了争论。由朱熹和陆九渊分别代表的两个不同学派是南宋最主要的哲学流派。

　　新印本《陆九渊集》中收集了陆九渊的全部思想材料。

一 人皆有是心

宋孝宗乾道八年 (1172) 春, 陆九渊参加进士考试, 在那份引人注目的答卷中, 他这样说: "狎海上之鸥, 游吕梁之水, 可以谓之无心, 不可以谓之道心, 以是而洗心退藏, 吾见其过焉而溺矣。"(《陆九渊集·年谱》) 这里的 "狎海上之鸥, 游吕梁之水" 都是指道家超越世俗功名利禄, 在山林中追求逍遥自在的思想。陆九渊认为, 道家的这种以无心为特征的超道德的精神境界是不对的。从儒家的角度看,《周易大传·系辞上》所说的 "圣人以此洗心退藏于密" 是要求一种以 "道心" 为主的道德境界。以这种道德境界为标准, 道家的超世主义是 "过", 一般的功利主义是 "不及"。

陆九渊论 "本心" 云: "孟子曰:'心之官则思, 思则得之, 不思则不得也。'……又曰:'人之所以异于禽兽者几希, 庶民去之, 君子存之。'去之者, 去此心也, 故曰 '此之谓失其本心'。存之者, 存此心也, 故曰 '大人者不失其赤子之心'。四端者即此心也, 天之所以与我者即此心也。人皆有是心, 心皆具是理, 心即理也。……所贵乎学者, 为其欲穷此理, 尽此心也。"(《陆九渊集·与李宰》) 这里所说的本心是指先验的道德意识。在陆九渊看来, 这种道德意识也就是每个人的心的本来状态, 它存在于任何时代任何个人身上, 因而是永恒的和普遍的。

陆九渊有一个弟子叫杨简, 当时在富阳县任主簿。陆九渊过富阳, 杨简问:"如何是本心?"陆九渊答, 孟子说的四端就是本心。杨简又问, 四端是本心, 我从幼时即已晓得, 究竟什么是本心? 正值有一桩卖扇子的纠纷告到县衙, 杨简随即当庭断其曲直, 陆九渊便说, 刚才你断此讼, "是者知其为是, 非者知其为非", 此即是你的本心。杨简闻此忽大觉悟（见《陆九渊集·年谱》）。

一次，陆九渊在座，他的弟子詹阜民陪坐，陆九渊突然站起，詹阜民也赶快站起，陆九渊对他说："还用安排否？"（《陆九渊集·语录下》）老师已经站起来，学生岂有坐着之理！陆九渊的意思是说，詹阜民这个行动是出于一种自然的尊师之心，不须要经过任何外在的强迫，也无须经过内心的逻辑思考。陆九渊是用一坐一起的方法告诉詹阜民人人都有先验的道德意识。

陆九渊的理论以及上面两个故事可以说明，陆九渊哲学中所说的"本心"实际上是指伦理学所说的良心。陆九渊把人的良心看成是完全不依赖于学习和社会生活的天赋的意识，这一点无疑是错误的。然而，就伦理生活实际来看，成熟的人都有自己的良心，这良心是与社会公认的道德规范一致的；另一方面，社会发展的不同时代存在着一种"人类共同生活规则"，这是人类社会之成为人类社会的必要条件，由此决定了不同时代人们都有一些共同的道德意识。从这里来看，陆九渊的"人皆有是心，心皆具是理"的学说，肯定每个人都有良心，肯定良心能够在生活中发挥重要作用，在这些方面表现出他对社会伦理生活有深入的了解。

二　自作主宰

陆九渊一次与他的学生讨论如何做一个道德高尚的人。学生说："非僻未尝敢为。"即不做任何不道德的行为。陆九渊说："不过是硬制在这里，其间有不可制者，如此将来亦费力，所以要得知天之予我者。"（《陆九渊集·语录下》）这是说，仅仅克制自己的欲望不去做违反道德的事，只是一种强制，还没有把道德的行为变为自觉的主动行动。要由强制变为自觉，就必须首先了解人人具有天赋的本心。

在陆九渊看来，道德境界的提高，关键在于充分发挥道德主体的能动性。人的道德完善只能是每个人的自我实现。他要求在个体心灵中建立起道德的自觉性。

基于如上立场，陆九渊强调："明得此理，即是主宰，真能为主，则外物不能移，邪说不能惑。"（《陆九渊集·与曾宅之书》）"请尊兄即今自立，正坐拱手，收拾精神，自作主宰，万物皆备于我，有何欠阙！"（《陆九渊集·语录下》）自主、自立都是指人应真正树立主体的道德自觉，让良心（本心）成为意识的主宰，这样任何邪说外诱都不能使你动摇。他强调不要追随任何权威和经典。把精力花费到"寻行数墨"上去，只能使人"六神无主"。任何人只须把意识集中在内心，排除一切成见、经典解说、私心杂念，体验"本心"，就能发现自己的内心本来就有的主宰。只要无条件地使良心成为自己的至上权威，人就可以成为一个有道德的人。

为了强调摆脱成见、反对追随权威，强调本心的绝对权威，陆九渊甚至提出"六经皆我注脚"（《陆九渊集·语录上》）的口号。曾有学生问他："先生何不著书？"他回答说："六经注我，我注六经。"（《陆九渊集·语录上》）在他看来，六经不过是对良心运用的各种例证所作的叙述，人只应在内心真正树立良心的主宰。他还提出："要决裂破陷阱，窥测破个罗网，诛锄荡涤，慨然兴发，激厉奋迅，决破罗网，焚烧荆棘，荡夷污泽。"（《陆九渊集·语录下》）陆九渊的这些强调自主能动性在道德实践中的作用的思想，极大地高扬了主体的自觉力量和价值。剔除其错误的成分，也有合理的因素。

三 义利之辨

陆九渊有两个有名的弟子傅子渊、陈正己，二人有一段对话：陈问："陆先生教人何先？"傅曰："辨志。"陈问："何辨？"傅答："义利之辨。"陆九渊闻此对话，说："若子渊之对，可谓切要。"（《陆九渊集·语录上》）

宋孝宗淳熙八年（1181）春天，陆九渊到南康拜访当时正在南康做太守的朱熹。朱熹在南康时修复了庐山白鹿洞书院，于是请陆九渊登白鹿讲席，为诸生讲《论语》中"君子喻于义，小人喻于利"一章。在这次讲演中，陆九渊充分发挥了他的讲演天才，阐明了他对义利之辨的看法。讲演十分成功，听众受到了很大感动，座中至有流涕者。时逢早春，天气微冷，朱熹也为之感动得汗出挥扇。讲演结束，朱熹立即请陆将讲演内容书成《讲义》（见《陆九渊集·年谱》）。遗憾的是，作为书面文字的《讲义》已经无法把当时痛快淋漓的话语完全反映出来了。

陆九渊的讲演围绕"义""利"问题进行了发挥。他认为，每个人的思想决定于他的日常所习，人的所习又决定于他的志趣和动机（志）。一个人的志向和动机在于义，他的所习所喻就在乎义；一个人的志向动机在于利，他的所喻所习也就在乎利。因而，要做君子，不做小人，首先必须检查自己的"志"，看自己的追求、志趣是义还是利。换言之，一个人首先必须正确地树立他的精神世界中的价值标准。

陆九渊提出，决定一个人是有道德的人（君子）还是不道德的人（小人），主要不在于他表面的行为，而在于他的内心动机。他举例说，一个人终日埋头学习圣贤之书，这个行为看来很好，可是如果他读书的主观动机只是为了求取科举功名，那他就不能称作一个君子（见《陆九渊集·白鹿洞书院论语讲义》）。陆九渊所举的这个例子切中座中不少学者心病，所以听者莫不为之悚然动心。陆九渊后来也说过："某观人不在言行上，不在功过上，直截是雕出心肝。"（《陆九渊集·语录下》）也就是说，一个人是小人还是君子，主要在"辨志"，即辨察他的思想动机。

陆九渊认为，评价某甲是道德的人（君子）还是不道德的人（小人），显然不能仅仅依据某甲行为的表面性质，而必须考察主体的内部动机。一个人从道德原则出发，以道德原则指导他的行为，他就是道德的。"义"即道德动机，"利"即利己动机。陆九渊认为，一个动机是道德的，则必定是与利己主义对立的。也就是说，社会的道德原则是与自然利己主义完全对立的。因而，义利之辨是要解决一个道德选择的问题，并不是要排斥任何建功利业的行为。譬如富民强兵本身并不是必须排斥的。对于儒家来说，必须排斥的只是利己主义的行为动机。

陆九渊的学说在当时也有一定的影响。然而在他死后很长一个时期里，他所代表的、被称为"心学"的思想趋于沉寂，只是到了明代中期，在王守仁的倡导之下才重新活跃起来，并得到了很大的发展。

王守仁

王守仁，字伯安，浙江余姚人，生于明宪宗成化八年（1472），卒于明世宗嘉靖七年（1528），因在故乡筑阳明洞，故世称他为阳明先生。他是明代最有影响的哲学家，是明代"心学"的代表人物。

王守仁二十八岁举进士，曾任南京鸿胪寺卿、都察院左佥都御史、都察院右副都御史、南京兵部尚书，封新建伯。王守仁一生多次奉命平定江南农民暴动。1519年夏，宁王朱宸濠经过多年筹划，在江西发动叛乱。王守仁仓促应变，在强弱悬殊的情况下，以机智的谋略和卓越的胆识，在短短三十五天内就将这一场大叛乱平定。晚年又奉命征讨思田地方暴动，死于回军途中。时人说他"才兼文武"，有"奇智大勇"。确实，王守仁的军功不仅在古今儒者中绝无仅有，在整个明代的文臣武将中也是突出的。

王守仁少年时即豪迈不羁，慨然有经略四方之志，热心骑射，精究兵法，长于诗文，早享文名。青年时代的王守仁和大多数宋明理学家一样，也走了一条出入释老而归本孔孟的途径。他曾向道士学习养生导引之术，和僧徒一起参禅听偈，曾有强烈的遗世入山之意。举进士之后，踏入坎坷的政治生涯。三十四岁时，他在严峻的政治形势下，冒死抗谏，反对把持朝政的宦官刘瑾，因而受廷杖下狱，贬到贵州龙场做一个小小的驿丞。在这种极其困苦的环境中，他日夜默坐，动心忍性，思考圣人处此将何所为。在一个夜间，他忽然大悟，"不觉呼跃，从者皆惊"，由此建立了与程朱学说完全不同的哲学，后人称此为"龙场悟道"。此后，他虽为巩固明朝政权屡建功业，却屡遭谗谤。他坚信自己的良知觉说，表现出极大的勇气。他的后半生虽戎马倥偬，仍广收弟子，因材施教，在当时发生了巨大的影响。

王守仁的哲学整个说来是对朱熹"格物致知"学说的反响。他反对朱熹所讲的"即物穷理"，而认为理就在内心之中，离开了心便没有理，人应反省自己的心，而不必向外部事物寻求。他标榜所谓的"心学"。他所倡导的心学，是在明中期封建统治日趋腐败、程朱理学逐渐僵化的情况下出现的思想运动，具有时代的意义。

王守仁富于创造精神，他的哲学脱离了当时程朱学派的经院习气，他能像禅宗大师一样用某些令人惊奇的指点方法使人领悟，因之十分有感染力。他的思想有一种勇往直前的气概，充满着生气勃勃的活力。

王守仁的著作后人编为《王文成公全书》。这其中最重要的是《传习录》。

一 致知与格物

青年时代的王守仁曾在朱熹思想的影响下做过格物穷理的功夫。有一次，他想到朱熹说过一草一木都有理，都应当格过，由此逐步做到圣人。他便与一个朋友，以庭前的竹子为对象，面对翠竹，冥思苦想地"格"了整整七天。结果不但没有穷到"理"，两人反而因此累病了。后来他在龙场悟道，得出结论说理本来就不在物上，而在人的心里。由此看来，有一个问题长期折磨着他的心灵，这就是：理究竟在不在物上？

王守仁认为，朱熹讲的"即物穷理"，意味着理在物上，人就物上穷究其理。在王守仁看来，理应当是指"至善"之理，也就是道德的根本原理，不能说这个根本原理在外部事物上。他说："朱子所谓格物云者，在即物而穷其理。即物穷理是就事事物物上求其所谓定理者也。是以吾心而求理于事事物之中，析心与理为二矣。夫求理于事事物物者，如求孝之理于其亲之谓也。求孝之理于其亲，则孝之理其果在于吾之心邪，抑果在于亲之身邪？"（《传习录中·答顾东桥书》）王守仁认为，道德原则（理）并不存在于道德行为的对象（物）上。他举例说，人应当孝、悌、忠、信，可是孝之理并不在父母身上，悌之理并不在兄弟身上，忠之理并不在君主身上，信之理并不在朋友身上。他还举例说，人见孺子将入井，产生恻隐之心，难道能够说孺子身上有恻隐之理吗？

王守仁在这里提出了人的伦理认识过程和一般认识过程的区别。人要了解、掌握竹子生长的习性、规律，必须对竹子生长发育进行观察，人对竹子生长规律的认识是对作为认识对象的竹子的反映；而伦理认识主要不是了解行为对象本身的规律，而是确定一定社会中人对特定对象应当采取的行为准则。人对于"孝"这一准则的认识,不能说是对于作为认识对象的父母的反映,这一准则或规范不能说存在于父母的身体上。

然而,道德认识的来源在于社会生活和社会实践,因而理是在人心之外,心之理只是对心外之理的认识。王守仁认为理既然不在道德行为的对象上,道德认识就只能来源于人的内心,这是一种先验道德论。

近代德国哲学家康德曾经讲"人心为自然立法",王守仁的心外无理说可以说是讲人心为社会立法。但在这个意义上说,二者可谓有异曲同工之处。

二 知行合一

程颐与朱熹的知行学说,主张知先行后,强调人应当首先了解什么是道德的原则,从而依照所了解的去做,这样就可以成为一个有道德的人。在程、朱看来,社会生活中常常有这样的现象,即人们常常知道应当怎么做,却不那样去做,程、朱称这种现象为"知而不行",并针对这一点提出"真知"的问题。意思是说,对于道德的真切了解包含着见诸行动,如果知而不行,那就表明还没有真正的知,真正的知是不会和行脱节的。王守仁的知行合一思想,一方面反对程朱的知先行后说,另一方面又发展了他们的真知必行说。

《传习录上》载:"爱曰:如今人尽有知得父当孝、兄当弟者,却不能孝、不能弟,便是知与行分明是两件。先生曰:此已被私欲隔断,不是知行的本体了,未有知而不行者。知而不行,只是未知,圣贤教人知行,正是要复那本体。……某尝说,知是行的主意,行是知的工夫,知是行之始,行是知之成。若会得时,只说一个知，已自有行在，只说一个行，已自有知在。"王守仁认为，程朱讲的知而不行，只是没有真正的知，行而不知，那就不是真正的行；真正的知是包括行的，真正的行是包括知的，他把这种真正的知和真正的行叫做"知行的本体"，即本来意义上的知行。

就王阳明知行合一说的具体意义来说，可以分为为善和去恶两个方面。一方面，人只有善的意念或对善的了解还不是知善，只有把善的意念落实为善的行为，才是真正的知善；另一方面，人亦非有明显的恶劣行为才是行恶，只要有一丝恶的意念就是行恶了。从为善的方面说，有行才是知；从去恶的方面说，有不善之念便是行了。

从一般意义上说，人类活动的过程是思维—行动。王守仁之前的知行学说，把以思维为内容的前一环节称为知，把以行为为内容的后一环节称作行；以此区分思维、心理的东西和躯体的外部活动、行为。但在王守仁看来，"思维—行动"这一过程，既可以叫做"知"，也就是把行为看作是"知"这一过程的完成与终结；又可以把这一过程叫做"行"，也就是把思维、意念活动看作是"行"的过程的开端。换言之，行为可以看作是"知"的过程的一部分，意念也可以看作是"行"的过程的一部分。这样，在王守仁的学说中，知与行的规定互相包含，他说的"知"包括了前人所说的行，他说的"行"包括了前人所说的知，所以说知行合一。

在阐发"知行合一"思想时，王守仁常常引用日常生活的实例来论证。他提出，说一个人知孝，必定指此人曾真行孝；说一个人知味，此人一定经过入口的品尝；说一个人知路之险夷，一定是这个人经过亲身履历。总之，一个人对某种事物有真切的了解，一定是这个人曾经历过对于此种事物的实践。他还提出，人的学习和实践也不能相离，学习书法，必须执笔铺纸、勤奋练习。学习骑射，必引弓挟矢、经常锻炼。

王守仁的这些思想，强调"知"是必然能"行"的知，"知"是经历实践的知，"知"是与行联系的知，即主张知与行的界限是相对的。剔除其唯心的方面，这种见解也包含有一些对知行关系的辩证理解。从人的行为过程来看，引导这些行为的思想也未尝不可以看作整个行为过程的开始；同时，从人的认识来看，人不仅在行动之前有思想和意识，人的思维随主体进入实践过程而不断深化，人的认识过程不仅是思维主体的活动，而且包含着实践活动；人的实践活动不仅仅是一种外在的行为，也联系着并深化着主体的思维。人的认识是无法和实践分割开来的。他还曾比喻，你要知道苦瓜的苦，必须自己去吃。王守仁这种强调认识与实践的相互联系，强调认识对实践的依赖关系，虽然与唯物主义的认识论不同，但比起前人对知行的哲学思考确乎前进了。

三　致良知

《大学》一书经过北宋理学的表彰发扬，成了理学方法论的基本依据。但不同学派在利用《大学》思想资料建立哲学方法论上有很大不同。朱熹重视的是"格物"，王守仁重视的是"致知"。朱熹讲的格物指即物而穷理，王守仁讲的致知是发挥自己的良知。

在朱熹哲学中，致知是主体在进行格物穷理过程中得到的自然结果。王守仁指出："致知云者，非若后儒所谓充广其知识之谓也，致吾心之良知焉耳。良知者，孟子所谓是非之心，人皆有之者也。是非之心，不待虑而知，不待学而能，是故谓之良知，是乃天命之性，吾心之本体，自然灵昭明觉者也。凡意念之发，吾心之良知无有不自知者，其善欤，惟吾心之良知自知之；其不善欤，亦惟吾心之良知自知之。是皆无所与于他人者也。故虽小人之为不善，既已无所不至，然其见君子，则必厌然掩其不善而著其善者，是亦可以见其良知之有不容于自昧者也。"（《王文成公全书·大学问》）致良知就是把自己的良知充分地贯彻到底。良知是指人人具有的、先验的道德意识。王守仁认为，每个人心中都有内在的是非准则，这个内在的辨别是非的准则就是良知。良知好像内心的观察哨，人的每一种意念，良知都在内心告诉你它是对的，还是不对的。但是人们由于个人私欲利害所驱使，常常不顾良心的呼声，违背良心的意愿。致良知，就是要求人完全遵从良知的要求和指引，要在良知和私欲之间进行选择，把良知作为至高无上的绝对命令，对良知不要有一丝一毫的欺骗，这样的人就可以做一个有道德的人了。王守仁把致良知当作唯一的修养方法，表明他极大地相信每个人都有道德上的自觉性。他认为人无例外地充分地具有指引向善的良知，这个良知并不需要经过什么特别的修养方法去发现，它时时刻刻在你的内心扮演着道德评价角色，关键在于人能不能按照良知的指向去做，使良知真正成为身心的主宰。

正如陆九渊所讲的"本心"一样，"良知"也是指伦理学的"良心"，只是王守仁的学说比陆九渊更为直接。朱熹学说强调人要读书应事，知所当然，而后行所已知，要求人在广泛的格物中了解各种规范准则，进而上升到对普遍的"天理"的认识。然而，人生遇到的环境是多种多样的，各种情况下应当采取的规范，各种特殊情况下的行动方案，是无法学到的。最后还是需要依靠自己的道德判断力。王守仁是有见于这一点的，他说："夫良知之于节目时变，犹规矩尺度之于方圆长短也。节目时变之不可预定，犹方圆长短之不可胜穷也。故规矩诚立，则不可欺以方圆，而天下之方圆不可胜用矣。尺度诚陈，则不可欺以长短，而天下之长短不可胜用矣。良知诚致，则不可欺以节目时变，而天下之节目时变不可胜应矣。"（《传习录中·答顾东桥书》）朱熹和陆九渊在著名的鹅湖相会时辩论，当时陆九渊准备了一个尖锐的问题：如果说必须依靠读书穷理才能了解道德准则、成圣成贤，那么在上古还没有文字的时代，尧舜是依据什么做成圣贤的？王守仁的看法也是同样，在他看来，朱熹讲的格物穷理好像学着描画一个一个具体的圆，这样永远学不好，只有找到一个圆规，你才能应付各种各样的画圆要求，人必须找到一个道德的规矩，它是衡量一切具体是非的准则，而这个规矩就是每个人的良知。良知本心就是道德律，听它的指引，就可以成圣成贤了。

王守仁认为良知是生来固有的，这是道德先验论，是错误的；但他肯定人人具有道德的自觉性，人人都有独立思考的能力。这是有重要的进步意义的。

王廷相

王廷相,字子衡,号浚川,河南仪封(今河南兰考)人,生于明宪宗成化十年(1474),卒于明世宗嘉靖二十三年(1544)。

王廷相"幼有文名",他是明代文学著名的"前七子"之一。弘治十五年进士,正德初年受刘瑾迫害,遭到贬谪。后曾任御史。晚罢归家居。

王廷相正直刚毅,敢于和邪恶势力斗争。他除被刘瑾谪贬外,还因反对宦官廖鹏被逮下狱。嘉靖中,他挺身而出,抨击严嵩弄权,在当时的朝野士大夫中气节卓然,很有威望。

王廷相继承、发展了宋代张载的气一元论哲学,对北宋至明代的理学唯心主义进行了深入批判。他是明代思想界中的一个具有独立见解的重要哲学家。

王廷相博学多识,对天文学、音律学都有颇深的研究;对农学、生物学等也十分关心。自然科学的知识是他的唯物主义思想的来源之一。

王廷相的主要哲学著作是《雅述》和《慎言》①。

---

① 王氏著作汇为《王氏家藏集》,明嘉靖十五年刊本。以下引王氏语均出于此集,不再——注明。

一　气是实体

王廷相在哲学上继承了张载关于气的学说，他十分肯定地提出："天内外皆气，地中亦气，物虚实皆气，通极上下，造化之实体也。"(《慎言·道体》)上天下地、虚空和实物，都是气所构成的。气作为造化的"实体"，是整个宇宙统一的基础。

物虚实皆气，表明他也继承了张载哲学中关于虚空的理解，王廷相也认为，并不存在什么绝对的虚空，虚空不离气，气不离虚空，气是虚空中固有的、永恒的物质实在。和张载一样，他也承认"虚"不过是气的本然状态，用聚散来说明宇宙间万物的生成变化。气的结聚导致了万物的生成，气的弥散便返回到它的本来状态太虚，他强调："气有聚散，无灭息。雨水之始，气化也；得火之炎，复蒸而为气。草木之生，气结也；得火之灼，复化而为烟。以形观之，若有有无之分矣，而气之出入于太虚者，初未尝减也。"(《慎言·道体》)水蒸而为气，气化而成雨，气结而为草，火化复还气。"气之出入太虚者初未尝减"，这里显然是指物质的具体形态可以互相转化，但宇宙的物质总量是不会减少的。

在张载哲学中作为气之本体的太虚之气，王廷相又称之为"元气"。他说："道体不可言无、生有有无，天地未判，元气混涵，清虚无间，造化之元机也。有虚即有气，虚不离气，气不离虚，无所始、无所终之妙也。不可知其所至，故曰太极；不可以为象，故曰太虚。非曰阴阳之外有极有虚也。二气感化，群象显设，天地万物所由以生也，非实体乎！"(《慎言·道体》)"太极"和"太虚"就是"元气"。"元气"作为造化实体，就其无穷、无限的意义上说称为太极，就其混涵无间、清虚无形的意义说称为太虚。

王廷相进而提出了我们直接生存的这个现实宇宙的生成理论。从这个宇宙的角度来看，"元气"是万物由以产生的原始物质。由"元气"分化为阴阳之气，二气的气化过程先产生了天，天是如浑天说理论中所说的，是有形体的。有天之后，又由气化产生出日、星、雷、电、月、云、雨、露，于是有了水、火；由水火又蒸结为土（地），有了地才生出金、木，五行的产生有其先后之序。

根据这种宇宙发生论，他指出君臣、父子、夫妇都是有天地、有气化之后才有的，因而礼、义也不是永恒的，而是有人类社会之后才有的。

一切有形的物体，有生有灭，有始有终，元气则浑然充塞宇宙之中，无形无迹，无始无终，元气是宇宙的实体，是世界的本原。

二 气种有定

王廷相在元气宇宙论中提出了一个有特色的"气种"说。张载在提出气一元论时主要用气的自身聚散说明宇宙间一切事物的产生和消灭。后来程朱学派认为，仅讲气的聚散还不能说明统一性如何表现为差别的多样性，同样是气，何以聚结为如此不同的万物呢？程朱派认为，归根到底决定气的聚散方式的是"理"。"理"造成了具体事物的不同形态。

王廷相认为，气化过程中形成了各种不同事物，乃是由于在原始物质元气中包含了后来发展为各种不同物类的"种子"。他认为在太虚元气中"天地日月万形之种皆备于内"，他说："天地、水火、万物皆从元气而化，盖由元气本体具有此种，故能化出天地、水火、万物。"(《内台集·答何柏斋造化论》)这反映了王廷相认为现存世界的每个事物（指自然事物）在宇宙的原始物质中已经具备了发展的潜在可能性。王廷相所说的种子，既不是古希腊哲学家阿那克萨哥拉（Anaxagoras，约公元前500—前428）所说的原素，也不是瑞典博物学家林耐（Cárl von Linné，1707—1778）所说的物种。在某种意义上，他提出的是一种宇宙基因学说。

宇宙内万物的形态不断转化，地球上的物种也不断产生、进化。这是一个要以地质年代来计算的长期过程。在这个过程中，不仅有遗传，也有变异，而可以使人观察到的变异常常需要千万年以上。王廷相的种子说，是由于看到了生物的遗传方面，看到每一物种的形状代代传衍，看到大量物种在人类文明的记忆中很少变异，由是推断物种从来不变："万物巨细柔刚，各异其材，声色臭味，各殊其性。阅千古而不变者，气种之有定也。人不肖其父则肖其母，数世之后，必有与祖同其体貌者，气种之复其本也。"(《慎言·道体》)他认为物种的因素在原始物质中就已经具备了。

三　理载于气

王廷相哲学的一个显著特征是具有强烈的批判性。他对程朱理学的理气观做了前所未有的深刻批判，他的理气关系论就是在这种批判中发展起来的。

王廷相认为，"气"分为"元气"和"生气"，元气无形，生气有形。"元气"相当于张载说的"太虚之气"，"生气"相当于张载说的"游气"。不论元气、生气，其中都具有理，理即寓于气之中。他说："理载于气，非能始气也。世儒谓理能生气，即老氏道生天地矣。"(《慎言·道体》)"气也者,道之体也。道也者,气之具也。"(《慎言·五行》)他指出,宋儒以为理能生气,是完全错误的。理不能离气,气是宇宙的唯一实体,理是气所固有的秩序、规律、条理。"载"表明理不是独立存在的实体,理以气为受载的实体。理本身只是"虚而无著"的,既无形体迹象,又无动静运动,这样的"理"是不可能产生气的。理不能悬空独立存在,理必须以气为本,气则自然具有条理。"元气"中有元理,不能说"元气"之上、之先还有虚无而象的理。如果以为"理"在"气"先,那就与老庄没有区别了。王廷相认为,理不是实体,没有运动,气才是有运动的实体。他甚至提出,气与理的这种关系,有如有耳目才有聪明一样。王廷相的这些思想表现出鲜明的唯物主义立场。

四 气有变化,理亦有变化

程朱学派的唯理论哲学中有一个重要的论点,即认为"气"有变动,"理"无变化;"气"有生灭,"理"无生灭;因而"理"是一种永恒、不变的绝对。相对于变化不息的现象而言,规律是变中的恒常,表现了稳定性的特点。但规律并不是永恒不变的。王廷相在哲学史上的贡献之一即在于他自觉地抓住程朱理学这一认识上的失误。

在王廷相看来,气是宇宙间唯一的实体,理只是气的规律、条理、秩序。因而:"气有变化,是道有变化。……气有常有不常,则道有变有不变。一而不变,不足以该之也。"(《雅述》上篇)王廷相认为,如果说"气"不断变化,道却永远不变,那么气与道就割裂开来了。自然界和人类社会的一切现象都处在永恒的变化运动之中,道和理也是有变化的。王廷相特别指出,人类社会的理是随着时代的发展而变化的:"儒者曰:天地间万形皆有敝,惟理独不朽,此殆类痴言也。理无形质,安得而朽?以其情实论之,揖让之后为放伐,放伐之后为篡夺,井田坏而阡陌成,封建罢而郡县设。行于前者不能行于后,宜于古者不能宜于今,理因时致宜,逝者皆刍狗矣,不亦朽敝乎哉!"(《雅述》下篇)王廷相这个思想是说,事物的规律决定于事物本身的物质存在条件,规律是物质过程的规律,物质过程及其条件变化了,相应地,它的规律的内容也要发生改变。因而,不能认为世界上一切规律都是永恒不变的,对于规律和法则应当取一种变化的辩证理解。他把这一思想应用于人类社会,直接显示出对程朱理学的批判的积极意义。因为程朱理学正是把人类社会某一发展阶段的某些原则说成是宇宙永恒规律的表现。王廷相认为,人类社会的各种原则(理)不是固定不变的,而是变化的、有消灭的。从形式上看,事物的法则并不像一个具体事物那样从生到死,从新颖变为腐朽,但是,不同时代有着很不相同的规范和原则,过去的东西一去不返,如同弃物,这表明理是"因时而宜"的,而不是绝对的。王廷相对程朱理学的这个批评是非常有力的。

王廷相认为,由于气的变化,理不但也有变化,而且表现出具体的差别。他说:"天地之间,一气生生,而常,而变,万有不齐。故气一则理一,气万则理万。世儒专言理一而遗万,偏矣。天有天之理,地有地之理,人有人之理,物有物之理,幽有幽之理,明有明之理,各各差别。统而言之,皆气之化,大德敦厚,本始一源也。分而言之,气有百昌,小德川流,各正性命也。"(《雅述》上篇)这是说,天地万物都是一气所化,气既是统一的,又是差别的,由于气化的具体过程不同,形成了众多的不同事物,这些事物虽都是气所构成,但每个事物都有自己的构成方式，自己的条理秩序。天、人、物各自有自己特殊的规律。这就批判了程朱理学在强调统一性、普遍性的形式下把宇宙的自然法则同社会的道德规范比附起来的错误。他主张，气的变化既然是万殊的，理作为气的条理、规律必然也是万殊的、具体的。

朱熹哲学讲"理一分殊"，在他的哲学中虽然也承认具体事物的理是不同的，但朱熹更强调它们是统一的，要求人的认识通过"格物穷理"由差别的"万理"上升到统一的"一理"。而这个一理又被预先规定为至善的原理。按照这个方向，人的认识是指向最高的至善之理。而依照王廷相所指示的方向，人的认识将走向具体事物，注重具体事物的具体规律。这种重视具体、重视分殊、重视差别的方法原则，有利于科学的发展。王廷相的这个思想和他自己从事自然科学的研究有一定联系。

五　法久必弊，弊必变

王廷相生活的明中叶，当时政治腐败、民生困苦，王廷相对此极为关切，他提出了关于社会改革的基本原则。正如他坚持道有变化、理因时宜一样，他认为法度也是变化的："法久必弊，弊必变、变所以救弊也。……曰：变有要乎？曰：渐，春不见其生而日长，秋不见其杀而日枯，渐之义也至矣哉。"（《慎言·御民》）这是说任何一种法度都不会永远适用，随着时代的发展，旧的法度必定表现出种种弊病，在这个时候必须进行改革，改革才能除弊，使社会向前发展。王廷相认为，为了使改革不引起大的社会动乱，应当注意采取逐渐的改革措施，通过一个渐进的过程来实现。

王廷相关于渐变的思想对于同一社会制度体系内的调整改革来说，是值得注意的。王廷相也并不认为一切时代的改革都只能通过渐变。他指出，"事势有轻重，为政有几宜"（《慎言·御民》），有些时候须要进行较大的激烈变革，有些时候则须要"渐次而变"，这取决于对事势和时机的判断，不能正确判断形势，改革就会发生混乱，甚至导致矛盾的激化。

王廷相还指出："执古者，失于时宜。徇俗者，蔽于因陋。守法者，惮于更革。举不足以论机也。"（《慎言·御民》）不顾时代的变化，泥守古制古说，这是"迂"；只考虑眼前利益，不顾长远利益，这是"陋"；因循守旧，缺乏改革勇气，这是"因"。所以说"弗通于时而泥古，斯困溺于法制者也，迂。谋近小而昧远图，斯困溺于功利者也，陋。二者皆暗于道者也"（《慎言·御民》）。王廷相这些关于改革的思想，是值得借鉴的。

六　知是思与见闻之会

王廷相的唯物主义认识论在批判理学唯心论的先验论方面也做出了突出的贡献。

王廷相指出："在物者，感我之机；在我者，应物之实。"（《雅述》上篇）外在事物是引起我们感觉的对象，是客体；人的思维对外物做出反应，是主体。他还指出："心者，栖神之舍；神者，知识之本；思者，神识之妙用也。自圣人以下，必待此而后知。故神者在内之灵，见闻者在外之资。"（《雅述》上篇）也就是说心是人的思维器官，精神是人的认识能力，思维是认识活动，人的认识能力是认识的内部依据，人的感官见闻是认识的外部条件。同时，他认为，思维是认识的理性活动，感觉是认识的感性活动，因而离开了见闻就不可能了解物理，离开了思考认识就受局限。所以，"夫圣贤之所以为知者，不过思与见闻之会而已"（《雅述》上篇）。也就是说，认识是感性和理性的结合。

王廷相十分重视经验，这使他得以对唯心主义理学的先验论实行有力的批判。在中国古典哲学中，从孟子到宋儒，儒家的先验主义都是用儿童对父母兄长的感情来说明人具有内在的道德意识和道德情感。这种理论有其认识上的根据，这就是婴儿在成长过程中，对父母兄弟的亲敬感情的产生和发展是一个十分自然的过程。在这个过程中，没有人为灌输或外在的强制，于是儒家认定这些感情是不依赖学习教育的先验本能。王廷相在阐明感性经验对知识形成的重要作用时，对传统的这种性善论提出了大胆的诘难："婴儿在胞中自能饮食，出胞时便能视听，此天性之知，神化之不容已者。自余因习而知，因悟而知，因过而知，因疑而知，皆人道之知也。父母兄弟之亲，亦积习稔熟然耳。何以故？使父母生之孩提而乞诸他人养之，长而惟知所养者为亲耳。途而遇诸父母，视之则常人焉耳，可以侮，可以詈也，此可谓天性之知乎？由父子之亲观之，则诸凡万物万事之知，皆因习因悟因过因疑然，人也，非天也。"（《雅述》上篇）这是说人的道德感情完全是在社会生活中逐步培养起来的，一个婴儿从小寄养给别人，与亲生父母毫无接触，他就不会对亲生父母有任何感情。他还指出，人的认识能力虽然是天赋的，但如果没有感性经验的凭借，就无法获得知识。王廷相不止一次地强调，如果把一个婴儿闭之幽室，不让他接触外部世界，等到他长大成人走出室外，那么他就会对日用之物一无所知，更不可能知晓天地高远、鬼神幽冥、古今事变等等复杂深奥的事情。显然，在强调人的知识依赖人的社会生活经验方面，这对先验论的批驳是有力的。

王廷相重视感性经验——见闻，但他并没有由此陷入狭隘的经验论。他指出："耳目之闻见，善用之，足以广其心，不善用之，适以狭其心。"（《慎言·见闻》）善用之就是善于用理性思考分析、鉴别感官得来的经验，以之作为理性进一步活动的材料，以便从经验的积累上升到普遍的认识。

王廷相是一位具有科学精神的哲学家。他十分注意观察事物，对已有的理论敢于怀疑，并通过试验加以验证。平常人都说冬天的雪花六角形，春天的雪花是五角形，却从没有人亲自检验一下。只有王廷相，"每遇春雪，以袖承观之，并皆六出"，他用自己的亲身经验证实春雪五出说法的谬误。古书上说，土蜂不产子，它把桑土上的青虫衔入自己的窠中，七天以后桑虫就变成它的小土蜂了。王廷相居家时，年年取土蜂窠验之，他观察到，土蜂在自己的窠中生一子，然后用各种虫子填入窠中，几天之后，土蜂成形而生，即将虫子作为食物吃尽，而后钻出窠来，王廷相"累年观之，无不皆然"，由此他得出结论，古人的许多说法并没有经过实际验证。这些例子表明，王廷相具有一种鲜明的科学家的态度。在某种意义上，他的哲学正是为同时代科学技术发展提供世界观和方法论的论证，而具有十分重要的地位。

方以智

方以智，字密之，号曼公，别号浮山愚者等，生于明神宗万历三十九年（1611），卒于清圣祖康熙十年（1671），安徽桐城人。方氏家族历来有研究《周易》的传统，他的名字即取于《周易大传·系辞上》"卦之德方以知"。

方以智的家族与东林党有很深的关系，他自己在青年时也曾积极参加复社的政治活动，每与友人相聚，共愤国事，慷慨呜咽，拔剑砍地。崇祯时曾担任翰林检讨，明亡后在梧州出家，始终不与清廷合作。

在中国传统哲学史上，方以智是一位十分独特的人物。他所活动的时代，也正是西学通过传教士输入中国的时代。方以智与一些传教士交往甚密，对当时输入的西学十分熟悉，他大胆地提出要"借远西为郯子"，有选择地吸收西方文化。方以智学问十分渊博，广泛涉猎过天文、地学、算学、医学以及传统的经学、文学、音韵学等多种学科。他的名著《物理小识》辑录了各种学科的大量知识，似乎是为了编成一部百科全书所作的笔记准备。他的著作形式也颇具特色，如《东西均》一书，与经典注释、语录汇编、心得集录、论学问答等传统哲学著作体例完全不同，而是一部系统、完整、严密的自著的哲学著作。他的学说也一脱明儒重伦理心性的老套，在精神和气质上十分接近于西方的所谓哲学家。

一　充一切虚，贯一切实

方以智继承了《周易大传·序卦》中的唯物主义思想，认为世界上的一切具体现象都是"物"，他说："盈天地间皆物也。……器固物也，心一物也。"（《物理小识·自序》）他认为天、地、人都是"物"，而"物"又都是由气所构成的。他说："一切物皆气所为也，空皆气所实也。"（《物理小识·天类》）"虚固是气，实物亦气所凝成者。"（《物理小识·天类》）他指出一切空间都充满了气，气与空间是不能分割的。列星、山川、草木、动物都是气化凝结所成的不同形态。

方以智进而指出："气则微矣。然冬呵出口，其气如烟。人立日中，头上蒸歊，影腾在地。考钟伐鼓，窗棂之纸皆动，则气之为质，固可见也。充一切虚，贯一切实，更何疑焉。"（《物理小识·天类》）

"充一切虚"是指充满整个虚空，没有间断、没有空隙；"贯一切实"是指渗透到一切有形实体内部，这显然是从宏观和微观不同方面强调气是一种连续存在的物质。正是由于他对气抱有连续性的理解，所以他不仅把水汽的转化，而且把声波的振动传递现象都作为气的普遍存在的证明。

二　物有则，空亦有则

方以智的思想在哲学上仍是气的一元论。依照这种观点看来，宇宙中并不存在着什么脱离物质的绝对空间，虚空充满了气，它是气的一种存在形式。这是继承了张载以来的气的学说。不仅如此，他还提出："一切物皆气所为也，空皆气所实也，物有则，空亦有则。以费知隐，丝毫不爽，其则也，理之可征者也。"（《物理小识·天类》）既然空间充满了物质性的气，物质与空间必然都是有规律的，这些规律可以通过现象加以验证，是可知的。"物有则，空亦有则"表明物质和空间是不可分割的、受同一规律支配的有统一性的实在。

三　独性各别，公性则一

统一与差别，共性和个性，这是唯气论者在解说世界的统一性时必须进一步回答的问题。方以智说："气行于天曰五运，产于地曰五材，七曜列星，其精在天，其散在地，故为山为川，为鳞羽毛介草木之物，声色臭味，别其端几。黄帝论人，亦以五五约之，正谓独性各别，而公性则一。"（《物理小识·总论》）"独性"指每一事物特有的属性，"公性"指事物共同具有的属性。方以智认为，天地广大，万物繁多，究其实而言，都是气的变化的不同具体形态。具体形态不同，其属性也就有差别。每一事物都有自己特殊的规定性。但是由于所有这些具体形态的事物又都是一气所化，这就决定了它们又具有共同的属性，"公性则一"表明万物是具有统一性的。"独性各别"表明万物属性又是互有差别的。

四　宇中有宙，宙中有宇

古人说"四方上下曰宇，往古来今曰宙"，后来的人多以"宇宙"联用，而讨论宇和宙的问题的哲学家寥寥无几。方以智提出宇宙问题的新见解："以推移之宙消贪心，以规矩之宇辨物则，而万念俱毕矣，去者已去，来者未来，今又逝也，贪执何为？……灼然宙轮于宇，则宇中有宙，宙中有宇，春夏秋冬之旋轮，即列于五方之旁罗盘，而析几类应，孰能逃哉？"（《物理小识·占候类》）这是说，宙指时间，其特点是"推移"，即流逝不断。宇指空间，具有几何性质。"宙轮于宇"是指时间在空间中不断流转，未来变为现在，现在转为过去。方以智认为，空间与时间是不能分割的，空间中有时间（"宇中有宙"），时间中有空间（"宙中有宇"），时间和空间互相作用，互相联系，甚至可以互相转化。方以智的这个思想十分精到，可惜未能加以深入发挥。

五　气、形、光、声四几

在吸取了大量自然科学知识，包括当时西方传入的自然科学知识之后，方以智更为明确地用气来解释声、光等物理现象，从而进一步发展了中国古代的唯气论。他说："气凝为形，发为光声，犹有未凝形之空气与之摩荡嘘吸。故形之用止于其分，而光声之用常溢其余，气无空隙，互相转应也。"（《物理小识·天类》）又说："气凝为形，蕴发为光，窍激为声，皆气也。而未凝未发未激之气尚多，故概举气、形、光、声为四几焉。"（《物理小识·天类》）这是说，从统一的观点来看，气是宇宙的物质基础，但就气的表现和存在形态说，自然界的物质现象可以分为四种，这就是气、形、光、声。这里"形"指气所凝成的固定形体，"气"指尚未凝结为固定形体的气。"形"是固定的，因而其作用限于与形体直接发生接触的范围，是有限的。而光、声、气三者都是连续无间，弥满充塞，它的相互作用和变化也就是无限的了。方以智强调，气凝结为形体，充蕴而发出光，振动而发出声，以及未凝未发未激的气，这是自然界四种最基本的物质存在形态。"几"在中国哲学中包含着微妙运动的意义。方以智称形、光、声及未凝之气为"四几",也就是说,他认为气的这四种基本存在状态也是四种基本的运动形式。换言之,他似乎推测到不同的物质现象不过是物质的不同的运动形式,物质和运动是不可分的。恩格斯也指出过,自然界的质的差别常是基于运动的不同形式[1],所以,方以智用这个"几"字,包含有深刻的含义。

六 反因

方以智在他的哲学体系中,十分自觉地贯彻了他的方法,他的方法的基本点就是重视对立与统一的相互关系。

"反"即相反,指矛盾对立;"因"即相成,指相互依存。"反因"也称"相反相因",指一切矛盾的对立面又同时相互连接,相互依存。他指出:"吾尝言天地间之至理,凡相因者皆极相反。"(《东西均·反因》)方以智指出,宇宙间普遍存在着矛盾对立的现象,昼夜、水火、男女、生克、刚柔、清浊、明暗、虚实、有无、形气、道器、真妄、顺逆、安危、劳逸等等,都是"相反"的。自然界和人的生活充满了矛盾。他举例说,人的走路也是矛盾,步行的每一步都是既有所取而又有所舍。恩格斯曾指出,运动本身就是矛盾,简单的机械的位移也是矛盾[2]。在这一点上,方以智显示出他对生活的深刻的辩证观察。

"相反"的东西不仅是"对待"的,而且是"相因"的,雌雄异

---

[1] 恩格斯《自然辩证法》,《马克思恩格斯选集》第3卷,人民出版社,2012年,第904页。

[2] 恩格斯《反杜林论》,《马克思恩格斯选集》第3卷,人民出版社,2012年,第438页。

形而为牝牡交感，水湿火燥而民用不离，刚柔相分而律品协和，相反的东西无不同时又是相成的。他断言："所谓相反相因者，相救相胜而相成也。""相害者乃并育也，相悖者乃并行也。"（《东西均·反因》）把对立面的关系仅仅看作是绝对互相排斥的、没有联系的，是所谓形而上学的思维方式。按照方以智的思想，对立的两极是彼此不可分离的，正如它的彼此对立一样，它们也彼此渗透、联系。对立之所以对立，正是由于它们同时又有统一的关联。方以智还认为，正是由于对立，才有运动，才有发展。

在方以智看来，对立面的相反相因，同时包含着矛盾的相互转化："雨露而霜雪，春生而秋杀。吉凶祸福，皆相倚伏，生死之几，能死则生，徇生则死，静沉动浮，理自冰炭，而静中有动，动中有静，静极必动，动极必静，有一必有二，二本于一，岂非天地间之至相反者，本同处于一原乎哉？"（《东西均·反因》）正像春生转化为秋杀，秋杀又转化为春生一样，生与死、吉与凶、福与祸、动与静无不互相渗透，互相包含，互相转化，把转化看成是事物对立面的同一性的重要内容，这是方以智辩证思维的一个重要特点。

"危之乃安，亡之乃存，劳之乃逸，屈之乃伸"（《东西均·反因》），方以智关于"反""因"的思想，继承并发展了老子的辩证转化论，深刻阐明了辩证法的相反相成的原理。事物的转化不仅表现为物极而反的自然过程；在人类社会中，人们可以自觉运用这一原理，从反面入手，以危求安，以劳求逸。方以智这些思想和古代辩证法大家们一样，基于他们对自然过程的深刻观察和对社会生活的高度总结，体现了相当深邃的哲学智慧。恩格斯曾指出，辩证法不是把范畴看成固定的、僵死的对立，而是强调对立面的渗透和转化，在辩证法看来，"一极已经作为核内的东西存在于另一极之中，到达一定点一极就转化为另一极，整个逻辑都只是从这些前进着的对立中展开的"[1]。遗憾的是，恩格斯对中国古典哲学了解甚少，否则，他就不会仅仅提出佛教徒和希腊人作为古代辩证思维的代表了。整个世界对于方以智以及其他中国古代许多辩证论者们，正如同对于黑格尔一样，是"一首辩证法的诗"。

七　圆∴三点

方以智还进一步讨论了绝对与相对的问题，他提出，在一切对立之上存在着一种超越对立的绝对。他说："因对待谓之反因，无对待谓之大因。然今所谓无对待之法，与所谓一切对待之法，亦相对反因者也，但进一层耳。……有天、地对待之天，有不可对待之天。有阴、阳对待之阳，有不落阴、阳之阳；有善、恶对待之善，有不落善、恶之善，故曰：真天统天、地，真阳统阴、阳，真一统万、一，太无统有、无，至善统善、恶。'统'也者，'贯'也。谓之'超'可也，谓之'化'可也，谓之'塞'可也，谓之'无'可也。无对待在对待中，然不可不亲见此无对待者也。"（《东西均·反因》）"有对待"指一切相反相因的对立面，"无对待"指不与任何具体的东西构成反因关系的绝对。按照这里所说，从本体论上看，现象世界是相反相因的，本体则是超越任何对立的。从方法论上看，在各种相对的认识之上还有超越任何对立的绝对真理。如天与地相对待，但还有不与地相对

---

[1]　恩格斯《自然辩证法》，《马克思恩格斯选集》第3卷，人民出版社，2012年，第892页。

的"天"；善与恶相对待，还有不与恶对立的"善"。这一点显然是形而上学的。

但是方以智又认为，这个被称作"大因"的无对待的绝对并不是一种独立于具体事物之外的另一种客体，这个超对待的绝对就寓于一切对待的事物之中，通过对待的东西表现自己。也就是说，在他的理解中，绝对是存在和贯穿于相对之中。他甚至也承认，从更高的层次上看，绝对的"大因"与一切相对的"反因"也是一种相反相因的关系。这无异于说，绝对在一定意义上也是相对的。这些思想也包含有某些对绝对和相对关系的辩证的理解。

这种无对待统有对待、绝对统相对的关系，方以智也常用"圆∴三点"（∴读作伊）来表示。"圆∴三点"的下面二点即表示相反相因的对立面，上面的一点就是统相对而又贯于相对之中的绝对。方以智强调，画成∴三点是设象不得不然，在实际上上一点并不独立存在，它是贯穿在下两点之中的。

为了强调"圆∴三点"作为认识方法的意义，方以智还提出统、泯、随的说法。"泯"表示反面的真理，"随"表示正面的真理，而泯、随还只是相反相因的相对真理，绝对真理是"统"，它把相反的东西结合在一起，而超越了相对。换言之，在他看来，泯、随代表着认识中的正负两极，都有片面性，只有把对立的认识综合起来、贯通起来，人才能从相对进入到绝对。换言之，方以智的这些思想一方面表现了他的三教合一的思想，另一方面也表明他对绝对和相对的关系做了比前人更为深入的探讨。

八 交、轮、几

方以智还提出"交、轮、几"的观念。他说:"交以虚实,轮续前后,而通虚实前后者曰贯,贯难状而言其几。"(《东西均·三征》)又说:"交也者,合二而一也;轮也者,首尾相衔也。凡有动静往来,无不交轮。则真常贯合于几,可征矣。"(《东西均·三征》)"交"指一切对立面的相交,即相互作用、相互渗透,"轮"指对立面相互推移,往复更替,连续不断。在方以智看来,"交"和"轮"使对立面结合为联系的统一体,成为一个不息的运动过程。

方以智更注意到"几"。几是中国哲学的一个重要范畴。《周易大传·系辞下》说:"知几其神乎""几者动之微",以"几"指运动开始的状态,在哲学上指运动的根源。方以智认为,由几可以认识宇宙的绝对本体。在方以智看来,作为运动根源的"几",既不是动,也不是静;既不是虚,也不是实;既不是前,也不是后,然而"几"又不间断地发挥它的作用,正是这种不息不已的"几"使对立面相交、轮续。方以智认为,整个宇宙就是处在这样一种以"交""轮"为经纬的过程,在这样一个永恒过程中,消融了一切具体的差别,人如能认识这一点,也就认识了绝对真理。

方以智的交、轮、几思想既有辩证法,又有形而上学,我们应当剔除他的形而上学,吸取他的辩证思维成果。

九 "质测"与"通几"

传统的中国学术有不同的分法。方以智将学术区别为"质测""通几""宰理"三类。他说:"寂感之蕴,深究其所自来,是曰通几；物有其故，实考究之，大而元会，小而草木蠡蠕，类其性情，征其好恶，推其常变，是曰质测。"（《物理小识·自序》）又说："考测天地之家，象数、律历、音声、医药之说，皆质之通者也，皆物理也。专言治教，则宰理也。专言通几，则所以为物之至理也。"（《通雅》卷首三）"质"指具体实物，"测"即考察研究，"质测"就是对一切具体的实物进行研究，以了解其中内在的规律。"通"是通观，"几"指深奥的原理，"通几"就是研究整个世界普遍而根本之原理。"质测"是考究具体事物之"故"，"通几"是要了解并贯通天地万物之一"故"，宰理则是指研究国家和社会治理的学问。可见，方以智所说的"质测之学"即实证科学，"通几之学"即哲学，"宰理之学"即社会科学，这个分法十分接近于近代的学术划分。方以智还强调，实证科学是哲学研究的基础，"质测即藏通几者也"，忽视实证科学，与实证科学相脱离的哲学就会陷于空虚。仅仅重视实证科学，反对进一步作哲学思考，同样有弊病，他认为两者的研究应当结合起来。

在宋明理学中，程朱一派主张格物以穷理，他们所说的格物虽然包括具体地研究事物之理，但从根本上说并不是为自然科学研究确立地位。在程朱理学中，对具体事物的考察是从属于对天理的认识的，也是作为体认天理的手段。在陆、王心学中，则反对研究具体事物，注重在自己的心性上做工夫。方以智的思想表明，他是理学以外的独立思想家。"质测"的提出，是从根本上确立了自然科学作为独立的基本学问的存在权利，要求把自然科学从旧学术中完全独立出来。这个思想有着十分重要的意义。

方以智在《物理小识》的总论中说："智每因邵蔡为嚆矢，征河洛之通符，借远西为邹子，申禹周之矩积。"（邵蔡指邵雍蔡沈；河洛指《河图》《洛书》；郯子是春秋时人，孔子曾问于郯子；禹周指夏禹周公，传说古代算学与禹周有关）意思是他要以古代的博学者为师，广泛吸收中国和外国的自然科学知识和其他一切知识，以博古通今。他的这几句话，明显地表露出他对知识的密切追求。他的那种对于知识的热爱和追求，那种对摒弃知识的学说的憎恶和鄙夷，那种追求知识而不顾一切的勇气，那种博采万方的宏大胸怀，不能不使人联想到几乎与他同时代的英国哲学家弗兰西斯·培根（Francis Bacon, 1561—1626）。总使人觉得，他的"因、征、借、申"的豪言，与"知识就是力量"的壮语，表达的是同一种对新的科学的召唤。

黄宗羲

黄宗羲，字太冲，号梨洲，生于明神宗万历三十八年（1610），卒于清康熙三十四年（1695），浙江余姚人。明清之际重要的启蒙思想家、哲学史家和哲学家。黄宗羲的父亲黄尊素是著名的东林党人，被宦官魏忠贤"阉党"所杀害。明崇祯帝朱由检即位，黄宗羲入都讼冤，以铁锥刺伤陷害他父亲的仇人，名声大振，成为与"阉党"斗争的"复社"领袖。东林党和复社都是正直的知识分子和士大夫的团体，东林党人和复社中人以书院讲学或结社会讲的形式"讽议时政，裁量人物"，对当时窃取统治大权的极其腐败、黑暗的宦官权贵集团进行过英勇的斗争。这一斗争，曾在当时我国商品经济最发达的东南地区得到市民运动的响应和支持。明朝灭亡以后，清兵入关，黄宗羲激于民族义愤，组织"世忠营"，开展抗清斗争，屡仆屡起，英勇不屈。反清失败后，他长期过着政治流亡生活，四处奔走，曾远赴日本，1656年才退居乡里，从事学术研究和讲学活动。著有《明夷待访录》、《孟子师说》、《明儒学案》、《宋元学案》（全祖望补成）、《南雷文定》等书。在《明夷待访录》这部著作中，黄宗羲对封建专制主义做了深刻的批判，阐发了初步的比较明确的民主观念，这是黄宗羲对于中国思想史的一项卓越的贡献。"明夷"是《周易》中的一卦，象征沉沉大地下，隐伏着光明的火种。黄宗羲用此作为书名，充分表现出他早期启蒙思想家的品格。他的思想和著作，对近代资产阶级的改革和革命运动起过积极的作用。

一　天下之大害者，君而已矣

明代是中国封建君主专制制度高度发展的时代，也是这种制度的本质暴露无遗的时代。明朝初年废宰相，让六部直接听命于皇帝；废最高军事长官，让军队直接听命于皇帝；在中央各部，使尚书（相当于部长）和侍郎（相当于副部长）权力平等，互相牵制；在地方各省，设行政、司法、军事长官，不相统属，互相牵制；以保证一切大权由皇帝总揽，防止出现权臣。为了切实保证皇帝独揽最高权力，明初还规定后妃不得言政，宦官不能识字、不得交通外官，甚至皇帝娶妻妾、公主下嫁也不找大臣之家。明王朝的这一系列加强君主专制的措施确实很有效，杜绝了大臣擅政、外戚擅政及地方出现割据势力这样一些历代经常出现的问题，在一定的时期里，保证了皇帝的绝对权威和朱氏江山的稳固。但是，这种制度给皇帝过多的享乐和不胜繁浩的政务，这就不仅加深了皇帝与天下百姓的对立，而使君臣也对立起来。为了处理繁浩的政务和腾出时间享乐，为了有效地驾驭群臣，明代皇帝不得不重用宦官，依靠这些家奴主持的特务机关去监督、侦察各级官吏，依靠宦官组成的宫内机构代行皇帝的大量日常工作。而宦官多出身于市井无赖，大多数见识低下、品质恶劣，一旦掌握权力，就为非作歹，无恶不作。所以，宦官专政不仅是极端君主专制制度的产物，而且是君主专制制度最黑暗最腐朽最无能的形式。在这种形式下，明王朝的政治统治越来越专横残暴。黄宗羲个人家庭惨痛的经历，汉民族土权的丧失，更给他以深刻的刺激，使他致力于政治制度问题的探究。他研究了君主制度的起源和君民、君臣关系的历史演变，研究了法律制度的历史变化，提出了"为天下之大害者，君而已矣"（《明夷待访录·原君》）的论断，把批判的矛头直指几千年的封建君主专制制度特别是明王朝的极端君主专制制度,直指这种制度的体现——最高封建统治者皇帝。

黄宗羲认为,君主制度在历史上经历了一个发展演变过程,在这个过程中,君民、君臣关系和法律都发生了本质的变化。

黄宗羲认为,在上古时代,最初君主的设立,是由于有人能为天下兴"公利",除"公害","不以一己之利为利,而使天下受其利;不以一己之害为害,而使天下释其害"(《明夷待访录·原君》),这样的人受到人民的拥护,推戴以为君主。因此,"古者以天下为主,君为客,凡君之所毕世而经营者,为天下也"(《明夷待访录·原君》)。后世的君主则不然,他们利用"天下利害之权皆出于我"(《明夷待访录·原君》)的权力,把主客关系倒置过来,把天下看作"莫大的产业",箱中的"私物"。为了争夺这份产业,他们不惜使天下人民肝脑涂地,骨肉分离;得到这份产业后,他们又"敲剥天下之骨髓,离散天下之子女,以奉我一人之淫乐"(《明夷待访录·原君》),使得"天下无地而得安宁"(《明夷待访录·原君》),因此,君主就成了天下的大害。在这种情况下,人们怨恨君主,视之为强盗、仇敌、独夫、民贼是理所当然的,像商汤王、周武王那样敢于推翻暴君的人是"圣人",像孟子那样敢于宣称"民贵君轻"、敢于肯定推翻暴君的言论是"圣人之言",而那些宣扬什么君臣大义无法变更、不可逃避的人,只是见识狭小的"小儒"。

黄宗羲又认为,君臣之分是分工的结果,"天下之大,非一人之所能治,而分治之以群工"(《明夷待访录·原臣》),群工即群官。因此,官是"分身之君"(《明夷待访录·置相》),"臣之与君,各异而实同"(《明夷待访录·原臣》)。古代的君臣关系,犹如一群协力拉木头的人的关系，在前面的领唱，在后面的相和，同心协力拉木前进。君只是最高一级的官，君臣非地位悬殊的两种人。这时的为臣之道是"为天下，非为君也；为万民，非为一姓也"（《明夷待访录·原臣》）。可是，秦汉以后，情况发生了根本的变化。君主将天下视为私物，群臣也"视天下人民为人君囊中之私物"（《明夷待访录·原臣》），他们认为臣是为君而设立的，臣所治理的领土人民是君授予的，他们只为君主一人一姓之兴亡着想，而不顾万民之忧乐，他们只要得到君主的俸禄，就对君主的"知遇"感恩戴德，也不计较君主对自己是否以礼相待，跻身于仆妾之间而以为理当如此。后世之臣甚至主张以事父的方式事君，为了君主的利益，不惜牺牲性命。黄宗羲指出，这种不以天下为事、轻视万民的苦难的臣，其实不过是"君之仆妾"（《明夷待访录·原臣》）而已。

黄宗羲还认为，三代以上的法律是"天下之法"，是为了保护天下人民的物质文化生活而制定的。那时，"山泽之利不必其尽取，刑赏之权不疑其旁落，贵不在朝廷，贱不在草莽也"（《明夷待访录·原法》）。那时的法律很宽大，可以称之为无法之法。三代以后的法律则不同。这种法律，完全是为了保持君主一人一姓的私利而制定的，无一毫为天下之心。这种法，只是"一家之法而非天下之法"（《明夷待访录·原法》）。这种"法"力图将天下置于君主的"筐箧"之中，"利不欲其遗于下，福必欲其敛于上；用一人焉则疑其自私，而又用一人以制其私；行一事焉则虑其可欺，而又设一事以防其欺"（《明夷待访录·原法》）。这种"法"以天下为敌，以保护君主私有天下为目的，"法"愈细密而天下之乱愈多，从一开始就是"害天下"的"非法之法"（《明夷待访录·原法》）。

黄宗羲不仅一般地批判了秦汉以来的君主、君民、君臣关系和法律，而且特别重视批判明代的极端君主专制。他认为，"有明之无善治，自高皇帝罢丞相始也"（《明夷待访录·置相》）。罢相，进一步降低了臣下的地位，提高了君主的权力，"宰相既罢，天子更无与为礼者矣；遂谓百官之设，所以事我，能事我者我贤之，不能事我者我否之"（《明夷待访录·置相》）。罢相，直接导致了宦官专政的局面，"盖大权不能无所寄；彼宫奴者，见宰相之政事坠地不收，从而设为科条，增其职掌，生杀予夺出自宰相者，次第而尽归焉。……故使宫奴有宰相之实者，则罢丞相之过也"（《明夷待访录·置相》）。他认为，法律在历史上经历了两次变化，"夫古今之变，至秦而一尽，至元而又一尽，经此二尽之后，古圣王之所恻隐爱人而经营者荡然无具"（《明夷待访录·原法》）。他还对明太祖朱元璋将孟子牌位赶出孔庙并删节《孟子》之书的行为进行了不指名的批判。他认为这是因为孟子民贵君轻和肯定推翻暴君行为的言论妨碍了明太祖"欲以如父如天之空名，禁人之窥伺"（《明夷待访录·原君》）的行径。

总而言之，在黄宗羲看来，秦汉以前之君是为天下之君，臣是为天下之臣，法是为天下之法，而秦汉以后之君是把天下当私产进行残酷剥削压迫之君，臣是为这样的君主奔走服役的奴仆，法是为这样的君主看家护业的"非法之法"。黄宗羲的这些看法当然有许多错误，他不懂得包括君主制度在内的一切国家政权都是社会分裂为阶级的结果，是阶级压迫的工具，他对三代以前的君臣法的看法显然具有理想化的成分。但是，他十分明确地指出了剥削阶级政权凌驾于社会之上并日益同社会脱离，乃至成为吞食整个社会的力量的历史趋势,他对这种趋势提出了强烈的抗议,这是很了不起的、难能可贵的。恩格斯指出,国家是"从社会中产生但又自居于社会之上并且日益同社会相异化的力量"[1],在某些特定情况下,国家权力甚至可能摆脱它所代表的那个阶级的控制,暂时取得某种独立性,甚至发展到"大有吞食整个社会甚至吞食国家之势的高度"[2]。黄宗羲的理论,显然接近恩格斯所阐述的上述真理。

黄宗羲把三代以上的君、臣、法与三代以后的君、臣、法进行对照,不仅是为了说明君、臣、法的可悲的历史演变,而且寄托着自己改革现实政治制度的理想。他希望改变"君为主,天下为客"的现状,恢复"天下为主,君为客"的历史本来面目,改变主仆式的君臣关系,恢复臣为君之师友、君臣合力为天下的政治理想,希望根本改变现实的一家之法,"以复井田、封建、学校、卒乘之旧"(《明夷待访录·原法》)。这些希望,从理论上看,实质上是要求从根本上改变国家权力凌驾于社会之上的现状,将根源于社会的力量还给社会。这样的要求,本质上具有空想社会主义的性质。黄宗羲为实现这些要求所提出的一系列具体措施,则具有明确的初步民主主义性质。所以无论在理论上还是实践意义上,黄宗羲的上述理论都是有重要意义的。

二　必使治天下之具,皆出于学校

黄宗羲要恢复的"天下之法"中,最重要的一条是以学校为议

---

[1]　恩格斯《家庭、私有制和国家的起源》,《马克思恩格斯选集》第4卷,人民出版社,2012年,第187页。

[2]　同上,第188页。

政机关。黄宗羲认为:"学校所以养士也。然古之圣王,其意不仅此也。必使治天下之具,皆出于学校,而后设学校之意始备。"(《明夷待访录·学校》)所谓"治天下之具皆出于学校",包括:(一)决定"是非"。黄宗羲说,三代以下,天下之是非一出于朝廷,是不正确的。正确的方法是:"天子之所是未必是,天子之所非未必非,天子亦遂不敢自为是非,而公其是非于学校。"(《明夷待访录·学校》)这就是主张使学校成为决定"是非"的最高机关。(二)监督政府。黄宗羲说,京城太学校长应由公众推举的当世大儒担任,其地位与宰相相等。每月初一,皇帝到太学,宰相六卿谏议等官也都随着,"祭酒南面讲学,天子亦就弟子之列。政有缺失,祭酒直言无讳"(《明夷待访录·学校》)。祭酒(太学校长)对于朝政有监督指导的权力。郡县学官由"郡县公议,请名儒主之"(《明夷待访录·学校》)。学官每月初一、十五召集绅士和读书人开大会,"学官讲学,郡县官就弟子列"(《明夷待访录·学校》)。郡县官有政事缺失,小的就批评指正,大的就敲鼓宣布于公众之前。这就是说,郡县学官对郡县政事有监督指导的权力。(三)进退官吏。黄宗羲反对科举取士的制度,认为这只能使读书人"富贵熏心,亦遂以朝廷之势利一变其本领"(《明夷待访录·学校》)。他主张由学官选送优秀学生参加考试,合格者进入太学,再经考试,送礼部任职,"更不别遣考试官"(《明夷待访录·学校》)。(四)尊重舆论。学校是"清议"即清正的言论的场所,学官冒犯了舆论,学生有权起来罢免他,郡县官在学校妄自尊大,学生有权驱逐他。地方上举行"乡饮酒",要请年高德劭的士人和庶民上座,学官和郡县官都要恭敬地征求他们的意见。

黄宗羲这种"必使治天下之具皆出于学校"的主张，虽然打的是复古的旗号，但其实质是全新的。黄宗羲所谓的学校，有议政的权力，有监督政府的作用，它还可以进退官吏，实质上是知识分子参与政权的机构。这样的学校，在一定程度上类似于议会。应当肯定，黄氏所提出的扩大学校职能的学说是中国历史上最早的关于议会的设想。它具有反对封建专制独裁、鼓吹民主制度的进步意义。这种学说还肯定应当由学术引导政治，而不应当用政治限制、压制学术，这也是十分可贵的思想。

三 工商皆本

中国古代思想家多主张"重农抑工商"，认为农业是本，即国计民生的根本，工商业是末，即国计民生的细微末节，主张"崇本抑末"即用行政手段提高农业地位，压制工商业的发展。这种主张，是耕织结合、自给自足的封建自然经济的反映。明代中期以来，随着工商业的发展，在全国各地特别是东南各省开始形成一个新的阶级——市民阶级，在工商业发达的城市中，开始出现了资本主义萌芽。黄宗羲出身于地主阶级，但他的思想部分地反映了市民阶级的要求。他在中国历史上第一次提出"工商皆本"的主张，反对以农为本、以工商为末的传统观念。他说："世儒不察，以工商为末，妄议抑之；夫工固圣王之所欲来，商又使其愿出于途者，盖皆本也。"（《明夷待访录·财计三》）为促进工商业的发展，黄宗羲主张改革币制，整顿市场，调整物价，扩大贸易，以造成"封域之内，常有千万财用流转无穷"（《明夷待访录·财计二》）的经济繁荣局面。这一思想反映了新兴市民阶级的要求，符合资本主义经济发展的需要。

四　宁凿五丁之间道，不假邯郸之野马

黄宗羲反对科举取士，不仅因为它使读书人"富贵熏心"，成为专制君主的奔走服役之人，还因为它危害学术，危害国家。他说："举业盛而圣学亡，举业之士亦知其非圣学也，第以仕宦之途寄迹焉尔！而世之庸妄者，遂执其成说，以裁量古今之学术。有一语不与之相合者，愕眙而视曰：'此离经也，此背训也。'于是六经之传注，历代之治乱，人物之臧否，莫不各有一定之说。此一定之说者，皆肤论瞽言，未尝深求其故，取证于心。"（《南雷文案·恽仲升文集》）黄宗羲受王守仁主观唯心主义哲学影响，认为学说之是非应"求证于心"，这是错误的。但他指出科举制度使人们满足于肤浅错误、固定不变的成说，造成思想僵化，使得孔孟儒学的真精神灭亡，却是深刻中肯的。黄宗羲更指出，科举不仅危害学术，而且危害国家。在醉心科举的风气下，一般读书人不懂得儒家之学是"经天纬地"即用来解决国计民生实际问题的，而"以语录为究竟"，即把程、朱的片片断断的语录当成终极真理，只要能有一两条解释程、朱语录的语录能附在程、朱门下，就可以厕身于儒家学者之列，假借程朱的名义欺世惑众。他们终日用治国平天下的高谈阔论束缚天下人的思想，一旦国家有难，就"蒙然张口，如坐云雾"（《南雷文定后集·赠编修弁玉吴君墓志铭》），一点办法都没有。

针对科举制度的严重弊病，黄宗羲提出了救正的方法。

方法之一是奖励研究"绝学"，即振兴在科举制下奄奄一息的自然科学和技术科学，包括"历算、乐律、测望、占候、火器、水利之

类"（《明夷待访录·取士下》）。他主张对研究这些学问的人与一般儒生一视同仁，有权进入最高学府，对其中确有发明的人，也与其他读书人一样，推荐到礼部，授以官职，到朝廷的有关机构任职。黄宗羲身体力行自己的主张，注意研究上述种种"绝学"，著有《授时历假如》《西历假如》《大统历推》《回历假如》《勾股图说》《开方命算》《律吕新义》《今水经》《春秋日蚀历》《割圆八线解》《圆解》等自然科学著作，可惜这些著作大都散失了。黄宗羲这种提倡"绝学"的主张适应了当时农业、手工业、国防事业发展的需要，与他初步民主的政治思想、"工商皆本"的经济思想交相辉映，具有启蒙的意义。

方法之二是主张学术上自辟途径，反对思想僵化。他认为："学问之道，以各人自用得著者为真，凡倚门傍户，依样葫芦者，非流俗之士，则经生之业也。"（《明儒学案·凡例》）这里所谓的"各人自用得著者"即各人的独创性意见，"倚门傍户，依样葫芦者"即因袭他人的成见。黄宗羲认为前者是真学问，后者则是没有价值的。他还认为，学术上的"一偏之见""相反之论"是可贵的，正因为有不同的学术观点，才能形成多样性的和谐统一的学术，如果"执成定局"，"必欲出于一途"，就会"使美厥灵根者化为焦芽、绝港"（《明儒学案·自序》），即使本来完美通灵的心也会变成像枯死的苗芽、断流的小河那样枯涸闭塞。据此，他提出了"宁凿五丁之间道，不假邯郸之野马"（《明儒学案·自序》）的学术主张。所谓"宁凿五丁之间道"，就是提倡不避艰难，自辟途径。所谓"不假邯郸之野马"，就是反对走现成方便的途径。黄宗羲反对"执定成局"，主张自辟途径，也可以说是在一定程度上主张学术思想自由，这也是富有启蒙色彩的思想。

黄宗羲在《明儒学案·东林学案》中写了一段表彰东林精神的话。他说:"数十年来,勇者燔妻子,弱者埋土室,忠义之盛,度越前代,犹是东林之流风余韵也。一堂师友,冷风热血,洗涤乾坤。"这"冷风热血,洗涤乾坤"八个字,是黄宗羲对明清之际爱国知识分子的崇高评价,也是对他自己的伟大抱负的写照。包括黄宗羲在内的大批爱国正直的知识分子,在明清之际的社会动乱中,或者英勇牺牲在保卫民族独立的战场,或者毕生致力于民族文化的批判、整理和阐扬,他们以一腔热血,献给了改造社会的伟业。黄宗羲所表彰和身体力行的"冷风热血,洗涤乾坤"的精神,是我们中华民族优秀的精神传统之一,是永远值得我们学习、继承和发扬光大的。

王夫之

王夫之，字而农，号薑斋，晚年隐居于湖南衡阳石船山，学者称船山先生。生于明神宗万历四十七年（1619），卒于清圣祖康熙三十一年（1692）。湖南衡阳人，出身于中小地主阶层的知识分子家庭。王夫之生活的时代，是一个社会大震荡的时代，是明王朝覆灭和清王朝入关不久统治尚未巩固的时代。王夫之的一生饱经忧患。青年时代，他目睹明王朝风雨飘摇的局势，参加"行社""匡社""须盟"等，立志改革社会。明亡后，清兵直下江南，1648年，王夫之在衡山举兵抗清；失败后，退广州肇庆，投奔南明桂王朱由榔政权，任行人司行人小官，因弹劾权奸王化澄等，险遭残害，脱险后辗转逃回湖南。1652年以后，他为了反抗清王朝的剃发令，隐伏湖南一带，过了近四年的流亡生活。晚年隐居衡阳石船山麓，在艰苦的条件下，坚持学术研究，一生留下了一百多种、四百多卷著作。

王夫之是明清之际最伟大的唯物主义哲学家，一位有深厚的民族感情的仁人志士。明亡以后，他把一腔爱国热情倾注在学术研究上，想通过对中华民族两千年学术思想的总结，为未来的民族复兴奠定理论基础。他继承了北宋唯物主义哲学家张载的思想，在本体论、辩证法、认识论、伦理学说、历史观等方面，都提出了许多光辉的理论命题，形成了一个博大精深的学说体系。他对中华民族两千年的哲学思想做了相当全面的理论总结，他的一些思想具有批判封建主义的意义。可以说，他既是集中国古代优秀哲学遗产之大成的人物，也是一位早期启蒙思想家。在经历近两个世纪的清朝文化专制主义的窒息之后，王夫之的著作才流传开来，成为近代启蒙思潮的重要思想源泉之一，特别是他的社会历史思想，对19世纪末的爱国维新运动和20世纪初的排满革命运动，产生过积极而广泛的影响。王夫之留下的丰富深刻的优秀哲学遗产，仍有待于我们去发掘、整理、发扬光大。

一 体用胥有

"体、用"问题是中国古典哲学的一个核心问题。中国古典哲学中所谓的体、用具有多层含义，最主要的有两点：一是"体"指实体，"用"指作用；二是"体"指本质（本性），"用"指现象。唯物主义者认为物质性的"气"是实体，而事物的本质是客观的不以人的意志为转移的，不能脱离事物而独立存在；主观唯心主义者不承认客观世界的独立存在，断言"心"或"识"是唯一的实体；一些客观唯心主义者则认为在现象世界之先之上还有一个虚无的本体，称之为"道"或"理"。王夫之提出"体用胥有"，即"体"和"用"皆是客观存在的命题，批判了否认客观世界独立存在的主观唯心主义和以虚无为本体的客观唯心主义。他说："天下之用，皆其有者也。吾从其用而知其体之有，岂待疑哉？用有以为功效，体有以为性情，体用胥有而相需以实。"（《周易外传·大有》）这里首先肯定现象是客观存在的，然后从现象的实际存在推证本质的实际存在。在王夫之著作中，"体、用"除有本质与现象的含义外，也有实体与作用的含义。例如，他说："体用相函者也。……体以致用，用以备体。……无车何乘？无器何贮？故曰体以致用；不贮非器，不乘非车，故曰用以备体。"（《周易外传·系辞上传》）这里以车器为"体"，以车的可乘、"器"的能贮为用。"体"指实体，"用"指作用。由于"体、用"有两层含义，因而"体用胥有"也有两层含义。王夫之用"体用胥有"这命题强调了事物的本质和现象、实体和作用都是客观实在的。这是唯物主义的根本观点，也是王夫之哲学的基本观点，他用来论证这一观点的"从其用而知其体之有"的方法（亦可表述为"由用以得体""日观化而渐得其原"，见《周易外传·大有》），也是唯物主义方法论的一个重要原则, 具有极其重要的理论意义。

二 气者, 理之依

所谓理、气关系问题, 是本质、规律与物质存在的关系问题。在这个问题上, 王夫之提出了"气者, 理之依"(《思问录·内篇》)的命题。这个命题的意思是, 气即物质存在, 是世界的唯一实体。所谓理乃是气的本质与运动变化规律, 是依凭于气的。王夫之说, 无形的"太虚", 有形的"万物", 清通的"神", 重浊的"物", 都以太和缊缊之气的实体为本原。他在《张子正蒙注·太和》中说:"为虚为实, 为清为浊, 皆取给于太和缊缊之实体。"这就肯定了气是世界上唯一的实体。王夫之又提出理气"交与为体"。他说:"道以阴阳为体, 阴阳以道为体, 交与为体, 终无有虚悬孤致之道。"(《周易外传·咸》)这里,"道以阴阳为体"的"体", 指实体;"阴阳以道为体"的"体", 指本质(本性)。这就是说, 气是实体, 理不能离开气独立存在, 但理又是气的本质和规律, 为气所固有, 没有孤立独存的理。王夫之在坚持气为唯一实体的前提下肯定理气同为实有, 这是从"体用胥有"的基本观点引申出来的。

三 天下惟器

所谓道器关系问题, 是指规律与事物的关系问题。在这个问题上, 王夫之提出"天下惟器"的命题。他说:"天下惟器而已矣。道者器之道, 器者不可谓之道之器也。无其道则无其器, 人类能言之。虽然, 苟有其器矣, 岂患无道哉? ……无其器则无其道, 人鲜能言之, 而固其诚然者也。……未有弓矢而无射道, 未有车马而无御道,未有牢醴璧币、钟磬管弦而无礼乐之道。"(《周易外传·系辞上传》)这就是说,世界上有各种各样的事物,事物的运动变化有它的规律,规律是事物所具有的。我们只能说规律是事物的规律,却不可能说事物是规律的事物。为什么呢? 因为器是实体,道不是实体,道是以器为实体的。王夫之又说:"形而上者谓之道,形而下者谓之器,统之乎一形。"(《周易外传·系辞上传》)"统此一物,形而上则谓之道,形而下则谓之器,无非一阴一阳之和而成。尽器则道在其中矣。"(《思问录·内篇》)这就是说,器和道都统一于形,形而上之道从属于形而下之器。王夫之这种"天下惟器"的学说,深刻地说明了物质与规律的关系,特殊与一般的关系,是中国古代唯物主义的光辉思想。

四 诚者实有

对于"体用胥有"及其在理气、道器关系方面的含义,王夫之用"诚"的观念做了总的概括。"诚"的意义是多方面的:"阴阳有实之谓诚"(《张子正蒙注·太和》),"诚者,天之实理"(《张子正蒙注·乾称下》),"夫诚者实有者也,前有所始,后有所终也。实有者,天下之公有也,有目所共见,有耳所共闻也"(《尚书引义·说命上》)。实有之气,实有之理,实有之体,实有之用等,都是"诚"的内容。而所谓实有,是人们的耳、目感官都可察知的。要而言之,诚是指理气体用等的不以人的意志为转移却可以为人们认识的客观性。王夫之又说:"诚也者实也,实有之,固有之也……若夫水之固润固下,火之固炎固上也。"(《尚书引义·洪范三》)这就是说,物质世界中的一切事物都有其固有的规律,有其固有的特质,如水的本性是"润下"，火的本性是"炎上"，确实如此，这就是诚。这就表明，王夫之的所谓"诚"，指的是客观实在具有内在的必然性，亦即具有内在规律性的客观实在。王夫之认为"诚"是"极顶字"（《读四书大全说·离娄上篇》）即最高范畴。由此可见，王夫之哲学的最后结论是把物质世界看作是具有客观规律的客观实在，这个客观实在是人们的感官可以察知的。这是一个深刻的唯物主义结论，是"体用胥有"学说的归宿。

五　非合两而以一为之纽

王夫之的辩证法思想是十分丰富的，有许多精辟之论，其中最突出的是关于对立两端的统一关系的学说。

王夫之指出一切对立面都不是绝对对立的，而是相互渗透、相互转化的。他说："天下有截然分析而必相对待之物乎？求之于天地，无有此也；求之于万物，无有此也。"（《周易外传·说卦传》）世界上没有截然分开、绝对对立的事物。他又指出，对立的两方面既有不容混淆的"大辨"，又有"至密"的联系。"大辨"即重大的区别，"至密"即非常密切的联系。以天地为例，天地之间的界限可谓微乎其微，甚至放不进一根头发。因为只要是有空隙可入的地方就是天，只要是有尘埃可积的地方都是地，这样，天入地中，没有不到的深处，地升天际，没有不到的高处，无法划出一条界线；同时天是清彻的，地是宁静的，其分别又是极为清楚、容不得半点混杂的，这又可谓之大辨。天和地既有至密的关系，又有大辨的关系。既不可截然分离，又不能合为一物。昔今、往复、平陂，也无不如此。王夫之更指出："非合两而以一为之纽也。"（《思问录·内篇》）对立的两方面的统一，并不是另有一个东西作为两者的纽带把两者统一起来。这也就是说，所谓一是指两端的统一，并非结合两者而超越两者的绝对。王夫之关于对立的两方面相互关系的分析，深刻而明晰，发前人之所未发，是对辩证法的重大贡献。

六　阴阳具于太虚细缊之中

王夫之以"太和细缊之实体"为天地万物的本原。他所说的"太和"，指"阴阳未分，二气合一"（《张子正蒙注·太和》）的宇宙本原状态，同时亦指物质分化开来以后相互和谐的关系。他所说的"细缊"，指"二气交相入而包孕以运动之貌"（《周易内传·系辞下传》）。可见，王夫之所谓的"太和细缊之实体"，是阴阳未分、高度统一的原始状态。但王夫之同时又指出：这种阴阳"合同而不相悖害，浑沦无间"（《张子正蒙注·太和》）的关系并不妨碍"阴阳异撰"（《张子正蒙注·太和》），即并不妨碍阴阳各有其实。也就是说，"太和"是多样性的和谐统一，而不是单调的不包含矛盾的同一。正因为如此，太和细缊之气中涵有浮沉、升降、动静相感的本性，此本性必然导致阴阳二气的相互荡激和相互斗争。王夫之说："气化者，气之化也。阴阳具于太虚细缊之中，其一阴一阳，或动或静，相与摩荡，乘其时位以著其功能，五行万物之融结流止、飞潜动植，各自成其条理而不妄，则物有物之道，鬼神有鬼神之道。"（《张子正蒙注·太和》）总之，在太和细缊之气中既有"阴阳二体"，又有"动静二几"，它以潜在的形式包含了在天地万物中逐渐展开的全部矛盾，而这些矛盾的展开，便形成了全部的自然史。这显然是一种深刻的辩证思想。

七 静者静动，非不动也

在动与静的关系问题上，王夫之提出了"动静互涵，以为万变之宗"（《周易外传·震》）的观点。所谓"动静互涵"，是说动静相互渗透、蕴含，"静即含动，动不舍静"（《思问录·外篇》）。他还指出，运动是绝对的，静止是相对的，静止是运动的一种特殊形式，"静者静动，非不动也"（《思问录·内篇》）。这是一个深刻的辩证观点。

八 能必副其所

王夫之分析了客体与主体的关系问题，明确地论证了客观世界的独立存在及主体的认识必与客体相应，对主观唯心主义认识论进行了深刻的批判。

在中国古代哲学中，主体的认识作用叫作"所以知"，认识的客观对象叫作"所知"。后来翻译佛教经典有"能""所"的名词，"能"是"能知"，指主体的认识作用；"所"是"所知"，指认识的客观对象。佛家认为"所知"是不能离开"能知"而存在的，这是佛家的主观唯心主义。对于这种主观唯心主义，王夫之做了深刻的批判。他首先对"能""所"范畴的含义做了明确规定。他说："境之俟用者曰'所'，用之加乎境而有功者曰'能'。'能''所'之分，夫固有之，释氏为分授之名，亦非诬也。"（《尚书引义·召诰无逸》）从这里可看出王夫之善于深入唯心主义体系汲取其有用的思想资料的精神。接着，王夫之对"能""所"关系的实质进行了分析。王夫之说："夫'能''所'之异其名，释氏著之，实非释氏昉之也。其所谓'能'者即用也，所谓'所'者即体也，汉儒之已言者也。……所谓'能'者即己也，所谓'所'者即物也，《中庸》之已言者也。……援实定名而莫之能易矣。"（《尚书引义·召诰无逸》）这就是说，"能、所"关系实质上是客观实体和主观作用的关系，"能"是人所具有的主观能动性。"所"是人的认识和实践对象。王夫之进而指出："乃以俟用者为'所'，则必实有其体。以用乎俟用，而可以有功者为能，则必实有其用。"（《尚书引义·召诰无逸》）既然以等待认识作用去认识的外部环境为"所"，那么这"所"必然有它的实体；既然以作用于客观对象之上而有功效的是"能"，这"能"必然有它的作用。这样，王夫之就从其"体用胥有"的基本观点出发，引申出他关于"能、所"关系问题的结论："体俟用，则因所以发能；用，用乎体，则'能'必副其'所'。体用一依其实，不背其故，而名实各相称矣。"（《尚书引义·召诰无逸》）这个结论肯定了主体的认识是客体所引起的，而且必与客体相符，批判了佛家主观唯心主义的"消所以入能，而谓能为所"，即把客体归结为主观，以主观为客观的错误，坚持了一条由物到感觉、思想的唯物主义反映论的哲学路线。这是王夫之对唯物主义认识论的重大贡献之一。

九　即事穷理

王夫之在本体论问题上提出"由用以得体"的方法论原则，在一般理论问题上又提出"即事以穷理"的方法论原则。他说："有即事以穷理，无立理以限事。"（《续春秋左氏传博议》卷下[①]）又说："愚谓在天者即为理，不可执理以限天。"（《张子正蒙注·参两》）

---

① 转引自《王夫之著作选注》，湖北人民出版社，1975年，第106页。

王夫之所谓"即物以穷理",是就事物的实际情况加以考察分析以达到对于事物本质和规律的认识;所谓"立理以限事""执理以限天",即设定一个规律来限制一切实际情况。王夫之强调自然界有其客观规律,应当根据事物实际情况对其进行考察分析,反对固执一定之理来裁剪自然界的复杂情况,这是唯物主义方法论的一个重要原则。

宋明时代哲学家多沿袭"致知""格物"的概念讲认识论;王夫之将"格物"与"即物以穷理"等同起来,并给出了一个全新的解释。他说:"盖格物者,即物以穷理,唯质测为得之,若邵康节、蔡溪山之流,则立一理以穷物,非格物也。"(《搔首问》)"质测"是明清之际哲学家方以智的用语,所谓"质测"即对具体事物的实际观测,这是一种实证科学的方法。王夫之以"质测"解释格物和即事穷理,这说明他的认识方法已超越了朴素直观的方法,且有了近代科学方法的意义。"即事以穷理"是王夫之哲学的基本特色之一,是他对唯物主义认识论的贡献。

十 知以行为功

"知、行"关系的问题是宋明哲学中的一个重要问题。"知"就是认识,"行"就是行为、活动。"知、行"关系的问题也就是认识与实践的关系问题。不过中国过去的哲学中所谓的行,与我们今天所谓实践的意义有很大的区别。过去哲学中所谓的行是指日常活动而言。办理任何事情,进行任何活动,都叫作行,而最重要的是指道德行为。程颐、朱熹认为"知"在先而"行"在后,必须先有认识然后根据认识而行动。王守仁提出了"知行合一"的学说,认为知行是一事，是不可分的。王夫之批评了朱、王两派的说法，提出了以"行在知先"命题为核心的唯物主义知行学说。

王夫之指出，行在先，知在后。他引《尚书·说命》的两句话"知之非艰，行之惟艰"；又引孔子的一句话"仁者先难而后获"，认为"难"者在先，他说："艰者必先也，先其难而易者从之易矣。"（《尚书引义·说命中二》）行是艰难的，所以行在先。他从"行难、知易"来论证行先知后，这种论证是不精确的，但他肯定行在先，则是一个创见。"行先知后"，也就是肯定实践先于认识，实践是认识的基础和来源。这种"行先知后"说是对朱熹"知先行后"说的批判。

王夫之又指出，知和行有明确的区别，不可混为一谈。他说，知与行是相互依靠的。正因为它们各有各的功能，并且各有各的效用，所以相互依靠；然则从它们的相互依靠，更知道它们一定有分别。完全相同者不能相互为用，只有不同的东西互相资藉才能和谐一致，产生功效，这是确定的规律。不知道知行各有功能效用并相互依靠，于是王守仁的"知行合一"的说法才得以欺世惑众。王夫之在《礼记章句》卷三十一中说："知行相资以为用。惟其各有致功，而亦各有其效，故相资以互用；则于其互相，盖知其必分矣。同者不相为用，资于者乃和同而起功，此定理也。不知其各有功效而相资，于是姚江王氏'知行合一'之说，得借口以惑世。"[1]他还指出，王守仁讲"知行合一"，其实是"以知为行"，实质上是"销行以归知"，因

---

① 转引自北京大学哲学系中国哲学史教研室编《中国哲学史》下册，中华书局，1980年，第210页。

而也就完全否认了行的必要。王夫之对王守仁的"知行合一"论的批判是深刻的，确实击中了要害。

王夫之还指出，知行有先后之分，但这种先后之分不是截然分作两截，知行终始不相离。他说："知行之分，有从大段分界限者，则如讲求义理为知，应事接物为行是也。乃讲求之中，力其讲求之事，则亦有行矣；应接之际，不废审虑之功，则亦有知矣。是则知行终始不相离，存心亦有知行，致知亦有知行，而更不可分一事以为知而非行，行而非知。"（《读四书大全说·中庸》）王夫之这里所讲的"知"中有"行"，是指认识过程中的实践。王夫之举例说：格物致知的认识过程中有行，与人学下棋相似，如果终日研究棋谱，也不能通晓死棋活棋的奥妙，必须要与人下棋，然后才能完全明白棋谱之中棋谱之外的道理。

王夫之认为"行可兼知，而知不可兼行"（《尚书引义·说命中二》）、"行必统知"（《读四书大全说·卫灵公篇》）。"行"可兼"知"，是说行可以包括知，"知"不可兼"行"，是说知不包括行。为什么呢？因为"知"必须依赖行，"行"却不必依靠知；由行可以得到知的效果，由知却未必能得到行的效果。于是提出知以行为功的命题，他说："知也者，固以行为功者也；行也者，不以知为功者也。行焉可以得知之效也；知焉未可以得行之效也。"（《尚书引义·说命中二》）这里，王夫之从认识来源及检验认识真理性的标准两方面论证行是知的基础。这显然是唯物主义的观点。"行可兼知"，"行必统知"，这就是肯定，在知和行的矛盾统一体中，"行"是主要方面，是知行统一的基础。

王夫之更有知行"并进而有功"及"知能日新"之说。他认为知和行的对立统一表现为一个"由知而知所行，由行而行则知之"（《读四书大全说·为政篇》）的循环往复的过程。所谓"由行而行则知之"，是说由行而得知；"由知而知所行"，是说知即知所行。由行得知，由知知行，行先知后，知行相资相用，先后互相促进，这就是知行"并进而有功"（《读四书大全说·为政篇》）。而这所谓的"进"是知行不断得到发展的意思，是"知能日新"（《思问录·内篇》）。总之，知行是一个循环往复、无穷发展的过程，这个思想是相当深刻的。

王夫之的知行学说深刻而系统，是一种贯穿着唯物主义和辩证法精神的知行统一学说，达到了我国古典哲学中朴素唯物主义知行观的高峰。当然，王夫之的知行学说和辩证唯物主义的知行统一观还是有原则区别的，这主要表现在他所谓的行主要是指日常活动和道德行为，而不是指改造自然、改造社会的实践。

十一　由野蛮到文明

在历史观方面，王夫之提出了许多超越前人的新见解。这首先表现在他提出了一个相当系统而深刻的历史进化学说。这一学说，继承并发展了韩非、柳宗元、王廷相等的历史进化思想，批判了理学唯心主义者宣扬的历史退化论。

王夫之根据自己对当时湘桂一带少数民族社会生活的实地考察，对比历史文献进行研究，断定文明的华夏族在史前时代经历过一个"植立之兽"的阶段和与"夷狄"相似的阶段。他说："考古者，以可闻之实而已。知来者，以先见之几而已。故吾所知者，中国之天下,轩辕以前,其犹夷狄乎! 太昊以上,其犹禽兽乎! 禽兽不能全其质,夷狄不能备其文。文之不备,渐至于无文,则前无与识,后无与传,是非无恒,取舍无据,所谓饥则呴呴,饱则弃余者,亦植立之兽而已矣。"(《思问录·外篇》)在这段议论中,王夫之不仅明确将人类史前史区别为同禽兽相同的"植立之兽"阶段和与夷狄相同的"野人"阶段,而且提出了据以区别的标准:"禽兽不能全其质""夷狄不能备其文"。王夫之说:"生,天也;质,人也;文,所以圣者也。"(《诗广传》卷三)又说:"圣人之道,因民之质而益焉者,莫大乎文。文者,圣人之所有为也。天无为,物无为,野人安于为而不能为。"(《诗广传》卷三)质指人类所具有的与禽兽不同的情感,文就是圣人在人类所具有的情感的基础上所作的增益。按照这个标准,"植立之兽"还不是人,因为不具备人的质;夷狄已经是人,但还是原始状态的人,未曾得到圣人的教化。王夫之将人类文明归功于圣人,这是一种唯心史观,但他断言人类起源于植立之兽并经历了一个史前野蛮阶段,则是一个大胆的、惊世骇俗的创见。

王夫之认为轩辕所开辟的文明史也呈现出不断发展的趋势。从经济生活看,原始人是"射生饮血",燧人、神农开始"火食""粒食",到后稷时代农业普遍化,此后,"世益降,物益备"(《读通鉴论·隋文帝二》),物质文明不断提高。从精神生活看,他认为,伏羲以前,人们同禽兽相混杂,妇女没有固定配偶;尧、舜以前,没有服饰、宗族、婚姻、丧祭之类的制度,"人之异于禽兽者无几也"(《读通鉴论·太宗八》);夏、商、周三代的末年,都出现了道德沦丧的局面,直到孔子"删诗书,定礼乐而道术始明"(《读通鉴论·太宗八》),华夏族的文化、道德传统才确定起来;唐宋以后,"幅员万里，文治益敷，士之秀者，不可以殚计"（《宋论》卷三），整个民族的文化、道德水平大大提高。从政治组织的发展看，夏、商、周三代以前是"万国分立"的"封建"时代，这些"国"其实是夷狄的"部落"，其"君"与当时边远地区的"土司"即部落首领差不多；三代时由于经济的发展，文化、道德的趋于划一，"渐有合一之势"，经过战国时期的"大变革"，发展到秦以后的"郡县"时代，出现了汉、唐、宋、明这样统一强盛的朝代，终于形成一个伟大的民族国家。

王夫之更指出，由于社会的不断进化，政治立法制度和伦理道德规范也不是一成不变的，而是不断变化的。他说："洪荒无揖让之道，唐虞无吊伐之道，汉唐无今日之道，则今日无他年之道者多矣。"（《周易外传·系辞上传》）总之，在王夫之看来，人类史是一部由"混沌"而"文明"而文明日新的历史。这种进化的历史观，在17世纪是先进的，其中许多具体论断至今仍具有科学价值。

十二　理势合一

王夫之肯定在历史的发展过程中，有其必然的发展趋势，发展趋势又有其内在的客观规律。他认为历史所固有的规律与历史的必然趋势是相互统一的。这叫作"理势合一"。王夫之说："势者事之所因，事者势之所就，故离事无理，离理无势。势之难易，理之顺逆为之也。理顺斯势顺矣，理逆斯势逆矣。"（《尚书引义·武成》）又说："凡言势者皆顺而不逆之谓也，从高趋卑，从大包小，不容违阻之谓也，夫然又安往而非理乎？知理势不可以两截沟分。"（《读四书大全说·离娄上篇》）

王夫之还指出，历史的发展趋势是不以人的意志为转移的，但人类的历史又是由人的活动形成的，所谓理和势都是通过人而表现出来的。他说："天欲开之，圣人成之，圣人不作，则假手于时君及智力之士以启其渐。"（《读通鉴论·武帝三》）这里的"天"指理势的统一。历史的客观规律和必然趋势是不以人的意志为转移的，但这种客观规律和必然趋势通常要由圣人去实现，如果当时没有圣人，则假手于当时的君主或有智力的人物开辟道路。例如，秦始皇建立郡县制度是出于以天下为己有的私心，而实际效果是使历史由"封建"制进入郡县制，这就是"天假其私以行其大公"（《读通鉴论·秦始皇》）。王夫之这种肯定历史发展过程中有客观规律，而规律即在于历史发展的必然趋势之中的思想，是很深刻的，他的"假手"论虽有夸大伟大人物作用的一面，但亦有合理因素，比较正确地处理了历史规律与人的活动的关系。

十三　相天、造命

《周易大传》有"裁成辅相天地"之说。《周易大传·象传》说："天地交泰，后以裁成天地之道，辅相天地之宜，以左右民。"《周易大传·系辞上》说："范围天地之化而不过，曲成万物而不遗。"这里的裁成、辅相、范围、曲成等等，都是对于自然界加以调整的意思。王夫之继承《周易大传》的这些思想，提出"相天"之说。他说："语相天之大业，则必举而归之于圣人。乃其弗能相天与，则任天而已矣。鱼之泳游，禽之翔集，皆其任天者也。人弗敢以圣自尸，抑岂曰同禽鱼之化哉？……天之所有因而有之，天之所无因而无之，则是可无厚生利用之德也；天之所治因而治之，天之所乱因而乱之，则是可无秉礼守义之经也。……夫天与之目力，必竭而后明焉；天与之耳力，必竭而后聪焉；天与之心思，必竭而后睿焉；天与之正气，必竭而后强以贞焉。可竭者，天也；竭之者，人也。人有可竭之成能。故天之所死，犹将生之；天之所愚，犹将哲之；天之所无，犹将有之；天之所乱，犹将治之。"（《续春秋左氏传博议·吴征百牢》）"相天"，就是充分发挥人的能动性去调整自然，治理万物。王夫之强调人的能动作用，这是对《周易大传》的继承，指出这种人的能动作用非圣人所特有，一般人虽非圣人，但与禽鱼不同，也能对客观有所改变，这是王夫之的创见。

王夫之还提出"造命"之说。唐代著名的政治家李泌曾经讲过"君相可以造命"，王夫之加以发挥说："'君相可以造命'，邺侯之言大矣，进君相而与天争权，异乎古之言俟命者矣。乃唯能造命者而后可以俟命，能受命者而后可以造命。……虽然，其言有病，唯君相可以造命，岂非君相而无与于命乎？修身以俟命，慎动以永命，一介之士莫不有造焉。祸福之大小，则视乎权藉之重轻而已矣。"（《读通鉴论·德宗》）王夫之这里所谓的"命"，指国家的治乱存亡，一般人的寿命长短、人生过程的顺利或不顺利等。王夫之认为，这样的"命"其实是规律的展现。例如，人受了寒要生病，中了暑要生病，饿了要生病，过饱了要生病，总之，只要违反人的生理，一般的就会生病，严重的就会死亡。一个人违背了生长之理，符合了衰亡之理，他的死亡就不可避免了。人们不知道死亡是行为违背生长之理的结果，而把这种现象看成是不可知、没有原因的天命，其实这不过是自然规律的表现。人如果能遵循自然规律，慎重对待自然规律，那么命也就由自己掌握了。王夫之这种"造命"说，肯定人在自然规律面前不是无所作为的，人只要在尊重和遵循自然规律的基础上发挥主观能动性，就可以掌握自己的命运，而且不论国君宰相还是平民百姓都可以掌握自己的命运，这显然是一个深刻的见解。

王夫之的"相天""造命"说是他的哲学的基本内容之一，是他的历史进化学说和人生论的理论基石。

十四　珍生、务义

在人生观方面，王夫之提出"珍生"之说。"珍生"即珍视生命。他说："圣人者人之徒，人者生之徒。既已有是人矣，则不得不珍其生。生者所以舒天地之气，而不病于盈也。"（《周易外传·临》）

王夫之这种"珍生"的主张，首先是针对道家和佛教"以生为妄"的观点的。佛教认为人生如梦如幻，是不真实的，因此追求寂灭。道家认为，"有"是形迹，"无"是本性，以有身为大患。王夫之认为，"以生为妄"是佛教和道家消极厌世的人生观的理论基础，于是他提出"可依者有也，至常者生也"（《周易外传·无妄》）的命题。"可依者有也"是说人类所赖以生存的是实实在在的物质世界，"至常者生也"是说生命具有客观规律。王夫之指出，人之一生，离不开大地、天空、水火、粟浆，这些都是实实在在的东西。王夫之又指出，生死就像昼夜古今一样，像植物一样，没有芽就没有叶，没有叶就没有花，没有花就没有籽实，没有籽实就没有芽。这也就是说，生命是有一定规律的。王夫之更指出，就个体而言，其死亡是"推故而别致其新"的现象。人生所依靠的是实在的，人类的生命是有一定规律的，这样，佛道消极厌世的人生观都是错误的。

王夫之"珍生"的主张也是针对宋儒"主静"的学说的。王夫之认为，健是生的本性，动是生的机能，珍视生命，就必须体现"健与"动","健以存生之理","动以顺生之几"(《周易外传·无妄》),动又是道德行为的枢纽,如果不动,也就无从体现道德了。

王夫之的"珍生"说,还具有反对轻视欲望的意义。程朱、陆王都鼓吹"存天理,灭人欲",主张将饮食男女之类的物质生活需要压抑到维持生命的水平上。王夫之则认为,天理即在人欲之中,人人共同的欲望如饮食男女之欲,就是天理之所在。他还认为,薄于欲者可能薄于理,薄于社会物质利益者可能薄于社会责任。这是对"存天理,灭人欲"的批判。

王夫之的"珍生"说及与之相联系的"主动说""天理寓于人欲"说都具有反对封建主义的启蒙意义。

王夫之更强调"务义"。他说:"生以载义,生可贵;义以立生,生可舍。"(《尚书引义·大诰》)"立人之道曰义,生人之用曰利。出义入利,人道不立;出利入害,人用不生。……智莫有大焉也,务义以远害而已矣。"(《尚书引义·禹贡》)生命的价值在于它是道德理想的载体,体现道德理想的生活是可贵的,因此,人必须"务义"即努力过一种有道德的生活;为了实现道德理想,可以牺牲生命。如果把"珍生""务义"结合起来,就可以看出,王夫之所珍视的生命是一种有理想有道德的生命,而不是无意义的苟且偷生。王夫之所说的"义"的最高原则,是维护民族的主权,他的"珍生""务义"学说渗透着强烈的爱国主义激情。王夫之晚年生活十分艰难,身体也很不好,但是,他以"珍生""务义"的人生哲学激励自己,"六经责我开生面,七尺从天乞活埋",为了民族的复兴,华夏文明的发扬光大,他斗志不挫,信心不改,以极其顽强的意志度过了一生。在《自题墓石》中,他写道:"抱刘越石之孤愤,而命无从致;希张横渠之正学，而力不能企。幸全归于兹丘，因衔恤以永世。"（《薑斋文集·补遗》）意思是说，怀抱着和刘越石（西晋末民族志士）一样的激愤，而命运使我无从实现复兴民族的夙志；仰慕张横渠的正学，而才力使我赶不上先哲。幸能保全身躯归葬在这墓里，心怀忧愁啊却永远没有了时。这短短的四句铭文，表达了王夫之在政治上和思想学术上的抱负，是王夫之一生的自我总结。杜甫在怀念三国时代杰出政治家诸葛亮时说："出师未捷身先死，长使英雄泪满襟。"王夫之的《自题墓石》所表达的也正是这样一种壮志未酬、遗憾千古的心情。从这里不难看出王夫之人格的伟大。王夫之的思想和品格，确实是值得我们深深景仰的。

颜　元

颜元，字易直，号习斋，生于明思宗崇祯八年（1635），卒于清圣祖康熙四十三年（1704），河北博野人。颜元童年时，父亲去东北从军，少年时母亲改嫁，二十岁时家庭因打官司而衰落下来，只得"耕田灌园"，维持生活。他二十二岁时学医，二十四岁开私塾教书，此后多赖开药铺行医为生，晚年曾主持漳南书院。颜元是一个曾参加过农业劳动、与农民比较接近并具有专业知识的知识分子。

颜元一生的思想经历了几次大的变化。少年时学习炼丹，想做神仙，后又学兵法武术。二十四岁读陆、王语录，尊信之；二十六岁转信程朱，设"道统龛"，供奉周公、孔子、程颐、朱熹等人，遇到怀疑程朱理学的人，他就"忿然立辩"。三十岁时，祖母去世，他按照朱熹所编的家礼居丧尽哀，结果病倒了。从切身的感受中，颜元开始怀疑朱子《家礼》，进而发展为激烈批判宋明理学。他死时年七十岁。他的弟子李塨（1659—1733）对他的思想有所发挥，后来被称为颜李学派，他们的著作收集在《颜李丛书》中。

颜元在哲学上的贡献主要是宣扬一种"由粗""崇迹""以事物为归"的功利主义事物之学。这种事物之学，以气一元论为根据，以"习行实践"为方法，注重研究与国计民生关系密切的实际学问，以身体力行为归宿，是一种十分重视实践的唯物主义学说。

一 由粗会精、崇迹行义、见理于事

在宇宙本原问题上，颜元提出了"理气融为一片"(《四存编·存性编·性图》)的命题。他认为，生成万物的材料是气，万物所以然的规律是理，理与气是完全统一而不能分离的。他说："若无气质，理将安附？"(《四存编·存性编·棉桃喻性》)这是说，气是理所依存的实体，理是气所固有的规律。理气的统一，颜元称为"天道"。他说："理气俱是天道。"(《四存编·存学编·上太仓陆桴亭先生书》)这是一种简单而明确的唯物主义自然观。

根据这种唯物主义自然观，颜元明确地提出了以事为主的理事关系学说。在中国古代哲学中，事原指人的活动行为，物原指有形体的具体物质，引而申之，凡有状况可辨、有形迹可睹的统称事物。颜元所谓的事物，主要指"正德、利用、厚生"三事、"六德、六行、六艺"三物，以及"金、木、水、火、土、谷""六府"。"正德"即端正道德，"利用"即制造各种生产工具以便利实用。"厚生"即轻徭薄赋，不在农忙季节征发农民服役，使人民的物质生活充裕。"六德"指知、仁、圣、义、忠、和六种封建道德，"六行"指孝、友、睦、姻（通姻）、任（负责）、恤（体恤、周济）六种品行，"六艺"指礼、乐、射（射箭）、御（驾车）、书、数六种技艺。总之，事物是指人的各种实践活动及作为人的活动对象的"天下之万物"。颜元认为，理就表现在事物之中，并不存在于事物之外。因此，我们进行工作时，不能像程、朱那样仅仅停留在"明理"层面，即心中想、口里说、笔下写，而必须"见理于事"，即在实际事物中认识规律、准则。颜元认为，能不能"见理于事"，是区别孔子之学与程朱之学的关键。他说："见理已明而不能处事者多矣。有宋诸先生便谓还是见理不明，只教人明理。孔子则只教人习事，迨见理于事，则已彻上彻下矣，此孔子之学与程朱之学所由分也。"（《四存编·存学编·性理评》）仅仅明白了道理还不是真学问，只有能适当地从事实际活动，能够在实际事物中发现规律，才是真学问，才能达到"彻上彻下"的地步。"彻上"即穷究了事物一般的规律、准则，"彻下"即穷尽了事物的具体情况。

颜元认为，"见理于事"，才能真正表现理事关系的统一，这样的统一也就是体用一致。体用一致的体用才是真体真用。他认为，儒学与佛学的区别正在于儒学始终贯彻着"体用一致"的原则，而佛学主张的是"无用之体"，这种无用之体，并非真正的"体"。颜元更认为，"用"是粗糙的，"体"是精微的；"用"是具体的，"体"是抽象的，宋儒的偏失正在于轻视粗糙具体的事物，而悬空追求精微抽象的道理，表面上说得高深莫测，实际上走入了歧途。真正的学问一定要从粗中求精，他说："学之亡也，亡其粗也；愿由粗以会其精；政之亡也，亡其迹也，愿崇迹以行其义。"（《年谱》）这里的粗、迹指具体的事物和古圣先王具体的政治措施，精和义指事物的规律、准则和古圣先王的政治原则；"由粗会精"即从事物领会其中的规律、准则，"崇迹行义"即重视古圣先王治国的具体措施以贯彻其政治原则。不由粗，则孔子的真学问丧失了；不崇迹，则古圣先王的政治也丧失了。

颜元这种理在事中、见理于事的理事关系学说是他的哲学的根本观点。这确实是一种唯物主义的思想。颜元的"事物"概念，是一个概括了一切自然现象和社会现象的范畴，是个统一的物体及其运动变化过程的范畴。颜元"以事物为归"，即以事物为其哲学的基本范畴。这样的"事物之学"在中国哲学史上是一大创举，它和王夫之的"天下惟器"说以及戴震的"事物之理,必就事物剖析至微,而后理得"之说一起,构成了中国旧哲学中具有活力的潮流。理在事中,肯定了规律依存于事物,见理于事,指出了实事求是的思想方法。当然,颜元的"理事"关系学说也有严重的缺陷,他所说的事物虽范围很广,但他偏重的还是政治、道德等活动及其对象,对生产实践及其对象——自然界有所忽视,而他所说的理,则包括规律和道德准则,这就影响了这种唯物主义"理事"关系学说的科学性。

二 践形以尽性

颜元的自然观较为粗略,而他的人生论则比较精粹详密。颜氏人生论的中心观念是"践形以尽性"。"践形"一词本于孟子,它的含义包括相互联系的两个方面:其一是发展形体各方面的机能,使各至其极限;其二是使形体的各部分无不合于道理。颜元认为,做到了这两点,也就是达到了"尽性"即本性得到充分发挥的境界。颜元的学生李   总结颜元的这种主张时说:"圣学践形以尽性;耳聪目明,践耳目之形也。手恭足重,践手足之形也。身修心睿,践身心之形也。践形而仁、义、礼、智之性尽矣。今儒堕形以明性:耳目但用于诵读,耳目之用去其六七;手但用于写字,手之用去其七八;足恶动作,足之用去九;静坐观心而身不喜事,身心之用亦去九。形既不践,性何由全?"(《颜李丛书·恕谷年谱》)从这段话中可以看出,颜元认为要求"尽性",必须于形体尽之;尽性的方法在于"践形"。而"践形"的要领又在于"见之事""征诸物",要在事物中习行。颜元明确提出:"吾身之百体,吾性之作用也;一体不灵,则一用不见。天下之万物,吾性之措施也;一物不称其情,则措施有累。身世打成一片，一滚做功。"（《四存编·存人编·唤迷途》）这样一种以人们的形体为主体、以万物为对象的"践形"活动，大体上相当于我们今天所说的"实践"，是一种主观见之于客观的物质活动。颜元的这一观点可以说是一种注重"形体"和向外界事物发展的新的有为哲学。这种有为哲学肯定人类实践活动具有头等重要的价值，肯定它是充分发挥人类本性并使自然界和社会合理发展的唯一途径，引导人们过一种活泼充实的生活，而与程朱理学看重理不看重事、陆王心学看重心不看重形，形成了鲜明的对照。这种人生论，显然具有积极进步的意义。今天我们讨论实践问题时，多偏重其认识论的意义，而不太注重其在人生论方面的意义。其实，马克思主义哲学中有将实践视为人类生活的本质的观点。如马克思说，"全部社会生活在本质上是实践的"[1]，人的"欲望的对象是作为不依赖于他的对象而存在于他之外的；但这些对象是他的需要的对象；是表现和确证他的本质力量所不可缺少的重要的对象。说人是肉体的，有自然力的、有生命的、现实的、感性的、对象性的存在物，这就等于说，人有现实的、感性的对象作为自己本质的即自己生命表现的对象；或者说，人只有凭借现实的、感性的对象才能表现自己的生命"[2]。颜元关于形体是人的本性的作用，万物是人的本性的作用对象，人只有在以其形体作用于万物的"践形"活动中才能充分发挥自己的本性的学说，与马克思的上述论证十分相近。因此，对颜元重视实践的思想应当继承发扬。当然，在把这种思想与马克思主

---

① 马克思《关于费尔巴哈的提纲》，《马克思恩格斯选集》第1卷，人民出版社，2012年，第135页。

② 马克思《1844年经济学哲学手稿》，人民出版社，2014年，第268—269页。

义的类似思想作比较时，我们不要忘记，颜元所谓的"践形"主要是个人的政治、伦理的实践，而不是改造自然和改造社会的实践，因而尽管理论形式很接近，但仍有着本质的区别。

颜元"践形以尽性"的人生论基本观念，是建立在形性统一的人性论基础上的，而这种人性论又以其"理气融为一片"的唯物主义自然观为根据。颜元说："万物之性，此理之赋也；万物之气质，此气之凝也。……至于人则尤为万物之粹，……人者，已凝结之二气四德也。"（《四存编·存性编·性图》）万物的"本性"就是它所禀赋的气的规律；万物的"形体"就是阴阳二气的凝结，人得天地中和之气而生，是万物中最精粹的，人就是已凝结的阴阳二气和元、亨、利、贞四德。理气融为一片，因此，形性也是统一不可分的。离开形，性就无所依附，无所作用，"舍形则无性矣"（《四存编·存人编·唤迷途》）；"性"是"体"，"形"是"用"，"性形"关系正像植物的根与苗的关系一样，因此，"舍性则无形矣"（《四存编·存人编·唤迷途》）。颜元这种"形性"统一的学说，是一种自然人性论，他的自然观根据是唯物的，但由于他不懂得社会现象与自然现象的本质区别，不懂得人性不仅仅是人类自然存在的产物，而是社会存在的产物，所以最终归结为历史唯心主义。

颜元重"践形"的人生论与他"以事物为归"的基本主张是一致的。所谓践形，"形"即是物，"践"则是事，注重践形，也就是注重事物。将人的实践活动归入事物的范畴之内，也是颜元事物之学的一大特色。

三　格物即"犯手实做其事"

儒家典籍《大学》中有"致知在格物"的命题，即认为"格物"是认识的途径。"格"的本义是"量度"的意思，格物就是以量度物，即对"物"加以审衡而分辨其本、末、先、后。后来的思想家对"格物"做出了各种各样的解释，如汉代郑玄训"格"为"来"，朱熹训"格"为"至"，王守仁训"格"为"正"，都未得其正解。朱熹、王守仁的解释歪曲了"致知在格物"的哲学意义，把它纳入了唯心主义认识论体系。如朱熹将格物解释为"至物"即与物接触，"置心在物中，究见其理"（《朱子语类》卷九十八），这种格物方法具有浓厚的直觉成分。王守仁则将"格物"解释为端正人的主观意念，完全取消了对客观外物的认识。颜元别出心裁，提出了一个全新的解释。他说："格物之格，王门训正，朱门训至，汉儒训来，似皆未稳……元谓当如史书'手格猛兽'之格，'手格杀之'之格，乃犯手捶打搓弄之义，即孔门六艺之教是也。"（《习斋记余》卷六）"格物谓犯手实做其事"（《言行录·刚峰第七》）。格物就是亲自动手做各种各样的事。这样的格物，颜元亦称之为"习行"，"躬习实践"，"身习而实践之"。颜元认为，一切知识都来源于格物、习行、实践。他说："《大学》三纲领八条目，何等大，何等繁，而总归下手处，乃曰在格物"（《言行录·三代第九》），"手格其物而后知至"（《四书正误·大学·古之欲明明德节》）。颜元又认为，知识不仅来源于实践，而且要到实践中去证验，只有实践证明是符合客观实际的知识，确定可以达到致用目的的知识，才是真知识。他说："学问有诸己与否，须临事方信。"（《颜元集·言行录卷上·计第四》）例如一个熟读医书而不能治病救人的人，根本不算懂得医学。颜元还认为，习行不但要求踏踏实实地学习具体事物，而且要求反反复复地学，才能做到"与我为一"，才能达到"性与习成"（《言行录·学须第十三》）。他举学琴为例，"歌得其调，手娴其指"，这只能叫做"学琴"，不能叫做"习琴"；"手随心，音随手"，这才叫"习琴"，还不能叫做"能琴"；"能琴"的标准是"心与手忘，手与弦忘"（《四存编·存学编·性理评》）。因而，认识就是要求"只向习行上做工夫"（《言行录·王次亭第十二》），精通具体的事物，像"能琴"的琴师那样。一个人如能上下精粗无所不通，固然是最高的成就，即使终身只精一艺，如大禹精于治水，皋陶精于司法，也能为圣为贤，为人民造福不浅。总之，颜元肯定实践是认识的来源、真理的标准和认识的目的，突出强调精通一艺的人的崇高地位，这在中国哲学史上是一大创见，在马克思主义的能动的革命的反映论出现以前，像颜元这样重视实践的认识论是十分罕见的，也是难能可贵的。

颜元所谓格物的内容包括很广，在一些地方他举出了生产、科学研究和生活实践的例子，如他以专精治水的大禹为圣人；如认为"天文、地志、律历、兵机"等科学，"若洞究渊微，皆须日夜讲习之力，数年历验之功"，决非静坐读书可以达到；他还指出，比如蔬菜，若果不"箸取而纳之口"，即使是最高明的菜农也不知它是否可食，味道如何。但颜元所偏重的还是"孔门六艺"，即礼、乐、射、御、书、数等技艺，他举的最多的例子是学习礼仪和学习音乐。这就表现出颜元习行学说的时代和阶级局限性。由于这种局限性，这种学说不易引导出实证的自然科学。

四　正其谊以谋其利，明其道而计其功

汉代哲学家董仲舒提出"正其谊不谋其利，明其道不计其功"的命题，将义与利、道与功完全割裂开来、对立起来，反对功利主义。这种反功利的思想受到宋明理学中程朱与陆王两派的特别赞扬。颜元则认为，董仲舒的观点是不正确的，正确的原则应该是"正其谊以谋其利，明其道而计其功"（《四书正误·大学·孟献子曰节》），即应当坚持义和利的统一，应当兼重义利。

颜元认为，利有合于义者，有不合于义者。"义中之利，君子所贵"（《四书正误·大学·孟献子曰节》），合义之利是应当看重的；至于孟子所反对的利乃指对老百姓加捐加税，搜括聚敛不义之财，这样的"利"当然要反对。他反驳那些排斥功利的论调说："世有耕种而不谋收获者乎？世有荷网持钩而不计得鱼者乎？抑将恭而不望其不侮，宽而不计其得众乎？这'不谋不计'两不字，便是老无释空之根。"（《言行录·教及门第十四》）种地哪有不想收获的？打鱼哪有不计较得鱼的多少？恭敬哪有不希望不受侮辱的？宽大哪有不计较得到民心的？不谋利不计功这两个"不"字，就是道家与佛教空无学说的根子。从这里我们可以看出，颜元兼重义利之说所针对的乃是反功利的思想。

颜元接着指出："惟吾夫子先难后获，先事后得，敬事后食，三后字无弊。盖正谊便谋利，明道便计功，是欲速，是助长；全不谋利计功，是空寂，是腐儒。"（《言行录·教及门第十四》）这段话提出了义利问题上的三种态度，第一种是孔子的态度，先义后利。所谓先难后获，先事后得，敬事后食，原意是指先付出劳动、先尽心竭力为君主做事，然后收获果实、享受君主的俸禄，颜元认为这三句话

的意思都是先义而后利,即义利有先后之分,人应当首先考虑义而后考虑利。颜元认为这种先义后利的态度是唯一正确的。第二种是"正谊便谋利,明道便计功",即急功近利。颜元认为,这种态度是拔苗助长,欲速则不达,违反先义后利的原则,是不正确的。第三种是"全不谋利计功"。颜元认为,这是佛教所谓空寂的邪说,迂腐儒生的空论,是极其错误的。

颜元这种兼重义利的学说,在当时具有积极进步的意义。在理论上,颜元的学说也是比较成熟的,比较正确地分析了义与利的辩证关系,纠正了重义轻利、重利轻义、急功近利等片面的主张,揭露了反功利学说的虚伪。

义利问题是中国古代哲学中一个重要的问题,其中包含个人利益与社会利益、物质需要与精神需要的关系问题,它既是一个重要的人生价值问题,也是一个重要的政治理论问题。历史经验告诉我们,只顾个人利益不顾社会利益、只讲物质需要不讲精神需要是不正确的;借口社会利益而完全否认个人利益、借口精神生活具有至高无上的价值而完全否认物质生活的价值也是不正确的。用这两种各执一端的观点指导人生,不能得到幸福;用来指导政治,势必危害国家、民族的生存和发展。只有兼重义利,才能达到人生的幸福和国家、民族的繁荣昌盛。中国古代重利轻义、重德轻力之说占优势,对中华民族的发展造成了很大的危害,相形之下,颜元的兼重义利之说就显得格外宝贵。颜元所说的道和义,有他那个时代特定的阶级内容,但作为一个一般性的原则,兼重义利的学说仍值得继承和发扬。

五 讲读与习行二八开

颜元不仅是杰出的哲学家，而且是伟大的教育家。他的教育思想和教育实践以其功利主义的事物之学为依据，他的哲学思想也生动地体现在他的教育思想和教育实践之中。

《论语》的第一章第一句话是："学而时习之，不亦说乎？"颜元认为这句话很重要，"孔子开章第一句道尽学宗"（《言行录·学须第十三》），"学而时习之"一语完全说出了孔门教育的宗旨。据此，他提出了"为学为教，用力于讲读者一、二，加功于习行者八、九"（《四存编·存学编·总论诸儒讲学》）的教育主张，即不论学和教，用于讲解、诵读的时间只能占十分之一二，用于实际操作和实际运用的时间要占十分之八九。颜元认为，书还是要读的，但书籍充其量不过是个"路程本子"（地图），其意义远不及实际操作和实际运用重要，如果以为单凭读书就可以求得真理，那就与实际情况相隔千里，如果以为读书本身就是认识的目的，那就与实际情况相隔万里。如果"天下皆读、作、著述、静坐，则使人减弃士、农、工、商之业"（《习斋记余九卷·驳朱子分年读经史子集》），势必造成国将不国、民亦不成其民的局面。所以，颜元指出："吾辈只向习行上做工夫，不可向言语文字上著力。"（《言行录·王次亭第十二》）颜元为读书和实际操作、实际运用所规定的时间比例，今天看来，并不科学，但他强调实际操作和实际运用是教学的主要手段和根本目的的思想还是正确的。

在教学内容上，颜元主张以各种关系国计民生的实际知识为主，反对脱离实际学问去空谈"性命"。他说："仆妄谓性命之理不可讲也，虽讲，人亦不能听也；虽听，人亦不能醒也；虽醒，人亦不能行也。所可得而共讲之、共醒之、共行之者，性命之作用，如《诗》、《书》、六艺而已。即《诗》、《书》、六艺，亦非徒列坐讲听，要惟一讲即教习，习至难处来问，方再与讲。讲之功有限，习之功无已。"（《四存编·存学编·总论诸儒讲学》）他还提出："博学之，则兵、农、钱、谷、水、火、工、虞、天文、地理，无不学也。"（《四书正误·中庸·博学之节》）这里所谓的水，指灌溉、漕运、治河、防海、水战、冰块储藏等学问，火指焚山、烧荒、火器、火战等学问，工指各种制造器具的手工业技术，虞指山林湖泽繁育草木禽兽等学问。颜元晚年主持漳南学院，设"文事""武备""经史""艺能"四科，"文事"科的教学内容包括礼、乐、书、数、天文、地理；"武备"科包括孙子、吴起等军事家的兵法，并攻守营阵、陆水诸战法、射御技击等；"经史"包括十三经，历代史、诰制（皇帝发出的公文）、章奏（大臣向皇帝提出的报告）、诗文等；"艺能"包括水学、火学、工学、象数等自然科学技术课程。这样的课程设置，既体现了颜元提倡实际学问的思想，也体现了他强调精通一艺的思想。这样的注重实际知识、分设各种专科的教育思想，显然是具有启蒙意义的。

颜元要求他的学生都成为经世致用、匡正时弊的有用之才，反对把他们培养成"兀坐书斋""以释经注传纂集书史为事业"的文弱书生。他说："凡弟子从游者，则令某也学礼，某也学乐，某也兵农，某也水火，某也兼数艺，某也尤精几艺，则及门皆通儒……如此，不惟必有一人虚心以相下，而且君相必实得其用，天下必实被其泽，人才既兴，王道次举，异端可靖，太平可期。"（《四存编·存学编·明亲》）值得特别注意的是，颜元不仅要求学生有德有才，而且十分强调体育。他认为，"养身莫善于习动"（《言行录·学人第五》），"一身动则一身强，一家动则一家强，一国动则一国强，天下动则天下强"（《言行录·学须第十三》），一个脆弱不堪的为武士农夫所看不起的文弱书生是不足取的。他主持漳南书院时，已经六十二岁，但仍"教弟子舞，举石习力"（《颜李丛书·习斋年谱》）。这种崇尚体育的思想和实践在尚德不尚力的中国古代是特别难能可贵的。

颜元的事物之学与程朱理学、陆王心学在一系列基本点上是对立的。程、朱重理而不重事，陆、王重心而不重形，颜元则特别看重事物和形体；程、朱强调读书明理，陆、王强调静坐明心，颜元则特别强调习行动；朱熹、陆九渊别义利为二，尚义贱利，颜元则强调义利的统一，兼重义利，如此等等。事实上，颜元这些与程朱理学、陆王心学相对立的观点，是在批判程、朱、陆、王的过程中形成并确立起来的。

颜元认为，宋明理学，不论程朱派或陆王派，都自命为继承孔、孟的真传，实际上完全与周孔所提倡的事物之学背道而驰，一个陷在支离破碎的典籍训诂中不能自拔，一个沉溺在顿悟的虚无中而不复自觉。他们脱离具体事物，空谈性理。他们自以为是妙道，洞照万象，其实是镜中花、水中月，毫无用处。颜元认为，宋明理学实在是集中国历史上训诂、清谈、禅宗、乡愿等无用学术之大成。今天看来，颜元对宋明理学的批判，既有许多切中要害之处，也有一些偏颇之处。宋明理学注重对"形而上"的"道"进行研究，其结果，一方面是大大提高了儒学理论思维的水平，结束了魏晋以来"儒门淡薄，收拾不住人才"的局面，以博大精深的理论体系战胜了佛道二教，使儒学得以重执思想文化之牛耳；另一方面，通过对"理事""理气""心物""心理""性理""道器"等关系的深入研讨，为明清之际以王夫之、戴震等为代表的富有中国特色的哲学唯物主义准备了条件，颜元的"理在事中"之说，事实上也是这些哲学研讨的积极成果。宋明理学根本性的失误在于大家一窝蜂都去研究哲学，而经国济民的各种实际学问则受到轻视。纠正的方法，应当是哲学和各种实际学问的研究实行分工，携手共进，不使偏废。颜元痛感轻视实际学问的研究对国家民族造成的巨大损失，要求重视实际学问的研究，这是正确的，但他因此而否定了对哲学的专门研究，这就失于偏颇了。有清一代，在顾炎武、黄宗羲、颜元、戴震等人的倡导下，整个学术界把精力从哲学转向了各种实际学问的探讨，在清王朝文化专制主义的高压下，进而转向了文献典籍的整理。虽然清人在学术上也做出了巨大的贡献，却付出了哲学智慧长期停滞不前的代价。中国古代哲学智慧的发展，到戴震基本上就结束了。

戴　震

戴震，字慎修，又字东原，生于清世宗雍正元年（1723），卒于清高宗乾隆四十二年（1777），安徽休宁（今属屯溪市）人。他出身于小商人家庭，年轻时曾随父做过小商贩。中年受豪强迫害，曾到北京、南京、扬州一带过了十年避难生活，四十岁考中举人。戴震学识渊博，在经学、文字声韵、训诂考据、天文历数等方面都有精深的造诣，是乾嘉朴学中皖学派的代表人物，但是由于他不喜程朱理学，六次参加会试都未考中，晚年才被人推荐到四库全书馆任纂修官，校订天文、算学、地理等书籍。他是我国清朝中期杰出的考据学家、自然科学家、唯物主义思想家。

　　戴震生活的时代，是清王朝稳定繁荣的时代，但这种稳定繁荣，只是封建社会行将灭亡前的回光返照。一方面，社会生产力的发展导致资本主义萌芽的增长，市民阶级的斗争不断发生，而土地兼并的加剧又导致农民与地主阶级矛盾日益趋向激化，小规模的农民起义和佃农抗租斗争彼伏此起。另一方面，以少数民族入主中原的满族贵族一直未能消除对汉族地主阶级的恐惧戒备心理，他们把早已僵死凝固的程朱理学奉为绝对真理，用来禁锢人心，同时大兴文字狱，打着程朱理学的旗号对汉族地主阶级知识分子实行有计划的极其残酷的屠杀和迫害，把封建君主专制制度推到极端，把知识分子逼迫到纷纷钻入故纸堆、不敢研究现实问题的地步，造成了"万马齐喑"的局面。戴震正是在这样一个时代，代表"卑者幼者贱者"，主要是汉族中下层地主阶级和市民，对已成为清王朝御用工具的程朱理学及陆王心学进行深刻批判和尖锐揭露的进步思想家。

　　戴震的著作很多，后人编为《戴氏遗书》，其中主要哲学著作是《戴震集·原善》《孟子字义疏证》。

戴震逝世不久，他的哲学著作就被一些具有进步思想的知识分子所赞赏，开始在东南沿海一带的知识分子中广为流传，并在这些地区的知识界中造成"不驳朱子，即不得为通人"和"诽圣诽贤，毫无顾忌"的"流风"（章学诚《朱陆篇书后》），致使程朱派惊呼：由于"戴氏等日益寖炽"，"一时如吴中、徽歙、金坛、扬州数十余家益相煽和"，大有"移程朱而代其统"（方东树《汉学商兑》）之势。近代资产阶级思想家章太炎、梁启超也高度评价戴震的哲学，把他和卢梭、孟德斯鸠相比。直到"五四"运动时，戴震的哲学思想还在批判孔家店（实为程朱理学）的斗争中发生了积极的作用。事实表明，戴震是中国古代朴素唯物主义的最后一位重要代表，也是一位早期启蒙思想家。

一　一阴一阳、生生而条理

把宇宙看作一个变化不息的过程，是中国古代哲学中辩证思想的基本观点。戴震在唯物主义基础上对这个基本观点做了精彩的发挥，指出宇宙就是一个物质的生生不息的合乎规律的过程。

戴震认为，"道"字的本义指变化过程，"道言乎化之不已也"（《原善》卷上）。这个过程就是阴阳五行之气的变化过程，"道犹行也。气化流行，生生不息，是故谓之道。《易》曰一阴一阳之谓道。《洪范》五行，……行亦道之通称"（《孟子字义疏证》卷中）。道是物质世界的变化过程。张载说过："由气化，有道之名。"（《正蒙·太和》）戴震认为，道即气化，这和张载的观点是一致的。

根据气化即道的学说，戴震对"形而上者之谓道，形而下者之谓器"做了新解释。他指出，气就是"形而上"的，不应以"形而上"为理。他说："气化之于品物，则形而上下之分也。形乃品物之谓，非气化之谓。……一阴一阳流行不已，夫是之谓道而已。"（《孟子字义疏证·天道》）这是说，气化是"形而上"的，具体的"品物"才是"形而下"的，阴阳二气流行不息，就是"形而上"的"道"。他还明确指出，《易大传》所谓的"形而上"，即指"形以前"；所谓的"形而下"，即指"形以后"。也就是说，没有凝聚的阴阳五行之气就是"形而上"，聚集成有形的物体的气就是"形而下"，形而上、形而下都是物质存在。这一解释是与程朱以理为"形而上"、气为"形而下"的说法针锋相对的。

戴震明确提出，气化过程的基本内容就是"生生"。"生"是"动而时出"（《原善》卷上），即运动变化的意思。他说："气化之于品物，可以一言尽也，生生之谓欤！"（《原善》卷上）气化对于品物来说，可用一句话概括，那就是"生生"。气化即是物质不断运动变化、不断产生的过程。

戴震更指出，这生生不已的气化过程不是杂乱无章的，而是有一定"条理""秩然有序"的。他在论气化与条理的关系时说："由其生生，有自然之条理。……惟条理是以生生；条理苟失，则生生之道绝。"（《孟子字义疏证·仁义礼智》）由于生生，因而有自然的条理。惟其有条理，所以才生生不绝。假如没有条理，混杂零乱起来，那么生生的过程也不能继续了。他又说："生生者化之原，生生而条理者化之流。"（《原善》卷上）生生是原，条理是流，生生是基础、根源，而条理是生生所表现出来的。这种对气化与条理关系的解释，显然是唯物主义的和辩证的。

对于以上的思想，戴震用一个命题做了概括："一阴一阳，其生生乎！其生生而条理乎！"（《原善》卷上）这里的一阴一阳指道，道就是阴阳二气运行不息的过程，而这个过程的根本情况就是生生而条理。所以这个命题的含义即是：宇宙是一个物质的有规律的运动变化不已的过程。与前人的同一思想相比，戴震这个命题的特点在于强调了变化过程的规律性。

戴震还指出，在气化生生的过程中，也有相对的静止，叫作"息"。他说："生则有息，息则有生，天地所以成化也。"（《原善》卷上）从生而息，从息而生，连续不已，这就是天地化生万物的过程。他举例说："卉木之枝叶华实，可以观夫生；果实之白，全其生之性，可以观夫息。"（《原善》卷上）草木长枝生叶开花结果，这是生；果实中的仁，保全了生机，这是息。息是运动变化的潜伏状态，其中包含了生的潜能。生的过程中有生与息的对立转化，这是永恒的运动得以延续不绝的条件。戴震对于运动变化与静止的这种观点，是深刻的辩证法思想。

王夫之曾经指出，诚是具有客观规律性的客观实在或客观实在的客观规律，他还指出，静是运动的一种特殊形式。在戴震的时代，王夫之的著作还没有流传开来。戴震的上述思想，与王夫之在表述形式上很不相同，但实质是相同的。

二　理者，察之而几微必区以别之名

戴震特别强调事物的区别，人与万物都由阴阳五行之气聚集而成，由于分得的那一部分气不同，人与万物各各区别。于是戴震提出了对于"理"的新解释。

戴震谈理，特别注重"区分"。他认为理就是不同事物之间的区分，也就是每一事物所具有的特殊规律。他说："理者，察之而几微必区以别之名也。"（《孟子字义疏证·理》）"理"就是观察事物到细微处必须加以区别的名称，这个"理"就是不同事物之间的区别。理就是不同事物之间的区分，所以叫"分理"。分理也就是条理。他又说："分之各有其不易之则名曰理。"（《孟子字义疏证·理》）分析起来，每一事物都有它的不变的规律，就是理。

戴震这样解释理并不全面。因为规律不仅表现为事物之间的区分，而且也表现为事物之间的联系。但戴震关于理的学说仍是有贡献的。以理为事物之间的区别和每一事物所具有的特殊规律，这是戴震关于理的学说的特点。

根据这种理的学说，戴震进而批判了程朱"万物一理"和理为超越事物的实体的说法。朱熹关于理有个"月印万川"的形象的说法。他认为，天空中只有一个月亮，照在每一条河流的水中，每一条河流中都可以看到一个月亮。全宇宙只有一个太极（最根本的理），而每一个人，每一个物中，也有一个太极。每一条河流中的月亮是一个整体的月亮，并不是月亮的一部分；同样，每一人、每一物中所有的太极也是全体的太极，并不是太极的一部分。这种说法，把理当成了超越事物的实体，当成了万物生成存在的根据，突出地表现了程朱理学唯心主义的实质。戴震指出，每一事物有其一定的规律，这本来是明显的，"举凡天地人物事为求其必然不可易，理至明显也"（《孟子字义疏证·理》）。但程、朱却把理看作超越事物、无处不在的实体，"从而尊大之，不徒曰天地人物事为之理，而转其语曰理无不在，视之如有物焉"（《孟子字义疏证·理》）。这样做的结果，"将使学者皓首茫然，求其物不得"（《孟子字义疏证·理》）。理就是事物的条理法则，无所谓无处不在的完整不可分割的理的实体。戴震对程朱理学的这一批判是很深刻的。

三　心能辨理

戴震以前，关于心与理的关系主要有三说。张载认为："理不在人，皆在物，人但物中之一物耳。"（《张子语录·语录上》）理是事物的理，不在人的心内，这是唯物主义反映论的观点。朱熹认为："心包万理，万理具于一心。"（《朱子语类》卷九）这是他"月印万川"的理气关系学说的必然推论。朱熹还认为，心虽然包含万理，但晦而不明，只有通过格物的手段穷尽万物之理以后，心中所具之理方能显出来。这是一种将天赋观念论与唯物主义反映论调和起来的说法，而基本倾向是唯心主义天赋观念论。陆九渊认为，"心即理"(《陆九渊集·与李宰书》)，王守仁认为："心之体，性也，性即理也。"(《王文成公全书·传习录中·答顾东桥书》)这是不折不扣的天赋观念论。张载的学说简单而没有详尽发挥，影响不大，而程、朱派"理具于心"之说却曾经发生了很大的影响，一些著名的唯物主义者（如罗钦顺与王夫之等）也都受其影响。戴震在批判程朱陆王的唯心主义过程中，根据唯物主义反映论的原则和他关于理的独特见解，明确断言心中没有理，心只是有认识的作用，能认识客观事物中的理，这是他的一大理论贡献。

戴震说："味也，声也，色也，在物，而接于我之血气；理义在事，而接于我之心知。血气心知，有自具之能，口能辨味，耳能辨声，目能辨色，心能辨夫理义。"(《孟子字义疏证》卷上)这就是说，味、声、色是客观的，理也是客观的，理不在心中，但心能辨识理。戴震又说："就事物言，非事物之外别有理义也；'有物必有则'，以其'则'正其'物'，如是而已矣。就人心言，非别有理以予之而具于心也；心之神明，于事物咸足以知其不易之则，譬有光皆能照，而中理者，乃其光盛，其照不谬也。"(《孟子字义疏证》卷上)这段话中，"非别有理以予之而具于心"的命题，与朱熹所谓理"得于天而具于心"的观点针锋相对。戴震在这段话中强调，所谓"理"是客观的，存在于事物之中，而不是存在于心中。心所具有的只是神明即理性思维能力，由于有这种能力，心就能辨别客观事物中的理。戴震这个学说，否定了程、朱"理具于心"的天赋观念论，也否定了陆、王"心即理"的天赋观念论，是明确的唯物主义反映论。

四　理存于欲

戴震哲学中最富有启蒙色彩的是他的以欲望、感情、知觉为人之本性的自然人性论和"理存于欲"的理欲观。

戴震力图用气一元论的观点说明人性，反对程朱学派把人性分为"义理之性"与"气质之性"的说法。他说："分于阴阳五行以有人物，而人物各限于所分以成其性。阴阳五行，道之实体也；血气心知，性之实体也。有实体，故可分；惟分也，故不齐。"（《孟子字义疏证》卷中）这是说：人和万物是从阴阳五行之气中分出来的，由于人和万物各限于所分得的那一部分，气所以形成的性也不同。阴阳五行之气就是道的实体、实际内容，形体知觉就是性的实体、实际内容；有实体，就可以分，正因为有分，所以有差别。每一类生物各有其特殊的形体和知觉，于是各类生物各有其性。戴震认为，人性包含三个方面，即欲、情、知。"人生而后有欲、有情、有知，三者血气心知之自然也"（《孟子字义疏证·才》卷下）。欲就是各种各样的物质需要和精神需要，如口有美味食物的需要，目有丰富色彩的需要，耳有美妙乐声的需要，鼻有芬芳气味的需要，四肢有舒适安逸的需要。情就是喜怒哀乐等感情。心知就是辨别美丑是非的能力。戴震认为，声、色、臭、味等是形体赖以生存的东西，人对这些东西的需要根源于人的血肉之躯，所以是性。戴震主张性善论，但他所谓性善主要指人的知觉高出于别类动物。他说："人以有礼义异于禽兽，实人之知觉大远乎物则然，此孟子所谓性善。"（《孟子字义疏证》卷中）"人之异于禽兽者，虽同有精爽，而人能进于神明也。"（《孟子字义疏证·理》）人的知觉高出于其他动物之上，可以辨别美丑是非，形成礼义之类的行为规范，所以人性是善的。戴震的观点虽然仍是抽象人性论的，但是，他肯定了物质欲望和感情的重要性，作为"理存于欲"的进步伦理学说的理论基础，具有一定的积极意义。

根据欲、情、知即人性的学说，戴震猛烈地批判了宋明理学唯心主义鼓吹的"理欲之辨"，提出了"理存于欲"的进步学说。

宋明理学中的程朱派和陆王派的王守仁都主张严格区别天理和人欲。他们认为，天理就是仁、义、礼、智，人欲是对仁、义、礼、智的背离，例如，饿了要吃饭，渴了要饮水，冷了要穿衣，为了生儿育女、传宗接代而成立家庭，这些都是天理；但追求美味的饮食，追求昂贵漂亮的服饰，不安于夫妇的本分而寻花问柳，则是人欲。人应当存天理，灭人欲。这种存理去欲说，与佛道等宗教所鼓吹的禁欲主义有一定的区别，它并不反对满足人类生存繁衍所必需的最起码的物质需要，但它将人类不断改善物质生活的欲望当作私欲而加以反对，是十分错误的，其实际的社会效果是压制卑者、贱者、幼者、弱者的正当生活欲望。这种情况，到明、清两代愈演愈烈。一些人鼓吹"天下无不是的君主""天下无不是的父母"，鼓吹妇女"节烈"，把卑者、幼者、贱者，特别是广大妇女无条件地置于尊者、长者、贵者的专制淫威之下。君父对臣子有随意生杀予夺之权，臣子对君父的意志不得有任何违抗。妇女更是可怜，对于丈夫一律要百依百顺，从一而终，丈夫死了，就要终身守节，在这种道德观念支配下，演出了无数惨绝人寰的悲剧。到了清代，统治者大兴文字狱，他们从被迫害者的诗文言论中抽取只言片语，假借宋明理学的教条，随意罗织罪名，锻炼成狱，予以杀戮、流放、监禁。被害者不仅人身受害，还要背上"名教罪人"的不白之冤。

针对造成如此恶劣社会后果的"理欲之辨"，戴震提出："理也者，情之不爽失也；未有情不得而理得者也。"（《孟子字义疏证·理》）"今以情之不爽失为理，是理者存乎欲者也。"（《孟子字义疏证·理》）感情欲望的适当满足就是理，理即在欲中，不是与欲对立的。他又说："天下之事，使欲之得遂，情之得达，斯已矣。……遂己之欲者，广之能遂人之欲；达己之情者，广之能达人之情。道德之盛，使人之欲无不遂，人之情无不达，斯已矣。"（《孟子字义疏证·才》）天下之事无非就是要使欲望感情得到适当的满足，所谓道德的理想境界，无非就是使人的感情和欲望都得到适当的满足。戴震的这种理想境界在阶级社会里当然只是空想，但它要求人的欲望和感情都得到满足，并把这一要求作为道德的理想境界，显然具有重大的启蒙意义。

　　戴震更认为，欲是"自然"，理是"必然"，自然就是本来的情况，必然就是应该遵守的标准，必然是出于自然的，是自然的完成。他说："欲者，血气之自然，其好是懿德也，心知之自然，此孟子所以言性善。……由血气之自然，而审察之以知其必然，是之谓礼义；自然之与必然，非二事也。就其自然，明之尽而无几微之失焉，是其必然也。如是而后无憾，如是而后安，是乃自然之极则。若任其自然而流于失，转丧其自然，而非自然也；故归于必然，适完其自然。"（《孟子字义疏证·理》）道德原则对感情欲望的调整约束，不是为了扼杀感情欲望，相反，是为了使感情欲望得到适当的自然的满足。这种关于道德原则与感情欲望的关系及道德原则的功用的学说，是有进步意义的。

　　戴震认为，宋明理学唯心主义把理欲割裂并对立起来，宣扬

"存天理，灭人欲"，完全是"以意见为理而祸天下"，这种所谓"理欲之辨，适成忍而残杀之具"（《孟子字义疏证·权》）。他说，尊者、长者、贵者以"理"责难卑者、幼者、贱者，虽责难得不对，也被认为是顺理成章的，卑者、幼者、贱者据"理"申辩，虽然有道理，也被认为是大逆不道。这样，地位低下的人就不能在地位高的人面前捍卫自己享受正当感情、欲望的权利。一个人死于严刑峻法，还有怜悯的，死于这样的"理"，又有谁怜悯呢！"酷吏以法杀人，后儒以理杀人，浸浸乎舍法而论理，死矣，更无可救矣！"（《戴震集·文集九·与某书》）"以理杀人"，这就是"理欲之辨"的实质，它的残酷性甚至超过了酷吏的以严刑峻法杀人。戴震这种"理欲之辨，适成忍而残杀之具"的学说，揭露了当时统治者以"名教""理义"为借口残酷镇压人民、大兴文字狱，残忍地杀害汉族学者的罪行，反映了人民反抗专制压迫的情绪，有重大的进步意义。

附　记

本书各章分别撰写的情况如下：

序言，张岱年撰；

孔子、老子、孟子、庄子，刘笑敢撰；

墨子与墨家、《周易大传》、惠施、公孙龙、荀子、韩非、董仲舒、扬雄、王充、王弼、向秀与郭象、范缜、黄宗羲、王夫之、颜元、戴震，程宜山撰；

葛洪、僧肇、法藏、慧能、韩愈、柳宗元与刘禹锡，方立天撰；

周敦颐、张载、程颢、程颐、朱熹、陆九渊、王守仁、王廷相、方以智，陈来撰；

全稿由方立天进行修订，最后由张岱年审改定稿。

此书出版，承蒙东方文化基金会惠予资助，谨表示衷心的谢忱！

张岱年

引用书目

一、《论语》

朱熹《论语集注》，清刊本。

刘宝楠《论语正义》，《诸子集成》本。

二、《老子》

王弼《老子注》，《诸子集成》本。

河上公《老子章句》，《四部丛刊》本。

三、《墨子》

孙诒让《墨子间诂》，《诸子集成》本。

四、《周易大传》

孔颖达《周易正义》，《十三经注疏》本。

朱熹《周易本义》，清刊本。

高亨《周易大传今注》，齐鲁书社刊。

五、《孟子》

朱熹《孟子集注》，清刊本。

焦循《孟子正义》，《诸子集成》本。

六、《庄子》

王先谦《庄子集解》，《诸子集成》本。

郭庆藩《庄子集释》，《诸子集成》本。

七、《公孙龙子》

屈志清《公孙龙子新注》，湖北出版社。

八、《荀子》

王先谦《荀子集解》，《诸子集成》本。

九、《韩非子》

王先慎《韩非子集解》，《诸子集成》本。

梁启雄《韩子浅解》，中华书局刊。

十、董仲舒《春秋繁露》

苏舆《春秋繁露义证》，清刊本。

十一、扬雄《法言》《太玄》

汪荣宝《法言义疏》，民国刊本。

范望《太玄注》，《四部丛刊》本。

十二、王充《论衡》

刘盼遂《论衡集解》，古籍出版社刊。

黄晖《论衡校释》，商务印书馆刊。

十三、王弼《周易注》《周易略例》《老子注》

《周易》，《仿宋相台五经》本。

《老子注》，《诸子集成》本。

楼宇烈《王弼集校释》本。

十四、郭象《庄子注》

郭庆藩《庄子集释》本。

十五、葛洪《抱朴子》

王明著《抱朴子内篇校释》，中华书局刊。

孙星衍校正《抱朴子》，《诸子集成》本。

十六、僧肇《肇论》

宋本《肇论中吴集解》。

上海佛学书局影印本《高僧传·僧肇传》。

十七、范缜《神灭论》

严可均辑《全梁文》，载《全上古三代秦汉三国六朝文》。

十八、法基

《华严经义海百门》，金陵刻经处本。

《华严一乘教义分齐章》，金陵刻经处本。

《法界缘起章》，金陵刻经处本。

《华严经探玄记》，大正《大藏经》本。

十九、慧能《坛经》

法海集记《南宗顿教最上大乘摩诃般若波罗蜜经六祖惠能大师于韶州大梵寺施法坛经》，敦煌写本。

二十、韩愈《原道》《原性》

朱熹校《昌黎先生集》，《四部丛刊》影印本。

二十一、柳宗元《天说》《天对》《答刘禹锡天论书》

《柳河东集》，中华书局刊。

二十二、刘禹锡《天论》

《刘梦得集》，《四部丛刊》本。

二十三、周敦颐《太极图说》《通书》

《周子全书》本。

二十四、张载《正蒙》《易说》

《张子全书》本。

《张载集》本。

二十五、程颢、程颐

《二程全书》本，清刊本。

《二程集》本，中华书局刊。

二十六、朱熹《朱子大全集》《朱子语类》

《朱子大全集》清刊本。

《朱子语类》清刊本。

二十七、陆九渊《语录》、《文集》

《陆九渊集》，中华书局刊。

二十八、王守仁《传习录》《大学问》

《王文成公全书》，清刊本。

二十九、王廷相《家藏集》

《王氏家藏集》，明刊本。

《王廷相哲学选集》，中华书局刊。

三十、黄宗羲《明儒学案》《明夷待访录》《南雷文定》

《梨洲遗著汇刊》，民国刊本。

三十一、方以智《物理小识》《东西均》

《物理小识》，《万有文库》本，清刊本。

《东西均》，中华书局刊本。

三十二、王夫之《周易外传》《尚书引义》《诗广传》《张子正蒙注》

《读四书大全说》《读通鉴论》《思问录》《续春秋左氏传博

议》

《船山遗书》本。

中华书局校点本。

三十三、颜元《四存编》

《颜李丛书》本，中华书局标点本。

三十四、戴震《原善》《孟子字义疏证》

《戴东原全集》，《安徽丛书》本。

《戴震集》，中华书局标点本。

后　记

　　本书将由中华书局重新出版。由于作者中有几位已经去世，我在这里简单说一下此书写作的缘起，以及我个人的点滴回忆。

　　1985年秋天的一个上午，张岱年先生召集方立天、程宜山、刘笑敢和我四人到他中关园的家里开会。张先生说罗素写了《西方的智慧》，我们可以写一本《中华的智慧》，由他做主编，请方立天做副主编，由方立天、程宜山、刘笑敢和我分工撰写，最后由张先生写一个总的序言。我记得，会后张先生还带我们到他居住的北大中关园后面中关村的西餐厅吃了饭。

　　这是我参加撰写由张先生主编的第一本书。分工后各自负责，在不长的时间内完成了。张先生的序言，高屋建瓴，对中国哲学的智慧做了深刻的总结和提炼，是张先生晚年作品中非常重要的一篇文献，也是全书的纲领。我承担的宋明部分各章，是我在1986年春夏学期一边教北大哲学系的中国哲学史课一边写出来的，所以我的课实际上大多是按我写的《中华的智慧》的内容讲的，我印象中当时学生的反应还是积极的。

　　到了1986年夏天，我负责的部分初稿写好后交张先生，张先生批改后取回。我写的部分里，张载的一章，张先生批了好几处"很好"，其他各章好像最多只有"好"，没有"很好"。张载是张先生的专门，张载的一章能得到张先生的"很好"肯定，对我来说已经很满足了。

　　这本书由上海人民出版社在1989年12月出版，书中的每一章基本都配有画像，出自张先生所藏的《中国古代著名哲学家画传》。1990年，本书在台湾出版了繁体字版，张先生也为台湾版写了序言。应该说，此书在当时出版后并没有引起很大的反响，这可能和当时的时代风气有关。现在中华书局希望重新出版此书，作为作者之一的我，自然是很高兴的。因为今天的文化形势与1989年底已完全不同，中华民族的伟大复兴和中华文化的伟大复兴，成为全国人民的奋斗目标，中国文化和中国智慧越来越引起人们的关注和兴趣，文化自觉和文化自信日益成为人们的共同意识。本书在这个时代若能发挥一些作用，帮助人们更多认识中国文化，应可告慰于已经去世的张岱年先生、方立天先生和程宜山先生。

陈　来

2017年4月12日

陈来中国哲学书单

《论语集释》 程树德，中华书局，1992

《论语》注释的汇集。早有何晏的《论语集解》，收集了汉魏时期的《论语》注释。南宋朱熹的《论语集注》，汇集了宋代道学对《论语》的解释。此书将宋以后诸家对《论语》的解释分类采辑，成为《论语》训诂注释的一部详尽的资料汇集。

《墨子间诂》 孙诒让，中华书局，1986

此书集以往研究墨子墨学之大成，为《墨子》一书作了系统详尽的校注，直到目前为止，还没有一部《墨子》的校注能超越并取代这部书的。

《孟子正义》 焦循，中华书局，1992

焦循博采清代学者有关《孟子》的论述，又以自己的主张贯穿推衍，作成《孟子正义》，其用力甚勤，成就亦大，体现了清人实事求是的治学精神，被公认为清代学人治《孟子》者无人能出其右。

《庄子集释》 郭庆藩，中华书局，1961

清末郭庆藩的《庄子集释》是《庄子》注解的总结之作。《集释》收录了郭象《注》、成玄英《疏》和陆德明《音义》三书的全文，摘引了清代汉学家如王念孙、俞樾等人的训诂考证，卢文弨的校勘，并有郭嵩焘和郭庆藩自己的意见，是目前研究《庄子》的重要资料。

《老子全译》　　任继愈，巴蜀书社，1992

本书既有《老子》本文和注释，又有《老子》的今译译文和释义，附有名词索引和马王堆汉墓帛书《老子》释文，适合初学中国哲学史的读者。

《荀子集解》　　王先谦，中华书局，1988

《荀子》是研究荀况思想及先秦各派学说的重要材料。唐代杨倞曾为之作注，晚清学者王先谦收集清朝学者对《荀子》的考订训诂的研究成果，对之进行校勘诠释，编成《荀子集解》，内容详实，且能发挥己见，达到了比较高的水平。该书被公认为是一个比较完善的注本。

《韩非子集解》　　王先慎，中华书局，1998

韩非子是先秦法家思想的集大成者，他总结了商鞅、申不害和慎到三家的思想，提出了一套法、术、势相结合的法治理论。王先慎是王先谦的从弟，此书汇集了清代学者校勘、注释子书的成果，较为适合学术研究的需要。

《春秋繁露义证》　　苏舆，中华书局，1992

董仲舒的著作《春秋繁露》，由清末湖南平江人苏舆（字厚庵），精加整理，兼取卢文弨校本和凌曙注本，广采前人研究成果，成《春秋繁露义证》，是目前为止校订《春秋繁露》较完善的本子。

《王弼集校释》　　楼宇烈，中华书局，1980

本书汇集并校释了魏晋思想家王弼的《老子注》《周易注》等主要著作，

是研究王弼的重要资料集。

《近思录详注集评》　陈荣捷，华东师范大学出版社，2007

《近思录》是北宋理学濂溪、二程、横渠四先生思想材料的选辑，由南宋朱熹与吕祖谦共同选编而成。《近思录》代表了理学思想与话语体系及其基本结构，得到后世的普遍认可和广泛传布。陈荣捷先生的注值得参考。

《四书章句集注》　朱熹，中华书局，1983

此书亦称《四书集注》，是朱熹最有代表性的著作。他把《论语》《孟子》《大学》《中庸》并列，合为一体，称为"四书"，并从理学的思想出发为之注释，是宋明理学经典诠释的代表作。

《传习录注疏》　邓艾民，上海古籍出版社，2012

《传习录》是王阳明的代表作，此书的特点是用王阳明自己在其他著作中的思想材料来相互疏证《传习录》的思想，可使读者更完整地理解王阳明的思想。

《中国哲学史》　冯友兰，中华书局，1961

此书是用现代哲学方法编写的第一部完整的中国哲学通史著作，对中国哲学史形成为一门独立学科具有奠基的意义。此书出版后不久，完全取代了此前的同名著作，在很长时期内成了国内使用的标准教科书，至今仍然是中文世界影响最大的一部中国哲学史著作。书中诸多的提法、观点、分析、定位，至今仍为学术界所沿袭或吸取，大部分的分析和定位已成为本学科的研究典范。

《中国哲学史新编》　　冯友兰，人民出版社，1982–1989

此书区别于冯友兰20世纪30年代所写的旧著两卷本《中国哲学史》，故称新编，体现了冯友兰晚期对中国哲学史的新的理解和总结。《新编》与《中国哲学史》在着眼点上有很大的不同：第一，一般与特殊（即共相与殊相）的问题在《新编》中被作为整个中国哲学发展的基本线索；第二，把考察阐述中国哲学的精神境界作为一个基本着眼点。

《中国哲学简史》　　冯友兰著、涂又光译，北京大学出版社，1985

此书原为冯友兰1947年在宾夕法尼亚大学讲授中国哲学史的英文讲稿，1948年由麦克米伦公司出版，1985年出版中文译本。该书在欧美影响较广，译为中文后亦博受好评。《简史》完全不是大《中国哲学史》的缩写，其书文笔轻畅、深入浅出、哲思敏睿、极富意蕴，是地道的大家手笔，可以说是冯友兰前期哲学史研究的力作。

《中国哲学大纲》　　张岱年，中国社会科学出版社，1982

此书是中国古代哲学固有体系、问题、范畴研究的开创之作，在体例和内容上都有重要特色。冯友兰先生在20世纪30年代初出版的两卷本《中国哲学史》是以人物为纲、按年代为序的通史型写法，而本书乃不是以人物而是以问题为纲的系统型写法，它整理出中国哲学的主要问题，分别叙述其源流发展，显示出中国哲学的整个条理系统。

《中国古典哲学概念范畴要论》　　张岱年，中国社会科学出版社，1989

本书是研究中国哲学概念范畴体系的专著，叙述中国哲学史上各个范畴的发生、发展、演变的过程，亦分析不同学派对同一范畴的不同理解，并对中国古代哲学范畴的总体系及其结构、层次作了分析和呈现。

《中国哲学发展史》　任继愈主编，人民出版社，1983

《中国哲学发展史》认为一般的中国哲学史教科书讲的是比较简明的知识，对学界有争论的大问题避免采入，所以不深入；而发展史是要写出更详尽的哲学史，所谓发展史就是注重其逻辑发展的过程。该书分为先秦、两汉、魏晋、隋唐等各卷，达到了很高的水平，在学界产生了很大的影响。

《中国哲学史（第二版）》　北京大学哲学系中国哲学教研室，北京大学出版社，2003

本书是由北京大学的张岱年、朱伯崑、邓艾民、汤一介、楼宇烈等先生参与编写的。与上述几种中国哲学史著作不同，本书是大学哲学系所用的教材，经过几次修订删改，较为成熟。

《新编中国哲学史》　劳思光，广西师范大学出版社，2005

此书在香港和台湾地区的大学哲学系使用较多。该书突出问题意识，强调概念分析，被认为是继冯友兰《中国哲学史》后的一部里程碑式作品，有参考价值。

刘笑敢中国哲学书单

通论、综论与概论

《中国哲学大纲》 张岱年,中国社会科学出版社,1982

这是张先生28岁完成的旧作,但历久弥新。虽为专著,初学者可作工具书使用,专业研究者可玩味作者言简意赅的点评和论断。1982年版保留了专名号及书名号,对一般读者更方便。此书是中国古代思想范畴研究的开山之作。

《中国古典哲学概念范畴要论》 张岱年,中国社会科学出版社,1987

这是最早最简明扼要的中国古代思想范畴的论说。与上述大纲所不同的是摆脱了哲学史历史发展的线索,集中分类分析古代重要思想范畴的起源、演化与理论意涵。此书已经由Edmund Ryden翻译编辑了英文版(Key Concepts in Chinese Philosophy,耶鲁大学和外文出版社合作出版,2002)。译者不仅翻译原文,还在研究的基础上有所补充和扩展,颇有参考价值。

《中国哲学史史料学》 张岱年,三联书店,1982

同名书很多,这一本最简明、方便、可靠,应该是学中国哲学的常备书。此类书是便于查找入门的参考书,不是一般性读物。当然,此书没有涵盖近三十几年的新发现和新作品。

《中国哲学史新编》　　冯友兰，人民出版社，1982-1989（此书第7卷1992年先行在香港中华书局出版，题为《中国现代哲学史》，后收入人民出版社版第7册，文字或有不同）

此为少见的以一人之力撰写的多卷本中国哲学史，是冯先生一生学思、才力、人生感悟的总汇，特别是后几卷是一生治学之定论。文字清通，条理井然，内容丰富，见解独到，适于专业工作者和一般读者通读或选读。

Fung Yu-lan（冯友兰, edited by Derk Bodde），*A Short History of Chinese Philosophy*,The Free Press, 1948

这是为英语世界写的《中国哲学简史》，特点是简明、有趣味，适合一般读者作入门读物。有赵复三译本（外语教学与研究出版社）和涂又光译本（北京大学出版社），前者重顺畅，神似，后者哲学概念较清晰，并经冯校阅。

《新编中国哲学史》　　劳思光，台湾三民书局，1984-1992（后有大陆简体版，文字或有不同）

这是在中国港台地区最为流行的中国哲学史。作者在中国古文献和西方哲学方面都有很高素养。他认为胡适的《中国哲学史大纲》上卷"几乎完全没有'哲学'的成分"，而冯友兰的《中国哲学史》（两卷本）"虽有哲学成分，却仍然并未接触到中国哲学的特性"。劳书以心性论为中国哲学的主题，这是特色和贡献，或许也难免自设局限。

Wing-tsit Chan（陈荣捷），*A Source Book in Chinese Philosophy*, Princeton University Press, 1973

此书是作者翻译编辑的英文中国哲学资料汇集，内容起自商周，下贯到熊十力、冯友兰。其英译有开创和汇总之功，除原典英译以外，每章前及段落之中的解说、按语都颇见功力。陈荣捷是在西方世界开创中国哲学研究的先锋和功臣。此书虽有中译本，但其价值还在于英译资料的汇集和分析。

《中国哲学原论（导论篇）》　唐君毅，台湾学生书局，1986

唐君毅是海外新儒家重要代表人物之一，著作甚丰。全书分别追溯辨析中国古代哲学之重要概念之意涵与异同，如"理""心""名""辩""道""命""太极""致知格物"等。唐氏之文虽以经典原文为根基，但整理表述颇有今人之条理，如析出"理"之"文理"（先秦）、"名理"（魏晋）、"空理"（隋唐）、"性理"（宋明）、"事理"（清）等。此种梳理颇有值得玩味审视之处。唐氏《中国哲学原论》系列更有原道篇（三卷）、原性篇、原教篇等。

《中国历代思想家传记汇诠》　王蘧常主编，复旦大学出版社，1993

此为从二十五史及其他史籍中选编出来的二百多思想家的生平传记的汇集，便于一般需要之查阅，颇省翻检之劳。

《汤一介哲学（精华编）》　汤一介，北京联合出版公司，2015

汤先生之为学与为人都是一代楷模。先生著作甚丰甚广，此选编可大体代表先生的若干重要思想侧面，如儒释道、中西印、天地人、真善美，等等，对不同读者都可能有所启迪。先生晚年多次提倡建立中国的诠释学，更引起广泛注意和讨论。

《中国古代思想史论》　李泽厚，人民出版社，1985

一部历史名著，一时洛阳纸贵，时过境迁，仍值得玩味。

《士与中国文化》　余英时，上海人民出版社，1987

余先生名重海内外，著作等身。其书虽非严格意义之哲学史，但其论说常对中国哲学研究提供启示，造成冲击，不可漠视。此书新序提到，宋代诸儒多怀王安石"得君行道"之理想，能以天下为己任，但如此担当在明代已成绝响。当王艮问到如何"致君于尧舜"时，王阳明则以"思不出其位"回答。这帮助我们看到从理学到心学转变的政治历史渊源，而不单纯是理论争辩的结果。

《中国观念史》　张岱年等著、苑淑娅编，中州古籍出版社，2005

这是王中江主编的"中国哲学前沿丛书"中的一种。该书搜集了从古代到近代的诸多代表性概念的专论，如天人合一，体用一源，天道，天命，自然，名教，民权，民主，公理，公私，义利，仁，乐，等等。虽然各篇难免为一家之言，但也有一定代表性，至少可以有抛砖引玉之功。

Benjamin I. Schwartz, *The World of Thought in Ancient China*（史华兹《古代中国的思想世界》），Harvard University Press, 1985

史华兹在哈佛大学长期教授中国思想史，本书是他积累二十多年的研究成果，主要讨论孔子、墨子、老子、庄子、孟子、荀子、法家、阴阳家的思想。他反对孤立地概念化地介绍各家各派的学说，而是重视具体的历史环境，用比较研究的眼光分析文本和思想问题，同时重视高层文化与大众文化之关系和互动，他特别以性、气、心的概念说明不同学派之间的关系，来呈现各派思想的复杂性和丰富性。此书有程钢所译中文本（江苏人民出版社，2004）。

A.C. Graham（葛瑞汉），*Disputers of the Tao: Philosophical Argument in Ancient China*, Open Court, 1987（此书中译本：张海晏《论

道者: 中国古代哲学论辩》，中国社会科学出版社，2003)

英国汉学泰斗写的先秦诸子哲学，在西方世界评价极高，影响广泛。不过，作者将老子放在庄子之后处理，是白璧微瑕。

Donald J. Munro, *The Concept of Man in Early China* (孟旦《早期中国"人"的观念》), Center for Chinese Studies, The University of Michigan, Ann Arbor, 2001

此为作者博士论文，是作者从古到今的中国人性概念之三部曲的第一本。作者既有汉学基础，又有哲学训练，对中国哲学的观察和分析多有独到且具启发性的见解。比如，作者将人性的平等分为描述性的和价值性的，认为中国哲学各家大体都承认人生来平等，但后天成长的结果，使其社会地位不同；而西方近代的平等主要是社会价值意义上的平等。类似观察是中国学者很少注意的。本书已有两种同名译本——《早期中国"人"的观念》，庄国雄、陶黎铭译本由上海古籍出版社于1994年出版，丁栋、张兴东译本由北京大学出版社于2009年出版。

David S. Nivison, *The Ways of Confucianism: Investigations in Chinese Philosophy*, Edited with an introduction by Bryan W. Van Norden, Open Court, 1996 (此书中译本有倪德卫著、万白安编、周炽成译《儒家之道: 中国哲学之探讨》，江苏人民出版社，2006)

作者是美国斯坦福大学研究中国哲学的先驱，本书是他多年研究的精华。其论题颇有可注意者，如"德可以自学吗"，"中国古代哲学中的意志无力"，"王阳明的道德决定: 中国的'存在主义'问题"，"两类'自然主义': 戴震与章学诚"等等。

Tu Wei-ming（杜维明）,*Centrality and Commonality: An Essay on Confucian Religiousness*, SUNY, 1989（此书中译本：段德智译《中庸：论儒学的宗教性》，三联书店，2013）

杜先生长期致力于推动儒学第三期发展与文明对话，著作等身，誉满全球。此书是作者的代表性著作之一，依据《中庸》分析儒学的宗教性特点。作者认为儒家的终极关怀是在社群中完成的自我转化。

Tu Wei-ming （杜维明）, *Way, Learning, and Politics: Essays on the Confucian Intellectual*, SUNY, 1993（钱文忠译《道·学·政——儒家公共知识分子的三个面向》，三联书店，2013）

杜先生对儒学在现代社会的发展充满热情和信心，他努力将古代儒学的道德、学术、政治等方面的智慧和精华引入现代社会和国际空间，本书只是他的这种努力和贡献的部分体现。

Roger T. Ames, *Confucian Role Ethics: A Vocabulary*, The Chinese University Press, 2011（安乐哲《儒家角色伦理学》）

安乐哲是在西方学术界最活跃、著述、主编作品最多的学者，对东西方文化的交流贡献极大。作者个人常有独特的学术观点，每每引起广泛讨论和争论。本书讨论了人性、五行、仁、理、体、和、礼、忠、恕、义等重要儒学概念，值得中国学者参考。此书中译本：孟巍隆等译《儒家角色伦理学》，山东人民出版社，2017。

《道与西方的相遇——中西比较哲学重要问题研究（中文增订版）》李晨阳，中国人民大学出版社，2005

作者是比较研究的专家，此书全面而周到地探讨了中国哲学与西方哲学比较研究的方法问题和实例，如，物之多边存在与实体的独一存在，作为存在的真与作为命题的真，义务中心观与权利中心观，儒家价值观与民主价值观等。

《诠释与定向——中国哲学研究方法之探究》 刘笑敢，商务印书馆，2009

本书专门讨论有关中国哲学作为一个现代学科的方法问题，比如揭示中国哲学史以注释或诠释为创构的形式特点，反思近代以来反向格义的方法，探讨忠实于历史和文献的取向与现代理解和发展创新的两种取向之关系，提出如何区别儒释道传统之现代学科、生命导师、民族文化三个不同身份等问题。

《诠释学与儒家思想》 景海峰、赵东明，东方出版中心，2015

此书从诠释学的角度看儒家思想，讨论了天人合一、三纲五常、理一分殊、教化、体知等儒学概念，以及儒学发展历程。

《道家哲学略述》 冯达文，巴蜀书社，2015

此书述老庄，通黄老，论玄学，又辨析道家与道教，道家与儒家，道家与佛学，对道家的论述全面而具体，其眼光思绪别有洞天，值得借鉴。

《简帛文明与古代思想世界》 王中江，北京大学出版社，2011

此书以个人之力对多年来出土的简帛进行了比较全面的哲学和思想史的新探索，让我们看到古代哲学和思想世界远比我们已知的更广大、更丰富、更复杂。作者的解读和分析是学界进一步研究的重要参考。

《今古文经学新论（增订版）》 王葆玹，中国社会科学出版社，1997

此为当代经学研究代表作。作者认为，在中国传统文化中，经学处于中心位置。书中分别论述今文经学和古文经学之流派，礼类经传与礼的实施，经学思想"从宗教到哲学"的演变历程，以及其他经学课题。此为专论。想进一步了解经学的可参阅姜广辉主编多卷本《中国经学思想史》（中国社会科学出版社2003，2010）。

Xiaogan Liu, ed.（刘笑敢主编）*Dao Companion to Daoist Philosophy*, Springer, 2015

此为黄勇主编"道系列中国哲学研究参考书（Dao Companion to Chinese Philosophy）"之一，是由全球四大洲知名学者合作完成的第一部全面的道家哲学、思想与文献研究参考书，涵盖从老子到郭象的道家思潮主要内容，并简要提示道家与道教、儒家、佛教、古希腊思想以及科学的关系。书末附索引。

先秦文献与研究

《尚书今古文注疏》 孙星衍著，陈抗、盛东铃点校，中华书局，2016

此为《尚书》较完整较权威的版本，整理校释者是古籍整理方面的专家，比较可靠。此为繁体竖排版，另有周秉钧注译《尚书》是简体横排本，也可参考（岳麓书社，2001）。

《周易古经今注（重订版）》 高亨，中华书局，1984；《周易大传今

注》，齐鲁书社，1979

《周易》古经源远流长，支脉复杂，或重象数，或重义理，或经传分立，或以传解经。作为哲学史研究，自然以义理为重。今人研究，或以高亨为最，亦得张岱年先生推介，值得重视。另有南怀瑾、徐芹庭《周易今注今译》（台湾商务），有注、译、释，或可对照参考。

《春秋左传注》 杨伯峻，中华书局，1981

《左传》是了解早期中国思想必备参考书，杨注详备可靠。与之相配合的是沈玉成《左传译文》（中华书局，1981）。

《礼记集解》 孙希旦，中华书局，1989

《礼记》中保留许多早中期儒家思想的重要资料。郭店竹简出土的一些未知文献，特别是完整的《缁衣》的出土，证明《礼记》中某些篇章确实是战国时期的作品。孙氏集解颇为详备，也每有新见确解。又，王梦鸥的《礼记今注今译》（台湾商务）则比较适于一般读者学习。

《论语集释》 程树德，中华书局，1990

此为目前最为详尽的集释，各章节内容酌情可有考异、音读、考证、集解、古注、集注、别解、余论、发明、按语等内容，颇有可观者。

《论语译注》 杨伯峻，中华书局，1980

此为历久不衰、雅俗共赏的简明而可靠的《论语》读本。书后所附论语词典也颇为实用。

D.C.Lau, trans, *Confucius: The Analects New Bilingual Edition*，（刘殿爵译《论语》中英双语对照本），The Chinese University Press

刘氏长期在伦敦大学亚非学院教书，是著名汉学家和翻译家，他翻译的一些中国古代经典已经收入"企鹅经典丛书"，是比较顺畅可靠的译文。导言和附录是作者个人的研究见解。双语对照版更适合中国读者使用。

《德性之镜：孔子与亚里士多德的伦理学》 余纪元著、林航译，中国人民大学出版社，2009

《论语思想史》 〔日〕松川健二编、林庆彰等译，台湾万卷楼，2006。

此为日本学者编著的关于《论语》一书的理解和解读的思想史，除序言外，分为四部分：汉魏、六朝、唐之部，宋元之部，明清之部，朝鲜、日本之部。这种围绕一部经典的理解与诠释的思想史探索很少见，本书或为开先河之作。前三部分为中国学者所熟悉，但日本学者的仔细辨读和分析对中国学者也有他山之石的功效，关于朝鲜和日本的部分更为鲜见。附录有年表和《论语》引文之章别索引，也可见其严谨与周到 。

Amy Olberding, ed.*Dao Companion to the Analects*, Springer, 2014（艾米·奥伯丁主编《道系列〈论语〉研究参考书》）

本书分三个方面提供参考文章：第一部分讨论文本、注释、孔学群体，第二部分分析仁、礼、义、孝、直以及语言与道德、自我修养等问题，第三部分涵盖道德理论、宗教思想与实践、政治等方面。书末有索引。

《孟子正义》　　焦循著、沈文倬点校,中华书局,2015

此书以汉代赵岐注为主,汇集了清代学者考据训诂的成果,是比较完整可靠的《孟子》注释本。

《孟子译注》　　杨伯峻,中华书局,1981

简明而可信的《孟子》注释本,书末附孟子词典。

D.C.Lau,trans.*Mencius*(*A Bilingual Edition*), The Chinese University Press(刘殿爵译《孟子》中英双语对照本)

较可靠的英文翻译,导言和附录是作者个人的研究见解。

《孟学思想史论》卷一　　黄俊杰,台北东大图书公司出版,1991;卷二,"中研院"中国文哲研究所筹备处,1997

作者带领台湾大学人文高等研究院完成诸多研究项目,功劳卓著,其本人之孟学研究亦誉冠海内外。

Kwong-loi Shun, *Mencius and Early Chinese Thought*, Stanford University Press, 1997(信广来《孟子与中国早期思想》)

作者是在西方世界研究中国哲学和比较哲学的重要代表人物,此书对《孟子》一书的文献做了扎实的基础性研究,引起了学术界的广泛重视。

《郭店竹简与思孟学派》　　梁涛,中国人民大学出版社,2008

此书是利用郭店竹简新文献研究思孟学派的开创著作,值得重视参考。

《荀子集解》　王先谦，中华书局，2013

此书以唐杨倞注本为主，广收清代学者训诂成就，内容翔实可靠。

《荀子新注》　北京大学荀子注释组，中华书局，1979

此为简明而可信的今注，后附张岱年所作荀况生平大事年表，另有部分名词和人名简释、词条索引以及人名索引。此书虽为"文革"时期集体合作的产物，但张岱年等北大教授参与其事，楼宇烈参与定稿，内容仍然可靠。

《差等秩序与公道世界：荀子思想研究》　东方朔，上海人民出版社，2016

Eric L. Hutton, ed. *Dao Companion to the Philosophy of Xunzi*. Springer, 2016（何艾克主编《道系列〈荀子〉研究参考书》）

第一部集体合作的《荀子》研究参考书，涵盖荀子伦理学，元伦理学，道德心理学，文体，修身，语言，逻辑，以及荀子与墨家、道家，日本，韩国等专题。书末附索引。

Vincent Shen, ed. *Dao Companion to Classical Confucian Philosophy*, Springer, 2014（沈清松主编《道系列早期儒家研究参考书》）

本书分两部分：一部分是先秦儒家的历史发展，另一部分是早期的相关课题，包括音乐美学、诠释学、道德心理学、德性伦理等。书末附索引。

《墨子间诂》　孙诒让，中华书局，2001

此书是清代《墨子》研究的集大成之作，后人多以此为据。

《墨子校注》 吴毓江，中华书局，1993

上述孙氏之书虽为一时之选，但因时代及文献所限，有所不足。近人吴毓江积二十余年之功，撰成《墨子校注》，并附《墨子旧本经眼录》《墨子各篇真伪考》等四个附录，颇见积思所得。

《墨辩发微》 谭戒甫，中华书局，1964

《墨子》书中经上下、经说上下、大取、小取六篇内容特殊，统称"墨辩"或《墨辩》，包括辩学、哲学、光学、力学、数理学、几何学等内容。这些内容涉及诸多不同学科，又用古文，很难理解。谭氏从事"墨辩"研究多年，此书为其重要成果。谭氏临终前又完成《墨经分类译注》（中华书局，1981），颇便于现代读者学习参阅。

《老子校释》 朱谦之，中华书局，1984

《老子》版本众多，目前流行的是王弼本和河上本，分别代表传统的文人系统和民间系统。不同版本有分有合，常分常合，梳理不易。梳理比较清楚的是朱谦之这个校释本，所用底本是唐代景龙碑本，所参照底本上百种，所用考订书目140多种，大体上属于河上公系统。这是很严肃的学术研究著作，值得研究参考。此外，值得推荐的是陈鼓应的《老子注译及评介》（中华书局，2009），大体属于王弼本，但根据帛书本做过更新。

《帛书老子校注》 高明，中华书局，1996

研究《老子》的一大幸事是不断有两千年前的古本出土。1973年出土的马王堆帛书甲乙本是第一种，后来又有了1993年出土的郭店的三组《老子》竹简。出土本不仅帮助我们纠正了通行本的一些讹误，更让我们有机会看到

《老子》流传过程中出现的一些规律性现象。本书是帛书本最好的校注本，作者是北大古文字专家，考校十分认真，值得参考。此外，值得一提的是新发现的西汉竹简本已经出版（《北京大学藏西汉竹书〔贰〕》，上海古籍出版社，2012），该书印制精美但价格昂贵，暂无一般阅读本。

《老子古今——五种对勘与析评引论》　刘笑敢，中国社会科学出版社，2006

本书将郭店竹简本、帛书本、傅奕本及通行本按章排列对照，便于读者阅读并对照各本之间的不同。各章对勘举要部分讨论不同版本之间的异同取舍，各章析评引论则是关于文本演变、思想得失以及现代相关课题的讨论。本书的一个独特关切在于从古到今文本演变中的若干规律性现象，统称为文本趋同和思想聚焦。两千年的演变是由不同时代、不同地域、不同背景的学者各自独立工作的结果，却体现着共同的校改趋向，这是值得玩味的新发现。

《庄子集释》　郭庆藩，中华书局，1961

《庄子》注本历来很多，郭之《集释》收录了郭象《注》、成玄英《疏》，以及陆德明《音义》的全部内容，这是本集释的最大优点。此外，《集释》又摘引了清代王念孙、俞樾、卢文弨的训诂校勘成果，并附上郭嵩焘及郭庆藩本人意见。总起来说，这是比较重要又比较好用的一本集释。

《庄子今注今译》　陈鼓应，中华书局，1983

作者是道家哲学专家。注释可靠，译文顺畅，是广泛使用的《庄子》读本。

《老子哲学及其演变（修订版）》　刘笑敢，中国人民大学出版社，

2010

本书前编通过各种语言资料的分析和统计，讨论《庄子》内篇、外篇、杂篇之间的关系，以及外杂篇的分类问题。中编分为范畴篇、学说篇、通论篇，推拟庄子哲学可能的思想的体系，以及庄子思想的内在矛盾、社会意义等方面。后编讨论《庄子》外杂篇之述庄派、无君派和黄老派的思想特点。附录中收录《庄子与萨特的自由观》《两种逍遥与两种自由》《庄子的苦乐观》等论文。(本书前编有英译本：Classifying the Zhuangzi Chapters)

Chad Hansen, *A Daoist Theory of Chinese Thought: A Philosophical Interpretation*. Oxford, 1992 (陈汉生《中国思想的道家理论——哲学的诠释》)

作者是在美国研究道家思想的很有影响的代表性学者，此书是他对道家思想以及通过道家对其他思想家的新诠释。

《管子校注》 黎翔凤撰、梁运华整理，中华书局，2004

《管子》是先秦典籍中内容丰富、研究困难的一部书。关于其作者、年代以及学派归属等问题，至今尚缺少一致认可的结论，但这不影响本书的重要性。全书涉及政治、法令、经济、军事以及思想文化诸多面向。马非百曾作《管子轻重篇新诠》(中华书局，1979)，以之为古代经济学作品。郭沫若曾抽出心术上下、白心和内业四篇为宋尹学派作品，引起争议和进一步研究。陈鼓应力证此四篇属战国稷下道家作品，并著有《管子四篇诠释—稷下道家代表作解析》(商务印书馆，2006)。此书内容丰富，值得更多专门研究。

《商君书注译》 高亨，中华书局，1974

商鞅是所谓法家的开山之祖。研究中国文化不可不知法家,知法家不可不读《商君书》。此书虽不完全出自其本人之手,但大体属于他的传承人所作,可以代表他的主要主张。高亨所作注译,有较严格的考证作基础,在同类书中最可信。其导论部分受当时世风影响,可稍加辨析。另有蒋礼鸿撰《商君书锥指》(中华书局,1986)一书或可参阅。

《韩非子新校注》　　陈奇猷,上海古籍出版社,2000

韩非子乃法家之集大成者。陈氏毕生倾力于韩非子研究,此书为其旧著《韩非子集释》之修正、改写、扩充,可见作者之认真。新作以司马迁所说韩非子"归本于黄老"为确论,或可补旧说之不足,但不可以黄老限定韩非子思想。黄老的概念是汉初所有,未必可以规限《韩非子》的全部内容。

《吕氏春秋校释》　　陈奇猷,学林出版社,1984

本书是集体所作,而且没有特定主题和学派倾向。这似乎为现代研究者留下一个难题,好像不确定它是哪一派别就无法进行恰当研究。事实上,《吕氏春秋》留下丰富的思想资料,不一定要将它划入某一学派。张岱年认为,此书吸收了道家"贵生"思想、墨家"薄葬"主张、法家"察今"学说、儒家关于教育和音乐的思想,虽博采众说,但之间并无冲突,所以可说似杂非杂。其缺点是没有提出一个独特的中心观点。

《公孙龙子形名发微》　　谭戒甫,中华书局,1963

公孙龙是名家的重要代表人物,他的作品与《墨辩》一起构成现有名家学说的代表性著作。公孙龙之说似乎缭绕难解,此书会有重要助益。亦可参见吴毓江《公孙龙子校释》(上海古籍出版社,2001)。

《经法》 马王堆汉墓帛书整理小组编，文物出版社，1976

此为马王堆帛书《老子》卷前古逸书的单行本，包括《经法》、《十大经》（或为《十六经》）、《称》、《道原》，此为较早的校释本，比较可靠，使用方便。一般认为这是黄老道家的新资料。不过，文本中法家色彩较重，所以裘锡圭先生据此提出了道法家的概念。

《郭店楚简校读记》 李零，北京大学出版社，2002

郭店楚简的出土和发表是有关中国哲学和思想研究的重大事件。除《老子》《缁衣》外，所出大多文献都是闻所未闻的，如《鲁穆公问子思》《性自命出》《忠信之道》等等。大量新出土文献将中国哲学与思想的研究带入一个全新的视野，让我们有可能了解古代文献在流传中演化的某些律则或加工模式。本书是研究郭店竹简的相对可靠而方便的入门读物。

《十一家注孙子校理》 孙武撰、曹操等注、杨丙安校理，中华书局，1999

《孙子兵法》不是典型的哲学著作或思想史的重点，但是体现了中国文化的某些思维方式和智慧，对于全面理解中国哲学思想来说，还是很有意义的。当然，对于军事思想史来说，这是兵法第一书。黄朴民长期研究《孙子兵法》，其《〈孙子兵法〉解读》（中国人民大学出版社，2008）也值得参阅。

《孙膑兵法校理》 张震泽，中华书局，1984

《孙膑兵法》失传已久，因此钱穆等断定本没有《孙膑兵法》，是司马迁误将孙武一人分作两人。但1972年山东临沂银雀山一号汉墓同时发现了《孙武兵法》和《孙膑兵法》，证明司马迁记载不误。此书是整理较好的《孙膑兵法》,但将下篇也作为《孙膑兵法》的一部分是不可靠的。可另参见霍印章的《孙膑兵法浅说》(解放军出版社,1986)。

《列子集释》　杨伯峻,中华书局,1979

今本《列子》属于何时作品难以断定。杨伯峻根据语言特点断定是魏晋时期伪作,近来又有人论说它应该是较早作品或其中包含较早作品。不同立场似乎都没有足够有力的证据作定论,我们姑且将它附在这里。此书与历史上的列子有何关系,也是一个谜,但此书保留了一些古代思想资料,至少还有一些参照价值。

汉、魏晋及隋唐文献与研究

《春秋繁露义证》　苏舆撰、钟哲点校,中华书局,1992

董仲舒在儒学史上地位重要,他主张的"屈民而伸君,屈君而伸天"代表儒学在君臣关系上的立场。他在儒学史上的另一重要作用是将韩非子的"臣事君,子事父,妻事夫"的原则引入儒学系统,为"三纲之说"的先河。其作品目前可见者主要是《春秋繁露》一书,苏舆所作义证则是较完整的注释本。另有赖炎元《春秋繁露今注今译》(台湾商务印书馆,1984)较便于阅读。

《白虎通疏证》　陈立撰、吴则虞点校,中华书局,1994

据《后汉书》载,汉章帝"于是下太常,将、大夫、博士、议郎、郎官及诸生、诸儒会白虎观,讲议《五经》同异",《白虎通义》即班固奉召"撰集其事"的成果。陈立所撰《疏证》即较可靠的校释本。《白虎通》在儒学史上的一个要点即将"君为臣纲,父为子纲,夫为妻纲"正式引入官方儒学体系。

《淮南鸿烈集解》   刘文典，中华书局，1989

《淮南子》是西汉淮南王刘安组织宾客撰写的一部文集，内容十分丰富：
"讲论道德，总统仁义……其旨近《老子》，淡泊无为，蹈虚守静，出入经道。
言其大也，则焘天载地，说其细也，则沦于无垠……"其书有儒家内容，但道
家内容比较突出，学界多归之于道家黄老之学，是研究汉代道家的主要经典。

《自由与秩序的困惑——〈淮南子〉研究》   陈静，云南大学出版社，
2004

作者探讨了为何《淮南子》会被称为"杂家"著作。作者发现此书作者群
同时具有儒家和道家两个坚定的立场，二者在价值立场、宇宙论和人性论上
都有无法调和的矛盾。这是有启示意义的观察。

《论衡校读笺识》   马宗霍，中华书局，2010

《论衡》的作者王充是一个特异的民间思想家，是中国历史上少有的独
立以个人之"论"而声闻于世的学者。《问孔》《非韩》《刺孟》表现了他不随
流俗的思想风格，《谈天》《说日》《变虚》《感虚》体现了他对自然界的观
察，《正说》《超奇》《谢短》表达了他对儒家经世的批判性思考。他的文章
虽无严密推论和体系，但很多议论在当时是相当清新的。

《太平经合校》   王明，中华书局，1960

本书是研究早期道教的重要经典。作者是道家研究的先驱之一。

《抱朴子内篇校释》   葛洪著、王明校释，中华书局，1985

《抱朴子》有内外篇，此为内篇。外篇自叙说"其内篇言神仙方药、鬼怪

变化、养生延年、禳邪却祸之事，属道家"。从现代眼光看，此书涉及宗教、哲学与科技问题。

《抱朴子外篇校笺》　葛洪著、杨明照撰，中华书局，1991

外篇自叙说"其外篇言人间得失，世事臧否，属儒家"。显然，此书不属于正统或主流儒家，但如果我们不将自己限定于儒家某派某说，而是要比较全面地了解中国传统中的儒家，此书或有裨益。

《道教通论——兼论道家学说》　牟钟鉴、胡孚琛、王葆玹，齐鲁书社，1991

这是关于道教和道家思想比较全面、比较详尽的介绍，便于一般读者阅读和翻查。

《玄学通论》　王葆玹，台湾五南图书出版有限公司，1996

此书是关于魏晋玄学全面而深入的通论，多有作者个人之创见。

《玄学与魏晋士人心态》　罗宗强，浙江人民出版社，1991

作者对魏晋士人心态有独到剖析，如说西晋名士心态包括"贪财，用心于和善于保护自己，纵欲，求名，怡情山水和神往于男性的女性美"。作者是古典文学和文论方面的大家，似与哲学关系不大，但所谓中国哲学不同于西方的形而上学或分析哲学，是与社会历史文化渗透在一起的，因此要真正理解中国哲学，此类书可能大有必要。

《何晏王弼玄学新探》　余敦康，方志出版社，2007

作者是中国哲学研究之大家，本书是作者正始玄学研究成果的汇集。

《王弼集校释》　王弼著、楼宇烈校释，中华书局，1980

王弼《老子注》《周易注》等著作的汇集，包括《论语释疑》的集佚，是研究王弼思想的基本著作。

《王弼〈老子注〉研究》　蒋丽梅，中国社会科学出版社，2012

《从庄子到郭象——〈庄子〉与〈庄子注〉比较研究》　康中乾，人民出版社，2013

《郭象玄学》　庄耀郎，台湾里仁书局，1998

《郭象〈庄子注〉研究》　杨立华，北京大学出版社，2010

《世说新语笺疏（修订本）》　刘义庆著、刘孝标注、余嘉锡笺疏、周祖谟等整理，上海古籍出版社，1996

研究魏晋玄学的必备书。书末附常见人名异称表、人名索引、引书索引等，颇便使用。

《成唯识论校释》　玄奘译、韩廷杰校释，中华书局，1998

此为中国唯识宗经典校释，序言是总的介绍，每段校释之后有"本段大意"，便于初学。

《华严金师子章校释》　法藏著、方立天校释，中华书局，1983

《华严金师子章》是华严宗实际创始人法藏（贤首）为了帮助武则天理解复杂难懂的《华严经》而创发，以殿前金狮子为喻，"因撰义门，径捷易解"，号《金师子章》。本《校释》收录两种旧注，两种参校本，另加校释者案语，以及段意总释。

《坛经校释》　惠能著、郭朋校释，中华书局，1983

本书即通常所说的《六祖坛经》校释本，以敦煌本（法海本）为底本，以校为先，以释为主，比较便于一般读者理解。

《佛教经籍选编》　任继愈选编、李富华校注，中国社会科学出版社，1985

此书本是任继愈先生为研究生开课所用的入门选本，内容顺序是从早期到后期，从小乘到大乘，从印度到中国。对专门术语、名词、人名、地名有简要注释，便于初学入门。

《中国佛教哲学要义》　方立天，中国人民大学出版社，2002

本书是关于中国佛教哲学全面的分类阐述。第一编总论介绍中国佛教的形成、演变以及思想体系。第二编人生论讲因果报应，涅槃观念的演变，佛之含义的中国化等。第三编心性论部分论述中国佛教心性论范畴网络，后分别述说天台、华严、唯识、禅等各宗的心性观，更有儒佛、道佛心性思想的互动。第四编宇宙论阐发中国佛教的宇宙结构论、现象论、本体论。第五编实践论讨论中国佛教的伦理观、禅修论、直觉论、语言观、真理观。作者是功力深厚、治学严谨的佛教哲学家，其书值得细读。

《汉魏两晋南北朝佛教史》　　汤用彤，中华书局，1983

早年中国哲学研究可靠而易读的专著，是近代中国佛教研究的开山之作。

《佛学概论》　　林朝成、郭朝顺，台湾三民书局，2000

此书为比较通俗明白的返本溯源的佛教概论性著作，虽不是中国佛学概论，却可以帮助我们更好地理解中国佛学。内容包括缘起思想、心识论、无我思想、佛性思想、二谛说、佛教语言观、修行观、慈悲观，以及生死智慧与终极关怀。

《天台宗研究》　　董平，上海古籍出版社，2002

天台宗是佛教中国化成熟的一个标志，本书不仅对天台宗的创立、发展、演化、理论构成作了清晰的梳理，而且对天台宗与三论宗、华严宗、禅宗的关系也作了较深入的阐发，并论及天台宗向日本、朝鲜的传播及其互动。本书思路清晰，语言明快，内容有系统性，值得参阅。

《从创造的诠释学到大乘佛学》　　傅伟勋，台湾东大图书公司，1990

作者提出的"创造的诠释学"产生过很大影响，这是作者将此理论运用到佛教研究的一个论集，对于讨论中国哲学研究方法有重要启示意义。

《斯文：唐宋思想的转型》　　包弼德（Peter K.Bol）著、刘宁译，江苏人民出版社，2001

与通常断代史研究不同，本书专注于唐—宋之转型过程中的一些历史文化现象，这种探索有利于我们理解思想文化转型的社会历史根源。本书有些视角很有意思，如"士的转型"，"为了完美的秩序：王安石与司马光"，"苏轼的道：尽个性而求整体"，"程颐和道学新文化"。

宋元明清文献与研究

《宋元学案》　黄宗羲著，全祖望补修，陈金生、梁运华点校，中华书局，1986

可参见沈芝盈、梁运华之《宋元学案补遗》十册。

《明儒学案》　黄宗羲著、沈芝盈点校，中华书局，1985

《宋明理学之概念与历史》　陈荣捷，台湾"中研院"文哲研究所筹备处，1996

《理学范畴系统》　蒙培元，人民出版社，1989

《理学的演变——从朱熹到王夫之戴震》　蒙培元，台湾文津出版社，1990

《道学之形成》　〔日〕土田健次郎著、朱刚译，上海古籍出版社，2010

此处"道学"即宋明理学。此书讨论道学为何在北宋形成，并产生巨大影响；同时讨论道学是如何形成的。作者是日本早稻田大学教授，其说或有他山之石之效。

《明清儒学转型探析：从刘蕺山到戴东原（增订版）》　郑宗义，香港

中文大学出版社, 2009

Donald J.Munro, *Images of Human Nature:A Sung Portrait*, Princeton, 1988（孟旦《人性的意象：宋代的画像》）

这是作者中国人性研究三部曲的宋代部分。作者改变了常规的概念分析的方法，因为他发现朱熹经常用一些意象来表达他的道德理论，如流水、镜子与身体、植物与园丁，作者借助这些形象来分析朱熹思想的各个方面。

《宋明理学》　　陈来，辽宁教育出版社，1991

这是一部宋明理学的概论，很好的教科书。

《四端与七情：关于道德情感的比较哲学探讨》　　李明辉，台湾大学出版中心，2008

作者是台湾宋明理学领军人物，本书是关于"四端""七情"的厚重扎实的研究。

《宋明理学逻辑结构的演化》　　张立文，台湾万卷楼图书有限公司，1993

作者是宋明理学的专家，此书讲到个人研究之心得体会，和学术专著相比，初学者读此书会感到格外亲切、受益。

《诠释与工夫——宋明理学的超越蕲向与内在辩证》　　林月惠，台湾"中研院"中国文哲研究所，2008

此书是了解台湾宋明理学研究的一个窗口。

《李觏集》　李觏，中华书局，1981

张岱年云：李觏是北宋前期第一个有独到见解的思想家，是宋代功利学派的开创人。

《邵雍集》　邵雍，中华书局，2010

《张载集》　张载，中华书局，1979

张载是宋明理学早期的开创者之一，亦是"关学"之代表。

《临川先生文集》　王安石，复旦大学出版社，2016

《二程集》　程颢、程颐，中华书局，1981

Yong Huang, Why Be Moral: *Learning from Confucian Cheng Brothers*,SUNY Press, 2014（黄勇《成德的理由：二程的道德哲学》）

此书讨论了二程道德哲学中的一些重要概念，如乐、德、知、爱、礼、理、经等，并着重讨论这些概念对于当代西方哲学中的一些重要而又有争议的伦理学问题所可能做出的独特贡献。比如为什么要有道德，美德伦理的自我中心问题，意志软弱问题，伦理学中的一般主义与特殊主义的争论，解释学中文本、作者和读者三者的关系问题等。

A.C.Graham, *Two Chinese Philosophers: Ch'eng Ming-tao and Ch'eng Yi-ch'uan*, Lund Humphries, London, 1958（葛瑞翰《程明道与程伊川：两个哲学家》）

西方最早的二程研究专著，作者是20世纪后期西方汉学界的泰斗，其著作都有权威性地位。

《北溪字义》 陈淳，中华书局，1983

此书为朱熹弟子陈淳晚年讲课的笔记，相当于宋代理学概念词典，行内人自家的解说，难得、可靠、重要。

《苏轼文集》 苏轼，中华书局，2016

《北宋〈老子注〉研究》 尹志华，巴蜀书社，2004

本书试图揭示在文本诠释过程中"原意与己意之互动"，如由原意引申出己见，或添加己见，以己见改造原意，或批判原意。

《胡宏集》 胡宏，中华书局，2009

《朱子语类》 黎靖德编，中华书局，1986

《四书章句集注》 朱熹，中华书局，1983

Ian Johnson and Wang Ping, (translators & annotators) *Daxue & Zhongyong*, The Chinese University Press, 2012 （《大学》《中庸》原文及注释的双语版）

此书翻译了《大学》和《中庸》的礼记版以及郑玄和孔颖达的注释，另外翻译了朱熹改编过的四书版以及朱熹的新解释。书后三个附录，包括名词解释等，另外按英文书惯例附有书目和索引。

《朱子新学案》　　钱穆，九州出版社，2011

本书是研究朱熹和宋明理学的必读参考书。

《朱学论集》　　陈荣捷，台湾学生书局，1988

《朱子新探索》　　陈荣捷，台湾学生书局，1988

《朱子门人》　　陈荣捷，台湾学生书局，1982

《朱熹的历史世界——宋代士大夫政治文化的研究》　　余英时，台湾
允晨文化事业有限公司，2003

此书是对朱熹与宋明理学的文化史与政治史的综合研究，相对于宋明理
学界的主流研究，此属于另一种路径，曾引起热烈讨论和争论。这引发我们思
考研究古代哲学和思想可以有哪些不同路径，以及不同路径或角度各有何短
长，从而推动相关研究向着更丰富、更多元、更成熟的方向发展。

《朱熹的思维世界》　　田浩（Hoyt Cleveland Tillman），台湾允晨文
化事业有限公司，1996

《朱子学研究书目》　　林庆彰，文津出版社，1992

《朱熹哲学研究》　　陈来，中国社会科学出版社，1988

本书是新时期以来在大陆最早全面研究朱熹哲学的代表作，特别是吸收
和回应了海外儒学关于朱熹心性问题的研究。

《朱子学的新研究——近世士大夫思想的展开（修订版）》 〔日〕吾妻重二著、傅锡洪等译，商务印书馆，2017

本书汇集了作者三十多年来对朱子学以及近世思想史研究的精华。

《融铸与进程：朱熹〈四书章句集注〉之历史思维》 陈逢源，台湾政大出版社，2013

本书是关于《四书章句集注》的比较独特、有深度的研究著作。

《朱子晚年全论》 李绂，中华书局，2000

作者希望通过搜集朱子晚年全部著作，说明朱陆晚年归于一致。

《心体与性体》 牟宗三，台湾正中书局，1987

此为作者讲授宋代理学研究的讲义整理稿，是作者的代表作，也是宋明理学研究必读著作之一。

《从陆象山到刘蕺山》 牟宗三，台湾学生书局，1979

此书相当于《心体与性体》的续集，下延至刘蕺山。

《佛教四书学》 韩焕忠，人民出版社，2015

此书对于理解儒道之间的互动颇有助益。

《儒士视域中的佛教——宋代儒士佛教观研究》 李承贵，宗教文化出版社，2007

《陆九渊集》　　陆九渊,中华书局,1980

《慈湖先生遗书》　　杨简,山东友谊书社,1991

《习学记言序目》　　叶适,中华书局,1977

作者属永嘉学派,也被认为是功利主义的代表之一。

《陈亮文粹》　　董平选注,浙江古籍出版社,2006

陈亮属永康学派,也被认为是功利主义的代表之一。

《大学衍义》　　真德秀,华东师范大学出版社,2010

此书成功地将《大学》诠释为帝王的为君之道,得到宋理宗、元仁宗、朱元璋、康熙等君王的赞赏和重视。

《伯牙琴》　　邓牧,安徽文艺出版社,2011

邓牧,宋亡后隐居不仕,自称"三教外人"。

《宋元时期的老学与理学》　　刘固盛,陕西人民出版社,2002

本书探讨老学在理学构建过程中所发挥的重要作用,以及理学反过来对老学所产生的深刻影响。

《陈献章集》　　陈献章,中华书局,1987

《湛甘泉先生文集》　　湛若水,广西师范大学出版社,2014

《王阳明全集》　王守仁，上海古籍出版社，1992

《王阳明与禅》　陈荣捷，台湾学生书局，1984

《有无之境——王阳明哲学的精神》　陈来，人民出版社，1991

《心学之思——王阳明哲学的阐释》　杨国荣，三联书店，1997
《王阳明的生活世界》　董平，中国人民大学出版社，2009

《王阳明"万物一体"论——从"身一体"的立场看》　陈立胜，台湾大学出版中心，2005

《王心斋全集》　王艮，台湾广文书局，1987

《良知学的展开：王龙溪与中晚明的阳明学（增订版）》　彭国翔，三联书店，2015
陈来认为，此书"不仅在王龙溪个人思想资料的掌握上已居学界的领先水平，关于整个中晚明阳明学的原始典籍和研究文献，所掌握亦极广泛"。

《困知记》　罗钦顺，中华书局，2013

《王廷相集》　王廷相，中华书局，1989

《明道编》　黄绾，中华书局，1983

《何心隐集》　何心隐，中华书局，1960

作者是一个独立思想家和社会实践家，命运多舛。

《高拱论著四种》　高拱著、流水点校，中华书局，1993

高拱是一个独立思想家，其言曰：天理不外于人情。然圣人以人情为天理，而后儒远人情以为天理，是故圣学湮、圣化窒。

《藏书》《续藏书》　李贽，中华书局，1974

李贽是一个独立思想家，另有《焚书》《续焚书》。

《刘宗周全集》　刘宗周，浙江古籍出版社，2012

《药地炮庄（修订版）》　方以智著，张永义、邢益海校点，华夏出版社，2016

《药地炮庄笺释·总论篇》　方以智著、张永义注释，华夏出版社，2013

《东西均注释（外一种）》　方以智著、庞朴注释，中华书局，2016

《陈确集》　陈确，中华书局，1979

《周易外传》　王夫之，中华书局，1977

《尚书引义》 王夫之,中华书局,1962

《诗广传》 王夫之中华书局,1964

《张子正蒙注》 王夫之,中华书局,1975
王夫之推重张载,自写墓碑云"希张横渠之正学而力不能企"。

《读四书大全说》 王夫之,中华书局,1975

《诠释与重建:王船山的哲学精神》 陈来,三联书店,2010

《日知录集释》 顾炎武著、黄汝成集释,浙江古籍出版社,2013

《潜书》 唐甄,中华书局,1955
作者对君主制进行了直截了当的批判,"自秦以来,凡为帝王者,皆贼
也"。

《朱舜水集》 朱舜水著、朱谦之整理,中华书局,1981

《无何集》 熊伯龙,中华书局,1979
作者立言宗孔子不语"怪力乱神"之义,推重王充,辟神怪祸福之说。

《颜元集》 颜元,中华书局,1987
本书是颜李学派代表作,主张研究实际问题,不以"读书、讲书、著书"为学。

《李塨文集》　李塨, 河北人民出版社, 2011

本书发挥颜元思想, 主张"理在事中"。

《戴震文集》　戴震, 中华书局, 1980

作者的代表性著作是《孟子字义疏证》, 提出"以礼杀人"的问题。

《孟子字义疏证(全译)》　戴震著、冒怀辛译注, 巴蜀书社, 1992

《明末清初劝善运动思想研究(修订版)》　吴震, 上海人民出版社, 2016

本书是研究儒家传统的一个特殊的视角, 涉及问题包括: 阳明心学与劝善运动、阳明心学与宗教趋向、从"事天"与"尊天"看明末清初地方儒者的宗教关怀等。这对全面了解中国的儒学传统是一个重要的补充。

《晚清大变局中的思潮与人物》　袁伟时, 海天出版社, 1992

John Makeham, ed. *Dao Companion to Neo-Confucian Philosophy*, Springer, 2010 (梅约翰主编《道系列宋明理学研究参考书》)

本书是近20名出色学者分别撰写的关于宋明理学从宋到清各个时期专题研究的参考文章。

近代思想著作

《中国近代思想史论》　王尔敏, 台湾商务印书馆, 1995

《中国近代思想史论》　　李泽厚，人民出版社，1986

这是一部影响时代风潮的巨著。

Donald J. Munro, *The Concept of Man in Contemporary China*, The University of Michigan Press, 1977, 2000（《当代中国人性概念》）

这是作者关于中国人性概念之三部曲的第三部，写于20世纪70年代，有些背景未必完全适应今天的情况，但仍有很大启示意义。作者的目的之一是探求中国人突出的自律行为来源之谜，作者有三点发现：国权（state）对百姓无所不在的关注和教育，从小到大强调要时刻警惕内心行为的驱动力是否符合正确的标准，强调各种不同工作的最高意义。作者发现，中国人普遍相信人的思想是可以塑造的，这是让美国人感到吃惊的。

Leigh Jenco, *Changing Referents: Learning Across Space and Time in China and the West*. Oxford, 2015

此书研究中国近代思想之变迁，内容包括"作为野蛮化的西化：文化主义，普世主义以及特殊主义""为何向他者学习是政治问题，而不仅是认识问题：关于变法（changing referents）"，"在哪里认知创造了自己的对象：严复和梁启超论群学"等。

《摆脱困境——新儒学与中国政治文化的演进》　　墨子刻（Thomas A. Metzger）著，颜世安、高华、黄东兰译，江苏人民出版社，1996

复兴儒家传统还是抛弃儒家传统是近百年来的一个反复交替出现的运动趋势。本书作者对中国思想史有同情的了解，也有似乎客观的分析。可注意的一点是作者在西方各种研究方法中的选择和批评，他主张将思想史的智慧与人本主义、新韦伯主义和人类学家的智慧结合起来，并认为理解一群人的最好办法是理解他们为什么所困扰。

《现代中国思想研究》　张汝伦，上海人民出版社，2014

《制度化儒家及其解体(修订版)》　干春松，中国人民大学出版社，2012

本书研究儒家与制度的关系，有新意和创见。讨论了制度的儒家化和儒家的制度化，以及儒家制度体系的危机等问题。

《龚自珍全集》　龚自珍著、王佩诤校，上海古籍出版社，1999

《魏源集》　魏源，中华书局，2009

魏源的《海国图志》对于封闭的中国了解世界曾经有重大影响。《老子本义》也有新意。可参阅李瑚《魏源诗文系年》(中华书局，1979)。

《谭嗣同文选注》　谭嗣同著、周振甫选注，中华书局，1981

《烈士精神与批判意识——谭嗣同思想的分析》　张灏，台湾联经出版事业公司，1988

《幽暗意识与民主传统》　张灏，台湾联经出版事业公司，1989

《大同书》　康有为，中华书局，2012

《孔子改制考》　康有为，中华书局，2012

《新学伪经考》　康有为，中华书局，2012

《变法以致升平——康有为文选》　康有为著、谢遐龄编选，上海远东出版社，1997

《天演论》　赫胥黎著、严复译，商务印书馆，1981

天演论的译法比进化论更符合达尔文理论（Evolution）。此书介绍天演论，当时影响极大，但此书不是对赫胥黎之书的忠实译本。赫胥黎的基本立场是反对将演化论引入人类社会，主张人类社会应讲道德。但严复的译本却引入了斯宾塞的社会达尔文主义观点，强调优胜劣败，这对唤起国民的危机感有过积极影响，但对于全面了解赫胥黎以及达尔文思想是严重误导。

《群己权界论》　约翰·穆勒著、严复译，商务印书馆，1981

此为严复所译 John S. Mill 的 On Liberty，但所译问题较多，并未达到他所提出的信、达、雅的标准。参见黄克武之书。

《自由的所以然——严复对约翰弥尔自由思想的认识与批判》　黄克武，台湾允晨文化事业公司，1998；上海书店出版社，2000

Max Ko-wu Huang, *The Meaning of Freedom: Yan Fu and the Origins of Chinese Liberalism*, The Chinese University of Hong Kong,2008（黄克武《自由的意义：严复与中国自由主义的起源》）

《寻求富强：严复与西方》　本杰明·史华兹著、叶凤美译，江苏人民出版社，1996

史华兹是中国思想史研究大家，本书是对严复译作的较全面的研究和批评，包括严复所译《原富》《法意》《社会通诠》《穆勒名学》等，以及严复对道家思想的理解和发挥。

《晚清经世实学》　冯天瑜，上海社会科学院出版社，2002

《訄书详注》　章炳麟著、徐复注，上海古籍出版社，2000

《訄书》是章太炎早期著作，"訄"有急迫之意。此书多次删改，晚年改编为《检论》。章氏著作甚多，比较分散，必要时须查找《章太炎全集》（上海人民出版社，2014）。

《体用论》　熊十力，中华书局，1994

《熊十力思想研究》　郭齐勇，天津人民出版社，1993

《梁漱溟学术论著自选集》　梁漱溟北京师范学院出版社，1992

《最后的儒家——梁漱溟与中国现代化的两难》　艾恺著，王宗昱、冀建中译，江苏人民出版社，1993

《冯友兰学思生命前传（1895—1949）》　翟志成，台湾"中研院"近代史研究所，2007

《当代儒家生命伦理学》　范瑞平，北京大学出版社，2011

《现代中国思想的核心观念》　许纪霖、宋宏编，上海人民出版社，2011

本书探讨了近代中国的一些思想概念的来源与演变，如公理、强权、进步、个人、群己、民族、国家、自由、民主等等，作者多为当世名家，如余英时、张灏、林毓生、金观涛等。

《进化主义在中国的兴起：一个新的全能式世界观（增补版）》　王中江，中国人民大学出版社，2010

一部以进化论为线索的中国近代思想史，涉及进化论的引入、影响、作用等，论及严复、康有为、梁启超、章太炎等重要人物，以及重要社会思潮。

中华书局

初版责编 刘淑丽